Die Meuterei auf der Bounty – eines der bekanntesten Dramen der Geschichte der Seefahrt. Zahlreiche Mythen ranken sich um die Ereignisse am 28. April 1789. Aus dem umfangreichen Tatsachenmaterial der Britischen Admiralität haben die beiden Autoren das Thema in einem großartigen Roman voller Spannung aufbereitet.

Im ersten Teil – *Schiff ohne Hafen* – wird die schicksalhafte Fahrt der Bounty aus der Sicht des jungen Roger Byam geschildert, der als Kadett an Bord des Schiffes von Captain William Bligh nicht nur die Ereignisse unmittelbar miterlebt hat, sondern auch den Prozeß gegen die Meuterer. Captain William Bligh, der bereits als Steuermann an James Cooks dritter Weltumsegelung teilgenommen hatte, erhält das Kommando über die Bounty, ein bewaffnetes Transportschiff, das Brotfruchtpflanzen von Tahiti zu den Westindischen Inseln bringen soll. Doch die Reise führt in die Katastrophe: Wegen der brutalen Strenge des Kapitäns bricht auf der Rückfahrt eine Meuterei unter der Führung Fletcher Christians aus. Bligh wird mit einigen Getreuen in einem kleinen Boot ausgesetzt, die Meuterer verschlägt es auf die Pazifikinsel Pitcairn.

insel taschenbuch 3208
Charles B. Nordhoff/James N. Hall
Die Meuterei auf der Bounty
Schiff ohne Hafen

Charles B. Nordhoff / James N. Hall

Die Meuterei
auf der Bounty

Schiff ohne Hafen

Aus dem Amerikanischen
von Ernst Simon

Insel Verlag

insel taschenbuch 3208
Erste Auflage 2006
Insel Verlag Frankfurt am Main und Leipzig
© für die deutsche Ausgabe
Universitas Verlag in der F. A. Herbig Verlagsbuchhandlung GmbH, München
Hinweise zu dieser Ausgabe am Schluß des Bandes
Vertrieb durch den Suhrkamp Taschenbuch Verlag
Umschlag nach Entwürfen von Willy Fleckhaus
Satz: Hümmer GmbH, Waldbüttelbrunn
Druck: Druckhaus Nomos, Sinzheim
Printed in Germany
ISBN 3-458-34908-1

1 2 3 4 5 6 – 11 10 09 08 07 06

Inhalt

Für
Kapitän Viggo Rasmussen,
Schoner *Tiaré Taporo*, Rarotonga,
und
Kapitän Andy Thomson,
Schoner *Tagua*, Rarotonga,
alte Freunde, die das gleiche Meer
befahren, welches die *Bounty* durchsegelte

Vorwort

Die Meuterei auf der Bounty, *die im Mittelpunkt dieses Buches steht, trug sich vor mehr als 200 Jahren zu. Sir John Barrows klassischer Bericht über die Fahrt dieses bewaffneten Transportschiffes der englischen Marine wurde vor über hundert Jahren geschrieben; seither haben sich immer neue Legenden um die wirklichen Geschehnisse gewoben; aber auch umfangreiches neues Tatsachenmaterial wurde zutage gefördert. So verwirrend und gegensätzlich wurde das Bild, daß es den Verfassern an der Zeit schien, die Geschichte der* Bounty, *die durch Generationen im Bewußtsein der Seeleute aller Länder wachgeblieben ist, neu zu schreiben. Sie betrachteten es als selbstverständlich, daß in dieser neuen Erzählung nichts von der historischen Wahrheit geopfert werden dürfe.*

So durchforschten sie gewissenhaft und unermüdlich alle verfügbaren Quellen. Das Britische Museum wurde ebenso durchstöbert wie die Archive der Londoner Admiralität; ganze Berge von vergilbten Manuskripten, Gerichtsakten, Landkarten, Plänen, Zeichnungen und zeitgenössischen Bildern wurden der Vergessenheit entrissen. Diese Schätze stapelten die Verfasser in ihrem Arbeitszimmer auf Tahiti, dessen Wände von dem Widerspiel der Wogen des Stillen Ozeans glitzern, durch dessen Fenster der Duft tropischer Blumen hereinströmt. So begannen sie, die Geschichte von der Bounty *neu zu gestalten, in Form eines Romans, aber eines Romans, dessen wesentlicher Inhalt bis in die kleinsten Einzelheiten Wirklichkeit ist.*

Kapitän Bligh

Die Briten werden von Angehörigen anderer Nationen häufig wegen ihrer Abneigung gegen alle Neuerungen bekrittelt, und in der Tat lieben wir England am meisten um der Dinge willen, die sich am wenigsten ändern. Hier im Westen des Landes, wo ich zur Welt kam, sind die Menschen langsam im Sprechen; sie halten eigensinnig an einmal gefaßten Meinungen fest und sind in noch höherem Maße als ihre Landsleute in anderen Gegenden jeglicher Neuerung abhold. Die Landsitze meiner Nachbarn, die Hütten der Pächter, ja sogar die Fischerboote, die den Kanal von Bristol befahren, haben die Formen beibehalten, die sie in einem primitiveren Zeitalter besaßen. Und vielleicht wird man einem alten Manne, der vierzig von seinen dreiundsiebzig Lebensjahren auf dem Meere zugebracht hat, eine Schwäche für die Schauplätze verzeihen, auf denen sich seine Jugend abspielte, und die Befriedigung darüber, daß diese Schauplätze vom Ablauf der Zeit so wenig berührt wurden.

Kein Mensch ist konservativer als der, welcher Schiffe entwirft und baut, es sei denn jener, der auf ihnen zur See fährt; und da die Stürme auf dem Meer seltener vorkommen, als manche Landratte glaubt, so besteht das Leben eines Seemannes hauptsächlich aus der täglichen Erfüllung bestimmter, ewig wiederkehrender Pflichten. Vierzig Jahre eines solchen Daseins haben einen Sklaven aus mir gemacht, und ich fahre, beinahe gegen meinen Willen, fort, nach der Uhr zu leben. Es gibt keinen Grund, aus dem ich jeden Morgen um sieben Uhr aufstehen müßte, und doch beginne ich um diese Stunde mit dem Ankleiden; meine Ausgabe der »Times« würde mich auch erreichen, wenn ich mir nicht jeden Vormittag um zehn

Uhr ein Pferd satteln ließe, um der Post entgegenzureiten. Aber die Gewohnheit ist stärker als ich, und sie findet eine mächtige Bundesgenossin in Frau Thacker, meiner Haushälterin. Die will nichts davon hören, sich zur Ruhe zu setzen. Trotz ihres hohen Alters – sie muß an die achtzig sein – ist ihr Gang noch flott und elastisch, und in ihren dunklen Augen blitzt zuweilen ein Rest der früheren Schelmerei auf. Ich würde gerne mit ihr von den Tagen sprechen, als meine Mutter noch lebte, aber wenn ich versuche, eine Unterhaltung mit ihr anzuknüpfen, so verweist sie mich sogleich auf meinen Platz. Wir bleiben Herr und Dienerin, mag auch der Friedhof nur noch einen Schritt entfernt sein! Ich bin einsam; wenn Frau Thacker stirbt, werde ich noch einsamer sein.

Sieben Generationen Byams haben in Withycombe gelebt und sind hier gestorben; seit fünfhundert Jahren kennt man den Namen in der Gegend. Ich bin der Letzte meines Geschlechtes; welch seltsamer Gedanke, daß nach meinem Tod alles, was von unserem Blut übrigbleibt, in den Adern einer Eingeborenen auf einer Südseeinsel fließt!

Wenn es wahr ist, daß das Leben eines Menschen in dem Augenblick aufhört, nützlich zu sein, wo seine Gedanken beginnen, in der Vergangenheit zu weilen, so hat mein Leben nicht mehr viel Zweck, seit ich vor fünfzehn Jahren meinen Abschied von Seiner Majestät Marine genommen habe. Die Gegenwart hat Sinn und Wirklichkeit für mich verloren, und nicht ohne Bedauern habe ich entdeckt, daß das Nachdenken über die Zukunft weder Vergnügen noch Kummer bringt. Aber vierzig Jahre zur See, darunter die erregte Epoche der Kriege gegen die Dänen, die Holländer und die Franzosen, haben meine Erinnerung mit so reichen Vorräten angefüllt, daß mir nichts größere Freude macht, als nach Herzenslust in die Vergangenheit zurückzuwandern.

Mein Arbeitszimmer, hoch oben im nördlichen Flügel von

Withycombe, mit seinen großen Fenstern, die auf den Kanal von Bristol und die ferne Küste von Wales hinausgehen, ist der Ausgangspunkt für diese Reisen durch die Vergangenheit. Das Tagebuch, das ich geführt habe, seit ich im Jahre 1787 als Kadett zum ersten Mal zur See gefahren bin, liegt immer in der Kampferholztruhe neben meinem Sessel, und ich brauche nur ein Blatt davon in die Hand zu nehmen, um aufs neue den Geruch des Pulverdampfs in der Schlacht zu riechen, die Eisnadeln eines Nordseesturms im Gesicht zu spüren oder die ruhige Schönheit einer tropischen Nacht unter den Sternbildern der südlichen Hemisphäre zu genießen.

Am Abend, wenn die unwichtigen Tagespflichten eines alten Mannes getan sind, wenn ich allein und schweigend mein Abendessen eingenommen habe, verspüre ich die spannende Vorfreude eines Besuchers der Hauptstadt, der am ersten Tag eine halbe Stunde aufs angenehmste damit verbringt, zu überlegen, welches Theaterstück er sich ansehen will. Soll ich noch einmal in den alten Schlachten kämpfen? Camperduin, Kopenhagen, Trafalgar – diese Namen donnern in der Erinnerung wie das Gebrüll schwerer Geschütze. Und doch blättere ich die Seiten meines Tagebuchs häufiger und immer häufiger noch weiter zurück, bis zu den verblaßten Aufzeichnungen eines Seekadetten – zu einer Episode, die ich mich Jahrzehnte hindurch zu vergessen bemüht habe. So unbedeutend diese Episode auch in den Annalen der Marine und erst recht vom Standpunkt des Geschichtsschreibers aus sein mag, so war dieses Ereignis dennoch das seltsamste, abenteuerlichste und tragischste meiner Laufbahn.

Seit langem ist es meine Absicht, nach dem Beispiel anderer Offiziere im Ruhestand, die reichliche Mußezeit eines alten Mannes dazu zu verwenden, mit Hilfe meines Tagebuches einen getreuen Bericht über eine Episode aus meinem Leben zur See zu geben. Gestern abend habe ich den Entschluß gefaßt; ich werde über mein erstes Schiff, die *Bounty*, über die Meuterei an Bord und über meinen langen Aufenthalt auf der Insel Tahiti schreiben, auch darüber, wie ich, in Fesseln zurückgebracht, vor das Kriegsgericht gestellt und zum Tode verurteilt wurde. Zwei Charaktere stießen auf dem Schauplatz dieses Dramas aus längst vergangener Zeit aufeinander, zwei Männer, stark und unergründlich – Fletcher Christian und William Bligh.

Als mein Vater im Frühjahr des Jahres 1787 an Lungenentzündung starb, gab meine Mutter ihrem Schmerz nur kargen Ausdruck, obgleich das Zusammenleben meiner Eltern in einer Zeit, da häusliche Tugenden nicht der Mode entsprachen, ungemein glücklich gewesen war. Meine Mutter teilte das Interesse meines Vaters für die Naturwissenschaften, das ihm die Ehre einbrachte, zum Mitglied der hervorragendsten gelehrten Gesellschaften ernannt zu werden; im übrigen zog sie das ländliche Leben in Withycombe den Zerstreuungen der Stadt London vor.

Ich hätte im Herbst jenes Jahres die Universität Oxford beziehen sollen, und während des ersten Sommers der Witwenschaft meiner Mutter begann ich, diese erst wahrhaft kennenzulernen, nicht so sehr als Mutter wie als charmante Freundin, deren Gesellschaft ich niemals müde wurde. Die Frauen ihrer Generation hatten gelernt, ihre Tränen für die Leiden anderer zu bewahren und die Widrigkeiten des eigenen Lebens mit einem Lächeln hinzunehmen. Ein warmes Herz und ein reger Verstand machten das Gespräch mit ihr unterhaltend oder philosophisch, wie es dem Gegenstande entsprach; und im Gegensatz zu den jungen Damen der heutigen Zeit hatte man sie auch gelehrt, daß es ratsam ist, zu schweigen, wenn man nichts zu sagen hat.

An dem Morgen, an dem Sir Joseph Banks' Brief eintraf, schlenderten wir durch den Garten, fast ohne ein Wort miteinander zu wechseln. Es war spät im Juli, der Himmel war blau und die warme Luft vom Duft der Rosen erfüllt; ein Morgen, der uns unser nicht zu Unrecht viel gescholtenes Klima erträglich erscheinen ließ. Ich dachte darüber nach, wie wunderschön meine Mutter in Schwarz aussah, mit ihrem reichen blonden Haar, ihren frischen Farben und ihren dunkelblauen Augen. Die Thacker, ihre Zofe – ein schwarzäugiges Mädchen aus Devonshire –, trippelte den Pfad entlang auf uns zu. Sie knickste und überreichte meiner Mutter einen Brief auf einem silbernen Tablett. Meine Mutter warf mir einen Blick der Entschuldigung zu und begann, während sie sich auf eine Holzbank setzte, den Brief zu lesen.

»Von Sir Joseph«, sagte sie, nachdem sie das Schreiben durchgesehen hatte. »Du hast wohl schon von Kapitänleutnant Bligh gehört, der Kapitän Cook auf seiner letzten Fahrt begleitete? Sir Joseph schreibt, daß dieser Offizier auf Urlaub ist, gegenwärtig bei Freunden in der Nähe von Taunton weilt und sich freuen würde, einen Abend mit uns zu verbringen. Dein Vater hatte eine sehr hohe Meinung von ihm.«

Ich war damals ein hagerer, lang aufgeschossener Siebzehnjähriger, träge an Körper und Geist, aber diese Worte wirkten wie ein elektrischer Schlag auf mich. »Ein Begleiter Kapitän Cooks!« rief ich aus. »Du mußt ihn unbedingt herbitten, Mama!«

Meine Mutter lächelte. »Ich wußte, daß du dich freuen würdest«, sagte sie.

Die Kutsche wurde rechtzeitig abgeschickt nebst einem Briefchen für Herrn Bligh, mit dem wir ihn baten, wenn möglich, am gleichen Abend mit uns zu speisen. Meine Gedanken beschäftigten sich unausgesetzt mit unserem Besucher, und die Stunden bis zum Abendessen schienen mir mit schneckenhafter Langsamkeit dahinzuschleichen.

Ich las vielleicht lieber als die meisten jungen Leute meines

Alters, und mein Lieblingsbuch war Dr. Hawkesworths ›Beschreibung der Reisen zum Stillen Ozean‹; mein Vater hatte es mir an meinem zehnten Geburtstag geschenkt. Ich kannte die drei schweren, in Leder gebundenen Bände beinahe auswendig, und mit gleichem Interesse hatte ich die französische Erzählung von der Reise Monsieur de Bougainvilles studiert. Diese frühen Berichte über die Erforschung der Südsee und die Sitten und Gebräuche der Einwohner von Otaheite und Owhyhee, wie die Inseln damals genannt wurden, erregten ein Interesse, welches heute kaum mehr verständlich erscheint. Die Schriften von Jean-Jacques Rousseau, die so bedauernswerte und verhängnisvolle Folgen zeitigen sollten, predigten eine Lehre, die selbst unter den Leuten von Stand Anhänger fand. Es gehörte zum guten Ton, zu glauben, daß nur die im Naturzustand lebenden, allen konventionellen Zwangs ledigen Menschen die wahre Tugend und das wirkliche Glück finden würden. Und als Wallis, Byron, Bougainville und Cook von ihrer Entdeckungsreise zurückkehrten und Wunderdinge von den Inseln der Seligen erzählten, deren Einwohner, frei vom Fluche Adams, ihre Tage mit Tanz und Gesang verbrächten, da erhielten die Rousseauschen lehren neuen Glanz. Sogar mein Vater, der so sehr in seine astronomischen Studien vertieft war, daß er den Zusammenhang mit der Welt verloren hatte, horchte begierig den Erzählungen seines Freundes Sir Joseph Banks und erörterte mit meiner Mutter häufig die Vorzüge des »natürlichen Lebens«.

Mein persönliches Interesse an diesen Dingen war weniger philosophisch als abenteuerhaft; gleich anderen jungen Leuten sehnte ich mich danach, unbekannte Meere zu durchfahren, Inseln, die noch auf keiner Landkarte eingezeichnet sind, zu entdecken und Handel mit sanften Indios zu treiben, die die weißen Menschen als Götter betrachteten. Der Gedanke, daß ich bald mit einem Offizier Unterhaltung pflegen würde, der Kapitän Cook auf seiner letzten Fahrt begleitet hatte – einem Seemann und nicht einem Mann der Wissenschaft wie Sir Joseph –, hatte etwas unsagbar Spannendes für mich; übrigens war ich keineswegs enttäuscht, als der Wagen endlich vorfuhr und Herr Bligh ausstieg.

Bligh stand zu jener Zeit in der Blüte seines Lebens. Er war von mittlerer Größe, kräftig gebaut und ein wenig zur Korpulenz neigend, obgleich seine Haltung vortrefflich war. Sein wettergebräuntes Gesicht war breit, mit einem energischen Mund und sehr schönen dunklen Augen; oberhalb der hohen Stirn erhob sich das dick gepuderte Haar. Er trug seinen dreieckigen schwarzen Hut quer auf dem Kopf; sein Rock war aus hellblauem Tuch, weiß verziert, mit goldenen Ankern geschmückt und nach der damaligen Mode mit langen Schößen versehen; Weste, Kniehose und Strümpfe waren weiß. Die altmodische Uniform setzte die Vorzüge einer guten Gestalt ins rechte Licht. Blighs Stimme, die kräftig, volltönend und ein wenig rauh war, machte den Eindruck ungewöhnlicher Lebenskraft; sein Gebaren drückte Entschlossenheit und Mut aus, und sein Blick zeugte von einem Selbstbewußtsein, wie es nur wenige Menschen besitzen. Diese Kennzeichen einer starken und angriffslustigen Natur wurden gemildert durch die hohe Stirn eines Geistesmenschen und die angenehmen, bescheidenen Umgangsformen, die er auf dem Festland zur Schau zu tragen verstand.

Die Kutsche fuhr vor unserem Tor vor, der Lakai sprang vom Bock, und Herr Bligh stieg aus. Ich stand bereit, um ihn zu empfangen; als ich mich vorgestellt hatte, begrüßte er mich mit einem Händedruck und einem Lächeln.

»Der Sohn seines Vaters«, sagte er. »Ein großer Verlust. Er war zumindest dem Namen nach allen, die sich mit der Schiffahrt befassen, wohlbekannt.«

Gleich darauf erschien meine Mutter, und wir begaben uns

zu Tisch. Bligh sprach mit höchster Anerkennung von den Verdiensten meines Vaters um die wissenschaftliche Längenbestimmung. Nach einiger Zeit wandte sich die Unterhaltung den Inseln der Südsee zu.

»Sind die Eingeborenen von Tahiti wirklich so glücklich, wie Kapitän Cook annahm?« fragte meine Mutter.

»Ja nun, gnädige Frau«, entgegnete unser Gast, »Glück ist ein großes Wort! Es ist wahr, daß diese Menschen ohne viel Arbeit leben und daß sie sich die leichten Pflichten, die sie erfüllen, fast alle selbst auferlegt haben; da sie weder Furcht vor Not noch Disziplin kennen, so nehmen sie nichts ernst.«

»Roger und ich«, bemerkte meine Mutter, »haben uns mit den Ideen J.-J. Rousseaus befaßt. Wie Sie wissen, ist dieser Autor der Ansicht, daß der Mensch nur im Naturzustand wahrhaft glücklich sein könne.«

Bligh nickte. »Ich habe von seinen Ideen gehört«, meinte er, »obgleich ich leider die Schule zu früh verlassen habe, und ohne Französisch zu lernen. Aber wenn ein rauher Seemann eine Meinung über ein Thema aussprechen darf, das sich besser für einen Philosophen ziemt, so glaube ich, daß nur zuchtvolle und aufgeklärte Menschen wirkliches Glück genießen können. Was die Indios von Tahiti anbetrifft, so wird ihre Lebensweise von tausend lächerlichen Vorschriften beeinflußt, mit denen sich kein zivilisierter Mensch abfinden würde. Diese Vorschriften stellen eine Art ungeschriebenes Gesetz dar, Tabu genannt; statt sich einer vernünftigen Lebenszucht zu unterwerfen, stellen diese Eingeborenen willkürliche und ungerechte Regeln auf, denen alle menschlichen Handlungen unterliegen. Ein Aufenthalt von wenigen Tagen inmitten von Menschen im Naturzustand hätte Monsieur Rousseau sicher in seinen Anschauungen wankend gemacht.« Er hielt inne und wandte sich mir zu. »Sie können also Französisch, junger Mann?« fragte er mich.

»Jawohl, Sir«, entgegnete ich.

»Alles, was recht ist, Herr Bligh«, warf meine Mutter ein; »er hat eine besondere Begabung für Sprachen. Mein Sohn könnte in Frankreich oder Italien für einen Bewohner des Landes gelten, und im Deutschen macht er gleichfalls schöne Fortschritte. Sein Latein trug ihm vergangenes Jahr einen Preis ein.«

»Ich wollte, ich hätte diese Begabung!« Bligh lachte. »Weiß Gott, ich habe es heute lieber mit einem Orkan als mit der Übersetzung einer Seite Cäsar zu tun! Und die Aufgabe, die Sir Joseph mir gestellt hat, ist noch schwerer! Ich kann Ihnen ja ruhig sagen, daß ich mich bald nach den Südseeinseln einschiffen werde.« Da er unser lebhaftes Interesse bemerkte, fuhr er fort:

»Seit ich vor vier Jahren, als der Friede unterzeichnet wurde, den Dienst in der Kriegsmarine quittiert habe, gehöre der Handelsmarine an. Ich war Kapitän des Westindienschiffes *Britannia*. Während meiner Fahrten hatte ich häufig angesehene Plantagenbesitzer als Passagiere an Bord und wurde oft gefragt, was ich über die Brotfrucht wisse, die in Tahiti wächst. Da sie der Ansicht sind, die Brotfrucht sei ein billiges und gesundes Nahrungsmittel für ihre Negersklaven, richteten mehrere westindische Kaufleute und Pflanzer das Gesuch an die Regierung, man möge ein Fahrzeug entsprechend einrichten, um die Brotfrüchte von Tahiti nach den Westindischen Inseln zu bringen. Sir Joseph Banks hielt die Idee für gut und unterstützte sie. Hauptsächlich infolge seiner Befürwortung rüstet die Admiralität jetzt ein kleines Schiff für die Fahrt aus, und auf Sir Josephs Vorschlag wurde ich wieder in den aktiven Dienst eingestellt und zum Kapitän des Schiffes ernannt. Vor Ende des Jahres sollen wir unter Segel gehen.«

»Wenn ich ein Mann wäre«, rief meine Mutter mit leuchten-

18

den Augen, »würde ich Sie bitten, mich mitzunehmen; Sie brauchen sicher Gärtner, und ich könnte mich der jungen Pflanzen annehmen.«

Bligh lächelte. »Ich würde mir nichts Besseres wünschen, gnädige Frau«, meinte er galant, »obgleich man mir einen Botaniker zugeteilt hat – David Nelson, der Kapitän Cook auf seiner letzten Reise in gleicher Eigenschaft begleitete. Mein Schiff, die *Bounty*, wird ein schwimmender Garten sein, ausgestattet mit allen Einrichtungen für die Pflege der Pflanzen, und wir werden den Zweck unserer Reise bestimmt erreichen. Die einzige wirkliche Schwierigkeit ist der Auftrag, mit dem mich mein Freund Sir Joseph Banks betraut hat. Er hat mich aufs dringendste aufgefordert, meinen Aufenthalt in Tahiti dazu zu benutzen, eine genauere Kenntnis der Inselbewohner und ihrer Gebräuche zu erlangen und ein vollständigeres Vokabularium nebst einer Grammatik ihrer Sprache anzulegen, als es bisher möglich war. Er ist der Ansicht, daß insbesondere ein Wörterbuch der Eingeborenensprache den Seeleuten in der Südsee die wertvollsten Dienste leisten könne. Aber ich habe von Diktionären so wenig Ahnung wie vom Griechischen, und ich habe auch niemand an Bord, der einer solchen Aufgabe gewachsen wäre.«

»Welche Seeroute werden Sie wählen, Sir?« fragte ich. »Um das Kap Hoorn herum?«

»Ich werde den Versuch machen, wenn auch die Jahreszeit für ein solches Unterfangen nicht günstig sein wird. Zurückkehren werden wir von Tahiti über Ostindien und das Kap der Guten Hoffnung.«

Meine Mutter hob die Tafel auf und ließ uns allein. Während Bligh Walnüsse knackte und den Madeira meines seligen Vaters schlürfte, stellte er auf seine liebenswürdige Art Fragen über meine Sprachkenntnisse. Schließlich schien er befriedigt, trank sein Glas aus und schüttelte den Kopf, als der Diener es ihm wieder füllen wollte. Er war mäßig im Weingenuß in einem Zeitalter, in dem fast alle Offiziere in Seiner Majestät Marine unmäßig tranken. Endlich sprach er. »Junger Mann«, begann er ernst, »hätten Sie Lust, mich auf meiner Fahrt zu begleiten?«

Seit er die große Reise zum ersten Mal erwähnt hatte, war der Wunsch in mir wach, die Fahrt mitzumachen, aber seine Worte trafen mich dennoch unvorbereitet. »Ist das Ihr Ernst, Sir?« stammelte ich. »Wäre es möglich?«

»Die Entscheidung darüber liegt nur bei Ihnen und Ihrer Frau Mutter. Ich würde mir ein Vergnügen daraus machen, Ihnen einen Platz unter meinen jungen Herren einzuräumen.«

Der warme Sommerabend war ebenso schön wie der Tag, der ihm vorangegangen war, und als wir uns im Garten zu meiner Mutter gesellt hatten, sprach sie mit Bligh über die beabsichtigte Reise. Wie ich merkte, wartete er darauf, daß ich seinen Vorschlag zur Sprache bringe, und während einer Gesprächspause faßte ich mir auch wirklich ein Herz.

»Mama«, sagte ich, »Kapitänleutnant Bligh hatte die Freundlichkeit, vorzuschlagen, daß ich ihn begleite.«

Wenn sie überrascht war, so ließ sie es durch nichts erkennen, sondern wandte sich ruhig an unseren Gast.

»Sie haben Roger damit ein Kompliment gemacht«, bemerkte sie. »Kann ein unerfahrener Junge Ihnen an Bord von Nutzen sein?«

»Er wird ein tüchtiger Seemann werden, gnädige Frau; dafür lassen Sie mich sorgen! Der junge Mann gefällt mir. Auch seine Sprachenbegabung kommt mir sehr gelegen.«

»Wie lange gedenken Sie auszubleiben?«

»Etwa zwei Jahre.«

»Er sollte nach Oxford gehen, aber das kann wohl warten.« Sie fragte mich, halb im Scherz: »Nun, junger Herr, wie denken Sie darüber?«

»Mit deiner Erlaubnis würde ich sogleich mit Freuden annehmen.«

Sie lächelte mich im Zwielicht an und gab mir einen leichten Klaps auf die Hand. »Da hast du sie«, sagte sie. »Ich bin die letzte, die dir im Wege steht. Eine Fahrt nach der Südsee! Wenn ich ein Junge wäre und Herr Bligh mich haben wollte, so würde ich von Hause durchbrennen, um mitzufahren!«

Bligh lachte kurz auf und blickte meine Mutter bewundernd an. »Sie hätten einen famosen Seemann abgegeben, gnädige Frau«, bemerkte er, »einen, der sich vor nichts fürchtet, möchte ich wetten!«

Es war vereinbart worden, daß ich in Spithead an Bord der *Bounty* gehen sollte, aber die Ausrüstung des Schiffes und seine Versorgung mit Vorräten nahm so lange Zeit in Anspruch, daß es Spätherbst wurde, ehe es abfahrtbereit war. Im Oktober nahm ich von meiner Mutter Abschied und fuhr nach London, um meine Uniform zu bestellen, den alten Rechtsfreund unserer Familie, Herrn Erskine, zu besuchen und Sir Joseph Banks meine Aufwartung zu machen.

Meine deutlichste Erinnerung an jene Tage knüpft sich an einen Abend in Sir Josephs Haus. Er war in meinen Augen eine romantische Figur – ein stattlicher, blühender Mann von fünfundvierzig Jahren, Präsident der Royal Society, Gefährte des unsterblichen Kapitäns Cook, Freund indischer Prinzessinnen und Erforscher von Labrador, Island und des gewaltigen Stillen Ozeans. Als wir gespeist hatten, führte er mich in sein Studierzimmer, an dessen Wänden seltsame Waffen und Schmuckgegenstände aus fernen Ländern hingen. Er nahm ein Dokument in die Hand, das unter anderen Papieren auf seinem Schreibtisch gelegen war.

»Mein Wörterbuch der Sprache von Tahiti«, sagte er. »Diese Kopie habe ich anfertigen lassen. Das Vokabularium ist kurz und unvollständig, aber es mag dennoch von einigem Wert für Sie sein. Merken Sie sich bitte, daß die Schreibarten, die Kapitän Cook und ich anwendeten, geändert werden sollten. Ich habe über die Sache nachgedacht, und Bligh teilte meine Ansicht, daß es besser und einfacher wäre, die Worte so niederzuschreiben, wie ein Italiener sie aussprechen würde. Sie können Italienisch, nicht wahr?«

»Jawohl, Sir.«

»Gut«, fuhr er fort. »Sie werden einige Monate in Tahiti bleiben. Während sich die anderen mit dem Einsammeln der Brotfruchtsetzlinge befassen, wird Bligh dafür sorgen, daß Sie Muße haben, sich dem Wörterbuch zu widmen, das ich bei Ihrer Rückkehr herauszugeben hoffe. Die Dialekte der Sprache von Tahiti werden in ausgedehnten Gebieten jener Zonen gesprochen, und ein einfaches Wörterbuch wird von den Seeleuten dringend benötigt werden, ehe viele Jahre vergangen sind. Gegenwärtig kommt uns die Südsee beinahe so entfernt wie der Mond vor; aber verlassen Sie sich darauf, die ertragreichen Walfischstationen und neue Ländereien für Ansiedler werden bald die allgemeine Aufmerksamkeit auf jene Gegenden lenken, insbesondere jetzt, wo wir die amerikanischen Kolonien verloren haben.

Es gibt mancherlei Zerstreuungen in Tahiti«, setzte er nach einer Pause hinzu, »lassen Sie sich nur nicht dazu verleiten, Ihre Zeit zu vergeuden. Vor allem aber seien Sie vorsichtig bei der Wahl Ihrer Freunde unter den Eingeborenen. Wenn ein Schiff in der Bucht von Matavai vor Anker geht, eilen die Bewohner in Scharen herbei, und jeder ist begierig, sich unter der Schiffsmannschaft einen Freund oder Taio zu suchen. Lassen Sie sich Zeit, erkundigen Sie die augenblickliche politische Lage und wählen Sie als Taio einen Mann von Ansehen und Macht. Solch ein Mann kann von unermeßlichem Nutzen für Sie sein; als Gegenleistung für Äxte, Messer, Angelhaken und Schmuck für seine Frauen wird er Sie mit frischen Lebensmitteln versorgen, Sie in sein Haus einladen, wenn Sie an Land gehen, und überhaupt alles tun, was in seiner Macht steht, um Ihnen dienlich zu sein. Wenn Sie aber den Fehler begehen, als Taio einen Mann von geringem Stand zu wählen, werden Sie ihn wahrscheinlich dumm und unachtsam finden; auch werden seine Kenntnisse der Landessprache nur unvollkommen sein. Meiner Ansicht nach gehören diese Menschen nicht nur einer anderen Klasse, sondern auch einer anderen Rasse an, die vor langer Zeit von jenen, die jetzt das Land beherrschen, unterjocht wurde. Leute von Ansehen in Tahiti sind größer, schöner und weitaus intelligenter als die Manahune oder Sklaven.«

»Dann gibt es also unter den Bewohnern von Tahiti nicht mehr Gleichheit als unter uns?«

Sir Joseph lächelte. »Weniger, möchte ich sagen. Die Polynesier erscheinen uns fälschlich als gleich, und zwar wegen der Einfachheit ihrer Sitten und weil alle Klassen sich mit den gleichen Dingen beschäftigen. Man kann den König mit den anderen fischen gehen und die Königin ihr eigenes Kanu paddeln oder mit ihren Frauen Kleidungsstücke aus Rindenstoff ausklopfen sehen. Aber wirkliche Gleichheit gibt es nicht; keine Handlung, mag sie noch so verdienstvoll sein, kann dort einen Menschen über den Stand emporheben, für den er geboren ist. Nur den Häuptlingen, von denen man glaubt, daß sie von den Göttern abstammen, wird eine Seele zugesprochen.« Er hielt inne, während seine Finger auf der Lehne seines Sessels trommelten. »Haben Sie alles, was Sie brauchen werden?« fragte er dann. »Kleider, Schreibzeug, Geld? Die Verpflegung eines Kadetten ist nicht die beste der Welt, aber wenn Sie an Bord gehen, wird einer der Gehilfen des Schiffers drei oder vier Pfund von jedem von euch verlangen, um ein paar Leckerbissen und Annehmlichkeiten zu besorgen. Haben Sie einen Sextanten?«

»Jawohl, Sir – einen von denen meines Vaters. Ich zeigte ihn Herrn Bligh.«

»Ich bin froh darüber, daß Bligh das Schiff befehligt; einen besseren Seemann wird man auf allen Meeren vergebens suchen. Ich höre, daß er an Bord gerne ein wenig den Tataren spielt und kein sehr bequemer Herr ist, aber eine feste Hand ist mir immer lieber als eine schwächliche! Er wird Sie in Ihre Pflichten einführen; führen Sie sie stramm aus und denken Sie daran – Disziplin ist die Hauptsache!«

Als ich mich schon von Sir Joseph verabschiedet hatte, klangen mir seine Worte noch immer in den Ohren: »Disziplin ist die Hauptsache!«

Es war mir bestimmt, über diesen Satz oft und zuweilen schmerzlich nachzudenken, ehe wir einander wieder begegneten.

Seerecht

Gegen Ende November ging ich in Spithead an Bord der *Bounty*. Heute muß ich lächeln, wenn ich an die Uniformen und sonstigen Kleidungsstücke denke, die ich damals von der Londoner Postkutsche ablud. Über hundert Pfund hatte ich in diese Dinge hineingesteckt. Da gab es blaue Röcke mit langen Schößen, mit weißer Seide gefüttert; Kniehosen und Westen aus weißem Nanking und elegante Dreispitzhüte mit goldenen Schnüren und Kokarden. Ein paar Tage lang stolzierte ich in all dieser Pracht umher, aber als die *Bounty* unter Segel ging, wurde das Zeug ein für allemal weggeräumt und nie mehr getragen.

Neben den Kriegsschiffen erster Klasse, die nahebei vor Anker lagen, sah unser Schiff nur wie eine größere Barkasse aus. Es war vor drei Jahren für den Handelsverkehr gebaut worden und hatte 2000 Pfund gekostet; die Decklänge betrug 90 Fuß, die größte Breite 24 Fuß und der Laderaum kaum mehr als 200 Tonnen. Auf den Umbau und die Neueinrichtung des Schiffes hatte die Admiralität 4000 Pfund verwendet. Die große Kajüte achtern war in einen Garten verwandelt worden, unzählige Blumentöpfe standen in Gestellen, und auf dem Fußboden waren Rinnen angebracht, um das Wasser immer wieder benutzen zu können. So war nichts übriggeblieben, als Kapitänleutnant Bligh, der das Schiff kommandierte, und den zweithöchsten Offizier oder ›Steuermann‹, Herrn Fryer, in zwei engen Kammern zu beiden Seiten der Schiffstreppen unterzubringen. Infolge des Raummangels mußten die beiden Herren die Mahlzeiten zusammen mit dem Schiffsarzt in einem abgeteilten Raum des Zwischendecks einnehmen. Das Schiff war an und für sich schon klein;

zudem trug es eine schwere Ladung von Waren, die für den Tauschhandel mit den Eingeborenen bestimmt war; infolgedessen war jedermann an Bord so beengt, daß die Leute schon vor der Abfahrt zu murren begannen. In der Tat glaube ich, daß die Unbequemlichkeit unserer Lebensweise und die schlechte Laune, die sie im Gefolge hatte, keine geringe Schuld an dem unglücklichen Ende einer Reise trug, die von vornherein unter einem bösen Omen zu stehen schien.

Die *Bounty* war mit Kupfer beschlagen, damals eine ganz neue Einführung, und mit ihrem breiten, plumpen Rumpf, den kurzen Masten und dem festen Takelwerk sah sie einem Walfischfänger ähnlicher als einem bewaffneten Transportschiff der Britischen Marine. Sie trug je zwei Drehbassen am Vorderdeck und achtern, am Oberdeck sechs Drehbassen und vier Vierpfünder.

An dem Morgen, an dem ich mich bei Kapitänleutnant Bligh meldete, erschien mir alles neu und merkwürdig. Das Schiff war überfüllt mit Weibern, den ›Frauen‹ der Seeleute, der Rum floß überall in Strömen, und jüdische Händler fuhren in ihren Jollen dicht an das Schiff heran, beflissen, Geld gegen Zinsen bis zum Zahltag zu borgen oder wertlose Schmuckstücke auf Kredit zu verkaufen. Die Rufe der Männer in diesen Booten, das schrille Gekeife der Weiber und das Johlen und Fluchen der Matrosen vereinigten sich zu einem Höllenlärm. Ich machte mich auf den Weg nach achtern und fand Kapitänleutnant Bligh auf dem Quarterdeck. Vor ihm stand ein hochgewachsener, sonnengebräunter Mann.

»Ich bin in der Sternwarte zu Portsmouth gewesen, Sir«, meldete der Mann dem Kapitän; »der Chronometer geht um 1 Minute 52 Sekunden vor. Herr Bailey berichtet Ihnen darüber in diesem Brief.«

»Danke, Herr Christian«, sagte Bligh kurz; in diesem Augenblick wendete er den Kopf und bemerkte mich. Ich nahm den

Hut ab und ging auf ihn zu. »Sieh da, Herr Byam«, fuhr er fort, »da kann ich Sie gleich mit Herrn Christian, dem Steuermannsmaat, bekannt machen; er wird Ihnen Ihre Kammer anweisen und Sie in einen Teil Ihrer Pflichten einführen ... Übrigens, was ich sagen wollte, Sie speisen heute mit mir an Bord der *Tigress*; Kapitän Courtney kannte Ihren Vater und möchte Sie sehen.« Er blickte auf seine große silberne Uhr. »Seien Sie in einer Stunde bereit.«

Ich machte eine stumme Verbeugung und folgte Christian zum Niedergang. Die Kammer war ein abgeteiltes Stück des Zwischendecks. Sie war kaum acht Fuß breit und zehn Fuß lang, und doch sollte dieser Hundestall vieren von uns als Heim dienen. Drei oder vier hölzerne Kisten standen umher; ein Bullauge aus schwerem, trübem Glas ließ ein wenig Licht herein; an der Wand hing ein Quadrant. Obgleich das Schiff erst vor kurzem die Werft verlassen hatte, breitete sich bereits der faulige Geruch des in den Schiffskörper eingedrungenen Wassers aus. Ein hübscher, mürrisch dreinblickender Bursche, etwa in meinem Alter und auch in eine Uniform gleich der meinen gekleidet, war damit beschäftigt, in seiner Seekiste Ordnung zu schaffen. Mit einem hochmütigen Blick auf mich richtete er sich auf. Sein Name war Hayward, wie ich hörte, als Christian uns kurz vorstellte, und er ließ sich kaum dazu herab, meinen Händedruck zu erwidern.

Als wir das Oberdeck wieder erreicht hatten, lächelte Christian. »Der junge Herr Hayward fährt schon zwei Jahre zur See«, bemerkte er. »Er weiß, daß Sie ein Neuling sind. Aber die *Bounty* ist ein kleines Schiff, auf dem sich Kamerad besser ziemt als solches vornehmes Getue.«

Seine Sprache war die eines Mannes von Bildung. Ich betrachtete meinen Begleiter im Licht dieses ruhigen, klaren Wintertages, und er war es sicherlich wert, sogar öfter als einmal betrachtet zu werden.

Fletcher Christian stand um diese Zeit in seinem vierundzwanzigsten Lebensjahr und war in seiner einfachen blauen Uniform eine prächtige Seemannsgestalt: kraftvoll und ebenmäßig gebaut, mit dichtem, dunkelbraunem Haar und einer Gesichtsfarbe, die, von Natur aus dunkel, von der Sonne so stark gebräunt war, wie man es bei einem Angehörigen der weißen Rasse nur selten sehen kann. Sein Mund und sein Kinn drückten große Entschlossenheit aus, und seine dunklen, tiefliegenden, glänzenden Augen, die stets ins Weite zu blicken schienen, übten einen fast hypnotischen Zauber aus. Er sah eher wie ein Spanier denn wie ein Engländer aus, obgleich seine Familie seit dem 15. Jahrhundert auf der Insel Man gelebt hatte. Christian war, was die Frauen einen romantisch aussehenden Mann nennen; heitere Laune wechselte bei ihm jäh mit Anfällen tiefster Niedergeschlagenheit, und es kostete ihn oft so viel Mühe, die heftigen Ausbrüche seines Temperaments zu bändigen, daß ihm der Schweiß auf der Stirn stand. Wenn er auch nur ein Steuermannsmaat war, also nur eine Stufe über dem Seekadetten stand, so war er doch von höherer Abstammung als Bligh und ein vollkommener Gentleman.

»Kapitänleutnant Bligh«, erklärte er mir, »wünscht, daß ich Sie in einen Teil Ihrer Pflichten einführe. Navigation, nautische Astronomie und Trigonometrie wird er Sie selbst lehren, da wir nicht, wie auf Kriegsschiffen, einen Schulmeister an Bord haben. Und ich kann Ihnen versichern, daß Sie nicht zu Abend essen werden, ehe Sie nicht jeden Tag die Position des Schiffes ausgerechnet haben. Sie werden einer der Wachmannschaften zugeteilt werden; ferner werden Sie am Morgen kontrollieren, ob alle Hängematten verstaut sind; die Leute, deren Matten nicht ordentlich festgemacht sind, werden Sie zur Anzeige bringen. Lehnen Sie sich niemals an die Geschütze oder die Schiffswand, und gehen Sie niemals mit den Händen in den Taschen über das Quarterdeck. Außerdem müssen Sie lernen, wie ein Segel gesetzt und niedergeholt wird. Wenn das Schiff vor Anker liegt, werden Sie vielleicht das Kommando über eines der Boote erhalten. Und schließlich sind Sie der Sklave der beiden schrecklichen Tyrannen, des Steuermanns und des Steuermannsmaats.« Bei diesen Worten lächelte er mich kameradschaftlich an. Gleich darauf kam ein beleibter älterer Mann in einer Uniform, ähnlich der des Kapitänleutnants Bligh, den Niedergang heraufgekeucht. Sein gebräuntes Gesicht war gleichzeitig freundlich und energisch; ich hätte ihn überall sogleich als Seemann erkannt.

»Ah, Herr Christian, da sind Sie ja!« rief er, als er das Deck erreicht hatte. »Welch ein Tollhaus! Am liebsten möchte ich all die Kerle ins Meer versenken und die Frauenzimmer über Bord werfen! ... Wer ist denn das? Ach so, vermutlich Herr Byam, der neue Kadett! Willkommen an Bord, Herr Byam! Der Name Ihres Vaters hat einen guten Klang in unserer Wissenschaft, was, Herr Christian?«

»Herr Fryer, der Steuermann«, raunte mir Christian ins Ohr.

»Ein Tollhaus«, wiederholte Fryer, »Gott sei Dank, daß morgen Zahltag ist! Überall Weiber, an Deck und unten.« Er wandte sich Christian zu. »Versuchen Sie, eine Bootsmannschaft für Kapitänleutnant Bligh zusammenzustellen – vielleicht sind doch noch ein paar Leute nüchtern.«

»Wenn ein Kriegsschiff einmal auf offener See ist, herrscht Disziplin«, fuhr er fort, »aber im Hafen ist mir sogar ein Handelsschiff noch lieber. Der Schreiber des Kapitäns ist der einzige dort unten, der nicht betrunken ist. Der Wundarzt hingegen ... ah, da kommt er ja gerade!«

Und in der Tat wurde oberhalb des engen Niedergangs ein mit schneeweißem Haar bedeckter Kopf sichtbar. Unser Äskulap hatte einen Stelzfuß und ein langes Pferdegesicht, rot wie der Bart eines Truthahns; seine zwinkernden, hellblauen Augen erblickten den Mann an meiner Seite. Während er sich mit der einen Hand am Geländer festhielt, schwenkte er in der anderen eine halb geleerte Branntweinflasche.

»Ahoi, Herr Fryer!« rief er gut gelaunt. »Haben Sie Nelson, den Botaniker, gesehen? Ich habe ihm einen Tropfen Branntwein gegen seinen Rheumatismus verschrieben; es ist Zeit, daß er seine Medizin nimmt.«

»Herr Nelson ist an Land gegangen.«

Der Arzt schüttelte mit gespieltem Bedauern den Kopf.

»Ich möchte wetten, daß er seine guten Schillinge einem Quacksalber in Portsmouth hinschmeißt. Und doch könnte er hier an Bord, ohne einen Penny zu bezahlen, den Rat eines der ersten Ärzte unserer Zeit erhalten.« Er schwenkte aufs neue seine Flasche. »Hier ist das richtige Mittel für neun Zehntel aller menschlichen Leiden. Ein paar Tropfen Branntwein! Das ist das ganze Geheimnis!«

Plötzlich begann er, mit schöner, wenn auch ein wenig heiserer Stimme zu singen:

> »Und Johnny kriegt einen neuen Hut,
> Und Johnny geht auf den Markt.
> Und Johnny kriegt ein Schleifchen gut,
> Zu binden sein braunes Haar.«

Mit einem letzten Schwenken seiner Flasche hinkte er wieder die Treppe hinab. Fryer blickte ihm einen Augenblick nach und folgte ihm dann. Inmitten des Tohuwabohus auf dem Verdeck mir selbst überlassen, blickte ich mich neugierig um.

Kapitänleutnant Bligh ließ sich als Mann, der die Gebräuche in der Marine kennt, nirgends blicken. Am nächsten Morgen würden die Leute den Sold für zwei Monate im voraus erhalten, und am Tag darauf würden wir die Anker zu einer Reise zum anderen Ende der Welt lichten, auf der uns alle Entbehrungen und Gefahren kaum entdeckter Meere bevorstanden. Die *Bounty* mochte gut und gerne zwei Jahre oder noch länger unterwegs sein, und es war wohl nur recht und billig, daß sich die Mannschaft unmittelbar vor der Abfahrt auf jene Art ergötzte, an der Seeleute ihre Freude haben.

Während ich in dem allgemeinen Durcheinander auf Bligh wartete, vertrieb ich mir die Zeit damit, das Takelwerk der *Bounty* zu studieren. Da ich an der Westküste Englands aufgewachsen war, hatte ich das Meer von Kindheit an geliebt und unter Menschen gelebt, die von Schiffen und deren Eigenschaften so sprechen, wie man sich anderswo über Pferde unterhält.

Ich fragte mich, wie ich mich wohl anstellen würde, wenn ich den Befehl erhielte, das Oberbramsegel zu bergen oder mich am Tauwerk nützlich zu machen, und ich konnte mich des Zaubers nicht erwehren, der mich bis auf den heutigen Tag beim Anblick selbst des kleinsten Schiffes packt. Ein Schiff steht unter allen Werken von Menschenhand obenan – ein künstliches Gebilde aus Holz, Eisen und Hanf, auf wunderbare Weise durch Flügel vorwärts getrieben; zuweilen kommt es einem vor wie ein atmendes lebendiges Wesen. Plötzlich riß mich Blighs Stimme, die jetzt schroff und militärisch klang, aus meinen Gedanken.

»Herr Byam!«

Ich zuckte ein wenig zusammen, und schon stand der Kapitän unseres Schiffes in voller Uniform neben mir. Mit einem Anflug von Lächeln sagte er: »Ein kleines Schiff, was? Aber ein gutes Schiff.« Er gab mir ein Zeichen, ihm die Seitenstufen hinab zu folgen.

Die Bemannung unseres Bootes war, wenn auch nicht ganz

nüchtern, doch immerhin fähig zu rudern, und so waren wir bald bei Kapitän Courtneys großem Kriegsschiff *Tigress* angelangt. Eine lange Reihe Matrosen stand stramm, als Herr Bligh das Schiff betrat, und der Bootsmann in Paradeuniform blies nach altem Brauch auf seiner silbernen Querpfeife die feierliche Melodie des Willkommensgrußes. Auf dem Hinterdeck erwartete uns Kapitän Courtney.

Courtney und Bligh waren alte Bekannte; sie hatten vor sechs Jahren in der blutigen Schlacht bei der Doggerbank Seite an Seite auf der *Belle Poule* gekämpft. Kapitän Courtney entstammte einer vornehmen Familie; er war ein hochgewachsener, schlanker Offizier und fiel mir durch den ironischen Zug um die dünnen Lippen auf. Er begrüßte uns freundlich, sprach zu mir von meinem Vater und führte uns zu seiner Kajüte, an deren Eingang eine Schildwache in roter Uniform, den gezogenen Degen in der Hand, stand. Ich war zum ersten Mal in der Kajüte eines Kriegsschiffes und blickte mich neugierig um. Sie war mit spartanischer Einfachheit ausgestattet. Ein langes Sofa, ein schwerer, befestigter Tisch und ein paar Stühle; dann noch eine Hängelampe, ein Teleskop, ein Büchergestell und ein paar alte Waffen, das war alles. Der Tisch war für drei Personen gedeckt.

»Ein Glas Sherry«, sagte der Kapitän, als ein Mann die Gläser auf einem Tablett reichte. Er lächelte mich auf seine höfliche Art an und erhob sein Glas. »Auf das Andenken Ihres Vaters, junger Mann, wir Seeleute sind ihm ewige Dankbarkeit schuldig.«

Während wir tranken, hörte ich draußen großen Lärm und in der Ferne den Klang einer Trommel. Kapitän Courtney warf einen Blick auf seine Uhr, trank seinen Wein aus und erhob sich von dem Sofa. »Ich bitte um Entschuldigung, meine Herren. Ein Mann wird zwischen den Schiffen der Flotte durchgepeitscht; ich höre die Boote schon kommen. Ich muß das Urteil verlesen – schrecklich langweilige Sache. Machen Sie es sich inzwischen bequem! Wenn Sie zusehen wollen, so empfehle ich Ihnen das Hüttendeck.«

Im nächsten Augenblick verließ er den Raum. Bligh stellte sein Glas nieder und winkte mir, ihm zu folgen. Von dem Quarterdeck führte eine kurze Leiter zum Hüttendeck empor, das sich als ausgezeichneter Aussichtspunkt erwies. Obgleich die Luft frisch war, war der Wind kaum mehr als ein lindes Lüftchen, und die Sonne schien vom blauen, wolkenlosen Himmel herab.

Der Befehl, die ganze Mannschaft habe sich nach achtern zu begeben, um dem Strafvollzug beizuwohnen, wurde unter Pfeifenbegleitung laut ausgerufen. Die Marinesoldaten eilten, mit Muskete und Seitengewehr bewaffnet, auf das Hüttendeck, während Kapitän Courtney und seine Offiziere auf der Luvseite des Schiffs Aufstellung nahmen. Die übrige Besatzung versammelte sich leewärts längs der Reling; manche fanden, um besser zu sehen, in den Booten oder auf den Spieren Platz. Zwei weitere große Schiffe waren ganz in unserer Nähe verankert, und auch auf diesen standen schweigende Männer Kopf an Kopf.

Allmählich näherte sich der Trommelwirbel, und dann kam um den Bug der *Tigress* herum ein Zug, den ich niemals vergessen werde.

Den Anfang machte die Pinasse eines der im Hafen liegenden Schiffe; langsam wurde es nach dem nervenaufpeitschenden Takt des Trommelwirbels gerudert. Neben dem Trommler stand der Schiffsarzt und neben diesem der Profos; hinter ihnen sah ich eine menschliche Gestalt in einer seltsamen Stellung zusammengekauert. Der Pinasse folgte, nach der gleichen klagenden Musik gerudert, je ein Kutter von jeglichem Schiff der Flotte, bemannt mit Marinesoldaten. Ich hörte den Befehl »Freie Fahrt«; die Leute hörten auf zu rudern und ließen die Pinasse treiben, bis sie längsseits zum Stillstand kam. Ich blickte über die Reling hinab. Der Atem wollte mir stocken, und ohne daß ich dessen gewahr geworden wäre, rief ich leise: »Oh, mein Gott!« Herr Bligh maß mich von der Seite mit einem raschen Blick und einem schnell vorüberhuschenden grimmigen Lächeln.

Die zusammengesunkene Gestalt in der Pinasse war die eines kräftigen Mannes von dreißig oder fünfunddreißig Jahren. Er war nur mit einer weiten Seemannshose bekleidet. Seine nackten Arme waren sonnengebräunt und tätowiert. Seine Hände waren gefesselt. Sein lichtes hellblondes Haar war wirr. Sein Gesicht konnte ich nicht sehen, denn sein Kopf hing über die Brust hinab. Seine Hose und die Planken des Bootes zu beiden Seiten der Gestalt waren mit geronnenem Blut bespritzt. Ich hatte schon früher in meinem Leben Blut gesehen; der Rücken des Mannes war es, dessen Anblick mir den Atem nahm. Vom Hals bis zur Hüfte hatte die neunschwänzige Katze die Knochen bloßgelegt, und das Fleisch hing in schwärzlichen Fetzen herab.

Kapitän Courtney schlenderte gemächlich über das Deck und blickte sodann auf das furchtbare Schauspiel hinab. Der Wundarzt im Boot beugte sich über den verstümmelten Körper und rief dann in militärischem Ton zu Courtney hinauf: »Der Mann ist tot, Sir.«

Ein Gemurmel, kaum lauter als ein Lufthauch in Baumwipfeln, glitt durch die versammelten Mannschaften. Der Kapitän der *Tigress* verschränkte die Arme und wandte den Kopf langsam zur Seite. Er war prächtig anzusehen mit seinem Degen, seiner reich betreßten Uniform, seinem Dreispitz und seinem gepuderten Haar. Inmitten des drückenden Schweigens ringsumher wandte er sich wieder dem Wundarzt zu.

»Tot«, sagte er leichthin, in seinem elegant blasierten Ton.

»Der Mann hat Glück! Heda, Profos!« Der Subalternoffizier neben dem Arzt stand stramm.

»Wie viele Streiche hat er noch zu bekommen?« erkundigte sich der Kapitän.

»Zwei Dutzend, Sir.«

Courtney nahm jetzt aus der Hand seines Oberleutnants eine Abschrift des Marine-Strafgesetzes. Als er mit Grazie seinen Dreispitz abnahm und ihn vor die Brust hielt, entblößten alle Männer ringsumher das Haupt in Ehrfurcht vor den Geboten des Königs. Dann las der Kapitän den Absatz vor, der die Strafe für einen tätlichen Angriff gegen einen Offizier der königlichen Marine enthielt. Der Bootsmannsmaat entnahm einem roten Beutel die »Katze« mit dem roten Stiel und blickte sich unsicher um. Der Kapitän hatte inzwischen seine Verlesung beendet, wiederum den Hut aufgesetzt und sah dem Mann jetzt ins Auge. Wieder hörte ich das kaum hörbare Gemurmel, und wieder wurde es still, als Courtney zu sprechen begann. »Tun Sie Ihre Pflicht«, befahl er ruhig. »Zwei Dutzend, glaube ich.«

»Zwei Dutzend – so ist es, Sir«, sagte der Vollzieher des Urteils mit hohler Stimme. Mit zusammengebissenen Zähnen und glänzenden Augen standen die Leute da, aber das Schweigen war so tief, daß ich das leise Geräusch hörte, das die im schwachen Wind hin und her schwankenden Rahen verursachten.

Ich konnte meinen Blick nicht von dem Bootsmannsmaat abwenden, der nunmehr langsam die Seitenstufen hinabkletterte. Selbst wenn der Mann laut aufgeschrien haben würde, hätte er den Widerwillen gegen seine Tätigkeit nicht deutlicher zum Ausdruck bringen können. Er stieg in das Boot; mit starren, finsteren Gesichtern machten ihm die Ruderer Platz. Von oben her sah ihm Courtney mit gekreuzten Armen zu und rief:

»Los! Tun Sie Ihre Pflicht!«

Der Mann mit der »Katze« ließ die »Schwänze« durch die Finger seiner linken Hand gleiten, erhob den Arm und ließ das Instrument auf den armen, zerschundenen Körper niedersausen. Ich wandte mich ab; mir war schwindlig und übel. Bligh stand neben mir an der Reling, eine Hand auf der Hüfte, und sah den Vorgängen zu, wie man einem schlecht gespielten Theaterstück zusehen mag. Die Hiebe folgten einander in gleichen Abständen, jeder einzelne durchbrach die Stille wie ein Pistolenschuß. Während der letzten Minuten, die mir wie ein Jahrhundert vorkamen, zählte ich mit, aber schließlich kam doch das Ende – zweiundzwanzig ... dreiundzwanzig ... vierundzwanzig. Ich vernahm ein Kommandowort; die Marinesoldaten kletterten den Hüttendeckenniedergang hinab. Es schlug acht Glas. Auf dem Schiff entstand Bewegung, und ich hörte, wie der Bootsmann auf seiner Pfeife das langgezogene, fröhliche Signal zum Essen blies.

Als wir uns zum Speisen niedersetzten, schien Courtney gar nicht mehr an die Vorgänge, die sich soeben abgespielt hatten, zu denken. Er leerte ein Glas Sherry auf Blighs Gesundheit und kostete die Suppe. »Kalt!« bemerkte er bedauernd.

»Ja, das sind die Schattenseiten des Seemannslebens, was, Bligh?«

Sein Gast schlürfte die Suppe mit hörbarem Vergnügen. Er hätte vielleicht besser in die Messe der Matrosen gepaßt als an den Tisch des Kapitäns, denn seine Tafelsitten waren recht derb. »Gott strafe mich!« sagte er. »Damals auf der alten *Poule* haben wir uns mit schlechterem Essen begnügen müssen!«

»Dafür werden Sie es sich in Tahiti um so besser ergehen lassen, möchte ich wetten. Ich höre, daß Sie den braunen Damen der Südsee wieder einmal einen Besuch abstatten werden.«

»Stimmt, und zwar einen langen. Es wird mehrere Monate

dauern, bis wir unsere Ladung Brotfruchtbäume an Bord haben.«

»Ich habe in London von Ihrer Reise gehört. Billige Nahrung für die westindischen Sklaven, was? Ich wollte, ich könnte mit Ihnen fahren.«

»Bei Gott, das wäre fein! Und Sie würden es nicht bereuen.«

»Sind die Weiber von Tahiti wirklich so schön, wie Cook sie beschrieben hat?«

»Das will ich meinen, vorausgesetzt, daß Sie kein Vorurteil gegen eine braune Haut haben. Die Frauen dort halten ihren Körper wunderbar rein und vermögen auch den anspruchsvollsten Mann anzuziehen. Fragen Sie nur Sir Joseph; er behauptet, daß es in der ganzen Welt solche Frauen nicht mehr gibt!«

Unser Gastgeber seufzte romantisch. »Sprechen Sie nicht weiter! Ich sehe Sie bereits wie einen Pascha unter den Palmen wandeln, inmitten eines Harems, um den Sie der Sultan selbst beneiden würde!«

Mir war noch immer übel von dem, was ich kurz vorher gesehen hatte; kaum imstande, einen Bissen hinunterzuwürgen, saß ich schweigend neben den plaudernden Männern. Bligh war der erste, der den Strafvollzug erwähnte.

»Was hat der Mann eigentlich verbrochen?« fragte er. Kapitän Courtney stellte sein Weinglas nieder und blickte Bligh zerstreut an. »Ach so, Sie meinen den Burschen, der geprügelt wurde«, sagte er. »Er war einer von Kapitän Allisons Focktoppsgasten auf der *Unconquerable*. Soll ein tüchtiger Kerl gewesen sein. Er war desertiert, und dann sah ihn Allison in Portsmouth aus einer Kneipe kommen. Der Mann versuchte sich aus dem Staub zu machen; Allison packte ihn beim Arm. Gute Toppsgasten findet man nicht alle Tage. Da schlug der unverschämte Kerl seinem Kapitän mit der Faust ins Gesicht, gerade als eine Schar Matrosen vorbeikam. Die nahmen ihn gleich gefangen, und das übrige haben Sie ja gesehen. Merkwürdig! Wir waren erst das fünfte Schiff; acht Dutzend Streiche genügten. Aber Allison hat einen Mann, der ein wahrer Künstler in der Anwendung der ›Katze‹ ist und dabei stark wie ein Ochse.«

Bligh hörte mit Interesse zu und nickte befriedigt. »Also seinen Kapitän hat er geschlagen? Na, dann verdient er ja alles, was ihm zuteil geworden ist, und noch ein bißchen mehr! Es gibt keine gerechteren Gesetze als die der Marine.«

»Ist solche Grausamkeit wirklich notwendig?« warf ich ein, unfähig, länger zu schweigen. »Warum hat man den armen Menschen nicht einfach gehängt? Da hätte er nicht so leiden müssen.«

»Armer Mensch?« Kapitän Courtney maß mich mit gerunzelter Stirn. »Sie haben noch viel zu lernen, junger Mann. Ein paar Jahre zur See werden ihn abhärten, was, Bligh?«

»Dafür werde ich sorgen«, nickte der Kapitän der *Bounty*. »Nein, Herr Byam, an Schurken dieser Art dürfen Sie kein Mitleid verschwenden.«

»Und denken Sie daran«, ermahnte mich Courtney in väterlichem Tone, »daß es, wie Herr Bligh soeben sagte, keine gerechteren Gesetze gibt als die der See. Nicht nur gerecht, sondern auch notwendig; Disziplin muß bewahrt werden, auf einem Kauffahrteischiff ebenso wie auf einem Kriegsschiff. Meuterei und Piratenwesen müssen unterdrückt werden.«

»Ja«, sagte Bligh, »unser Gesetz ist streng, aber in ihm liegt die Tradition vieler Jahrhunderte bewahrt. Übrigens ist es mit der Zeit humaner geworden. Kein Kapitän hat heute mehr das Recht, einen seiner Leute ohne Einberufung eines Kriegsgerichtes zum Tode zu verurteilen.«

Noch immer im tiefsten aufgewühlt von der schrecklichen Szene, der ich beigewohnt hatte, aß ich wenig und trank mehr Wein, als es meine Gewohnheit war. Schweigend saß ich da, während die beiden Offiziere nach Seemannsart von alten Freunden und gemeinsam geschlagenen Schlachten plauderten. Der Nachmittag war schon weit vorgeschritten, als Bligh und ich zur *Bounty* zurückgerudert wurden. Es war Ebbe, und ich sah, wie in einiger Entfernung Männer eilig ein Grab in den Schlamm gruben. Sie beerdigten die Leiche des armen Burschen, der zwischen der Flotte hindurchgeprügelt worden war – schweigend verscharrten sie ihn und ohne kirchlichen Beistand.

Auf See

Am 28. November, bei Tagesanbruch, ging die *Bounty* unter Segel, aber bei St. Helens ankerten wir abermals und wurden durch widrige Winde fast einen Monat lang zurückgehalten; erst am 23. Dezember segelten wir mit einer günstigen Brise in den Kanal hinaus.

Ein Monat scheint eine lange Zeit, besonders wenn man ihn an Bord eines kleinen, vor Anker liegenden Schiffes mit vierzig anderen Männern verbringen muß, aber ich lernte meine Kameraden kennen, und mit solchem Eifer machte ich mich daran, mich mit meinen neuen Pflichten vertraut zu machen, daß mir die Tage als zu kurz erschienen. Die *Bounty* hatte sechs Kadetten an Bord; Kapitänleutnant Bligh und der Steuermann teilten sich den Unterricht in Trigonometrie, nautischer Astronomie und Navigation. Zusammen mit Stewart und Young hatte ich den Vorzug, Navigation bei Bligh zu studieren, und ich muß einem Offizier, dessen Charakter in anderer Beziehung keineswegs vollkommen war, die Gerechtigkeit widerfahren lassen, daß es zu jener Zeit keinen besseren Seemann und Navigator gab als ihn. Meine beiden engeren Kameraden waren älter als ich: George Stewart, der einer guten Familie auf den Orkneyinseln entstammte, war drei- oder vierundzwanzig Jahre alt und hatte schon mehrere Seereisen hinter sich; Edward Young war ein robuster Mensch von echt seemännischem Aussehen, mit einem hübschen Gesicht, das nur das Fehlen der meisten Vorderzähne entstellte. Beide waren schon ziemlich tüchtige Navigatoren, und ich mußte mein Bestes hergeben, um nicht in den Ruf eines Dummkopfes zu kommen.

Der Bootsmann, Herr Cole, und sein Maat James Morrison

lehrten mich die eigentliche Seemannskunst. Cole war ein See-bär von altem Schrot und Korn, sonnengebräunt und schweig-sam, der seine Arbeit durch und durch, sonst aber nicht viel verstand. Da war Morrison ganz anders – ein Mann von guter Herkunft, der Kadett gewesen war und die Fahrt nur mitmachte, weil sie ihn interessierte. Er war ein Seemann und Navigator ersten Ranges; ein dunkler, schlanker, kluger Mensch, etwa dreißig Jahre alt, der in gefährlichen Augen-blicken die Ruhe nicht verlor und niemals fluchte. Morrison trieb die Leute nicht wahllos mit Schlägen zur Arbeit an, wie es sonst üblich war; wohl trug er ein knotiges Strickende bei sich, aber er benutzte es nur bei offenkundigen Übeltätern oder wenn Bligh ihn anschrie: »Treiben Sie den Kerl doch zur Arbeit an!« Am Abend des 22. Dezember klärte sich der Himmel endlich auf, und der Wind schlug nach Osten um. Am nächsten Morgen war es noch dunkel, als mich die Be-fehle zur Abfahrt des Schiffes aus dem Schlaf weckten.

Hell leuchteten die Sterne am Himmel, als ich auf Deck kam, und im Osten dämmerte grau der Morgen herauf. Drei Wo-chen lang hatten wir heftige südwestliche Winde mit Regen und Nebel gehabt; jetzt war die Luft klar und kalt, und ein kräftiger Ostwind wehte von der französischen Küste her-über. Auf Deck war schon alles in Bewegung, und die Pfeife des Bootsmannes übertönte schrill den Lärm.

»Setzt das Marssegel bei!« befahl Fryer, und Christian gab das Kommando weiter. Die Takelage war steif vor Frost, und die Leute, die das Fockmarssegel beisetzten, kamen nur lang-sam mit ihrer Arbeit vorwärts. Bligh blickte ungeduldig her-über.

»Was macht ihr denn?« brüllte er ärgerlich, »schlaft ihr noch dort drüben? Erwacht doch endlich, ihr kriechenden Rau-pen!« Die Leute arbeiteten nach besten Kräften, aber Bligh war nervös, denn tausend kritische Augen beobachteten von den ringsumher vor Anker liegenden Schiffen aus unsere Abfahrt. Endlich hatte das Schiff das offene Meer erreicht.

Am wolkenlosen Himmel ging die Sonne auf – ein herrlicher klarer, kalter Wintermorgen brach an. Wie ein Rennpferd schoß die *Bounty* nun mit beigesetzten Bramsegeln dahin.

Während der folgenden Nacht frischte der Wind zum heftigen Sturm auf, und die See ging hoch, aber am Tag darauf nahm die Windstärke wieder ab, so daß wir das Weihnachtsfest ruhig und vergnügt feiern konnten.

Nach und nach begann ich mit meinen Kameraden Bekanntschaft zu schließen. Die Mannschaft der *Bounty* war teils von der Aussicht auf eine Reise in die Südsee angelockt, teils von dem Schiffer oder von Bligh selbst ausgewählt worden. Unsere vierzehn befahrenen Matrosen waren wirklich tüchtige Seeleute, nicht der Abschaum der Hafenkneipen und Gefängnisse, den man auf Seeschiffen nicht selten findet; die Offiziere waren fast alle Männer von großer Erfahrung, und selbst unser Botaniker, Herr Nelson, war von Sir Joseph Banks wegen seiner früheren Tahitireise unter Kapitän Cook empfohlen worden. Kapitän Bligh hätte hundert Kadetten haben können, wenn er alle Bewerber angenommen hätte; immerhin waren wir zu sechst, obgleich im Schiffsreglement nur zwei vorgesehen waren. Stewart und Young waren nette Burschen, die schon Erfahrung zur See hatten; Hallet war ein fünfzehnjähriger, kränklich aussehender Junge mit unruhigen Augen und einem mürrischen Zug um den Mund. Tinkler, der Schwager des Herrn Fryer, war ein Jahr jünger, aber auch er war schon zur See gefahren – ein Possenreißer von einem Jungen, der wegen seiner Streiche aus den Strafen gar nicht herauskam. Hayward, der hübsche, hochmütig dreinblickende Bursche, dem ich begegnet war, als ich unsere Kammer zum ersten Mal betreten hatte, war erst sechzehn Jahre alt, aber sehr groß und stark für sein Alter: Er hielt sich für etwas Besonderes, weil er zwei Jahre lang auf einem richtigen Kriegsschiff gedient hatte.

Ich teilte mit Hayward, Stewart und Young eine Kammer im Zwischendeck. In diesem schmalen Raum waren nachts unsere vier Hängematten aufgehängt, und dort nahmen wir unsere Mahlzeiten ein; eine Kiste diente uns als Tisch, andere Kisten als Stühle. Gegen einen beträchtlichen Anteil an unserer Grogration hängte der Matrose Alexander Smith am Abend unsere Hängematten auf und verstaute sie am Morgen wieder, während uns Thomas Ellison, der jüngste der Matrosen, gegen eine geringere Menge der gleichen flüssigen Schiffswährung das Essen zubereitete. Herr Christian hatte für unsere Verpflegung zu sorgen; gleich den anderen hatte ich ihm vor Antritt der Reise fünf Pfund übergeben, und er hatte das Geld in Kartoffeln, Zwiebeln, Holländerkäse, Tee, Zucker und anderen Delikatessen für uns angelegt. Diese privaten Vorräte erlaubten es uns, einige Wochen hindurch gut zu leben, obgleich ein schlechterer Koch als der junge Tom Ellison wohl nirgends zu finden gewesen wäre. Getränke gab es in Hülle und Fülle, so daß wir in dieser Richtung nicht besonders vorzusorgen brauchten. Während des ersten Monats erhielt jeder Mann täglich eine Gallone Bier, und als dieses ausgetrunken war, ein Pint feurigen spanischen Weißweins. Und als auch von dem Wein nichts mehr vorhanden war, wurden wir reichlich mit Grog, der letzten Zuflucht des Seemannes, versorgt. Wir hatten einen wunderbaren Pfeifer an Bord, einen halbblinden Iren namens Michael Byrne. Er hatte es verstanden, seine Blindheit zu verbergen, bis die *Bounty* auf offener See war. Als er am ersten Tag die alte Melodie spielte, welche die Matrosen zur Grogstunde ruft, legte er so viel Feuer und Fröhlichkeit in sein Spiel, daß ihm sogar Kapitän Bligh seine Blindheit verzieh.

Einen guten Teil unseres Biervorrates verloren wir in einem

heftigen östlichen Sturm, in den das Schiff am Tage nach Weihnachten geriet. Mehrere Fässer wurden über Bord gespült, als wir eine schwere Sturzsee bekamen; beinahe hätte die gleiche Woge alle drei Boote mitgerissen. Ich war in jenem Augenblick nicht auf Wache, sondern unterhielt mich achtern in der Kammer des Arztes. Die bestand aus einem kleinen, übelriechenden Verschlag unterhalb der Wasserlinie, der von einer aus Mangel an Luft blau brennenden Kerze beleuchtet war. Aber »Vater Bacchus« kümmerte das nicht. Unser Knochensäger hatte vermutlich auch irgendeinen bürgerlichen Namen, aber der blieb uns allen bis zum Tage seines Todes verborgen. Einen Schwips zu haben war für ihn ein natürlicher Zustand, und durch das Signal, das den Eintritt dieses Zustandes ankündigte, kam er zu dem Namen, unter dem er uns allen bekannt war. Sobald er ein Gläschen mehr getrunken hatte, als er vertrug – und er vertrug sehr viel –, pflegte er auf einem Bein zu balancieren, eine Hand zwischen den dritten und vierten Knopf seiner Weste zu stecken und mit komischem Pathos ein Gedicht zu deklamieren, das mit der Verszeile begann:

»Nun ist's vorbei mit der Herrschaft des Bacchus.«

Mit seinem Stelzfuß, seinem grimmigen Gesicht, seinem schneeweißen Haar und seinen schelmischen blauen Augen sah Vater Bacchus wie das wahre Urbild aller Schiffswundärzte aus. Er war schon so lange zur See gefahren, daß er kaum mehr an die Zeit zurückdenken konnte, wo er auf dem Festland gelebt hatte. Pökelfleisch zog er den feinsten Delikatessen vor, und einmal vertraute er mir an, daß es ihm beinahe unmöglich sei, in einem richtigen Bett zu schlafen. Vor vielen Jahren hatte ihm ein Kanonenschuß ein Bein weggerissen.

Vater Bacchus' Kumpane waren Herr Nelson, der Botaniker, und Peckover, der Profos. Die Pflichten eines Profos, die auf einem richtigen Kriegsschiff sehr schwer sind, waren auf der *Bounty* leicht genug, und Peckover – ein gemütlicher Kerl, dem ein lustiges Lied und ein kräftiger Trunk über alles gingen – hatte viel Muße für Gesellligkeit. Herr Nelson war ein ruhiger, ältlicher Mann, der sich trotz seines ernsten, wissenschaftlichen Berufes in der Gesellschaft des Vater Bacchus sehr wohl fühlte und, wenn er in der Laune dazu war, ein Garn spinnen konnte wie ein echter Seemann.

Alle Kajüten der Offiziere und Personen mit Offiziersrang waren mit richtigen eingebauten Betten ausgestattet, aber Bacchus zog es vor, bei Nacht in einer Hängematte zu schlafen. Sein Bett benutzte er als Sofa und den ausgedehnten Raum darunter als Getränkekeller. Das Bett füllte beinahe die Hälfte der kleinen Kajüte aus. Ihm gegenüber standen drei noch nicht angezapfte Weinfässer, deren eines mir als Sitz diente. Bacchus und Nelson saßen nebeneinander auf dem Bett; jeder von ihnen hielt einen Becher kräftig mit Rum versetzten Bieres in der Hand. Das Schiff schlingerte mächtig hin und her, so daß mein Faß des öfteren unter mir durchzugehen drohte; den beiden Männern auf dem Sofa aber schien das schwere Wetter gar nicht zu Bewußtsein zu kommen.

»Ein Mann, der sein Geschäft versteht, dieser Purcell!« bemerkte der Arzt, bewundernd an seinem neuen Holzbein hinunterblickend. »Einen besseren Schiffszimmermann hat es niemals gegeben! Mein früheres Bein war verdammt unbequem, aber dies hier ist wie mein eigenes Fleisch und Blut! Purcell soll leben!« Er tat einen tiefen Zug aus seinem Krug.

»Du hast Glück, Nelson! Sollte einmal etwas mit deinem Untergestell schiefgehen, so bin ich da, um dir dein altes Bein abzusägen, und Purcell wird dir ein besseres machen!«

Nelson lächelte. »Wirklich sehr freundlich von dir, aber hoffentlich brauche ich dich nicht zu belästigen.«

»Hoffentlich nicht, lieber Freund – hoffentlich nicht! Aber

vor einer Amputation braucht man sich nicht zu fürchten. Mit einem kräftigen Schluck Rum, einem gut geschliffenen Rasiermesser und einer Säge schneide ich dir dein Bein weg, ehe du überhaupt was merkst. Bei mir hat ein amerikanischer Wundarzt die kleine Operation ausgeführt. Wartet mal ... ja, es muß im Jahr 78 gewesen sein. Ich war auf dem alten Kasten, der *Drake*, und wir waren damals auf der Jagd nach dem Amerikaner *Ranger*. Plötzlich hörten wir, daß er nahe bei Belfast liege. Eine merkwürdige Geschichte, weiß der Teufel! Wir gingen langsam an den Amerikaner ran, hißten unsere Flagge und brüllten:

›Wer seid ihr?‹ – ›Schiff der amerikanischen Flotte *Ranger*!‹ schrie der Yankee, während seine eigene Flagge aufstieg.

›Kommt nur her – wir warten auf euch!‹ Im nächsten Augenblick feuerten beide Schiffe die Geschütze ab ... Großer Gott!«

Die *Bounty* erbebte unter dem Anprall einer schweren See. »Machen Sie, daß Sie hinaufkommen, Byam!« befahl der Arzt. Und während ich den Niedergang emporsprang, hörte ich inmitten des Krachens und Knarrens des Schiffes und des Gebrülls der Wogen das Signal »Alle Mann auf Deck!«

Oben herrschte ein furchtbarer Wirrwarr. Bligh stand beim Besanmast, neben ihm Fryer; die Maate bargen die Segel, um das Schiff aufzurichten. Die Leute an den Geitauen arbeiteten mit aller Kraft, um die widerspenstigen Segel zu bergen. Ich selbst hatte mit zwei anderen Kadetten die Aufgabe zu erfüllen, das Besanmarssegel zu beschlagen, unter solchen Umständen gar keine leichte Aufgabe. Ebenso legte jeder andere Mann der Besatzung Hand an, um das Schiff aus seiner gefährlichen Lage zu befreien. Dies gelang auch schließlich, aber der Schaden war beträchtlich. Alle drei Boote waren zwar gerettet worden, aber die Bierfässer, die auf Deck festgebunden waren, waren nirgends zu sehen, und das Heck des

Schiffes war so schwer beschädigt, daß die Kajüte sich mit Wasser füllte; dieses sickerte in die darunterliegende Brotkammer und machte einen großen Teil unseres Brotvorrats unbrauchbar.

Als wir den 39. Grad nördlicher Breite erreicht hatten, flaute der Sturm ab. Die Sonne begann zu scheinen, und wir nahmen, von einer nördlichen Brise getrieben, Kurs auf Teneriffa. Am 5. Januar sahen wir die Insel, etwa 12 Meilen entfernt, vor uns, aber nahe dem Land trat Windstille ein, und wir brauchten noch einen Tag und eine Nacht, um Santa Cruz zu erreichen, wo wir neben einem spanischen Postschiff und einer amerikanischen Brigg ankerten.

Fünf Tage lagen wir vor Anker, und dort war es auch, wo sich die ersten Spuren der Unzufriedenheit, die schließlich unserer Fahrt zum Verderben wurde, bemerkbar machten. Leutnant Bligh heuerte nämlich Einwohner der Insel an, damit sie mit ihren Booten Wasser und Vorräte auf die *Bounty* schafften, während er seine eigenen Leute vom Morgen bis zum Abend damit beschäftigte, den Schaden, den der Sturm unserem Schiff zugefügt hatte, auszubessern. Hierüber murrte die Mannschaft, denn die Leute hatten gehofft, an Land gehen und sich an dem vortrefflichen Wein gütlich tun zu können, der dort wächst.

Während unseres Aufenthaltes wurde die Verteilung des Pökelfleisches eingestellt und von der Insel frisches Fleisch bezogen. Nun war zwar das Pökelfleisch auf der *Bounty* das schlechteste, was ich jemals auf See gekostet habe, aber das Fleisch, das wir von Teneriffa bezogen, war noch schlechter. Die Leute sagten, es müsse von den Leichen eingegangener Pferde oder Maultiere stammen, und erklärten es dem Steuermann gegenüber für ungenießbar. Fryer erstattete Bligh über diese Beschwerde Bericht; der Kapitän geriet in furchtbare

Wut und befahl, daß die Besatzung entweder das frische Fleisch oder gar nichts essen werde. Der größte Teil des Fleisches wurde über Bord geworfen – ein Anblick, der nicht dazu angetan war, Blighs Ärger herabzumindern.

Ich hatte das Glück, an Land zu gehen, denn Bligh nahm mich mit, als er dem Gouverneur, Marquis Brancheforté, einen Besuch abstattete. Mit Erlaubnis des Gouverneurs durchsuchte Herr Nelson das Gebirge jeden Tag nach seltenen Pflanzen. Vater Bacchus wiederum benutzte den Aufenthalt, um seinen Vorrat an Branntwein zu ergänzen.

Als wir von Teneriffa abfuhren, teilte Bligh die Mannschaft in drei Wachen und übergab Christian das Kommando über die dritte Wache mit der Funktion seines Stellvertreters. Bligh kannte ihn seit mehreren Jahren und hielt sich für Christians Freund und Wohltäter. Seine Freundschaft fand ihren Ausdruck darin, daß er ihn heute zum Abendessen einlud, um ihn morgen vor den Leuten auf das unflätigste zu beschimpfen; diesmal allerdings erwies er ihm einen wirklichen Dienst, denn es war sehr wahrscheinlich, daß, falls auf der Fahrt alles gutginge, die Admiralität die Ernennung zum Leutnant bestätigen würde; auf diese Art hätte Christian Offiziersrang erlangt. Schon jetzt galt er als ein »Gentleman«, was der in seinem Stolz verletzte Fryer nicht nur dem Kapitän, sondern auch – so ist die menschliche Natur nun einmal – seinem früheren Untergebenen verübelte.

Die Fahrt von Teneriffa zum Kap Hoorn brachte neuen Gärungsstoff. Die Ernährung der Mannschaft auf britischen Schiffen ist immer schlecht und unzureichend; dieser Tatsache ist es auch zuzuschreiben, daß in späterer Zeit so viele Seeleute desertierten, um sich für die amerikanische Flotte anwerben zu lassen. Auf der *Bounty* war das Essen von noch geringerer Qualität und noch spärlicher, als es die Leute gewohnt waren. Als Bligh die Mannschaft zusammenrief, um sie von der Ernennung Christians zum Stellvertreter zu unterrichten, teilte er ihr auch mit, daß infolge der ungewissen Zeitdauer der Reise die Brotration auf zwei Drittel der bisherigen Menge verringert werden müsse. Die Leute sahen zwar die Notwendigkeit des Sparens ein, fuhren aber fort, über das gepökelte Rind- und Schweinefleisch zu murren.

Wir hatten keinen Proviantmeister an Bord. Bligh übte dieses Amt selbst aus, wobei ihm sein Schreiber, John Samuel, ein kleingewachsener Mensch, zur Seite stand. Samuel stand, wahrscheinlich nicht ohne Grund, im Geruch, der Spion des Kapitäns unter der Mannschaft zu sein. Er war bei allen Leuten herzlich unbeliebt, und es zeigte sich, daß jeder Mann, der seine Abneigung gegen Herrn Samuel zu deutlich zeigte, bei Leutnant Bligh in Ungnade fiel. Es gehörte zu Samuels Aufgaben, den Köchen der einzelnen Messen die Lebensmittel zuzuteilen; jedes Mal, wenn ein Faß Pökelfleisch angebrochen wurde, wurden die besten Stücke für die Offiziersmesse reserviert, während der Rest, der häufig ganz ungeeignet zu menschlicher Nahrung war, an die Mannschaftsmessen abgeliefert wurde, ohne gewogen zu werden. Samuel sagte »vier Pfund« und zeichnete diese Menge in seinem Buch auf, obgleich jeder sehen konnte, daß das Fleisch nicht einmal drei Pfund wog.

Seeleute blicken auf Geiz in ihren eigenen Reihen mit äußerster Verachtung herab, und ein geiziger Offizier, übrigens eine Seltenheit im Dienste Seiner Majestät, zieht sich nur zu leicht den Haß seiner Leute zu. Britische Seeleute verzeihen einem Kapitän seine Strenge, aber nichts treibt sie rascher zur Meuterei als ein Schiffskommandant, der sich auf ihre Kosten bereichert.

Eines Tages ereignete sich ein Zwischenfall, der uns Anlaß zur Annahme gab, Bligh mache sich solch eigensüchtigen Verhaltens schuldig. Das Wetter war schön; eines Morgens wurde die große Schiffsluke geöffnet und unser Vorrat an Käse zum Lüften auf Deck gebracht. Bligh überwachte alles, was auf dem Schiff vorging, persönlich, denn er traute keinem seiner Untergebenen. Auch an diesem Tag stand er neben Hillbrandt, dem Böttcher, während dieser die Reifen von den Käsefässern entfernte und die Deckel herausschlug. In einem der Fässer fehlten zwei Käse im Gewicht von etwa fünfzig Pfund; Bligh bekam wieder einmal einen seiner Wutanfälle.

»Verflucht! Die Käse sind gestohlen worden«, brüllte er. »Vielleicht erinnern Sie sich, Sir«, wagte Hillbrandt einzuwenden, »daß in Deptford das Faß auf Ihre Weisung hin geöffnet und die Käse an Land getragen wurden.«

»Unverschämter Halunke! Halt den Mund!«

Christian und Fryer befanden sich zufällig auf Deck, und Bligh bezog auch sie in die Beschimpfungen ein, mit denen er die Umherstehenden überschüttete. »Verdammte Diebesbande«, schrie er. »Ihr habt euch alle gegen mich verschworen – Offiziere und Mannschaft. Aber ich werde euch schon zähmen – bei Gott, das werde ich!« Er wandte sich wieder dem Böttcher zu: »Noch ein Wort, und ich werde dich blutig prügeln lassen.« Dann fuhr er herum und rief: »Herr Samuel! Kommen Sie sofort herauf!«

Samuel kam gehorsam an Deck, und Bligh fuhr fort: »Zwei Käse sind gestohlen worden. Sorgen Sie dafür, daß keine Käserationen mehr ausgegeben werden – auch an die Offiziersmesse nicht –, ehe das Manko eingebracht ist.«

Ich bemerkte wohl, daß Fryer tief verletzt war, wenn er auch im Augenblick nichts sagte; Christian – ein Ehrenmann durch und durch – gab sich gar keine Mühe, seine Gefühle zu verbergen. Die Leute erkannten sogleich, woher der Wind blies, und als das nächste Mal nur Butter ausgeteilt wurde, wiesen sie diese mit der Begründung zurück, Butter ohne Käse anzunehmen sei ein stillschweigendes Eingeständnis des Diebstahls. John Williams, einer der Matrosen, erklärte öffentlich, daß er die zwei Käse zum Haus des Herrn Bligh gebracht habe, zusammen mit einem Faß Essig und anderem Proviant.

Als die privaten Lebensmittel, über die jeder Mann an Bord verfügte, aufgebraucht waren, war es mit der Ernährung schlecht bestellt. Unser Brot, in dem sich die Maden erst zu entwickeln begannen, war leidlich gut, obgleich kräftige Zähne dazu gehörten, es zu kauen; unser Pökelfleisch hingegen war unbeschreiblich schlecht. Als ich eines Morgens Alexander Smith, der der Mannschaftsmesse zugeteilt war, traf, zeigte er mir ein Stück, das gerade dem Faß entnommen worden war – einen dunklen, steinharten, unappetitlich aussehenden Klumpen, der vor Salz glitzerte.

»Sehen Sie sich das mal an, Herr Byam«, bat er mich. »Ich möchte bloß wissen, was das ist! Rindfleisch bestimmt nicht und Schweinefleisch auch nicht, soviel ist gewiß! Ich möchte nur daran erinnern, daß auf meinem früheren Schiff einmal drei Hufeisen in einem Faß gefunden wurden!« Er steckte ein großes Stück Kautabak in den Mund. »Sind Sie schon einmal an den Schlachthöfen von Portsmouth vorbeigekommen, junger Herr? Dann haben Sie sicher auch die Hunde bellen und die Pferde wiehern gehört!« Mit einem Grinsen fügte er hinzu: »Und bei Nacht soll es nicht ratsam sein, dort allein spazierenzugehen. Ehe man sichs versehen hat, steckt man in einem solchen Faß!«

Smith war ein großer Verehrer von Vater Bacchus, den er von anderen Schiffen her kannte, und einige Tage später drückte er mir eine kleine Holzdose in die Hand. »Für den Wundarzt, Sir«, sagte er, »wollen Sie ihm das geben?«

Es war eine Schnupftabaksdose aus dunklem, rötlichem Holz, mit einem Deckel versehen; eine hübsche Arbeit, mit der

Handfertigkeit eines Matrosen geschnitzt und poliert. Am selben Abend hatte ich Gelegenheit, den Arzt zu besuchen.

Um jene Stunde hatte Christians Wachmannschaft Dienst. Tinkler und ich waren in Herrn Fryers Wache eingeteilt, während die dritte Wache Herrn Peckover unterstellt war, einem kleinen kräftigen Mann in den Vierzigern, dessen gutmütiges Gesicht die westindische Sonne geschwärzt hatte und dessen Arme mit Tätowierungen bedeckt waren.

Bei dem Doktor fand ich Peckover und Nelson – alle drei saßen auf dem Sofa.

»Nur immer rein«, rief der Arzt. »Augenblick, mein Sohn, ich werde Ihnen gleich eine Sitzgelegenheit verschaffen.«

Mit erstaunlicher Behendigkeit sprang er auf und rückte mir ein kleines Faß zurecht. Ehe ich mich setzte, überreichte ich Vater Bacchus die Schnupftabaksdose.

»Von Smith, sagen Sie?« fragte der Arzt. »Sehr nett von ihm! Ich kenne Smith gut, noch von der *Antelope* her – erinnerst du dich, Peckover? Wenn mich mein Gedächtnis nicht trügt, habe ich ihn hie und da mal mit einem Tropfen Grog bewirtet. Warum auch nicht! Mit einem Mann, der Durst hat, habe ich immer Mitleid. Gott sei Dank, daß weder ich noch meine Freunde auf dieser Reise Durst leiden werden!«

Nelson untersuchte die Schnupftabaksdose mit Interesse. »Ich staune immer von neuem«, bemerkte er, »über die Geschicklichkeit unserer Matrosen. Ein Handwerker auf dem Land mit all seinem Handwerkszeug hätte dieses Stück nicht besser machen können. Auch ein feines, schön poliertes Stück Holz! Scheint Mahagoni zu sein.«

Bacchus warf Peckover einen verschmitzten Blick zu. »Holz? So habe ich es auch schon nennen gehört, allerdings gibt man ihm manchmal auch ärgere Namen. Holz, das einmal bellte und wieherte, wenn die Geschichten wahr sind, die man sich erzählt. In schlichten Worten, mein lieber Nelson, dein Mahagoni ist braves, ehrliches Pökelfleisch!«

»Großer Gott!« rief Nelson aus, die Dose erstaunt betrachtend.

»Jawohl, Pökelfleisch! Geradeso hübsch wie Mahagoni und mindestens so dauerhaft. Auch für das Beschlagen von Kriegsschiffen wegen seiner Widerstandsfähigkeit sehr zu empfehlen.«

Vater Bacchus zog behaglich eine Prise Schnupftabak auf, nieste, schnäuzte sich heftig in ein riesiges blaues Taschentuch und füllte seinen Becher erneut mit Wein.

»Auf euer Wohl, meine Freunde«, rief er und stürzte den Inhalt des Bechers auf einmal hinunter, ohne auch nur Atem zu holen. Herr Peckover warf seinem Freund einen bewundernden Blick zu.

»So ist es nun einmal, Peckover«, sagte der Arzt, dem der Blick nicht entgangen war. »Nichts macht so viel Durst wie ein ordentliches Stück Pökelfleisch. Na, mir kann ja jetzt nichts mehr geschehen. Stellt euch nur vor, daß wir Schiffbruch erleiden und ohne Nahrungsmittel auf eine unbewohnte Insel verschlagen würden. Da würde ich ganz einfach meine Schnupftabaksdose aus der Tasche ziehen und hätte ein kräftiges Mahl, während ihr Hunger leiden müßtet! Hahaha!«

»Haha!« stimmte Peckover dröhnend ein.

Tyrannei

Eines Abends forderte mich Bligh auf, mit ihm zu speisen. Ich kleidete mich sorgfältig an und sah, in der Kajüte des Kapitäns angelangt, daß außer mir auch Christian eingeladen war. Der Arzt und Fryer nahmen ihre Mahlzeiten regelmäßig mit Bligh ein, aber an diesem Abend hatte sich Vater Bacchus entschuldigen lassen.

Der Tisch des Kapitäns war zwar mit prächtigem Geschirr ausgestattet, aber ich bemerkte bald, daß Bligh nicht viel besser aß als seine Leute. Es gab Pökelfleisch, allerdings ausgesuchte Stücke, in ausreichender Menge, Kohl, schlechte Butter und noch schlechteren Käse, aus dem die langen roten Würmer mit der Hand entfernt worden waren.

Herr Bligh war zwar mäßig im Weingenuß, aber er zeigte das Vergnügen, das ihm das Essen bereitete, unverhohlener, als ein Offizier es zu tun pflegt. Fryer war ein rauher Seebär, doch waren seine Manieren bei Tisch weit besser als die des Kapitäns; und Christian, der vor wenigen Tagen noch ein gewöhnlicher Maat gewesen war, speiste mit so viel weltmännischer Eleganz, als gäbe es nicht derbe Schiffskost, sondern die feinsten Delikatessen. Christian saß zur Rechten des Kapitäns, Fryer zu seiner Linken, während mir auf der anderen Seite ein Platz angewiesen wurde. Das Gespräch hatte sich der Mannschaft der *Bounty* zugewandt.

»Eine faule, unfähige Schurkenbande!« sagte Bligh mit vollem Mund, »Gott weiß, daß ein Kapitän genug Sorgen hat, ohne mit einer solchen Mannschaft geschlagen zu sein. Der Abschaum der Menschheit ...« Er schluckte heftig und füllte seinen Mund aufs neue. »Der Kerl, den ich gestern prügeln ließ ... Wie hieß er doch nur gleich?«

»Burkitt«, antwortete der Steuermann, etwas rot im Gesicht.
»Jawohl, Burkitt, der freche Hund! Und alle andern sind genauso schlecht. Keiner von ihnen versteht seine Arbeit!«
»Da bin ich nicht Ihrer Ansicht, Sir«, sagte der Steuermann.
»Ich halte Smith, Quintal und McCoy für erstklassige Seeleute und selbst Burkitt, wenn er auch im Unrecht war ...«
»Der freche Hund!« wiederholte Bligh heftig, den Steuermann unterbrechend. »Wenn er sich noch einmal das Geringste zuschulden kommen läßt, bekommt er vier Dutzend statt zwei Dutzend wie diesmal!«
»Wenn ich mir eine Bemerkung erlauben darf, Herr Kapitän«, nahm Christian ruhig das Wort, »so möchte ich sagen, daß Burkitt leichter durch Güte als durch Hiebe zu bessern ist.«
Bligh lachte grimmig auf. »Haha, Herr Christian! Auf mein Wort, Sie sollten sich nach einer Stelle als Lehrer in einer Schule für junge Damen umsehen! Güte – wahrhaftig, das gefällt mir! Einen feinen Kapitän würden Sie abgeben mit solchen Anschauungen. Unsere Matrosen haben für Güte soviel Verständnis wie für das Griechische. Angst müssen sie haben! Ohne Angst würde auf hoher See Meuterei und Piratentum an der Tagesordnung sein!«
Fryer nickte wie bedauernd. »Daran ist etwas Wahres.«
Christian schüttelte den Kopf. »Da kann ich nicht zustimmen«, meinte er in höflichem Tone. »Unsere Matrosen unterscheiden sich nicht von anderen Engländern. Manche müssen durch Furcht beherrscht werden, das ist wahr, aber es gibt andere, feinere Kerle unter ihnen, die einem gütigen, gerechten und mutigen Offizier bis in den Tod folgen.«
»Haben wir einige Musterknaben dieser Art an Bord?« fragte der Kapitän höhnisch.
»Meiner Ansicht nach ja, Sir«, antwortete Christian auf seine gewohnte höfliche Art, »sogar eine ganze Anzahl.«

»Nun, dann nennen Sie mir einen!«

»Purcell, der Zimmermann, zum Beispiel. Er ...«

Diesmal lachte Bligh lange und dröhnend. »Verflucht noch mal!« rief er. »Sie sind mir ein schöner Menschenkenner! Dieser widerspenstige, eigensinnige alte Halunke! Güte bei dem ... haha, das ist wirklich köstlich!«

Christian wurde rot und hielt sich anscheinend nur mit Mühe zurück. »Nun, Herr Kapitän, darf ich, da Sie den Zimmermann nicht gelten lassen, Morrison nennen?«

»Nennen können Sie ihn, aber das ist auch alles. Morrison? Der nobel tuende Bootsmannsmaat? Dieser Wolf im Schafspelz?«

»Aber er ist ein tüchtiger Seemann, Sir«, warf Fryer ein, »er war einmal Kadett und ist aus guter Familie.«

»Ich weiß, ich weiß!« sprach Bligh in seinem verletzenden Ton, »das erhöht meine Achtung für ihn nicht im geringsten.« Er wandte sich mir mit einem höflich gemeinten Lächeln zu. »Entschuldigen Sie, daß ich das in Ihrer Gegenwart sage, Herr Byam, aber die Kadetten sind allesamt keinen Schuß Pulver wert. Aus Kadetten werden die schlechtesten Seeoffiziere.« Seine nächsten Worte galten wieder Christian; sein Gesichtsausdruck bekam etwas Grausames. »Dieser Morrison soll sich in acht nehmen! Es ist mir nicht entgangen, daß er mit der ›Katze‹ spart. Ein Bootsmannsmaat, der nicht aus guter Familie wäre, hätte diesem Burkitt die halbe Haut vom Rücken gerissen. Er soll nicht mit mir spielen! Zuhauen soll er, wie es seine Pflicht ist, sonst könnte er selbst einmal unliebsame Bekanntschaft mit der ›Katze‹ machen!«

Je länger das Mahl dauerte, desto klarer wurde es mir, daß am Tisch des Kapitäns ganz und gar keine Harmonie herrschte. Fryer konnte den Kapitän nicht leiden und hatte auch den Zwischenfall mit den Käsen nicht vergessen. Bligh wiederum machte kein Geheimnis aus seiner Abneigung gegen den

Steuermann, den er oft vor der versammelten Mannschaft herunterkanzelte; noch weniger bemühte er sich, die Verachtung zu verbergen, die er Christian entgegenbrachte.

Ich war gar nicht erstaunt, als ich einige Tage später von Vater Bacchus erfuhr, daß Christian und der Steuermann die Kapitänsmesse verlassen hatten, so daß Bligh seine Mahlzeiten allein einnahm. Wir waren jetzt schon südlich vom Äquator.

In Teneriffa hatten wir einen großen Vorrat Kürbisse geladen, die nunmehr unter der Einwirkung der tropischen Sonne zu verderben begannen. Samuel erhielt die Weisung, der Mannschaft diese Früchte an Stelle von Brot zu geben, und zwar ein Pfund Kürbis statt zwei Pfund Brot. Hierüber murrten die Leute; als Bligh dies erfuhr, ließ er den ältesten Mann von jeder Messe zu sich kommen.

»Nun denn«, herrschte er die Leute an. »Ich werde ja sehen, wer es wagen wird, die Kürbisse oder irgend etwas anderes, das auf meine Weisung hin ausgeteilt wird, zurückzuweisen. Ihr unverschämten Schurken! Bei Gott, ihr werdet noch Gras fressen, ehe ich mit euch fertig bin.«

Die Leute, die Offiziere nicht ausgenommen, nahmen die Kürbisse nun an. Man beklagte sich insgeheim darüber, aber die Sache hätte wohl keine weiteren Folgen gehabt, wenn nicht inzwischen allen zu Bewußtsein gekommen wäre, daß die Fleischfässer nicht das volle Gewicht enthielten. Vermutet hatte man dies schon längst, da Samuel unter keinen Umständen dazu veranlaßt werden konnte, beim Öffnen der Fässer das Fleisch zu wiegen; schließlich aber wurde das Untergewicht so unverkennbar, daß die Leute sich mit der Bitte an den Steuermann wandten, er möge die Angelegenheit untersuchen und ihnen zu ihrem Recht verhelfen. Bligh kommandierte die ganze Mannschaft auf das Quarterdeck.

»Also ihr habt euch bei Herrn Fryer beklagt, Leute?« begann

er in drohendem Ton. »Ihr seid nicht zufrieden? Bei Gott, da kann ich euch nur raten, eure Ansicht zu ändern und zufrieden zu sein! Alles, was Herr Samuel tut, geschieht auf meinen Befehl, versteht ihr? Auf meinen Befehl! Verliert keine Zeit mehr mit Beschwerden, denn es nützt euch nichts! Ich allein bin der Richter darüber, was Recht und Unrecht ist. Der Teufel soll euch holen! Ich habe euch und eure Beschwerden satt! Der erste, der sich von nun an beschwert, wird angebunden und geprügelt.«

Da die Mannschaft jede Hoffnung schwinden sah, vor Ende der Fahrt zu ihrem Recht zu kommen, beschlossen die Leute, ihre Leiden geduldig zu tragen, und von Stund an beklagte sich keiner mehr. Die Offiziere hingegen waren, wenn sie es auch nicht wagten, sich offen aufzulehnen, nicht so leicht befriedigt, und untereinander murrten sie häufig über ihr ununterbrochenes Hungern, an dem, wie sie glaubten, die Habgier des Kapitäns und seines Schreibers die Schuld trug. Unsere Rationen waren so dürftig, daß die Leute bei der Verteilung der Lebensmittel in der Küche häufig in Streit gerieten; als bei solcher Gelegenheit einmal mehrere Leute Verletzungen davontrugen, hielt der wachthaltende Bootsmannsmaat es für notwendig, die Austeilung des Essens zu beaufsichtigen.

Als wir etwa hundert Meilen von der brasilianischen Küste entfernt waren, schlug der Wind nach Nord und Nordwest um. Es geschah nun mehrmals, daß ein oder zwei Tage lang völlige Windstille herrschte; die Mannschaft beschäftigte sich dann mit Fischen; jede Messe opferte einen Teil ihrer schmalen Pökelfleischration in der Hoffnung, einen der Haifische zu fangen, die das Schiff umschwärmten.

Der Landbewohner rümpft die Nase über das Haifischfleisch, aber für den Seemann, der nach frischen Speisen lechzt, ist das Fleisch eines unter zehn Fuß langen Hais eine richtige Delikatesse. Die größeren Haifische haben einen stark ranzigen Geruch, aber das Fleisch der kleinen, wie Beefsteaks in Stücke geschnitten, schmeckt, zuerst gesotten und dann mit viel Pfeffer und Salz gebraten, vortrefflich.

Eines Abends kostete ich zum ersten Mal Haifischfleisch. Es war so windstill, daß die Segel schlaff an den Rahen hingen. John Mills, der Stückmeistersmaat, stand mit einer schweren Angel in der Hand ganz vorne auf einer Planke. Ich konnte den Mann, einen großen, mürrischen Kerl, nicht leiden, aber ich sah ihm aufmerksam zu, wie er jetzt den Köder, ein großes Stück Pökelfleisch, auswarf. Zwei Leute von seiner Messe standen neben ihm, um ihm, wenn nötig, an die Hand zu gehen, Brown, der Gärtner, und Norman, der Zimmermannsmaat. Sie trugen gemeinsam das Risiko, den Köder zu verlieren, aber sie waren natürlich auch beteiligt, wenn Mills einen Fisch fangen würde. Ein etwa zehn Fuß langer Hai schwamm gerade unter den Schiffsbug.

Im gleichen Augenblick schoß ein kleiner, gestreifter Fisch um den Köder herum. »Ein Lotsenfisch!« rief Norman. »Gib acht, dort kommt der Hai!«

»Tanz doch nicht herum wie ein Affe«, brummte Mills, »du wirst ihn noch verscheuchen!«

Der Hai, eine häßliche, gelbe Masse in dem blauen Wasser, schwamm immer näher an den Köder heran; alle Augen waren auf ihn gerichtet, als er sich jetzt auf die Seite legte, das Maul öffnete und das Stück gesalzenes Schweinefleisch verschlang. »Wahrhaftig, er hat angebissen!« brüllte Mills, als er an der Leine zog. »Jetzt, Jungens, herauf mit ihm.« Mit aller Kraft zogen seine Kameraden an der schweren Leine. Einen Augenblick später flog der Fisch, wild um sich schlagend, über die Reling und fiel krachend zu Boden. Mills ergriff ein Beil und gab dem Fisch einen schweren Schlag auf das Maul; gleich darauf hatten sich sechs oder sieben Männer auf den noch zuckenden Körper des Fisches gestürzt, rissen ihre Messer heraus und schnitten um die Wette. Mills, dem als Siegespreis der Kopf gehörte, saß am vorderen Ende des Fisches; die anderen bemühten sich, möglichst große Stücke zu ergattern; und in kaum drei Minuten war der arme Fisch in so viele große Stücke zerschnitten worden, als Leute an ihm beteiligt waren.

Das Deck war gewaschen worden, und Mills war gerade damit beschäftigt, seinen Anteil an dem Fisch in mehrere kleine Scheiben zu schneiden, als Herr Samuel, der Schreiber, heranschlenderte.

»Ein feiner Fang, guter Mann«, bemerkte er auf seine gönnerhafte Art. »Ich muß aber auch eine Scheibe kriegen, was?«

Ebenso wie alle anderen Leute auf der *Bounty* verabscheute Mills Samuel von ganzem Herzen. Der Schreiber trank weder Rum noch Wein, und man argwöhnte, daß er seine Getränkerationen ansammelte, um sie später an Land zu verkaufen.

»So, Sie müssen also eine Scheibe haben«, brummte der Stückmeistersmaat. »Na, ich muß ein Glas kräftigen Grog trinken, wenn Sie heute Haifisch essen wollen.«

»Aber Ihr habt doch genug Fisch für ein Dutzend Leute.«

»Und Sie haben genug Grog für tausend Leute beiseite geschafft, soviel ist gewiß.«

»Ich brauche das Fleisch für den Tisch des Kapitäns«, sagte Samuel.

»Dann fangen Sie ihm selbst einen Haifisch. Der hier gehört mir. Der Kapitän bekommt ja ohnehin schon das beste Brot und die auserlesensten Stücke aus den Fleischfässern!«

»Ihr vergeßt Euch, Mills! Kommt, gebt mir ein Stück, das große dort – und ich werde nichts sagen.«

»Der Teufel soll Sie holen mit Ihrem ›Nichts sagen‹! Da – nehmen Sie Ihr Stück!« Mit diesen Worten warf Mills Samuel das etwa zehn Pfund schwere Stück Fisch ins Gesicht, mit der ganzen Kraft seines muskulösen Armes. Dann kehrte er sich um und ging leise fluchend nach unten.

Herr Samuel, der zu Boden gestürzt war, erhob sich, nicht ohne sein Stück Haifisch mitzunehmen, und ging langsam nach achtern. Der Ausdruck seiner Augen verhieß dem Stückmeistersmaat nichts Gutes. Die Neuigkeit verbreitete sich mit Windeseile über das Schiff, und zum ersten Mal seit Antritt der Reise erfreute sich Mills allgemeiner Beliebtheit, obgleich wenig Hoffnung bestand, daß er ohne Strafe davonkommen würde. Vater Bacchus meinte: »Das Geringste, das ihn erwartet, ist eine Tracht Prügel. Samuel ist ein elender Wicht, aber Disziplin muß es nun einmal geben!«

Ich glaube, daß ein Tag kommen wird, an dem die Prügelstrafe auf den Schiffen Seiner Majestät abgeschafft sein wird. Sie ist eine brutale Bestrafung, die die Selbstachtung eines guten Menschen zerstört und einen schlechten noch schlechter macht.

Wie vorauszusehen war, verbrachte Mills die Nacht in Fesseln. Am nächsten Morgen erwies sich die Gutherzigkeit der britischen Seeleute, denn seine Messekameraden überließen Mills ihre ganze Grogration, um ihn für den unausbleiblich erscheinenden Vollzug der Prügelstrafe zu stärken. Als es sechs Glas schlug, erschien Herr Bligh an Deck und befahl Christian, alle Leute nach achtern zu rufen, um der Bestrafung beizuwohnen. Es war kühler geworden, und die *Bounty* nahm vor einer leichten nordwestlichen Brise Kurs gegen Süden.

Die ganze Mannschaft war versammelt. Kein Laut war zu hören.

»John Mills!« sagte Bligh. »Tritt vor!«

Mit infolge des reichlich getrunkenen Rums gerötetem Gesicht trat Mills, in seine beste Uniform gekleidet, vor. In seinem Gehabe lag eine Spur Herausforderung. Er war ein harter Mann, und er hatte das Empfinden, schlecht behandelt worden zu sein.

»Hast du etwas zu sagen?« fragte Bligh den Seemann, der barhäuptig vor ihm stand.

»Nein, Sir«, brummte Mills mürrisch.

»Ausziehen!« befahl der Kapitän.

Mills legte mit einem raschen Griff sein Hemd ab und warf es einem seiner Kameraden zu.

»Bindet ihn an«, kommandierte Bligh.

Norton und Lenkletter, unsere Quartiermeister – alte bezopfte Seeleute, die dieses Amt unzählige Male ausgeübt hatten –, näherten sich jetzt mit dünnen Stricken und banden Mills' Handgelenke an den aufrecht stehenden Abtropftrog für das geteerte Tauwerk.

»Mann angebunden, Sir!« meldete Norton.

Bligh nahm, ebenso wie wir alle, den Hut ab und verlas aus dem Seerecht die Strafe, die auf Aufruhr steht. Morrison, der Bootsmannsmaat, nahm die »Katze« zur Hand.

»Drei Dutzend, Herr Morrison«, sagte Bligh, nachdem er die Verlesung beendet hatte. »Tun Sie Ihre Pflicht.«

Morrison war ein freundlicher, nachdenklicher Mann. Er tat mir in diesem Augenblick leid, denn ich wußte, daß er nicht nur grundsätzlich gegen die Prügelstrafe war, sondern auch die Ungerechtigkeit der gegenwärtigen Züchtigung empfand. Und doch würde er es nicht wagen, unter dem scharfen Blick des Kapitäns die Kraft seiner Hiebe herabzumindern.

Mills war ein bärenstarker Kerl und ertrug die ersten zwölf Hiebe, ohne zu schreien.

Bligh sah dem Vollzug des Urteils mit verschränkten Armen zu. »Ich werde dem Mann zeigen, wer der Kapitän dieses Schiffes ist«, sagte er ruhig zu dem neben ihm stehenden Christian. »Bei Gott, das will ich!«

Der dreizehnte Hieb brach Mills' eiserne Selbstbeherrschung.

Er wand sich hin und her und zerbiß sich die Lippen, bis das Blut hervorspritzte. Ein über das andere Mal stöhnte er wild auf.

Es schien mir, als nähme die Bestrafung kein Ende. Als Mills endlich losgebunden wurde, war er blau im Gesicht und brach sogleich zusammen. Vater Bacchus humpelte herbei und gab Order, den Mann in die Krankenkammer hinunterzuschaffen.

Bligh schlenderte gemächlich zum Niedergang, während die Leute mit mürrischen Mienen an die Arbeit zurückgingen.

Zu Beginn des Monats März erhielten wir den Befehl, unsere leichte Tropenkleidung mit den warmen Kleidungsstücken zu vertauschen, die für die Umsegelung des Kap Hoorn vorbereitet worden waren. Die Takelung des Schiffes wurde den schweren Stürmen und der rauhen See angepaßt, die uns erwarteten. Jeden Tag wurde es kühler und endlich so kalt, daß ich mich auf die Abende freute, die ich mit Vater Bacchus und seinen Kumpanen oder in unserer Kammer verbringen durfte. An unseren Mahlzeiten nahmen nun auch Stewart und Hayward, meine Mitkadetten, ferner Morrison, Herr Nelson, der Botaniker, und der Wundarzt teil. Wir hielten alle gute Kameradschaft, wenn auch Hayward keinen Augenblick vergaß, daß ich zur See noch ein grüner Junge war, und mich seine größere Erfahrung bei jeder Gelegenheit spüren ließ.

Es kamen schwere Tage und Nächte für jeden Mann an Bord. Zuweilen schralte der Wind nach Südwesten und brachte schwere Schneeböen. Nicht selten gerieten wir in furchtbare Stürme. Obgleich unser Schiff durchaus seetüchtig war, drang Wasser durch die Nähte der Planken, und es erwies sich als notwendig, die Pumpen stündlich in Tätigkeit zu setzen. Als das Vordeck ein Leck bekam, befahl Bligh, daß die Leute ihre Hängematten in der großen Kajüte achtern aufzuhängen hätten. Aber die eiserne Entschlußkraft unseres Kapitäns brachte uns über alle Gefahren hinweg, und es war für uns eine große Freude und Erleichterung, als das Kommando erteilt wurde, Kurs auf das Kap der Guten Hoffnung zu nehmen.

Das schöne Wetter, das nun folgte, und das rasche Tempo, in dem wir gegen Osten segelten, trugen viel dazu bei, die Laune der Mannschaft zu verbessern. In der Nähe des Kap Hoorn hatten wir zahlreiche Seevögel gefangen, die wir in Käfigen unterbrachten, die von den Zimmerleuten gefertigt waren. Die wilden Perlhühner und die Albatrosse waren die besten darunter; nachdem sie von uns einige Tage gemästet worden waren, schmeckten sie so gut wie Enten oder Gänse, und diese frische Nahrung bewirkte insbesondere bei den Kranken wahre Wunder.

Nun, da wieder Fröhlichkeit an Bord herrschte, begannen die Kadetten der *Bounty* die lustigen Streiche zu vollführen, die bei den jungen Seeleuten der ganzen Welt üblich sind. Keiner von uns entging der Strafe, eine Zeitlang an der Spitze des Mastes zubringen zu müssen, und ich gestehe, daß wir die Bestrafung im allgemeinen reichlich verdienten. Keiner von uns war öfter in Nöten als der kleine Tinkler, ein Spaßvogel, den auf dem Schiff jeder gern hatte. Blighs Strenge gegenüber Tinkler, in einer kalten Mondnacht auf der Höhe der Insel Tristan da Cunha, war eine Warnung für uns alle und die Ursache großer Erbitterung unter den Leuten. An jenem Abend hatten Stewart und Young Wachdienst auf Deck, während Hallet, Hayward, Tinkler und ich in unserer Kammer beisammen saßen. Wir hatten das Abendessen eingenommen und vergnügten uns bis in die späte Nacht mit ausgelassenen und lärmenden Spielen. Plötzlich hörten wir den Kapitän draußen ergrimmt nach dem Profos rufen. Tinkler und Hallet stürzten eilends in ihre gegen Steuerbord gelegene Kammer; Hayward hatte im Nu das Licht gelöscht, seine Pantof-

64

feln abgestreift, seine Jacke abgeworfen und mit einem Satz seine Hängematte erreicht, wo er die Decke bis zum Kinn heraufzog und sanft und regelmäßig zu schnarchen begann. Ich tat, ohne eine Sekunde zu verlieren, das gleiche, aber der arme Tinkler hatte sich in seiner Angst offenbar so hingelegt, wie er gerade war.

Im nächsten Augenblick tastete sich Churchill, der Stückmeister, in unsere dunkle Kammer. »Kommen Sie, junge Herren, verstellen Sie sich nicht!« rief er. Er horchte auf unsere Atemzüge, tastete uns ab, um sich zu vergewissern, daß wir ohne Jacken und Pantoffeln in unseren Hängematten lagen, und ging dann brummend in die andere Kammer hinüber. Hallet hatte dieselben Vorsichtsmaßregeln ergriffen wie wir, aber der arme kleine Tinkler wurde auf frischer Tat ertappt – in Jacke und Pantoffeln. »Auf, auf, Herr Tinkler«, knurrte Churchill. »Sie kommen an die Mastspitze, und es ist eine verdammt kalte Nacht. Ich würde Sie gerne entwischen lassen, aber ich darf nicht. Ihr jungen Herren stört aber auch das ganze Schiff mit euren verfluchten Possen!« Er führte ihn hinaus, und gleich darauf vernahm ich Blighs schroffe Stimme:

»Hol Sie der Teufel, Herr Tinkler! Halten Sie dieses Schiff für einen Biergarten? Bei Gott, ich hätte gute Lust, Sie prügeln zu lassen! An die Mastspitze mit Ihnen!«

Am nächsten Morgen hing Tinkler noch immer an der Spitze des Großmastes. Der Himmel war zwar klar, aber der heftige westsüdwestliche Wind war eisig kalt.

Herr Bligh kam an Deck und rief zu Tinkler hinauf, er möge herunterkommen. Es erfolgte keine Antwort, auch nicht, als er ein zweites Mal rief. Auf einen Wink Christians kletterte ein Matrose in die Takelung, erreichte die Saling und rief hinunter, Tinkler scheine dem Tod nahe zu sein; er wage es nicht, ihn allein zu lassen, weil er fürchte, der junge Mann könne stürzen. Nun kam ihm Christian zu Hilfe, und gemeinsam schafften sie Tinkler auf das Deck hinab. Der arme Bursche war blau vor Kälte; er konnte weder stehen noch sprechen.

Wir trugen ihn in seine Hängematte, hüllten ihn in warme Tücher, und Vater Bacchus brachte in einer Kanne sein Universalmittel herbei. Er fühlte dem Jungen den Puls, hob seinen Kopf und begann ihm mit einem Löffel puren Rum einzuflößen. Tinkler hustete, öffnete die Augen, und eine leichte Röte trat auf seine Wangen.

»Aha«, rief der Arzt. »Es gibt nichts Besseres als Rum! Noch einen Schluck … so … und jetzt noch einen. So wahr ich lebe, es geht nichts über Rum. Bald wird er wieder gesund wie ein Fisch im Wasser sein! Und damit ich nicht vergesse – auch einen Tropfen für mich. Dieser Rum macht Tote lebendig, was?«

Tinkler hustete aufs neue, als ihm die scharfe Flüssigkeit durch die Kehle rann, und wider Willen mußte er lächeln. Zwei Stunden später war er wieder auf Deck, ohne durch die Nacht auf luftiger Höhe Schaden an seiner Gesundheit genommen zu haben.

Am 23. März ließen wir vor Kapstadt den Anker fallen. Das Schiff mußte in allen Teilen kalfatert werden, so leck war es. Segel und Tauwerk bedurften dringend der Ausbesserung, und auch die Uhren mußten kontrolliert werden. Am 29. Juni lichteten wir die Anker, nicht ohne das holländische Fort mit 13 Salutschüssen gegrüßt zu haben.

Ich habe nur wenige Erinnerungen an die lange, kalte und trübselige Fahrt vom Kap der Guten Hoffnung nach Van-Diemens-Land. Einen Tag nach dem anderen lenzten wir unter heftigen westlichen bis südwestlichen Winden nur mit dem Focksegel und dem gereeften großen Marssegel. Tausende von Meilen weit breitet sich hier das Meer aus, ungehindert durch

Festland oder Inseln, und die Wogen schäumen zur Höhe von Gebirgskämmen empor.

Am 20. August sichteten wir den Felsen, der nahe der Südwestspitze von Van-Diemens-Land liegt, und zwei Tage später gingen wir in der Abenteuerbai vor Anker. Wir verbrachten dort vierzehn Tage, um unseren Holz- und Wasservorrat zu erneuern und Planken, die der Zimmermann benötigte, zurechtzusägen. Die Bucht war von Eukalyptuswäldern umgeben, deren Bäume eine Höhe von 150 Fuß erreichten; 60 bis 80 Fuß ragten die Stämme astlos empor. Fast nie war Vogelgesang zu hören, und ich sah nur ein einziges Säugetier, ein kleines opossumartiges Geschöpf, das sich in einen hohlen Baumstamm verkroch. Es gab auch Menschen hier, aber sie waren so scheu wie wilde Tiere – schwarz, nackt, mit buschigem Haar und einer Stimme, die dem Schnattern der Gänse glich. Sobald sie unser ansichtig wurden, nahmen sie Reißaus.

Herr Bligh betraute mich mit der Aufgabe, mit einigen Leuten am westlichen Ende der Bucht Wasser zu holen. In der Nähe hatte Purcell, der Zimmermann, seine Sägegrube angelegt und war mit seinen Maaten, Norman und McIntosh, und zwei ihm zugeteilten Matrosen eifrig damit beschäftigt, Planken zurechtzusägen. Sie hatten einige große Eukalyptusbäume gefällt, aber nachdem der Zimmermann das Holz untersucht hatte, erklärte er es für unverwendbar und wies seine Leute an, kleinere, zu einer anderen Gattung gehörende Bäume zu fällen, die eine rote Borke und festes, rötliches Holz hatten.

Eines Morgens beaufsichtigte ich gerade die Füllung meiner Wasserfässer, als Bligh, mit einer Vogelflinte über dem Arm, begleitet von Herrn Nelson, erschien. Er warf einen Blick auf die Sägearbeiten und blieb stehen.

»Herr Purcell!« rief er in strengem Ton.

»Hier, Sir.«

Der Zimmermann der *Bounty* war seinem Kapitän in manchen Dingen nicht unähnlich. Mit Ausnahme des Arztes war er der älteste Mann an Bord und hatte beinahe sein ganzes Leben auf See verbracht. Er verstand sein Handwerk so gut, wie Bligh die Navigation verstand, und war kaum weniger launenhaft und jähzornig als Bligh.

»Verflucht, Herr Purcell!« rief der Kapitän. »Diese Stämme sind zu klein für Planken. Habe ich Ihnen nicht die Weisung gegeben, die großen Bäume zu verwenden?«

»Doch, das haben Sie, Sir«, antwortete Purcell mit aufsteigendem Ärger.

»Dann befolgen Sie Ihre Order, statt Zeit zu verlieren.«

»Ich verliere keine Zeit, Sir«, sagte der Zimmermann mit hochrotem Gesicht. »Das Holz der großen Bäume ist unverwendbar, wie ich herausfand, als ich einige hatte fällen lassen.«

»Unverwendbar? Unsinn ... habe ich nicht recht, Herr Nelson?«

»Ich bin Botaniker, Sir«, meinte Nelson, der sich nicht in eine Meinungsverschiedenheit einmischen wollte. »Ich erhebe keinen Anspruch darauf, so viel von Hölzern zu verstehen wie ein Zimmermann.«

»Jawohl, davon versteht ein Zimmermann wirklich was«, warf der alte Purcell ein. »Das Holz dieser großen Bäume kann niemals ordentliche Schiffsplanken geben.«

Bligh konnte seine Wut nicht länger unterdrücken. »Tun Sie, was Ihnen aufgetragen ist, Herr Purcell«, befahl er heftig. »Ich habe nicht die Absicht, mich mit Ihnen oder irgendeinem anderen meiner Untergebenen in Diskussionen einzulassen.«

»Sehr wohl, Sir«, entgegnete Purcell eigensinnig. »Es bleibt bei den großen Bäumen. Aber ich sage Ihnen, daß die Planken unverwendbar sein werden. Ein Zimmermann kennt sein Geschäft so gut wie ein Kapitän das seine.«

Bligh hatte sich schon zum Gehen gewendet; jetzt fuhr er herum.

»Sie sind zu weit gegangen – Sie aufrührerischer alter Halunke! Übernehmen Sie hier das Kommando, Norman! Sie aber, Herr Purcell, melden sich sogleich bei Leutnant Christian – auf 14 Tage werden Sie in Eisen gelegt.«

Mir fiel es zu, Purcell zum Schiff hinauszurudern. Der alte Mann war hochrot im Gesicht; er biß die Zähne zusammen und verkrampfte die Fäuste, bis die Adern auf seinen Unterarmen hervortraten. »Nennt mich einen Halunken«, murmelte er vor sich hin, »und läßt mich in Eisen legen, weil ich meine Pflicht tue. Er wird noch von mir hören, das schwöre ich ihm! Warte nur, bis wir nach England kommen! Ich werde mein Recht schon zu finden wissen!«

Wir waren noch immer auf schmalste Rationen gesetzt, und die Abenteuerbai bot wenig zur Verbesserung unserer Nahrung. Wir fingen nur wenige Fische, und diese waren von geringer Qualität. Die Muscheln zwischen den Klippen, auf die wir große Hoffnungen gesetzt hatten, erwiesen sich als giftig. Während Herr Bligh sich die wilden Enten wohlschmecken ließ, die er mit seiner Vogelflinte erlegte, war die Mannschaft halb verhungert, und insbesondere die Offiziere murrten mehr denn je.

Die vierzehn Tage, die wir in der Abenteuerbai zubrachten, waren mit Hader und Zwistigkeiten ausgefüllt. Der Zimmermann lag in Eisen; Fryer und Bligh sprachen kaum ein Wort miteinander, da der Steuermann den Kapitän verdächtigte, sich an der Verproviantierung des Schiffes zu bereichern; und kurz vor unserer Abfahrt wurde Edward Young, einer der Kadetten, an eine Kanone auf dem Quarterdeck gebunden und mit einem Dutzend Hieben mit dem Tauende bestraft.

Young war mit drei Mann und dem kleinen Kutter ausgesandt worden, um Krabben für die Ernährung der Kranken zu fangen. Sie ruderten in die Richtung des Kaps Frederick Henry, und als sie lange nach Sonnenuntergang zurückkehrten, meldete Young, daß Dick Skinner, Matrose und Schiffsbarbier, in die Wälder gewandert und verschwunden sei.

»Skinner sah einen hohlen Baum«, berichtete Young dem Kapitän, »der, nach den ihn umschwirrenden Bienen zu schließen, Honig enthalten mußte. Er erbat meine Erlaubnis, die Bienen auszuräuchern und den Honig für unsere Kranken einzusammeln. Ich glaubte in Ihrem Sinne zu handeln, Sir, als ich ihm die Erlaubnis gab. Ein paar Stunden später kehrten wir, nachdem wir unser Boot mit Krabben beladen hatten, zu dem Baum zurück. An seinem Fuß rauchten noch die Überreste eines Feuers, aber Skinner war nicht zu sehen. Wir wanderten bis Sonnenuntergang in den Wäldern umher, aber zu meinem Bedauern muß ich melden, Sir, daß wir keine Spur von dem Mann fanden.«

Zufällig wußte ich, daß Bligh am gleichen Nachmittag nach dem Barbier gefragt hatte, weil er seine Dienste benötigte. Die Auskunft, daß der Mann Young begleitet habe, hatte ihn gegen den Kadetten sehr aufgebracht, und jetzt, wo er hörte, daß der Barbier nicht zurückgekehrt sei, geriet er in helle Wut.

»Nun hol doch der Teufel auf der Stelle Sie und alle anderen Kadetten«, tobte der Kapitän. »Ihr seid alle gleich! Wenn ihr Honig gefunden hättet, hättet ihr ihn auf der Stelle aufgefressen! Wo zum Teufel ist Skinner? frage ich. Sofort machen Sie sich mit Ihrer Mannschaft auf und kehren zu der Stelle zurück, wo Sie den Mann das letzte Mal gesehen haben. Und wehe Ihnen, wenn Sie ihn nicht zurückbringen!«

Young war ein erwachsener Mensch. Er wurde bei den Worten des Kapitäns rot, salutierte jedoch respektvoll und rief sogleich seine Leute zusammen. Sie kamen erst am nächsten Tag gegen Mittag zurück; beinahe 24 Stunden hatten sie keine Nahrung zu sich genommen. Diesmal brachten sie Skinner zurück; er war auf der Suche nach einem zweiten Honig enthaltenden Baum weiter in den Wald hineingewandert und hatte sich in dem dichten Gestrüpp verirrt.

Bligh ging erregt auf dem Quarterdeck auf und ab, als sich das Boot näherte. Er war von Natur aus ein Mann, der über die Verfehlungen seiner Mitmenschen so lange nachbrütete, bis sie ihm riesengroß erschienen, und es wunderte niemanden unter uns, daß er einen furchtbaren Zornausbruch erlitt, als Young das Deck betrat.

»Kommen Sie achtern, Herr Young!« rief er barsch. »Ich werde Ihnen beibringen, Ihre Pflicht zu erfüllen, statt müßig in den Wäldern herumzuspazieren. Herr Morrison!«

»Zu Befehl, Sir!«

»Sie binden Herrn Young an die Kanone dort! Sodann verabreichen Sie ihm ein Dutzend mit einem Tauende!«

Young hatte Offiziersrang und war ein stolzer, furchtloser Mann von vornehmer Geburt. Obgleich Bligh seine Rechte als Kapitän nicht überschritt, war die öffentliche Züchtigung eines solchen Mannes fast ohne Beispiel in der englischen Marine. Morrisons Gesichtsausdruck zeigte unwillkürlich solchen Widerwillen gegen den Befehl, der ihm erteilt worden war, daß Bligh ihn drohend anbrüllte:

»Tun Sie Ihre Pflicht ordentlich und ohne Widerrede, Herr Morrison! Ich werde Sie dabei beobachten!«

Ich will von der Züchtigung Youngs und der grausamen Prügelstrafe, die an Skinner vorgenommen wurde, nicht weiter reden. Es sei genug damit, wenn ich erwähne, daß Young von diesem Tag an ein anderer Mensch wurde, der seinen

Dienst mürrisch und schweigend tat und die Gesellschaft seiner Mitkadetten floh. Später erzählte er mir, daß er, wenn sich die Ereignisse anders gestaltet hätten, nach der Rückkehr des Schiffes nach England den Dienst quittiert und Bligh von Mann zu Mann zur Rechenschaft gezogen haben würde.

Am 4. September lichteten wir die Anker und segelten mit einer feinen, frischen Brise aus der Abenteuerbai. Sieben Wochen später sah ich, nach einer ereignislosen, aber durch die vielen Skorbutfälle und den Hunger, unter dem wir ununterbrochen litten, zur Qual gewordenen Fahrt meine erste Südseeinsel.

Wir hatten jetzt die wirklichen Tropen erreicht, und Anzeichen nahen Landes machten sich bemerkbar. Fregattvögel schwebten mit unaufhörlichem Schwingenschlag zu unseren Häuptern, Schwärme von fliegenden Fischen tummelten sich um das Schiff. Das Meer hatte jene helltürkisblaue Färbung, die es nur in tropischen Gegenden annimmt, und zuweilen, wenn Wolken die Sonne verdunkelten, spielte es ins Purpurrot hinüber. Das Rollen des Stillen Ozeans von Ost nach West wurde durch das Labyrinth niedriger Koralleninseln, die östlich vom Kurs des Schiffes lagen, gebrochen, und die *Bounty* durchsegelte ruhige Gewässer.

Ich hatte an jenem Nachmittag keinen Dienst und beschäftigte mich damit, die Gegenstände, die ich auf Sir Joseph Banks' Rat hin für den Tauschhandel mit den Eingeborenen von Tahiti eingekauft hatte, zu ordnen. Nägel, Feilen und Angelhaken waren besonders begehrt, ebenso wie billige Schmuckstücke für die Frauen und Mädchen. Meine Mutter hatte mir 50 Pfund für den Ankauf dieser Sachen gegeben, und Sir Joseph hatte weitere 50 Pfund mit dem Bemerken hinzugefügt, daß sich Freigebigkeit gegenüber den Eingeborenen immer bezahlt mache. »Vergessen Sie niemals«, hatte er gesagt, »daß in der Südsee die sieben Todsünden in einer einzigen zusammengefaßt sind, und die heißt Geiz.« Ich hatte mir diesen Ratschlag zu Herzen genommen, und als ich jetzt meinen Schatz an Geschenken überblickte, gewann ich die Überzeugung, daß ich meine 100 Pfund gut angelegt hatte. Ich bin seit meiner frühesten Kindheit ein Freund des Fischens gewesen, und meine Angelhaken wiesen nicht nur alle denkbaren Größen auf, sondern waren auch die besten, die man für Geld kaufen kann. Meine Schiffskiste war zur Hälfte mit anderen Gegenständen gefüllt: billigen Ringen, Armreifen und Halsketten; Feilen, Scheren, Rasiermessern, verschiedenartigen Brillen und einem Dutzend Bildern König Georgs, die Sir Joseph für mich besorgt hatte. In einer ganz verborgenen Ecke der Kiste, wohlbehütet vor den neugierigen Augen meiner Kameraden, bewahrte ich ein mit Samt gefüttertes Kästchen auf, in dem sich, aus Gold kunstvoll und zierlich gefertigt, ein Armband und eine Halskette befanden. Ich war damals ein romantischer Junge und träumte von einem schönen exotischen Mädchen, das mir seine Gunst zuteil werden ließe.

Wenn ich auf die lange Reihe der Jahre zurückblicke, die seither vergangen sind, so muß ich über diesen Einfall eines Knaben lächeln, und doch würde ich meine schwer erworbene Weltweisheit dafür geben, noch einmal eine Stunde lang die Empfindungen jener guten Tage wiederzugewinnen.

Ich hatte meine Schätze gerade wieder in die Kiste zurückgelegt, als ich Herrn Blighs laute, durchdringende Stimme vernahm. Seine Kajüte war kaum fünfzehn Fuß von der Stelle entfernt, an der ich saß.

»Herr Fryer!« rief er in herrischem Ton, »kommen Sie bitte in meine Kajüte.«

»Gleich, Sir« hörte ich den Schiffer antworten.

Ich hatte nicht den Wunsch, der Unterredung, die folgte, zu lauschen, aber ich konnte dies nicht verhindern, ohne die Kiste in meiner Kammer offen stehenzulassen.

»Morgen oder übermorgen«, sagte Bligh, »werden wir in der Bucht von Matavai ankern. Herr Samuel hat in meinem Auftrag ein Verzeichnis aller auf dem Schiff noch vorhandenen Vorräte angelegt; dies hat ihn in die Lage versetzt, festzustellen, welche Lebensmittel während der Fahrt verbraucht wurden. Ich wünsche, daß Sie diese Vorratsliste durchsehen und die Aufstellung unterzeichnen.«

Ein langes Schweigen folgte, das endlich durch Herrn Fryers Stimme unterbrochen wurde.

»Ich kann das nicht unterzeichnen, Sir«, sagte er.

»Sie können das nicht unterzeichnen? Was soll das heißen?«

»Der Schreiber muß sich geirrt haben, Herr Bligh. Es ist ausgeschlossen, daß solche Mengen Rind- und Schweinefleisch ausgegeben worden sind!«

»Sie irren sich!« antwortete der Kapitän ärgerlich. »Ich weiß, was an Bord genommen wurde und was noch vorhanden ist. Samuels Rechnung stimmt.«

»Ich kann nicht unterzeichnen«, entgegnete Fryer.

»Warum nicht, zum Teufel? Alles, was der Schreiber getan hat, geschah auf meinen Befehl. Unterschreiben Sie augenblicklich! Verflucht noch einmal! Ich bin nicht der geduldigste Mann der Welt.«

»Ich kann nicht unterschreiben«, wiederholte Fryer erregt; »nicht mit gutem Gewissen, Sir!«

»Doch, Sie können unterzeichnen«, brüllte Bligh wuterfüllt; »und Sie werden unterzeichnen!« Er stürmte die Treppe hinauf. »Herr Christian!« hörte ich ihn zu dem diensthabenden Wachoffizier sagen. »Beordern Sie sofort alle Leute an Deck!«

Als die gesamte Mannschaft versammelt war, nahm der Kapitän mit hochrotem Gesicht den Hut ab und verlas die Bestimmungen des Seerechtes. Dann trat Herr Samuel mit seinem Buch, einer Feder und einem Tintenfaß vor.

»Nun, Sir!« wandte sich Bligh in drohendem Ton an den Schiffer. »Unterzeichnen Sie diese Vorratsliste!«

Tiefes Schweigen herrschte, während Fryer widerwillig die Feder zur Hand nahm.

»Herr Bligh«, sprach er und konnte dabei seine Erregung nur mit äußerster Mühe meistern, »die ganze Mannschaft dieses Schiffes wird bezeugen, daß ich, Ihrem Befehl Folge leistend, unterzeichne, aber vergessen Sie nicht, Sir, daß über diesen Fall noch nicht das letzte Wort gesprochen ist.«

In diesem Augenblick ließ der Mann auf dem Fockmast weithin schallend den Ruf ertönen: »Land in Sicht!«

Tahiti

Der Ausguck hatte Mehetia, ein kleines, gebirgiges Eiland vierzig Meilen südöstlich von Tahiti, gesichtet. Beinahe ungläubig blickte ich auf das winzige, unbewegliche Bild am Horizont. Gegen Abend trat Windstille ein, und es kostete uns die ganze Nacht, an die Insel heranzukommen.

Als es acht Glas schlug, war mein Wachdienst zu Ende, aber ich konnte nicht schlafen; eine Stunde später beobachtete ich vom Fockmast aus den Anbruch des neuen Tages. Die Schönheit dieses Sonnenaufganges erschien mir wie eine reichliche Entschädigung für alle Mühsal der langen Fahrt. Es war ein Sonnenaufgang, wie ihn nur der Seemann kennenlernt, und auch dieses nur in fernen, tropischen Gegenden. Bis auf zarte Lämmerwölkchen am Horizont war der Himmel klar. Allmählich verblaßten die Sterne; das samtige Dunkel des Himmels verblich und wandelte sich in ein helles Blau, während rosiges Licht immer stärker und stärker aufleuchtete. Dann begann die noch unsichtbare Sonne die Wölkchen im Osten mit den vielfältigen Perlmuttschattierungen zu färben.

Eine Stunde später erhob sich ein leichter Südwind, und wir segelten näher an das Inselriff heran. Zum ersten Mal in meinem Leben sah ich den schlanken, anmutigen Stamm und die grünen Wedel der Kokospalme, die mit Stroh gedeckten Hütten der Eingeborenen inmitten schattiger Haine und die Menschen selbst, die in Scharen auf dem Strand umherwanderten. Sie schwenkten große weiße Tücher und ließen Rufe ertönen, die ich für Einladungen, an Land zu kommen, hielt, wenn ihre Stimmen auch beinahe im Lärm der Brandung untergingen. Die Brandung war so stark, daß es unmöglich gewesen wäre, an dieser Stelle mit einem Boot das Land zu erreichen.

Mehetia weist an keiner Stelle eine größere Breite als drei Meilen auf. Das Dorf liegt am Südende der Insel, umgeben von einem kleinen Stück ebenen Landes am Fuß der Berge; an allen anderen Stellen stürzen die grün bewachsenen Klippen steil ins Meer ab. Die weiße Kette der Brandung, das lebhafte Smaragdgrün der tropischen Vegetation, das reiche Laubwerk der Brotfruchtbäume in den kleinen Tälern und die gefiederten Wipfel der Kokosnußpalmen vereinigten sich zu einem Bild, das mich bezauberte. Die Insel machte den Eindruck eines kleinen, soeben erschaffenen Paradieses.

Die Inselbewohner waren zwar zu weit entfernt, als daß ich sie hätte genau betrachten können, aber sie schienen mir stattliche, kräftige Menschen und größer als Engländer zu sein. Sie waren mit einem Lendenschurz aus Baumrindenstoff bekleidet, der in der Morgensonne strahlend weiß aufleuchtete. Im übrigen waren sie nackt und lachten und jauchzten wie fröhliche Kinder, als sie uns, mit großer Behendigkeit die Felsen entlangkletternd, zu folgen versuchten.

Als wir das Nordende der Insel umschifft hatten, rief Smith vom Topp zu mir herab: »Da, sehen Sie nur, Herr Byam!« und wies erregt nach vorne. In der Ferne sah ich die Umrisse eines mächtigen Berges hellblau und wie unwirklich aus dem Meer auftauchen, eine hohe Kuppe, von dem sich symmetrische Grate herabsenkten.

Der Wind frischte immer mehr auf, und die *Bounty* segelte, ein wenig nach Backbord geneigt, eine weiße Kielwasserspur hinter sich herziehend, in guter Fahrt dahin. Ich ging zum Quarterdeck, wo ich Herrn Bligh in ungewohnt guter Laune antraf. Ich wünschte ihm guten Morgen, und er dankte mir mit einem freundschaftlichen Klaps auf den Rücken.

»Dort drüben liegt es, junger Mann«, sagte er, auf die gespensterhaften Umrisse des fernen Gebirges deutend. »Tahiti! Unsere Reise war lang und schwer, aber jetzt, bei Gott, sind wir wahrhaftig am Ziel!«

»Die Insel scheint schön zu sein, Sir«, bemerkte ich.

»Das will ich meinen – es gibt keine schönere. Kapitän Cook liebte sie kaum weniger als England; wäre ich ein alter Mann, der seine Lebensarbeit getan und keine Familie daheim hätte, so wünschte ich mir nichts Besseres, als meine Tage unter den Palmen von Tahiti zu beschließen! Und Sie werden finden, daß die Eingeborenen ebenso gastfreundlich sind wie das Land, das sie bewohnen. Und wie schön manche Mädchen dieser Insel sind! Nun, wir sind ja weit genug hergereist, um sie zu besuchen! Vergangene Nacht habe ich anhand meines Logbuches die Entfernung festgestellt, die wir seit unserer Abfahrt von England zurückgelegt haben. Wenn wir morgen früh in der Bucht von Matavai vor Anker gehen, werden wir über 27 000 Meilen hinter uns gebracht haben!«

Seit jenem nun schon so viele Jahre zurückliegenden Morgen habe ich die Meere der ganzen Welt befahren und die meisten Inseln, die es auf der Erde gibt, besucht, darunter die Antillen und den asiatischen Archipel. Aber unter allen Inseln, die ich gesehen habe, erreicht keine an Lieblichkeit Tahiti.

Als wir uns dem Land näherten, gab es wohl keinen Mann an Bord der *Bounty*, der nicht mit Staunen und ehrfürchtiger Scheu das sich uns bietende Bild genossen hätte. Und doch irre ich mich – einen gab es. Als wir an die Südspitze der Insel bereits bis auf wenige Meilen herangekommen waren, humpelte Vater Bacchus über Deck. Auf einen Krückstock gelehnt, blickte er einen Augenblick lang gleichgültig auf die begrünten Abhänge, die Wasserfälle und die schlanken Bergspitzen. Dann zuckte er die Achseln.

»Sie sind alle gleich«, meinte er geringschätzig. »Wenn man

78

eine Insel in den Tropen gesehen hat, hat man alle gesehen.«

Mit diesen Worten hinkte der Wundarzt den Niedergang wieder hinab. Als er verschwunden war, hörte Herr Nelson auf, auf dem Deck auf und ab zu marschieren, und blieb an meiner Seite stehen. Der Botaniker hielt große Stücke auf Bewegung in frischer Luft und machte jeden Morgen auf dem Deck einen Marsch von zwei oder drei Meilen, um seine Muskeln hart und seine Gesichtsfarbe frisch zu erhalten.

»Wahrhaftig, Byam«, bemerkte er, »ich freue mich, hierher zurückzukehren! Seit meiner Fahrt mit Kapitän Cook habe ich oft davon geträumt, Tahiti noch einmal zu besuchen, obgleich ich nicht die geringste Hoffnung hatte, mein Traum könne in Erfüllung gehen. Und jetzt sind wir hier! Ich kann es kaum erwarten, die Insel zu betreten!«

Wir fuhren jetzt längs der luvseitigen Küste von Taiarapu, des reichsten und schönsten Teiles der Insel, und ich konnte meine Augen von der Landschaft nicht abwenden. Im Vordergrund, etwa eine Meile vom Strand entfernt, hielt ein Korallenriff die Meeresflut auf, und die ruhigen Gewässer der auf diese Art entstandenen Lagune bildeten einen Verkehrsweg, auf dem die Eingeborenen in ihren Kanus hin und her fuhren. Hinter dem inneren Ufer lag der schmale Streifen flachen Landes, auf dem die primitiven Hütten der Eingeborenen malerisch inmitten sauber angelegter Anpflanzungen verstreut lagen, beschattet von Hainen aus Brotfruchtbäumen und Kokosnußpalmen. Im Hintergrund ragten die Berge in phantastischen Formen empor, bis zu den Gipfeln bewaldet. Zahllose Wasserfälle stürzten, glitzernden Silberbändern gleich, über die Felsen hinab; manche von ihnen waren tausend Fuß und mehr hoch und, da sie sich von dem dunkelgrünen Hintergrund scharf abhoben, auf große Entfernung sichtbar. Wenn ein Europäer diese Küste, die mit nichts auf unserem nüchternen Planeten zu vergleichen ist, zum ersten Mal sieht, glaubt er nicht Wirklichkeit, sondern ein zauberhaftes Traumgebilde vor sich zu sehen.

Nelson wies auf eine Lücke in der langgezogenen Rifflinie. »Dort drüben verlor Kapitän Cook beinahe sein Schiff«, erzählte er. »Einer seiner Anker liegt dort bis auf den heutigen Tag. Ich kenne diesen Teil der Insel gut. Wie Sie sehen können, besteht Tahiti eigentlich aus zwei gebirgigen Inseln, die durch die niedrige, von den Polynesiern Taravao genannte Landenge verbunden sind. Was Sie hier vor sich sehen, ist die kleinere Insel, genannt Taiarapu oder Tahiti Iti; die größere dort drüben wird Tahiti Nui genannt. Der König der kleinen Insel heißt Vehiatua; er ist der mächtigste aller eingeborenen Fürsten. Sein Gebiet ist reicher und bevölkerter als das seiner Rivalen.«

Während des ganzen Nachmittages segelten wir längs der Küste, passierten die Landenge zwischen den beiden Inseln, kamen an den in üppigem Grün prangenden Gegenden von Faaone und Hitiaa vorüber und bewegten uns gegen Abend, als die leichte Brise geschwunden war, langsam die felsige Küste von Tiarei entlang, wo das Riff endet und die Wogen unvermittelt gegen den Fuß der felsigen Berge donnern.

Während der Nacht schliefen auf der *Bounty* nur wenige. Das Schiff lag in völliger Windstille vor dem Eingang zum großen Tal von Papeno; nur von der Insel her wehte eine sanfte Brise und trug den köstlichen Geruch von Land und Pflanzen zu uns herüber. Wir sogen den Geruch gierig in uns ein, und uns war, als spürten wir den Duft exotischer Blumen und den köstlichsten Duft, den es für den Seemann gibt – den der Mutter Erde selbst. Die Skorbutkranken atmeten den Landwind tief ein, und neues Leben schien ihnen daraus zuzuströmen; Gleichgültigkeit und Schweigsamkeit fielen von ihnen ab, und sie redeten untereinander von den Früchten, die sie am nächsten Tage zu essen hofften und nach denen sie begierig waren wie ein Verdurstender nach einem Trunk Wasser.

Kurz vor Sonnenuntergang sichteten wir Eimeo, das kleine Eiland, das vier Meilen westlich von Tahiti liegt. Die Sonne ging über den seltsam gezackten Bergen dieser Insel unter, gefolgt von dem dünnen goldenen Halbkreis des jungen Mondes. Zwielicht ist in diesen Breiten fast unbekannt, und es schien mir, als ob gleich darauf die Sterne am wolkenlosen Himmel aufschienen. Von der Kajüte, in der Vater Bacchus mit Peckover zechte, drang leise Gesang herauf; die ganze übrige Besatzung des Schiffes war, glaube ich, an Deck.

Am Strand sahen wir unzählige Fackeln aufflammen; die Bewohner gingen der Beschäftigung des Fischens nach oder wanderten längs des Strandes von Haus zu Haus. Die Mannschaft der *Bounty* lehnte gegen die Reling des Schiffes und unterhielt sich in leisem Ton oder blickte stumm zur Küste hinüber. In jener Nacht schien mit uns allen eine Veränderung vorgegangen zu sein: Alles Leid schien gebannt, und an seine Stelle war ruhige Freudigkeit, glückliche Erwartung dessen, was der nächste Morgen uns bescheren würde, getreten. Selbst Herr Bligh, der mit Christian auf dem Deck promenierte, war ungewohnt liebenswürdig; wenn die beiden Männer von Zeit zu Zeit an mir vorüberkamen, hörte ich den Kapitän etwa sprechen: »Keine schlechte Fahrt, wie ...? Nur vier Skorbutfälle, und auch die vier Leute werden nach einer Woche an Land wieder wohlauf sein ... Das Schiff hat sich prächtig gehalten ...«

Ich war der Wache des Steuermanns zugeteilt; gegen Mitternacht bemerkte Herr Fryer zufällig, daß ich ein Gähnen unterdrückte, weil ich lange nicht geschlafen hatte.

»Legen Sie sich ein bißchen hin, Herr Byam«, sagte er freundlich, »machen Sie ein Schläfchen. Heute nacht ist alles ruhig.

Wenn wir Sie brauchen, werde ich Sie wecken lassen.« Ich wählte mir einen Platz hinter der großen Luke und legte mich aufs Deck, aber obgleich mir die Augen gleich zufielen, dauerte es lange, ehe ich wirklich einschlief. Als ich erwachte, dämmerte im Osten schon das fahle Licht des Morgens.

Wir waren während der Nacht ein wenig nach Westen getrieben worden, und nun lag das Schiff vor dem Tal von Vaipoopoo, welches von dem Fluß durchströmt wird, der sich bei Kap Venus, dem nördlichsten Punkt von Tahiti Nui, ins Meer ergießt. Dies war die Stelle, an der Kapitän Cook seine Sternwarte errichtet hatte, um den Durchgang des Planeten zu beobachten, nach dem das Kap benannt war. In weiterer Entfernung erhob sich der zentrale Gebirgsstock, Orohena genannt, eine scharfe Nadel aus vulkanischem Gestein, der die Höhe von 7000 Fuß erreicht und mit senkrechten Felswänden in den oberen Teil des Tales abstürzt. Sein Gipfel war jetzt von der Sonne beleuchtet, und als das Tageslicht immer stärker wurde, die Schatten aus dem Tale vertrieb und die Vorhügel sowie das lachende, üppig begrünte Küstenland beleuchtete, war mir, als habe ich in meinem ganzen Leben keinen Anblick genossen, der den Augen angenehmer gewesen wäre.

Die Einfahrt zur Bucht von Matavai war kaum eine Meile entfernt, und zahlreiche Kanus näherten sich unserem Schiff. Die meisten waren klein und faßten nur vier bis fünf Personen; seltsame Fahrzeuge, deren hinterer, beinahe halbkreisförmig geschweifter Teil stark erhöht war. Ich sah auch zwei oder drei Doppelkanus, deren jedes etwa dreißig Passagiere aufnehmen konnte. Die Fahrzeuge der Eingeborenen kamen mit großer Geschwindigkeit näher. Ihre Ruderer machten ein halbes Dutzend rasche Paddelschläge auf der einen Seite und taten dann auf ein Kommando des Mannes am Steuer das gleiche auf der anderen. Als die ersten Boote unser Schiff erreicht hatten, hörte ich fragende Rufe: »Taio? Peritane? Lima?«, was soviel bedeutet wie: »Freunde? Britisch? Lima?« Die letztere Frage bedeutete, ob die *Bounty* ein spanisches Schiff aus Peru sei. »Taio!« schrie Bligh, der einige Worte der Sprache von Tahiti kannte. »Taio! Peritane!« Im nächsten Augenblick sprang die Besatzung des ersten Bootes an Bord, und ich konnte nunmehr die Menschen dieser Rasse aus der Nähe betrachten.

Unsere Besucher waren zum größten Teil Männer – große, stattliche, muskulöse Kerle, deren Haut von heller Kupferfarbe war. Sie trugen Röcke aus selbstgefertigtem, gemustertem Zeug; über die Schulter hatten sie mit Fransen versehene Tücher geschlungen, und sie trugen Turbane aus braunem Stoff auf dem Kopf. Einige von ihnen, die von den Hüften aufwärts nackt waren, stellten Oberkörper und Arme zur Schau, die Riesen keine Schande gemacht hätten; wieder andere trugen an Stelle der Turbane kleine Mützen aus Kokosblättern auf dem Haupt, die sie Taumata nannten. Ihre Gesichtszüge spiegelten, wie die von Kindern, jede flüchtige Stimmung wider, und wenn sie lächelten, was oft geschah, so war ich erstaunt über das Weiß und die Vollkommenheit ihrer Zähne. Die wenigen Frauen, die zu dieser Zeit auf das Schiff kamen, gehörten alle den unteren Schichten der Bevölkerung an und waren, verglichen mit den Männern, unverhältnismäßig klein. Sie trugen in anmutige Falten gelegte Röcke aus weißem Stoff; Tücher aus gleichem Material, die den rechten Arm frei ließen und der römischen Toga nicht unähnlich waren, schützten ihre Schultern vor der Sonne. Ihre Gesichter drückten Gutmütigkeit und Heiterkeit aus, und es war wohl zu verstehen, daß in früheren Jahren viele unserer Matrosen mit diesen Mädchen, die alle liebenswerten Eigenschaften ihres Geschlechtes aufwiesen, Freundschaft geschlossen hatten.

Herr Bligh hatte Weisung gegeben, die Bewohner mit größter Freundlichkeit zu behandeln, sie aber sorgfältig zu überwachen, um Diebstähle zu verhindern, denen die Geringeren unter ihnen nicht abgeneigt seien. Als die Morgenbrise auffrischte und wir uns anschickten, in die Bucht einzufahren, wurde der Lärm auf dem Schiff ohrenbetäubend. Mindestens hundert Männer und etwa fünfundzwanzig Frauen liefen an Deck umher, schrien, lachten, gestikulierten und sprachen in so angeregter Weise auf unsere Leute ein, als hielten sie es für selbstverständlich, daß wir ihr Kauderwelsch verstünden. Die Seeleute fanden den weiblichen Teil unserer Besucher so anziehend, daß sie nur mit Mühe bei ihrer Arbeit zu halten waren. Wenig später passierten wir die enge Durchfahrt zwischen Kap Venus und den Klippen, an denen das Schiff des Kapitäns Wallis beinahe zerschellt war. Um neun Uhr vormittags gingen wir in der Bucht von Matavai vor Anker.

Immer neue Scharen von Besuchern näherten sich uns in ihren Kanus, aber zunächst kam keine Persönlichkeit von Bedeutung an Bord. Ich schäkerte gerade mit einigen Mädchen, denen ich kleine Geschenke gemacht hatte, als Herr Bligh mir sagen ließ, daß er mich in seiner Kajüte zu sprechen wünsche. Dort traf ich den Kapitän allein an.

»Hören Sie, Herr Byam«, sagte er, indem er mich aufforderte, auf seiner Truhe Platz zu nehmen. »Ich möchte mit Ihnen sprechen. Wir werden wahrscheinlich einige Monate hier verweilen, während Herr Nelson die Brotfruchtschößlinge einsammelt. Ich beurlaube Sie von Ihrem Dienst an Bord, so daß Sie über genügend Zeit verfügen, um den Wünschen meines würdigen Freundes Sir Joseph Banks zu entsprechen. Ich habe der Angelegenheit einige Überlegung geschenkt und glaube, daß Sie Ihre Aufgabe am besten erfüllen werden, wenn Sie auf der Insel unter den Eingeborenen leben. Alles hängt von Ihrer Wahl eines Taio oder Gastfreundes ab, und ich rate Ihnen, nichts zu übereilen. Leute von Rang sind in Tahiti ebenso wie anderswo zurückhaltend, und wenn Sie den Fehler begehen, unter den Angehörigen der unteren Klassen einen Gastfreund zu suchen, so wird Sie das in Ihrer Tätigkeit sehr hindern.«

Er hielt inne, und ich sagte: »Ich glaube Sie zu verstehen, Sir.«

»Gut denn«, fuhr er fort. »Übereilen Sie nichts. Verbringen Sie während der nächsten Tage so viel Zeit an Land, wie Sie wünschen, und wenn Sie eine Familie gefunden haben, die Ihnen gefällt, so verständigen Sie mich davon, damit ich Erkundigungen über ihren Stand einholen kann. Sobald Sie sich für einen Taio entschlossen haben, können Sie Ihre Kiste und Ihr Schreibmaterial an Land bringen lassen. Von da an erwarte ich nicht mehr, Sie zu sehen, außer wenn Sie mir einmal wöchentlich Bericht über Ihre Fortschritte erstatten.«

Er nickte mir kurz, aber freundlich zu; ich erhob mich und verabschiedete mich von ihm. Auf Deck winkte mich Herr Fryer, der Steuermann, zu sich heran.

»Sie haben mit Herrn Bligh gesprochen?« fragte er; er hatte Mühe, sich in dem schrecklichen Lärm verständlich zu machen. »Der Kapitän teilte mir gestern abend mit, daß Sie während unseres Aufenthaltes in Tahiti vom Schiffsdienst befreit sind. Von den Eingeborenen haben Sie nichts zu befürchten. Gehen Sie an Land, wann immer Sie wünschen. Es steht Ihnen frei, aus Ihren eigenen Beständen den Inselbewohnern Geschenke zu machen, aber vergessen Sie nicht – Tauschhandel ist nicht erlaubt. Der Kapitän hat mit allen Tauschgeschäften Herrn Peckover betraut. Es ist Ihre Aufgabe, ein Wörterbuch der Eingeborenensprache anzulegen, wenn ich recht unterrichtet bin.«

»Jawohl, Sir – auf Wunsch von Sir Joseph Banks.«

»Ein anerkennenswertes Beginnen – wirklich anerkennenswert! Eine gewisse Kenntnis der Landessprache wäre ohne Zweifel künftigen Befahrern dieses Meeres von großem Nutzen. Sie sind ein glücklicher junger Mann, Herr Byam! Wahrhaftig, ich beneide Sie!«

In diesem Augenblick stieß ein Doppelkanu, das eine Ladung Schweine als Geschenk eines der einheimischen Häuptlinge gebracht hatte, vom Schiff ab. Ich war begierig, die Insel sogleich zu betreten.

»Darf ich mit diesen Leuten fahren, wenn sie mich mitnehmen wollen?« fragte ich den Steuermann.

»Gewiß, junger Freund, fort mit Ihnen! Sprechen Sie die Leute an!«

Ich sprang zur Reling und versuchte durch lautes Rufen die Aufmerksamkeit eines Mannes in einem der Schiffe auf mich zu lenken, der es zu befehligen schien. Als mir dies gelungen war, zeigte ich zuerst auf mich, dann auf das Kanu und schließlich auf den nahen Strand. Er begriff sogleich, was ich wollte, und rief seinen Ruderern einen Befehl zu. Sie paddelten zurück, bis das hohe Ende eines der Kanus unmittelbar neben der *Bounty* zu stehen kam. Als ich über die Reling in den hinteren Teil des Bootes sprang, blickten sich die Paddler um und bewillkommneten mich mit fröhlichem Geschrei. Der Kommandant des Bootes ließ ein Kommando ertönen, die Ruder tauchten gleichzeitig ins Wasser, und das Kanu bewegte sich auf das Land zu. Wir näherten uns in rascher Fahrt der Brandung, die gegen das aus schwarzem vulkanischen Sand bestehende Steilufer anschlug. Der Mann am hinteren Ende des anderen Kanus ergriff ein schweres Steuerpaddel, während gleichzeitig die Männer zu paddeln aufhörten und große Wellen unter uns dahinrollten. Eine große Schar Eingeborener hatte sich am Strand versammelt, um unsere Ankunft zu erwarten. Plötzlich ließ der Mann an meiner Seite einen lauten Kommandoruf ertönen und umklammerte den Griff seines Steuerpaddels mit aller Kraft.

»A Hoe!« brüllte er. »Teie Te Are Rahi!« (Rudert! Hier ist die große Welle!) Ich erinnere mich dieser Worte, denn ich sollte sie in der Folge sehr häufig hören.

Die Männer arbeiteten, laut schreiend, aus Leibeskräften; das Kanu schoß dahin, und eine Woge, die größer war als alle vorhergehenden, hob das Boot hoch in die Luft und warf es dann an den Strand, wo helfende Hände es festhielten. Ich sprang aus dem Fahrzeug, während das Doppelkanu unter lauten Rufen und Gelächter vollends an Land gezogen und in einem strohgedeckten Schuppen untergebracht wurde. Im nächsten Augenblick befand ich mich in einem so dichten Gedränge, daß ich kaum atmen konnte. Aber die Menschenmenge war so gutmütig und höflich, wie keine Menschenansammlung in England sein konnte; jeder einzelne schien ein besonderes Vergnügen darin zu finden, mich auf das herzlichste zu begrüßen. Das Getöse war betäubend, denn alle sprachen und riefen gleichzeitig. Kleine Kinder mit dunklen, glänzenden Augen klammerten sich an die Röcke ihrer Mütter und starrten mich furchtsam an, während ihre Eltern auf mich losstürmten, um mir die Hand zu reichen, eine Begrüßungsart, die, wie ich mit einigem Erstaunen hörte, in Tahiti seit undenklichen Zeiten gebräuchlich ist.

Dann verstummte das Stimmengewirr mit einemmal. Die Leute traten ehrerbietig zurück, um einem Mann mittleren Alters Platz zu machen, der sich mir mit natürlicher, würdevoller Sicherheit näherte. Ein Gemurmel pflanzte sich durch die Menschenmenge fort: »O Hitihiti!«

Der Neuankömmling war im Gegensatz zu den meisten anderen Eingeborenen, die kurze Bärte trugen, glatt rasiert. Sein dichtes, leicht angegrautes Haupthaar war kurz geschnitten;

sein Rock und sein Schultertuch waren von feinster Arbeit und untadelig rein. Er maß sicherlich weit über sechs Fuß, seine Hautfarbe war heller als die seiner Landsleute, und sein Körperbau war von wunderbarem Ebenmaß; sein Antlitz, offen, fest und fröhlich, zog mich sogleich an.

Dieser Edelmann – denn ich erkannte auf den ersten Blick, daß er einem anderen Stande als die übrigen angehörte – näherte sich mir mit Würde, ergriff herzlich meine Hand und näherte sodann, während er seine Hände auf meine Schultern legte, seine Nase meiner Wange; hierbei beschnüffelte er mich sorgfältig mehrere Male. Im ersten Augenblick war ich von der Neuartigkeit dieser Begrüßung überrascht, aber dann fiel mir ein, daß es sich um das »Nasen-Aneinanderreiben« handelte, von dem Kapitän Cook spricht, wenn es auch in Wirklichkeit eher ein Beriechen der Wangen war, das unserem Kuß entspricht. Endlich ließ mich mein neuer Freund los und trat unter dem beifälligen Gemurmel der Menge einen Schritt zurück. Sodann zeigte er auf seine breite Brust und sprach in englischer Sprache: »Ich Hitihiti! Du Kadett! Welcher Name?«

Über diese Worte in meiner Muttersprache war ich so verblüfft, daß ich ihn einen Augenblick lang anstarrte, ehe ich antwortete. Die Leute ringsumher hatten offenbar auf den Eindruck gewartet, den die wunderbare Leistung ihres Landsmannes bei mir hervorrufen würde, und mein Erstaunen schien eben das zu sein, was sie erhofft hatten. Auf allen Seiten ertönten Ausrufe der Befriedigung, und Hitihiti, der nunmehr mit sich und mit mir vollkommen zufrieden war, wiederholte seine Frage: »Welcher Name?«

»Byam«, entgegnete ich; er wiederholte mit heftigem Nicken: »Byam! Byam!« Und ringsumher echote es: »Byam, Byam, Byam!«

Hitihiti wies wiederum auf seine Brust. »Vierzehn Jahre jetzt«, sprach er stolz, »ich fuhr mit Kapitän Cook!«

»Tuté! Tuté!« rief ein in der Nähe stehender alter Mann, der offenbar fürchtete, ich könne die Worte des Häuptlings nicht verstehen.

»Könnte ich einen Schluck Wasser haben?« fragte ich, denn seit langem hatte ich kein anderes Wasser gekostet als das scheußliche Naß, das es auf dem Schiff gab. Hitihiti ergriff meine Hand.

Er rief den Umstehenden einen Befehl zu, und sogleich machten sich einige Knaben und junge Männer auf den Weg. Dann führte mich Hitihiti einige Schritte steil bergauf zu einem roh gezimmerten Schuppen, in dem einige junge Frauen sogleich eine Matte ausbreiteten. Wir setzten uns Seite an Seite nieder, und die Volksmenge, die ununterbrochen größer wurde, nahm auf dem Grasboden rings um den Schuppen Platz. Ein bis zum Rand mit klarem, frischem Wasser aus dem nahen Bach gefülltes Gefäß wurde mir gebracht; ich trank und trank, bis das Gefäß halb leer war. Als nächstes Getränk brachte man mir eine junge Kokosnuß, und ich kostete zum ersten Mal den kühlen, süßen Wein der Südsee. Sodann wurde ein großes Blatt ausgebreitet, auf welches Jünglinge reife Bananen sowie einige andere Früchte, die ich noch nie gesehen hatte, vor mich hinlegten. Während ich mich an diesen Leckerbissen labte, hörte ich, wie sich ein Ruf durch die Menge fortpflanzte, und sah, daß sich die Barkasse der *Bounty* mit Bligh an Bord durch die Brandung hindurcharbeitete. Mein Gastgeber sprang auf. »O Parai!« rief er aus, und als wir auf die Landung des Bootes warteten, fügte er hinzu: »Du mein Taio, wie?«

Hitihiti begrüßte als erster den Kapitän, den er gut zu kennen schien, und auch Bligh erkannte meinen Gastfreund sogleich.

»Hitihiti«, sagte er, die Hand des Polynesiers schüttelnd, »du bist kaum älter geworden, mein Freund, wenn du auch jetzt einige graue Haare hast.«

Hitihiti lachte. »Zehn Jahre, wie? Große, lange Zeit! Parai, du dick geworden!«

Nun lachte auch der Kapitän; sein Leibesumfang war in der Tat nicht gering.

»Komm«, fuhr der Häuptling einladend fort. »Iß viel Schwein! Wo Kapitän Cook? Er kommt Tahiti bald?«

»Mein Vater?«

Hitihiti blickte Bligh erstaunt an. »Kapitän Cook dein Vater?« fragte er.

»Gewiß – wußtest du das nicht?«

Einen Augenblick stand Hitihiti in stummem Erstaunen da; dann gebot er der Volksmenge mit einer Handbewegung Schweigen und hielt eine Ansprache an sie. Seine Worte waren für mich unverständlich, aber ich erkannte sogleich, daß Hitihiti ein gewandter Redner war, und begriff auch, daß er den Leuten sagte, Bligh sei der Sohn Kapitän Cooks.

»Ich habe der ganzen Mannschaft Befehl gegeben, die Bewohner nicht wissen zu lassen, daß Kapitän Cook tot ist«, flüsterte mir Herr Bligh zu, »und ich glaube, daß wir rascher zum Ziele kommen, wenn sie mich für seinen Sohn halten.«

Diese Täuschung wollte mir anfangs nicht recht gefallen, aber in Anbetracht des Ansehens, dessen sich der Name Cook erfreute, hatte Bligh mit diesem Manöver vermutlich recht.

Als Hitihiti seine Ansprache beendet hatte, erhob sich aufs neue ein erregter Wortschwall unter den Inselbewohnern, die Bligh mit erneutem Interesse, in das sich Furcht zu mischen schien, anblickten. In ihren Augen war der Sohn Kapitän Cooks kaum weniger als ein Gott. Ich benutzte die Gelegenheit, um Kapitän Bligh davon zu unterrichten, daß Hitihiti mich aufgefordert habe, sein Taio zu werden.

»Vortrefflich«, stimmte der Kapitän zu. »Er ist ein Mann von großem Einfluß in diesem Teil der Insel und mit allen Familien von Rang nahe verwandt. Auch werden Ihnen die Kenntnisse der englischen Sprache, die er an Bord der *Resolution* erwarb, bei Ihrer Arbeit von großem Nutzen sein.« Er wandte sich dem Häuptling zu.

»Hitihiti!«

»Ich höre, Parai.«

»Herr Byam teilt mir mit, daß du und er Freunde sein werdet.«

Hitihiti nickte. »Ich, Byam, Taio!«

»Gut!« sprach Bligh. »Herr Byam ist selbst der Sohn eines Häuptlings. Er hat Geschenke für dich, und ich ersuche dich, ihn in deinem Haus aufzunehmen. Seine Arbeit während unseres Aufenthaltes in Tahiti besteht darin, eure Sprache zu erlernen, so daß die britischen Seeleute sich mit deinen Landsleuten unterhalten können.«

Hitihiti streckte mir seine riesige Hand entgegen. »Taio?« bemerkte er lächelnd, und wir besiegelten die Abmachung mit einem Händedruck.

Bald darauf wurde ein Kanu entsandt, um meine Habseligkeiten vom Schiff zu holen, und schon in dieser Nacht schlief ich im Hause meines neuen Freundes, Hitihiti-Te-Atua-Iri-Hau, des Häuptlings von Mahina und Ahonu, des erblichen Hohepriesters des Tempels von Farezoi.

Ein Haushalt auf Tahiti

Ich erinnere mich noch lebhaft des Spazierganges zu Hitihitis Haus, den ich an jenem Nachmittag machte, von der Landungsstelle zum Kap Venus, dann nach Osten, längs eines halbkreisförmigen Sandstrandes, gegen den das Meer in hohen Wellen schäumte. Das Haus meines Taio lag an einer begrasten Stelle und war von den Wogen der See durch ein Korallenriff geschützt, das sich an einer Stelle zu einem schönen, kleinen, Motu Au genannten Inselchen ausweitete. Der Strand dieser kleinen Insel bestand aus schneeweißem Korallensand, der sich lebhaft von dem satten, dunklen Grün der hohen Bäume abhob. Zwischen unserem Strand und der Insel lag die Lagune – warmes, blaues Wasser, klar wie die Luft.
Wir wandelten unausgesetzt im Schatten, inmitten von Hainen aus Brotfruchtbäumen, deren Früchte gerade zu reifen begannen. Manche dieser Bäume mußten, ihrer Höhe und ihrem Umfang nach zu schließen, von ungeheurem Alter sein. Mit ihren großen, glänzenden Blättern, ihrer glatten Rinde und ihrer majestätischen Form gehören sie zu den edelsten Bäumen, die es gibt, und sicherlich auch zu den nützlichsten. Hier und dort ragten die schlanken Stämme alter Kokosnußpalmen hoch in die Luft; malerisch, anscheinend planlos lagen die Häuser der Indios inmitten der Haine zerstreut, mit gelben Palmenblättern gedeckt und von Bambuszäunen umgeben.
Mein Gastgeber hatte, obgleich er erst fünfundvierzig Jahre alt war, zahlreiche Enkelkinder, und als wir etwa nach einer halben Stunde sein Haus erreichten, hörte ich freudiges Geschrei und sah ein Dutzend kräftige Kinder herausstürmen, um ihn zu begrüßen. Sie blieben stehen, als sie mich sahen,

verloren aber bald ihre Angst und fingen an, an Hitihitis Beinen emporzuklettern und, neugierig wie Äffchen, meine seltsame Gewandung zu betrachten. Als wir das Tor erreichten, hatte der Häuptling einen kleinen Knaben auf jeder Schulter, und seine älteste Enkelin führte mich an der Hand.

Das Haus machte einen stattlichen Eindruck, es war sechzig Fuß lang, vierzig Fuß breit und hatte ein hohes, frisch gedecktes Dach. Solche Häuser wurden nur für die Häuptlinge gebaut. Die Schmalseiten, überragt von Säulen aus altem polierten Kokosnußholz, waren offen, während die Breitseiten mit vertikalen Bambusstäben versehen waren, durch welche die Luft freien Zutritt hatte. Der Fußboden war mit frischem weißen Korallensand bedeckt und an einem Ende mit Matten belegt, unter die man eine dicke Lage angenehm riechendes Gras gebreitet hatte. Möbel waren kaum vorhanden; es gab nur kleine, mit vier Beinen versehene Holzgestelle auf dem Familienbett, welche als Stütze für den Kopf dienten; ferner zwei oder drei nur von dem Häuptling und seinen Gästen benutzte, aus einem einzigen Stück harten roten Holzes geschnitzte Stühle. Einige Waffen, unter denen sich die mächtige Kriegskeule meines Gastgebers befand, hingen an einer Säule und vervollständigten die Einrichtung.

Hitihitis Tochter, die Mutter der beiden jüngsten Kinder, die uns begleitet hatten, empfing uns beim Tor. Sie war eine fünfundzwanzigjährige Frau von stattlicher Gestalt und edler Haltung; sie hatte die goldgelbe Haut und das rötlich blonde Haar, das unter diesen Menschen nicht selten zu finden ist. Die blonden Bewohner werden Ehu genannt; ich habe Männer und Frauen dieser Art gesehen, die, obgleich sie kein europäisches Blut in den Adern trugen, blaue Augen hatten. Der Hausherr lächelte zuerst seine Tochter und dann mich an.

»O Hina«, stellte er sie mir vor. Er sprach etwas zu ihr, von dem ich das Wort Taio und meinen Namen verstand. Hina trat mit einem ernsten Lächeln vor, schüttelte mir die Hand und faßte mich sodann bei der Schulter, um ihre Nase an meine Wange zu legen, wie ihr Vater es getan hatte. Ich gab diesen landesüblichen Kuß zurück und roch zum ersten Mal den Duft des parfümierten Kokosnußöles, mit dem sich die Frauen von Tahiti salben.

Es gibt vielleicht keine Frauen der Welt – die größten Modedamen Europas nicht ausgenommen –, die auf die Pflege ihres Körpers mehr Sorgfalt verwenden als die Frauen der oberen Klassen in Tahiti. Jeden Morgen und jeden Abend baden sie in einem der zahllosen klaren, kühlen Flüsse, und zwar tauchen sie nicht nur hinein und wieder heraus, sondern bleiben längere Zeit darin, um sich von ihren Dienerinnen mit einem porösen, vulkanischen Stein von Kopf bis Fuß abreiben zu lassen. Dann reiben ihre Dienerinnen sie mit Monoi ein, das ist mit den Staubblättern der Gardenia parfümiertes Kokosnußöl. Ihr Haar wird sodann getrocknet und geordnet, eine Arbeit, die zumindest eine Stunde in Anspruch nimmt; ihre Augenbrauen werden in einem Spiegel, der aus einer geschwärzten, mit Wasser gefüllten Kokosnußschale besteht, untersucht und mit einem Haifischzahn rasiert, um den schmalen Bogen zu erzielen, den die Mode vorschreibt. Dann bringt eine Dienerin zerkleinerte Holzkohle, mit der die Zähne geputzt werden. Nun sind sie bereit, angekleidet zu werden; der Rock oder Pareu, der von den Hüften bis zu den Knien reicht und aus schneeweißem Rindenstoff besteht, wird so gelegt, daß jede einzelne Falte eine bestimmte Lage einnimmt. Endlich kommt der Umhang, der den Oberkörper vor den Sonnenstrahlen schützt, die die Damen von Tahiti geradeso fürchten wie die Damen vom englischen Hofe.

Hinas Umgangsformen waren ebenso edel wie ihre äußere Erscheinung. Sie hatte die heitere Würde und die vollkommene Sicherheit, die nur in den höchsten Kreisen unserer eigenen Rasse zu finden sind, eine Weltgewandtheit, die sie weder aufdringlich noch schüchtern erscheinen ließ. Und vielleicht ist hier der rechte Platz, ein Wort zugunsten der Damen von Tahiti zu sagen, die so oft und so schamlos von fremden Besuchern verleumdet worden sind. Nur Kapitän Cook, der sie am besten kannte und ihr aufrichtiger Freund war, hat ihnen Gerechtigkeit zuteil werden lassen, indem er sagte, daß unter ihnen die Tugend ebenso verbreitet und ebenso hoch gepriesen sei wie unter den Frauen unserer Heimat; sie nach den Frauen zu beurteilen, die unsere Schiffe besuchen, sei, fügte Kapitän Cook hinzu, ebenso sinnlos, als wenn man die Tugend der Engländerinnen nach den gefälligen Mädchen in den Hafenstädten beurteilen würde. In Tahiti wie in anderen Ländern gibt es Frauen, die dem Laster verfallen sind, aber nach meinen Erfahrungen gibt es dort ebenso viele treue Ehefrauen und zärtliche Mütter wie anderswo, und viele von ihnen machen ihrem Geschlecht wahrhaft Ehre.

Das Haus, das viele Monate lang mein Heim werden sollte, stand, wie ich bereits erzählt habe, auf einer begrasten Stelle, etwa eine Meile östlich von Kap Venus. Entweder zufällig oder mit Absicht war die Lage des Hauses eine solche, daß sich nach allen Seiten Ausblicke boten, die einen Landschaftsmaler in Entzücken versetzt hätten. Gegen Norden sah man den Strand, die Lagune und die schon erwähnte kleine Insel; im Süden das weite Tal von Vaipoopoo und in der Ferne den Orohena mit seinen Schluchten und Felsabstürzen; gegen Westen lag Kap Venus, wo sich die See an dem schützenden Riff bricht; und im Osten, gegen Sonnenaufgang, bot sich eine wunderbare Aussicht auf die felsige, ungeschützte Küste, wo die Wogen des Stillen Ozeans gegen die nackten schwarzen Klippen schäumend und donnernd anstürmten.

Zweifellos hatte die Schönheit des östlichen Ausblicks der

Stelle den Namen gegeben; sie hieß Hitimahana – die aufgehende Sonne.

Eine kleine Schar von Anhängern Hitihitis sammelte sich um uns und betrachtete den Gastfreund ihres Häuptlings mit respektvoller Neugierde. Während Hina den Köchen einige Aufträge erteilte, trat ein ungewöhnlich schönes Mädchen aus dem Hause und begrüßte mich auf die gleiche Art wie die Tochter meines Taio. Ihr Name war Maimiti, und sie war eine Nichte des Hausherrn – ein stolzes, schüchternes Mädchen im Alter von etwa siebzehn Jahren.

Hitihiti führte mich in sein Speisegemach – eine Hütte, die im Schatten einer Gruppe von Eisenholzbäumen etwa hundert Meter von dem Haupthaus entfernt stand. Der Fußboden war mit Matten belegt, auf denen ein Dutzend frische Platanenblätter als Tischtuch dienten. Die Männer von Tahiti verbringen ihre Zeit außerordentlich gerne in Gesellschaft ihrer Frauen, deren Rang in der Gesellschaft zumindest ebenso hoch ist wie bei uns. Die Frauen werden mit Zärtlichkeiten überhäuft, man macht ihnen den Hof, und an schweren Arbeiten brauchen sie nicht teilzunehmen. Auch verfügen sie über so viel Freiheit wie bei uns die großen Damen. Trotz alledem glauben die Polynesier, daß der Mann vom Himmel abstammt, die Frau aber von der Erde: Mann = Raa oder heilig, Weib = Noa oder gewöhnlich. Es war den Frauen nicht erlaubt, die Tempel der bedeutenderen Götter zu betreten, und in allen Gesellschaftsschichten war es verboten – ja sogar undenkbar –, daß Angehörige der beiden Geschlechter zusammen eine Mahlzeit einnahmen. Zu meinem Erstaunen bemerkte ich, daß Hitihiti sich mit mir allein zum Essen niedersetzte und daß die Frauen die Speisen weder bereiten noch auftragen durften.

Wir nahmen einander gegenüber an dem grünen Tischtuch Platz. Eine angenehme Brise durchwehte das Haus ohne

Wände, und die Melodie der Brandung klang aus der Entfernung unablässig an unser Ohr. Ein Diener brachte zwei mit Wasser gefüllte Kokosnußschalen, und wir wuschen unsere Hände und spülten unseren Mund aus. Ich verspürte starken Hunger, der durch den appetitlichen Geruch des gebratenen Schweinefleisches, der aus dem nahen Kochhaus herüberdrang, noch erhöht wurde.

Es gab gebackenen Fisch mit gekochten Bananen und süßen Bananen; frisches Schweinefleisch mit verschiedenen Gemüsen, die ich vorher niemals gekostet hatte; und als Abschluß einen großen Pudding, der mit einer Tunke aus dicker, süßer Kokosnußkrem angerichtet wurde. Der Appetit der Kadetten ist sprichwörtlich, und ich war lange Monate auf See gewesen, aber obgleich ich mein Bestes tat, um die Ehre Englands zu retten, und für drei aß, besiegte mich mein Gastgeber in diesem edlen Wettstreit mit Leichtigkeit. Lange nachdem ich so satt war, daß ich nicht weiteressen konnte, setzte Hitihiti sein Mahl fort; die Mengen von Fisch, Schweinefleisch, Gemüse und Pudding, die er verzehrte, kann ich nur als märchenhaft bezeichnen. Endlich seufzte er befriedigt und verlangte Wasser zum Händewaschen.

»Erst essen – jetzt schlafen«, sagte er, während er sich erhob. Am Strand wurde unter einem alten, breitästigen Paraubaume eine Matte für uns ausgebreitet. Wir legten uns Seite an Seite zur Ruhe nieder, die in Tahiti dem Mittagsmahl stets folgte.

Dies war für mich der Beginn eines Lebensabschnittes, auf den ich mit ungetrübtem Vergnügen zurückblicke. Ich hatte gar keine Sorgen, es sei denn die Anlegung meines Wörterbuches, die ich mit größtem Eifer betrieb und die mir genügend Beschäftigung bot, um mich vor Langeweile zu schützen. Ich lebte herrlich und in Freuden, umgeben von Menschen, die mir von Herzen zugetan waren, und inmitten einer Landschaft von vollkommener Schönheit. Wir erhoben uns bei Sonnenaufgang, tauchten in den Fluß, der einen Büchsenschuß weit entfernt war, verzehrten ein leichtes, aus Früchten bestehendes Frühstück und gingen unseren Beschäftigungen nach, bis gegen elf oder zwölf Uhr die Kanus vom Fischfang zurückkehrten. Dann nahm ich, während das Mittagessen zubereitet wurde, ein Bad im Meer; ich schwamm zu dem Inselchen hinüber oder tummelte mich in der hohen Brandung. Nach dem Essen schlief der ganze Haushalt bis drei oder vier Uhr, worauf ich die Familie häufig bei Besuchen begleitete, die sie ihren Bekannten abstatteten. Nach Sonnenuntergang lagen wir bei Kerzenschimmer auf unseren Matten und unterhielten uns oder erzählten Geschichten, bis einer nach dem anderen in Schlummer versank.

Während der Reise hatte ich Dr. Johnsons Wörterbuch durchgearbeitet und die Ausdrücke angemerkt, die mir als im täglichen Gebrauch am häufigsten vorkommend erschienen. Ich ordnete sie – etwa siebentausend an der Zahl – in alphabetischer Reihenfolge, und nun war es meine Aufgabe, die entsprechenden Wörter in der Sprache von Tahiti zu finden. Ich habe die Sprache immer geliebt; ihr Studium war eine der wichtigsten Interessen meines Lebens, und als ich noch jünger war, konnte ich mir eine neue Sprache vielleicht rascher aneignen als die meisten anderen Menschen. Wenn ich überhaupt mit einem Talent gesegnet bin, so ist es die bescheidene Begabung für fremde Sprachen.

Die Sprache von Tahiti gefiel mir also gleich, und mit Hilfe meines Taio, seiner Tochter und der jungen Maimiti machte ich rasche Fortschritte und war bald imstande, einfache Fragen zu stellen und die Antworten darauf zu verstehen. Es ist eine seltsame und sehr schöne Sprache. Gleich dem Griechischen des Homer ist sie reich an Wörtern, welche die wechselnden Stimmungen der Natur und der Menschenseele beschreiben; und sie besitzt, wiederum gleich dem Griechischen, in mancher Hinsicht eine Genauigkeit, die meiner Muttersprache mangelt. Eine Flasche zerbrechen heißt »parari«; einen Knochen zerbrechen hingegen »fati«. Die Eingeborenen unterscheiden mit großer Feinheit zwischen den verschiedenen Arten der Furcht; die Furcht vor Schelte und Beschämung heißt »Matau«; die Furcht vor einem Haifisch oder Mörder »Riaria«; die Furcht vor einem Gespenst muß wiederum durch ein anderes Wort ausgedrückt werden. Die Leute von Tahiti haben unzählige Eigenschaftswörter, um die wechselnden Stimmungen des Meeres und des Himmels zu bezeichnen. Auch kennen sie verschiedene Ausdrücke für den Blick, mit dem ein Mann und ein Mädchen ein Stelldichein vereinbaren, und für den Blick, den sich zwei Männer zuwerfen, welche einen dritten umbringen wollen. Die Sprache ihrer Augen ist in der Tat so beredt, daß sie kaum des gesprochenen Wortes bedürfen.

Ich glaube mit Recht sagen zu dürfen, daß ich der erste Weiße war, der die Sprache von Tahiti fließend zu sprechen verstand, und auch der erste, der den Versuch machte, sie im geschriebenen Wort festzuhalten. Da meine Arbeit dem Gebrauch der Seeleute dienen sollte, verzichtete ich auf akademische Vollkommenheiten und erfand ein ganz einfaches Alphabet von dreizehn Buchstaben, fünf Vokalen und acht Konsonanten, mit deren Hilfe der Klang der Sprache leidlich gut wiedergegeben werden konnte.

Hitihiti beherrschte die Sprache der Insel so, wie nur ein Häuptling es vermochte, denn die unteren Volksschichten verfügten nur über einen Sprachschatz von einigen hundert Wörtern. Er zeigte lebhaftes Interesse für meine Arbeit und war mir von unschätzbarem Nutzen, obgleich ihn, wie alle seine Landsleute, geistige Anstrengung nach ein oder zwei Stunden zu ermüden begann. Ich überwand die Schwierigkeit, indem ich von Hitihiti die Wörter erlernte, die sich auf Krieg, Religion, Schiffahrt, Fischerei, Landwirtschaft und andere männliche Beschäftigungen bezogen, während ich mir mit Hilfe von Hina und Maimiti einen Sprachschatz aneignete, der auf weiblicher Tätigkeit und den Zerstreuungen der Frauen fußte.

Ich öffnete meine Kiste am Tag meiner Ankunft bei Hitihiti und machte meinem Gastgeber die Gegenstände zum Geschenk, die, wie ich annahm, ihm und den Damen die meiste Freude bereiteten. Dies war gleichsam die Besiegelung unserer Freundschaft, aber wenn meine Feilen, Angelhaken, Scheren und Schmuckgegenstände auch dankbar gewürdigt wurden, so erkannte ich doch zu meiner Befriedigung mehr und mehr, daß die Freundschaft eines Mannes wie Hitihiti nicht käuflich ist. Er, seine Tochter und seine Nichte hatten mich, wie ich glaube, wirklich gern, und sie zeigten ihre Zuneigung in unverkennbarer Weise. Ich muß mit meiner Feder und Tinte und meinen endlosen Fragen eine arge Last für sie gewesen sein, aber ihre Geduld und gute Laune waren unerschöpflich. Zuweilen rang Maimiti in gespielter Verzweiflung die Hände und rief lachend: »Laß mich in Frieden! Ich kann nicht mehr denken«; oder der alte Häuptling sagte etwa, nachdem er meine Fragen eine Stunde lang geduldig beantwortet hatte: »Komm, wir wollen schlafen, Byam! Gib acht, oder du wirst deinen Kopf und den meinen durch zu vieles Denken zerbrechen!« Aber am nächsten Morgen waren sie immer wieder bereit, mir zu helfen.

Jeden Sonntag sammelte ich meine Aufzeichnungen und meldete mich an Bord der *Bounty* bei Herrn Bligh. Ich muß ihm die Gerechtigkeit widerfahren lassen, daß er alles, was er in Angriff nahm, gründlich tat. Er brachte meiner Arbeit das größte Interesse entgegen und verabsäumte nie, die Liste der Wörter, die ich während der Woche zusammengestellt hatte, mit mir durchzugehen. Hätte sein Charakter in anderer Hinsicht seinem Mut, seiner Tatkraft und seinem Verständnis entsprochen, so hätte Bligh wohl seinen bleibenden Platz unter den großen englischen Seeleuten gefunden.

Kurz nach der Ankunft der *Bounty* hatte Herr Bligh angeordnet, daß ein großes Zelt in der Nähe der Landungsstelle aufgeschlagen werde; Nelson und sein Gehilfe, ein junger Gärtner namens Brown, hatten sich dort mit sieben Mann, die sie beim Einsammeln und Umsetzen der Brotfruchtpflanzen unterstützten, häuslich niedergelassen.

Der Brotfruchtbaum pflanzt sich nicht durch Samen fort. Herr Nelson teilte mir mit, daß seiner Ansicht nach die Brotfrucht seit undenklichen Zeiten angebaut und veredelt worden sei, bis endlich – genauso wie bei der Banane – der Samen vollkommen verkümmert sei. Der Baum scheint am besten zu gedeihen, wenn er vom Menschen in der Nachbarschaft seiner Wohnstätte gepflegt wird. Wenn der Brotfruchtbaum seine volle Höhe erreicht hat, sendet er ein bis zwei Fuß unter dem Boden seitliche Wurzeln von großer Länge aus. Wünscht nun ein Eingeborener an einer anderen Stelle einen jungen Baum anzupflanzen, so braucht er nur ein wenig zu graben und eine der Wurzeln abzuschneiden, die sogleich einen kräftigen jungen Setzling emportreibt. Sobald der Setzling Mannshöhe erreicht hat, kann er in andere Erde verpflanzt werden; wenn der neue Boden geeignet ist und von Zeit zu Zeit gewässert wird, so wird von hundert jungen Bäumen nicht ein einziger eingehen.

Nelson unternahm jeden Tag lange Wanderungen, um die Gegenden von Mahina und Pare nach geeigneten Setzlingen zu durchstreifen. Die Häuptlinge hatten ihren Untertanen befohlen, Nelson alles zu geben, dessen er bedürfe – als Gegengeschenk an König Georg für die Geschenke, welche die *Bounty* aus England gebracht hatte.

Die Leute der *Bounty*, die an Bord blieben, schienen im Augenblick die übermäßige Strenge ihres Kapitäns und die Entbehrungen der langen Seereise vergessen zu haben. Die Manneszucht war gelockert, die Leute durften häufig an Land gehen; und mit Ausnahme des Arztes hatte jeder von ihnen seinen Taio und fast jeder sein eingeborenes Mädchen. Tahiti war in jenen Tagen ein wirkliches Paradies für den Seemann – eine der reichsten Inseln der Welt, mit mildem und gesundem Klima, mit einem Überfluß an den verschiedensten köstlichsten Nahrungsmitteln und bewohnt von sanften und gastfreundlichen Menschen. Der niedrigste Matrose im Vorschiff durfte jedes Haus an Land betreten und eines herzlichen Willkommens gewiß sein. Und was die Möglichkeiten jener Zerstreuung anbetraf, nach denen in allen Häfen den Seeleuten der Sinn steht, so konnte die Insel mit Recht als ein Paradies bezeichnet werden.

Als ich etwa einen halben Monat im Haus meines Taio zugebracht hatte, wurde mir eines Morgens die angenehme Überraschung eines Besuches einiger meiner Schiffskameraden zuteil, die in einem Doppelkanu von der Bucht von Matavai herübergerudert kamen. Das Boot wurde von einem ganzen Dutzend Eingeborener vorwärts bewegt, hinter denen drei weiße Männer saßen. Mein Gastgeber war an jenem Tag an Bord der *Bounty*, um dort mit Bligh zu speisen; Hina, Maimiti und Hinas Gatte, ein junger Häuptling namens Tuatau, standen am Ufer, als das Boot sich näherte. Bald erkannte ich, daß die drei weißen Männer Christian, Peckover und Vater Bacchus waren.

Der Wundarzt stieg als erster an Land und hinkte auf mich zu, um mich zu begrüßen, wobei sein Stelzfuß tief in den Sand einsank. Ich war nur mit einem Lendenschurz aus einheimischem Stoff bekleidet, und meine Schultern waren von der Sonne ganz braun gebrannt.

»Hör zu, Byam«, rief Bacchus, als er mir die Hand schüttelte, »der Teufel soll mich holen, wenn ich dich nicht zuerst für einen Inselbewohner gehalten habe! Es wurde langsam doch Zeit, einmal an Land zu gehen, fand ich, und da konnte ich wohl nichts Besseres tun, als dir einen Besuch abzustatten, mein Junge! Zur Vorsicht habe ich jedenfalls ein Dutzend Flaschen Teneriffawein abfüllen lassen.« Er wandte sich dem Stückmeister zu, der noch im Boot stand. »Heda, Peckover«, rief er besorgt, »sag den Kerls, sie sollen auf den Korb aufpassen; wenn eine einzige der Flaschen zerbrochen wird, müssen sie nochmals zum Schiff zurückfahren.«

Christian schüttelte mir mit einem verständnisvollen Lächeln über die beiden Zechkumpane die Hand, und wir warteten, bis der große, mit Weinflaschen angefüllte Tragkorb unversehrt an Land gebracht worden war. Sodann stellte ich die Männer meinen eingeborenen Bekannten vor. Hina und ihr Gatte führten uns zum Haus; Maimiti ging mit Christian und mir. Christian hatte mir vom ersten Augenblick an gefallen, aber jetzt in Tahiti lernte ich ihn erst so recht kennen. Er war ein stattlicher, kraftvoller Mann, und öfter als einmal bemerkte ich während des kurzen Weges zum Haus, daß die junge Maimiti ihm von der Seite her einen schüchternen Blick zuwarf.

Als wir es uns auf Hitihitis kühler Veranda bequem gemacht hatten, winkte Vater Bacchus den Leuten, den Korb mit den Weinflaschen niederzustellen. Infolge der Anstrengung des Spaziergangs noch immer schwer atmend, nahm er eine kräftige Prise; nachdem er heftig geniest und sich mit einem riesigen Taschentuch geräuschvoll geschneuzt hatte, griff er in seine Rocktasche und zog einen Korkenzieher hervor.

Während er und Peckover noch tapfer dem Wein zusprachen und Tuatau sich eifrig an dem Gelage beteiligte, spazierten Christian, Maimiti, Hina und ich zum Strand; die Vorbereitungen für das Mittagessen wurden Hitihitis zahlreichen Köchen überlassen. Der Morgen war warm und ruhig, und wir waren froh, im Schatten der hohen Eisenholzbäume zu wandeln, die sich am Rand des Sandstrandes erhoben. Ein Flüßchen, kaum größer als ein englischer Bach, floß etwa eine Meile östlich vom Haus in das Meer und bildete kurz vor der Mündung einen klaren, tiefen Teich. Die Wipfel knorriger alter Baumriesen strebten über unseren Häuptern einander zu, so daß sie gleichsam ein Dach bildeten; die durch das dichte Blätterwerk sickernden Sonnenstrahlen malten wechselnde Muster von Licht und Schatten auf die unbewegte Wasserfläche. Die zwei Frauen zogen sich in das Gebüsch zurück, um bald darauf, nur mit einem leichten Rock um die Hüften bekleidet, wieder zu erscheinen. Keine Frau der Welt ist sittsamer als die Damen von Tahiti, aber sie entblößen ihren Busen ebenso unbefangen, wie eine Engländerin ihr Gesicht zeigt. Christian stand neben mir am Ufer, gleichfalls nur mit einem einheimischen Lendenschurz bekleidet; er blickte nunmehr zu den Frauen auf, und ein Gefühl der Bewunderung durchzuckte ihn.

Zart und doch kräftig gebaut, in der ersten Blüte junger Weiblichkeit, ihr herrliches dunkles Haar gelöst – so bot Maimiti ein liebliches Bild. Einen Augenblick lang stand sie da, die Hand auf der Schulter Hinas, dann lief sie, ihren Rock zusammenraffend, mit zierlichen Bewegungen auf das Brett, das über dem tiefen Wasser schwebte. Nachdem sie sich eine Sekunde lang hoch über dem Teich im Gleichgewicht gehalten hatte, sprang sie mit einem fröhlichen Schrei ins Wasser, um gleich darauf mit kurzen, leichten Schlägen auf dem Grund des Teiches dahinzuschießen. Christian, ein ausgezeichneter Schwimmer, sprang mit dem Kopf voran ins Wasser; Hina folgte ihm. Über eine Stunde tummelten wir uns fröhlich in dem Teich. Wir schreckten Scharen von kleinen, gefleckten, forellenähnlichen Fischen aus ihrer Ruhe auf und ließen die kühle grüne Blätterwand über uns von hellem Gelächter widerklingen.

Die Bewohner von Tahiti baden selten im Meer, außer wenn die Brandung sehr stürmisch ist. Zu solchen Zeiten finden die wagemutigeren Männer und Frauen ihr größtes Vergnügen in einem Spiel, das sie Horue nennen und das darin besteht, daß sie sich von leichten Brettern mit großer Geschwindigkeit über die weißen Schaumkämme der stürmischen See tragen lassen. Ihr tägliches Bad aber nehmen sie in den klaren, kühlen Flüssen, die überall von den Bergen herabströmen, und obgleich sie zweimal oder dreimal täglich baden, freuen sie sich auf das nächste Bad, als sei es das erste seit einem Monat. Männer, Frauen und Kinder baden gemeinsam mit viel Lärm und Fröhlichkeit, denn dies ist die tägliche Stunde des geselligen Beisammenseins, wo man Bekannte trifft, der Geliebten den Hof macht und Klatsch und Neuigkeiten austauscht.

Nach dem Bad ließen wir uns von der Sonne trocknen, während die Mädchen ihr Haar mit kunstvoll geschnitzten Bambuskämmen kämmten. Christian war ein Mann von Lebensart und keineswegs ein Lüstling, wenn ihm auch Empfindung und Leidenschaft nicht fremd waren. Auf dem Heimweg blieb er mit der jungen Maimiti zurück, und als ich einmal zufällig den Kopf wandte, sah ich, daß die beiden Hand in Hand gingen. Sie waren ein schönes Paar – der junge englische Seemann und das eingeborene Mädchen. Das gütige Schicksal, welches die Zukunft vor unserem Blick verhüllt, ließ mich nichts von dem erkennen, was diesen beiden bestimmt war, deren Los es sein sollte, Hand in Hand, so wie jetzt, eine lange Wanderung miteinander zu machen und ein tragisches Schicksal zu erdulden. Maimiti senkte die Augen, und eine leichte Röte färbte ihre hellolivenfarbenen Wangen; sanft wollte sie ihre Hand befreien, aber Christian hielt sie fest und lächelte mir zu.

»Jeder Seemann muß ein Liebchen haben«, sagte er halb im Scherz, halb im Ernst, »ich habe das meine gefunden. Ich wette um mein Leben, daß es kein treueres Mädchen auf allen Inseln der Südsee gibt!«

Hina lächelte ernsthaft und berührte meinen Arm, zum Zeichen, ich möge Christian in seiner Werbung nicht stören. Er hatte ihr auf den ersten Blick gefallen, und sie kannte seinen Rang an Bord. Und da Neuigkeiten jeder Art sich unter der Bevölkerung von Tahiti auf märchenhafte und beinahe unheimliche Art verbreiten, so wußte Hina auch schon, daß Christian keinen Umgang mit den Frauen, die das Schiff unsicher machten, gepflogen hatte.

Christian und Bligh

Seit dem Tag, an dem Christian Maimiti zum ersten Mal begegnet war, versäumte er keine Gelegenheit, uns zu besuchen. Zuweilen kam er bei Tag, zuweilen bei Nacht, wie es sein Dienst auf der *Bounty* gestattete. Die Eingeborenen, die kein Bedürfnis nach ununterbrochenem Schlaf haben, erhoben sich häufig während der Nacht und rüsteten oft um Mitternacht, wenn die Fischer vom Riff zurückkehrten, ein Mahl. Hitihiti weckte mich oft nur aus dem Bedürfnis heraus, sich zu unterhalten, oder wenn ihm plötzlich ein Wort einfiel, an das er während des Tages nicht gedacht hatte. Ich gewöhnte mich bald an diese Störungen meiner Nachtruhe und lernte, das während der Nacht Versäumte am Nachmittag nachzuholen.

Die ganze Familie nahm ohne Widerspruch zur Kenntnis, daß Christian und Maimiti ein Liebespaar waren. Er kam selten ohne kleine Geschenke, und man sah seinen Besuchen mit freudiger Erwartung entgegen. Christian war ein Mann, der seine Launen hatte; auf dem Meer hatte ich ihn zuweilen wochenlang ernst, zurückhaltend, sogar grimmig gesehen. Dann pflegte er auf einmal aufzutauen, seine Sorgen von sich zu werfen und der heiterste Gefährte zu werden. Niemand verstand es besser, sich seinen Mitmenschen angenehm zu machen, als er, wenn er es wollte; seine Aufrichtigkeit, seine Bildung, die weit über die bei den Seeoffizieren seiner Zeit übliche hinausging, und der Reiz seines Wesens vereinten sich, um ihn bei Männern ebenso wie bei Frauen beliebt zu machen. Und infolge seines feurigen Wesens, seines stattlichen Aussehens und seines wechselnden Gemütszustandes galt er außerdem bei den Frauen als ein romantischer Mann.

Etwa sechs Wochen nach meiner Ankunft in Hitihitis Haus wurde ich eines Nachts nach heimischem Brauch durch eine Hand an meiner Schulter sanft geweckt. Im flackernden Kerzenschein sah ich Christian und Maimiti vor mir stehen.

»Kommen Sie zum Strand, Byam«, sagte Christian; »man hat dort unten ein Feuer angezündet. Ich habe Ihnen etwas zu sagen.«

Ich rieb mir den Schlaf aus den Augen und folgte ihm zu der Stelle, wo ein helles Feuer brannte. Es war Neumond, und das Meer war so ruhig, daß das Brausen der Brandung sich in ein Flüstern verwandelt hatte. Rings um das Feuer waren Matten ausgebreitet, und Hitihitis Familie lag, sich leise unterhaltend, umher, während auf den Kohlen Fische geröstet wurden.

Christian ließ sich nieder und legte den Arm um Maimitis Hüften, während ich an der Seite des Paares Platz nahm. Sogleich bemerkte ich, daß Christians fröhliche Laune der letzten Woche einem düsteren Gemütszustand gewichen war.

»Ich muß es Ihnen sagen«, sagte er nach einem langen Schweigen, »Vater Bacchus ist vergangene Nacht gestorben.«

»Um Gottes willen!« rief ich. »Was ...«

»Er starb nicht infolge übermäßigen Trinkens, was ja weiter nicht verwunderlich gewesen wäre, sondern weil er einen giftigen Fisch aß. Wir kauften ungefähr vierzig Pfund Fisch von einem Kanu, das von Tetiaroa gekommen war, und Ihre Messe aß von den Fischen, die eine seltsame hellrote Farbe hatten. Hayward, Nelson und Morrison kämpften sechs Stunden mit dem Tod, aber es geht ihnen jetzt besser. Der Arzt starb vor vier Stunden.«

»Um Gottes willen!« wiederholte ich mechanisch.

»Er wird am Morgen beerdigt werden; Herr Bligh fordert Sie auf, an dem Begräbnis teilzunehmen.«

Zuerst war ich von der schlimmen Nachricht so verwirrt, daß

ich die Größe des Verlustes nicht ermessen konnte; erst nach und nach begriff ich richtig, daß ich Vater Bacchus nie mehr sehen würde.

»Er war ein Säufer«, grübelte Christian vor sich hin, »und doch liebte ihn jeder an Bord. Durch seinen Tod sind wir alle ärmer geworden.«

Im rötlichen Widerschein des Feuers bemerkte ich, daß in Maimitis Augen Tränen schimmerten. »Ua Mate Te Ruau Avae Hoe«, sagte sie bekümmert. (Der alte Mann mit einem Bein ist tot.)

»Ich fahre seit vielen Jahren zur See«, fuhr Christian fort, »und ich kann Ihnen sagen, daß das Wohlergehen der Männer an Bord eines Schiffes von Dingen abhängt, die klein erscheinen. Ein Scherz zur rechten Zeit, ein freundliches Wort oder ein Glas Grog – das ist zuweilen wirksamer als die neunschwänzige Katze. Ohne Bacchus wird das Leben auf der *Bounty* nicht mehr das gleiche sein wie bisher.«

Christian sprach in dieser Nacht nicht mehr, sondern blickte stumm, mit finsterem Blick ins Feuer. Maimiti legte ihren Kopf an seine Schulter und schlief ein, während er ihr Haar zärtlich streichelte. Ich lag noch lange wach und mußte an Vater Bacchus und die Schicksalsfügung denken, die sein Leben so plötzlich auf einer heidnischen Insel, zwölftausend Meilen von England entfernt, beendet hatte. Vielleicht würde sein freundlicher Schatten damit zufrieden sein, in den mondüberglänzten Hainen von Tahiti umherzustreifen, wo der salzige Geruch des Meeres, das er liebte, die Luft erfüllt und das Donnern der Brandung bei Tag und Nacht ertönt. Und er war an Bord gestorben, wie es gewünscht hatte; die gefürchteten Jahre des Ausruhens an Land waren ihm erspart geblieben. Christian hatte recht – ohne Vater Bacchus würde das Leben auf der *Bounty* nicht mehr das gleiche sein wie bisher.

Wir begruben ihn auf Kap Venus, nahe der Stelle, wo Kapitän Cook vor zwanzig Jahren seine Sternwarte errichtet hatte. Es dauerte einige Zeit, bis wir von dem großen Häuptling Teina die Erlaubnis hierzu erhielten, dann aber gruben die Eingeborenen selbst das Grab. Um vier Uhr nachmittags trugen wir Vater Bacchus zu Grabe. Bligh hielt einen schlichten Trauergottesdienst ab, währenddessen eine große Menge Eingeborener uns schweigend, aufmerksam und respektvoll umstand. Als der Kapitän und die Mannschaft an Bord gegangen waren, um die Versteigerung der Habseligkeiten des Verstorbenen vorzunehmen, blieben Nelson und Peckover an Land, der erstere noch bleich und angegriffen von der überstandenen Vergiftung. Die Eingeborenen hatten sich zerstreut, so daß nur wir drei das frische, mit Korallen geschmückte Grab umstanden.

Nelson räusperte sich und entnahm einem Korb, den er in der Hand trug, drei Gläser und eine Flasche spanischen Wein. »Wir waren seine besten Freunde«, sagte er zu Peckover, »du, Byam und ich. Ich glaube, es würde ihm gefallen, wenn wir dem Gottesdienst eine kleine Zeremonie hinzufügten.«

Der Botaniker räusperte sich aufs neue, reichte jedem von uns ein Glas und entkorkte die Flasche. Dann tranken wir schweigend, mit entblößtem Haupt, zu Ehren Vater Bacchus', und als die Flasche leer war, zerbrachen wir unsere Gläser an dem Grab.

Das Nachlassen der Manneszucht, das den Entbehrungen der langen Fahrt gefolgt war, hatte nun ein Ende, und Blighs rauhes und unzähmbares Naturell kam wieder zum Vorschein. Manches von dem, was an Bord vorging, sah ich während meiner sonntäglichen Besuche; weiteres darüber erfuhr ich von Christian, der mir nicht verschwieg, daß die Mannschaft wieder gegen den Kapitän zu murren begann.

Wie ich schon erzählte, hatte jeder Mann an Bord unter den Eingeborenen einen Freund, der es für seine Pflicht hielt, seinem Taio häufige Geschenke in Gestalt von Nahrungsmitteln zu machen. Die Seeleute betrachteten diese natürlich als ihr Eigentum, aber Bligh bestimmte, daß alles, was an Bord kam, dem Schiff gehöre und nach Gutdünken des Kapitäns zu verteilen sei. Es war ein harter Schlag für einen Matrosen, dem sein Taio ein fettes Schwein gesandt hatte, wenn das Tier den Schiffsvorräten einverleibt wurde und er selbst sich mit einer kleinen Portion schlechten Schweinefleisches begnügen mußte, das Herr Samuel ihm zuteilte. Sogar die Schweine des Steuermanns wurden konfisziert, obgleich Bligh zu jener Zeit vierzig Stück für sich selbst hatte.

Eines Morgens, als ich an Bord der *Bounty* kam und dort auf Herrn Bligh, der an Land gegangen war, wartete, hatte gerade der kleine Hallet, den ich unter meinen engeren Kameraden am wenigsten leiden konnte, Dienst; er hatte dafür zu sorgen, daß keine Vorräte an Bord geschmuggelt wurden. Als sich ein kleines Kanu, von zwei Männern gepaddelt, näherte, eilte er sogleich auf das Gangbord, um Ausschau zu halten. Der eine der beiden Ruderer war Ellison, der jüngste und beliebteste aller Matrosen. Er salutierte, kletterte an der Schiffswand empor und lehnte sich vor, um die Geschenke, die ihm sein Taio hinaufreichte, entgegenzunehmen. Diese bestanden aus einer Handvoll tropischer Äpfel, einem Fächer mit einem aus dem Zahn eines Walfisches gefertigten Stiel und einem Bündel landesüblicher Kleidungsstücke. Der Eingeborene winkte mit der Hand und paddelte davon. Hallet bückte sich, nahm einen der auf dem Deck liegenden Äpfel und begann ihn zu essen, wobei er sagte: »Die muß ich haben, Ellison.«

»Gut, Sir«, sagte Ellison, wenn ich auch bemerkte, daß er seinen Früchten nachtrauerte. »Sie werden sie süß finden!«

»Und diesen Fächer hier«, fuhr der Kadett fort, während er

Ellison das Stück aus der Hand nahm, »willst du ihn mir geben?«

»Das kann ich nicht, Sir. Er ist von einem Mädchen.«

»Und was hast du da?«

»Ein Bündel Kleidungsstücke.«

Hallet befühlte das dicke Bündel und lächelte dem Matrosen tückisch zu. »Darin scheint mir, wenn mich nicht alles täuscht, ein Spanferkel zu stecken. Soll ich Herrn Samuel rufen?«

Ellison wurde rot; der andere fuhr fort, ohne ihm Zeit zur Antwort zu lassen: »Paß auf! Ich will ein Geschäft mit dir machen – du läßt mir den Fächer, und ich sage nichts von dem Ferkel.«

Ohne ein Wort zu sprechen, ergriff der junge Matrose sein Bündel und ging wütend zum Vordeck; den Fächer ließ er in der Hand seines Vorgesetzten. Ich schickte mich gerade an, meinem Ärger Ausdruck zu geben, als Samuel des Weges kam. Hallet hielt ihn an.

»Möchten Sie ein Stück zartes Schweinefleisch?« fragte er leise. »Dann gehen Sie zum Vordeck. Ich habe Ellison in Verdacht, in einem Stoffbündel ein Spanferkel versteckt zu haben!«

Samuel nickte ihm mit einem verständnisvollen Grinsen zu und ging weiter. Ich trat vor.

»Du bist ein gemeiner Kerl!« sagte ich zu Hallet.

»Du spionierst mir nach, Byam!« quiekte er.

»Wenn mir nicht vor dir ekelte, würdest du noch etwas ganz anderes von mir erleben!« In diesem Augenblick nahte das Boot des Kapitäns; ich schluckte meinen Ärger hinunter und begann das Manuskript der wöchentlichen Arbeit herzurichten. Als meine Unterredung mit Bligh zu Ende war und wir wieder an Deck kamen, traf ich an der Fallreepspforte Christian, der gerade Geschenke entgegennahm, die Maimiti, die persönlich über viel Grund und Boden verfügte, ihm geschickt hatte.

Da gab es zwei fette Schweine, verschiedene Gemüse, kunstvolle Matten, Schulterumhänge und ein Paar sehr schöne Perlen. Bligh befahl Samuel sogleich, die Schweine für das Schiff zu annektieren. Christian wurde rot.

»Herr Bligh«, rief er, »diese Tiere hatte ich für meine eigene Messe bestimmt.«

»Nein!« antwortete der Kapitän kurz angebunden.

Er warf einen Blick auf die Matten und Umhänge, die Christian gerade nach unten tragen lassen wollte.

»Herr Samuel«, fuhr der Kapitän fort, »nehmen Sie diese Kuriositäten an sich; sie können uns beim Tauschhandel auf anderen Inseln von Nutzen sein.«

»Einen Augenblick, Sir«, widersetzte sich Christian. »Diese Gegenstände wurden mir für meine Familie in England geschenkt.«

Statt jeder Antwort wandte sich der Kapitän verächtlich zum Gehen. Maimitis Diener übergab Christian ein kleines, in Tapatuch gehülltes Paket.

»Perlen«, sagte der Mann in der Landessprache. »Meine Herrin sendet sie dir, auf daß du sie deiner Mutter in England bringest.« Noch immer rot vor Zorn, ergriff Christian das Paketchen.

»Sagte er – Perlen?« warf Bligh ein. »Lassen Sie mich sie sehen!«

Widerwillig, aber ohne ein Wort zu sprechen, wickelte Christian aus der Umhüllung ein Paar Perlen, die so groß waren wie Stachelbeeren und auf das prächtigste schimmerten. Nach einem Augenblick des Zögerns befahl Bligh:

»Geben Sie die Perlen Herrn Samuel. Auf den Freundschaftsinseln werden solche Stücke sehr geschätzt.«

»Es kann doch nicht Ihr Ernst sein, Sir«, entfuhr es Christian,

»mir auch diese Perlen wegnehmen zu wollen! Ich erhielt sie als Geschenk für meine Mutter!«

»Übergeben Sie sie Herrn Samuel!« wiederholte Bligh kalt.

»Ich weigere mich!« entgegnete Christian, sich mühsam zurückhaltend.

Er wandte sich jäh ab, umklammerte die Perlen mit seiner Hand und ging die Treppe hinab. Zwischen dem Kapitän und seinem Schreiber wurden Blicke gewechselt, aber obgleich Bligh die Hände hinter dem Rücken vor Wut zusammenpreßte und wieder öffnete, sprach er kein Wort.

Es war nicht schwer, die Gefühle der Mannschaft zu dieser Zeit zu ergründen – sie darbten inmitten des Überflusses, und jedesmal, wenn sie von der Insel zurückkehrten, wurden sie wie Schmuggler behandelt. Wahrlich, der Kontrast zwischen dem Leben an Land und dem Leben an Bord war allzu scharf. Ich hatte ein Heim und eine Mutter, die auf mich wartete, die Matrosen aber erwartete in England nichts anderes als die Aussicht, wiederum von den Werbern zum Dienst gepreßt zu werden oder in den Straßen von Portsmouth zu betteln. Ich fürchtete, daß wir, falls Herr Bligh kein Einsehen hätte, bald Desertionen oder noch Ärgeres erleben würden.

Als ich Mitte Januar eines Morgens wieder einmal das Schiff betrat, um Bericht zu erstatten, ging der Kapitän wütend auf dem Quarterdeck auf und ab. Zuerst sah er mich gar nicht; als er mich endlich bemerkte, blieb er unvermutet stehen und sagte: »Ah, Sie sind es, Herr Byam. Ich kann heute Ihre Arbeit nicht durchsehen; wir wollen es auf nächste Woche verschieben. Der Profos und zwei Matrosen – Muspratt und Millward – sind desertiert. Die undankbaren Halunken werden dafür büßen, wenn ich sie erwischt habe! Sie nahmen den kleinen Kutter und acht Musketen nebst der dazugehörigen Munition mit sich. Soeben habe ich erfahren, daß sie den Kutter verlassen und in einem Segelkanu die Fahrt nach Tetiaroa angetreten haben.« Herr Bligh hielt inne und dachte nach. »Hat Ihr Taio ein großes Boot?« fragte er dann.

»Jawohl, Sir«, gab ich zur Antwort.

»Dann lege ich die Verfolgung in Ihre Hände. Ersuchen Sie Hitihiti, Ihnen sein Boot und so viele seiner Leute, wie Sie benötigen, zu geben, und machen Sie sich noch heute auf den Weg nach Tetiaroa. Der Wind ist günstig. Bemächtigen Sie sich der Flüchtlinge, wenn möglich, ohne Gewalt anzuwenden – auf jeden Fall aber bemächtigen Sie sich ihrer! Churchill wird Ihnen vielleicht zu schaffen machen. Sollten Sie merken, daß die Kerle nicht auf der Insel sind, so kehren Sie morgen zurück, falls der Wind es gestattet.«.

Als ich den Kapitän verlassen hatte, suchte ich Stewart und Tinkler in unserer Kammer auf.

»Du hast natürlich die große Neuigkeit schon gehört?« fragte Stewart.

»Jawohl, der Kapitän unterrichtete mich davon und betraute mich damit, die Leute zu fangen.«

Stewart lachte. »Bei Gott! Da beneide ich dich nicht!«

»Wie konnten Sie mit dem Kutter unbemerkt entkommen?«

»Hayward war Maat der Wache und beging die Dummheit, ein Schläfchen zu machen. Die Leute stahlen sich mit dem Kutter weg, während er sanft schlummerte. Bligh war wie ein Wahnsinniger, als er es vernahm. Er ließ Hayward auf einen Monat in Eisen legen und droht, ihn prügeln zu lassen, sobald er herauskommt!«

Eine Stunde später berichtete ich Hitihiti von dem Auftrag, den ich erhalten hatte, und von dem Ersuchen des Kapitäns. Der Häuptling erklärte sich sofort bereit, mir sein großes Segelkanu nebst zwölf Mann Besatzung zur Verfügung zu stellen, und bestand darauf, die Expedition selbst mitzumachen.

Das Fahrzeug meines Gastgebers war ein Boot mit einem Segel, etwa fünfzig Fuß lang. Der Mast war hoch und kräftig, das große Segel aus dicht gewebtem Mattenstoff war von einem leichten Holzrahmen eingefaßt. Ich sah müßig zu, wie Hitihitis Anhänger das Fahrzeug aus seinem Schuppen rollten und mit Sorgfalt fahrtbereit machten. Die Frauen trugen indessen frische Kokosnüsse und anderen Reisevorrat herbei.

Die Männer schienen sich auf die Fahrt lebhaft zu freuen, bedeutete sie doch eine Unterbrechung der träumerischen Einförmigkeit, in der sie dahinlebten. Da sie damit rechneten, die Deserteure zu überraschen, schienen sie keine Angst vor den Musketen zu haben, aber Hitihiti fragte mich mit einiger Besorgnis, ob Churchill und seine Gefährten keine Pistolen hätten. Als ich dies verneinte, schien er sichtlich erleichtert.

Um zwei Uhr nachmittags gingen wir mit einer frischen östlichen Brise in See. Tetiaroa liegt etwa dreißig Meilen nördlich von Matavai und besteht aus einer Gruppe von fünf niedrigen Koralleninseln, die auf das Riff aufgesetzt sind, welches eine etwa vier Quadratmeilen große Lagune umgibt. Die Inselgruppe ist Eigentum des großen Häuptlings Teina oder Pomare, den die Seeleute den König von Tahiti nennen.

Tetiaroa ist eine Art vornehmer Badeort für die Häuptlinge des nördlichen Teils von Tahiti; in schattigen Hainen erholen sie sich bei leichter Kost von den Schäden, die der allzu reichliche Genuß des Ava, eines im höchsten Grade berauschenden Getränkes, ihrem Körper zufügt. In Tetiaroa versammeln sich auch die Pori, junge Mädchen – aus jedem Bezirk von Tahiti eines –, die zu gewissen Zeiten auf steinerne Plattformen gestellt wurden, wo sie ob ihrer Schönheit bewundert und von den Vorübergehenden mit ihren Konkurrentinnen verglichen werden konnten. Diese Pori werden in Tetiaroa nach besonderen Vorschriften ernährt und mit duftendem, die Haut erweichendem Öl eingerieben; auch müssen sie stets im Schatten bleiben, um ihre Haut zu bleichen; ich muß den alten

Weibern, denen ihre Pflege oblag, die Anerkennung zuteil werden lassen, daß man ganz Europa durchsuchen könnte, ohne eine gleiche Anzahl vollkommener Schönheiten zu finden, wie sie hier auf einer kleinen Koralleninsel versammelt waren.

Während der Fahrt nach Tetiaroa lernte ich die Eigenschaften von Hitihitis Kanu schätzen. Die *Bounty* fuhr, nach dem Maßstab jener Zeit gemessen, schnell, aber dieses einheimische kleine Fahrzeug erreichte zumindest die doppelte Geschwindigkeit.

Nicht ohne Gefahr schossen wir über das Riff in die ruhigen Gewässer der Lagune von Tetiaroa. Bald waren wir von kleinen Booten und von Schwimmern umringt, die alle eifrig bemüht waren, uns wichtige Mitteilungen zukommen zu lassen. Die Deserteure waren aus Furcht vor Verfolgung vor zwei oder drei Stunden abgefahren, nach Eimeo, wie die einen glaubten, nach der Westküste von Tahiti, wie die anderen vermuteten. Der Wind legte sich gegen Sonnenuntergang, und da wir nicht sicher wußten, wohin sich Churchill gewandt hatte, hielt Hitihiti es für das beste, die Nacht in Tetiaroa zu verbringen und mit der Morgenbrise zu Bligh zurückzukehren, um ihm Nachricht zu bringen.

Die Nacht, die ich auf der Koralleninsel verbrachte, werde ich nie vergessen. Die Eingeborenen von Tahiti neigten von Natur aus zu Leichtsinn und Vergnügungssucht und waren außerstande, sich die schwerste Bürde des weißen Mannes – Sorge und Kummer – aufzuladen. In Tetiaroa aber schienen auch die letzten Reste der leichten Sorgen von ihnen abzufallen, die sie zu Hause doch etwa von Zeit zu Zeit bedrückten. Man verbrachte die Zeit ununterbrochen mit Vergnügungen.

Hitihiti gab seinen Paddlern den Auftrag, das nächstgelegene der kleinen Inselchen, Rimatuu, zum Ziel zu nehmen. Drei oder vier Häuptlinge befanden sich bereits mit ihrem Gefolge auf dem Eiland. Wir stiegen im Haus eines berühmten Kriegers namens Poino ab, dessen Trinkexzesse ihn beinahe das Leben gekostet hatten. Er lag auf einem Haufen Matten und vermochte sich kaum zu bewegen, seine Haut schälte sich und war grasgrün; Hitihiti sagte mir jedoch, daß der große Krieger in einem Monat wieder vollkommen hergestellt sein werde. Mehrere Angehörige hatten Poino nach Tetiaroa begleitet, darunter auch ein junges Mädchen, welches der großen Familie Vehiatua angehörte und von zwei alten Frauen betreut wurde. Während des Abendessens konnte ich einen Blick auf sie werfen, aber ich dachte nicht mehr an die junge Dame, bis ich nach Sonnenuntergang eingeladen wurde, einer Unterhaltung beizuwohnen, die man Heiva nannte.

Schon von weitem sahen wir das Licht vieler Fackeln und hörten rasenden Trommelwirbel. Hitihiti beschleunigte seine Schritte. Nun erhob sich an einer baumlosen Stelle eine aus Korallenblöcken erbaute Plattform vor uns. Ringsum lagerte auf der Erde eine Zuschauermenge von zumindest zwei- oder dreihundert Personen. Die Bühne war durch Fackeln aus Kokosnußblättern, die von den Dienern ununterbrochen erneuert wurden, hell erleuchtet. Als wir unsere Plätze einnahmen, beendeten gerade zwei Possenreißer ihre Darbietungen, die schallendes Gelächter hervorriefen; sodann stiegen sechs junge Frauen, von vier Trommlern begleitet, auf die Plattform. Diese Mädchen gehörten den unteren Gesellschaftsschichten an, und ihrem Tanz schrieben die Eingeborenen einen günstigen Einfluß auf die Fruchtbarkeit des Erdbodens zu. Die Kleidung der Tänzerinnen bestand nur aus einem Kranz aus Blumen und grünen Blättern, den sie um die Hüften geschlungen hatten. Der Tanz selbst aber, den sie in zwei Dreierreihen, Gesicht zu Gesicht, ausführten, war so schamlos, daß keine Worte ihn beschreiben könnten. Wenn aber die

Spaßmacher einen Sturm des Gelächters hervorgerufen hatten, so begleitete den Tanz ein wahrer Orkan. Hitihiti lachte so herzlich, daß ihm die Tränen in die Augen traten. Als die Darbietung zu Ende war, kündigte mir mein Taio an, daß wir nunmehr einen Tanz von ganz anderer Art zu sehen bekommen würden. Die zweite Gruppe der Tänzerinnen schritt durch die Menge, die ihnen bereitwillig Platz machte. Jedes Mädchen wurde von zwei alten Frauen begleitet und von einem Herold angekündigt, der ihren Namen und ihre Titel ausrief, während sie die Plattform bestiegen. Alle waren gleich und ungemein schön in wallende Gewänder aus schneeweißem Stoff gekleidet. Auf dem Kopf trugen sie seltsame, Tamau genannte Kopfbedeckungen und in den Händen kunstvoll geschnitzte Fächer. Ihre Brüste waren mit Schilden aus polierten Perlmuscheln bedeckt, die wie Spiegel glänzten und in allen Farben des Regenbogens spielten. Diese Mädchen, wegen ihrer Schönheit ausgewählt, mit der größten Sorgfalt ernährt und mit zahlreichen geheimen Schönheitsmitteln gepflegt, waren von beinahe überirdischem Liebreiz. Als Poinos junge Verwandte angekündigt wurde, ging ein Murmeln der Bewunderung durch die Zuschauer.

Wie alle Eingeborenen der Oberklasse war sie einen vollen Kopf größer als die Mädchen aus niedrigeren Schichten. Ihre Gestalt war von vollendetem Ebenmaß, ihre Haut glatt und blühend wie eine Aprikose, und ihre Augen schimmerten dunkel glänzend in dem entzückenden Gesicht. Als der Herold ihren langen Namen und ihre noch weit längeren Titel nannte, stand sie uns mit stolz und doch sittsam niedergeschlagenen Augen gegenüber.

Hitihiti, der begriff, daß mir die Ankündigung unverständlich sei, flüsterte mir ihren Alltagsnamen ins Ohr. »Tehani« nannte er sie, und dies bedeutet »Liebling«.

Der Hura wird paarweise getanzt, und im nächsten Augenblick begannen Tehani und ein anderes Mädchen diesen Tanz. Der Takt ist langsam, gemessen und würdevoll; die Bewegungen, insbesondere die der Arme, sind von seltsam anmutiger Schönheit. Als Tehani und ihre Begleiterin unter lebhaftem Beifall von der Bühne abtraten, folgten ihnen wieder zwei Spaßmacher, deren Possen uns lachen ließen, bis die beiden nächsten Mädchen zum Tanz bereit waren. Aber ich schenkte den übrigen Darbietungen nur wenig Beachtung, denn ich sehnte mich danach, in das Haus zurückzukehren, in das auch Tehani zurückgeführt worden war. Es war ein Glück für meine Arbeit und den Frieden meines Gemütes, daß sie nicht zu Hitihitis Haushalt gehörte, das begriff ich wohl, und doch hätte ich gerne alles, was ich besaß, dafür gegeben, in ihrer Nähe zu sein. Aber es war mir nicht vergönnt, Tehani in Tetiaroa noch einmal zu sehen, denn die beiden alten Frauen bewachten sie aufs strengste in einem gesonderten Häuschen.

Am folgenden Tag, um zwei Uhr nachmittags, segelten wir von Tetiaroa ab, und wenige Stunden später erstattete ich Herrn Bligh Bericht. Die Deserteure stellten sich drei Wochen später selbst, zermürbt von den ununterbrochenen Versuchen der Eingeborenen, sie gefangenzunehmen. Churchill erhielt zwei Dutzend Hiebe, Muspratt und Millward je vier Dutzend.

Die *Bounty* hatte inzwischen ihren Ankerplatz gewechselt und lag nun im Hafen von Toaroa, sehr nahe beim Ufer. Bligh hatte ursprünglich die Absicht gehabt, Hayward zusammen mit den Deserteuren prügeln zu lassen, aber im letzten Augenblick überlegte er es sich anders und ließ es bei der strengen Haftstrafe bewenden.

Gegen Ende März konnte kein Zweifel mehr darüber obwalten, daß die *Bounty* bald die Anker lichten werde. Über tausend junge Brotfruchtbäume in Töpfen und Kisten waren an Bord geschafft worden, und die große Kabine achtern ähnelte einem botanischen Garten. Große Mengen Schweinefleisch waren eingepökelt und ein gewaltiger Vorrat an Jamswurzeln angelegt worden. Nur der Kapitän wußte, wann wir segeln würden, aber es war klar, daß der Tag der Abfahrt nicht mehr fern war.

Ich gestehe, daß ich keine Sehnsucht verspürte, Tahiti zu verlassen. Niemand hätte bei einem so liebenswürdigen Gastgeber wie Hitihiti wohnen können, ohne sich ihm und seiner Familie verbunden zu fühlen, und auch meine Arbeit fesselte mich von Tag zu Tag mehr. Ich war jetzt in der Lage, gewöhnliche Unterhaltungen fließend zu führen, wenn ich auch eingesehen hatte, daß die wirkliche Beherrschung dieser vielgestaltigen Sprache Jahre in Anspruch nehmen würde. Das vorgesehene Wörterbuch war beendet, und mit der Grammatik hatte ich gute Fortschritte gemacht. Hätte ich nicht den Wunsch gehabt, meine Mutter wiederzusehen, so wäre ich sicher damit einverstanden gewesen, einen Teil meines Lebens auf der Insel zuzubringen. Hätte ich die Sicherheit gehabt, daß binnen sechs Monaten oder eines Jahres wiederum ein Schiff anlief, so würde ich Herrn Bligh zumindest um die Erlaubnis gebeten haben, noch auf der Insel zu bleiben und meine Arbeit zu beenden.

Christian war der Gedanke an die Abreise ebenso schmerzlich wie mir. Seine Neigung zu Maimiti war überaus zärtlich, und ich wußte, daß ihm der Gedanke, sie zurückzulassen, unerträglich war. Mein Kamerad Stewart war seiner eingeborenen Liebsten ebenso herzlich zugetan wie Christian der seinen. Young war ohne Unterlaß in Gesellschaft eines Mädchens namens Taurua, das heißt »Abendstern«. Stewart nannte seine Geliebte Peggy; sie war die Tochter eines Häuptlings im Norden der Insel und ihrem Freund überaus anhänglich.

Einige Tage, bevor die *Bounty* unter Segel ging, besuchten mich Christian, Young und Stewart in Begleitung des Matrosen Alexander Smith, der mir an Bord für kleine Dienstleistungen zugeteilt war. Smith hatte sich mit einem kleinen, dunklen, lebhaften Mädchen der unteren Klassen angefreundet, das ihm auf die derbe Art eines Seemannsliebchens zugetan war. Er nannte sie Bal'hadi; ihr wirklicher Name war länger und umständlicher, aber der gute Smith brachte es nicht dazu, ihn richtig aussprechen zu lernen.

Wir waren so lange in Tahiti gewesen, daß viele meiner Kameraden sich bis zu einem gewissen Grad in der Landessprache verständlich machen konnten. Nur Smith war so ganz und gar Engländer, daß er keine fremde Sprache erlernte. Gleich vielen seiner Landsleute daheim glaubte er, daß das Englische, wenn man es nur laut und langsam genug spräche, auch von den einfältigsten Fremden verstanden werden müsse.

Als meine Besucher von der *Bounty* herannahten, spürte ich unwillkürlich, daß Christian Neuigkeiten für mich habe, aber er hatte so viel unter den Eingeborenen gelebt, daß er sich ihrem Höflichkeitsbegriff anpaßte, der während eines gewissen Zeitraums leichte Unterhaltung vorschreibt, ehe eine wichtige Mitteilung gemacht werden darf.

Maimiti begrüßte ihren Liebhaber auf das zärtlichste, und Hitihiti ließ an einer schattigen Stelle Matten für uns ausbreiten. Mein Gastgeber hatte sich als letzte Gunst ein Modell der Barkasse der *Bounty* erbeten. Er hoffte, daß seine eingeborenen Bootsbauer mit Hilfe dieses Modelles ein gleiches Fahrzeug herstellen könnten. Ich hatte die Arbeit Smith anvertraut, der in derlei Handfertigkeiten sehr geschickt war, und in der Tat hatte er die Arbeit in kaum einer Woche fertiggestellt. Bal'hadi trug das Modell auf ihrer Schulter. Hitihiti strahlte vor Freude, als er es sah.

»Sogleich werde ich an den Bau des Bootes gehen«, sagte er in der Landessprache zu mir. »Du hast dein Wort gehalten, und ich bin wahrhaft zufrieden!«

Auf seinen Befehl brachte ein Diener zwei prächtige Schweine.

»Die sind für dich«, erklärte ich Smith, aber der Bursche schüttelte bedauernd den Kopf.

»Keinen Zweck, junger Herr«, meinte er. »Herr Bligh erlaubt uns nicht, die Schweine zu behalten, die man uns schenkt. Aber wenn der alte Häuptling mir ein Spanferkel schenken wollte, so würde ich es mit meinem Mädel im Nu aufessen.« Man sah deutlich, wie ihm bei dem Gedanken das Wasser im Mund zusammenlief.

Hitihiti lachte laut über diesen Wunsch und gestattete Smith, sich selbst das Schweinchen auszusuchen, das ihm am besten gefiel. Wenige Minuten später kam der Matrose an uns vorüber, sein Mädel an der Seite und ein quiekendes Ferkel unter dem Arm. Sie verschwanden in einem nahen Gebüsch; gleich darauf hörten wir ein noch lauteres Gequieke, das aber bald ein Ende nahm; dann stieg eine Rauchwolke über den Bäumen empor. Ich habe das Gefühl, daß das Gesetz, demzufolge Männer und Frauen nicht zusammen speisen dürfen, an diesem Tag gebrochen wurde.

Wir aber lagerten im Schatten, tranken die süße Milch der jungen Kokosnüsse und plauderten lässig mit den Mädchen. Da plötzlich blickte Christian zu mir herüber. »Ich habe eine Botschaft für dich, Byam«, sagte er. »Wir gehen am Samstag unter Segel. Der Kapitän ersucht dich, Freitag abend an Bord zu kommen.«

So bekümmert, als habe sie die Worte verstanden, blickte Maimiti mich an; dann nahm sie die Hand ihres Liebhabers in die ihre und hielt sie fest.

»Eine schlechte Nachricht, zumindest für mich«, fuhr Christian fort. »Ich bin hier sehr glücklich gewesen.«

»Für mich auch«, warf Stewart mit einem Seitenblick auf seine Peggy ein.

Young gähnte. »Ich bin nicht sentimental«, meinte er. »Taurua wird bald einen anderen Galan finden.«

Das lebhafte, braunäugige Mädchen an seiner Seite verstand seine Worte genau. Sie schüttelte als Zeichen des Widerspruchs den Kopf und gab ihm einen scherzhaften Klaps auf die Wange. Christian lächelte.

»Young hat recht«, bemerkte er; »wenn ein richtiger Seemann sein Liebchen verläßt, denkt er schon an das nächste! Aber ich finde es schwer, diese Lehre in die Praxis umzusetzen!«

Gegen Abend verließen uns unsere Gäste, und am nächsten Tag mußte ich ihnen auf das Schiff folgen. Ich verabschiedete mich mit ehrlichem Bedauern von Hitihiti und seiner Familie, vollkommen überzeugt, daß ich nie mehr jemand von ihnen wiedersehen würde.

Ich fand die *Bounty* von Eingeborenen überfüllt und beladen mit Kokosnüssen, Kochbananen, Schweinen und Ziegen. Der große Häuptling Teina und seine Frau waren die Gäste des Kapitäns und schliefen diese Nacht auf dem Schiff. Bei Tagesanbruch arbeiteten wir uns durch den engen Durchlaß von Toaroa; und erst kurz vor Sonnenuntergang hatten wir das offene Meer erreicht. Bligh bedachte Teina mit Abschiedsgeschenken, verabschiedete sich von dem Häuptling und ließ ihn in der Barkasse an Land rudern. Eine Stunde später war jeder Mann auf seinem Platz, und die *Bounty* fuhr unter vollen Segeln ins Weite.

Heimfahrt

Nun, da wir wieder auf See waren, konnte ich die Veränderung, die der lange Aufenthalt auf der Insel bei der Mannschaft verursacht hatte, erst so recht feststellen. Wir alle waren beinahe so braun geworden wie Polynesier, und die meisten von uns trugen an verschiedenen Körperstellen fremdartige Tätowierungen, die uns erst recht ein exotisches Aussehen gaben. Die Bewohner von Tahiti sind vollendete Meister dieser Kunst, und obgleich die Prozedur des Tätowierens ebenso schmerzhaft wie langwierig ist, widerstanden doch nur wenige unserer Leute der Versuchung, einen solch augenscheinlichen Beweis ihrer Südseeabenteuer mit nach Hause zu bringen. Unter uns Kadetten war Edward Young am vollständigsten geschmückt. Auf jedem Bein trug er die Zeichnung einer Kokospalme, und auf seinem Rücken prangte ein Brotfruchtbaum, der mit solcher Natürlichkeit wiedergegeben war, daß man beinahe glaubte, den Wind durch die Äste rauschen zu hören.

Auch hatten sich alle eine notdürftige Kenntnis der Eingeborenensprache angeeignet, und wenn man sie sah, wie sie nur mit einem Turban aus Bast und einem Lendentuch aus dem gleichen Material angetan, beim Waschen des Decks in dem fremden Kauderwelsch miteinander parlierten, so hätte sie ein Engländer sicherlich nicht für Landsleute gehalten.

Die innerlichen Veränderungen aber waren für den aufmerksamen Beobachter nicht weniger deutlich erkennbar. Der Dienst wurde in gewohnter Weise getan, aber man arbeitete ohne Lust und Liebe, und zwar traf dies nicht nur auf die Mannschaft, sondern auch auf die Offiziere zu. Ich glaube, daß noch niemals auf einem nach langer Abwesenheit zur

Heimat zurückkehrenden Schiff Seiner Majestät so wenig frischer Mut zu finden war.

Eines Tages sprach ich hierüber mit Herrn Nelson, der, solange es hell war, stets in der großen Kajüte weilte und sich mit seinen geliebten Brotfruchtbäumen befaßte. Ich verspürte um diese Zeit ein unbestimmtes Unbehagen, und ein Gespräch mit dem Botaniker hatte stets etwas Beruhigendes für mich. Er war ein wahrer Fels des Friedens in unserer erregten Schiffsgesellschaft. Ich gestand ihm, daß ich über den Lauf, den die Dinge auf der *Bounty* nahmen, beunruhigt sei, ohne einen bestimmten Grund dafür angeben zu können. Nelson fand, daß kein Anlaß zur Besorgnis vorhanden sei.

»Kommt es Ihnen wirklich so merkwürdig vor, lieber junger Freund, daß wir uns alle nach dem idyllischen Leben in Tahiti ein wenig niedergeschlagen fühlen? Meine eigenen Gefühle, wenn ich an England, das vor uns, und Tahiti, das hinter uns liegt, denke, sind sehr gemischt. Ihnen wird es wohl kaum anders gehen.«

»Ich gestehe, daß Sie recht haben«, entgegnete ich.

»Dann stellen Sie sich einmal vor, wie den Leuten zumute sein muß, die daheim so wenig Schönes erwartet. Ehe sie eine Woche an Land sind, werden die meisten von ihnen von den Werbern gezwungen werden, Handgeld für ein anderes Schiff Seiner Majestät zu nehmen. Wer weiß, wie die Lage sein wird, wenn die *Bounty* England erreicht? Vielleicht haben wir Krieg mit Frankreich, Spanien oder Holland? In diesem Falle gnade Gott unseren armen Matrosen! Man wird ihnen nicht einmal Zeit geben, den Sold für die Rückfahrt auszugeben. Das Seemannsleben ist ein Hundeleben, daran ist nun einmal nichts zu ändern.«

»Halten Sie einen Krieg mit Frankreich für möglich?« fragte ich.

»Krieg mit Frankreich ist immer möglich«, antwortete er

lächelnd. »Wahrhaftig, es wundert mich, daß nicht die ganze Mannschaft in das Gebirge geflüchtet ist, ehe wir Tahiti, dieses Paradies, verlassen haben. Wenn ich ehrlich sein soll – ich an ihrer Stelle hätte es sicher so gemacht.«

Als ein Tag nach dem anderen verging und wir Tahiti weiter und weiter hinter uns ließen, begann uns die Erinnerung an das Leben, das wir dort geführt hatten, wie ein Traum zu erscheinen, und allmählich gewöhnten wir uns wieder an das harte Alltagsleben. Kapitän Bligh machte wohl seine gewohnten Rundgänge, aber er sprach nur selten mit jemand und verbrachte den größten Teil der Zeit in seiner Kajüte, wo er eifrig an seiner Karte der Inseln arbeitete. So verlief diese Zeit vollkommen ruhig, bis wir am 23. April die Insel Namuka, die zu den Freundschaftsinseln gehört, sichteten. Bligh war schon einmal hier gewesen und beabsichtigte, unseren Holz- und Wasservorrat zu erneuern.

Die Insel war viel weniger romantisch als Tahiti, aber ich empfand dennoch ein Gefühl des Staunens und der Scheu, als ich auf dieses Land blickte, das nur so wenige weiße Menschen bisher gesehen hatten und dessen Existenz den meisten Leuten in meiner Heimat unbekannt war.

Am Morgen des Vierundzwanzigsten gingen wir, anderthalb Meilen vom Ufer entfernt, vor Anker. Die Ankunft des Schiffes war inzwischen auf der Insel allgemein bekannt geworden, und die Indios eilten nicht nur von ganz Namuka, sondern auch von den umliegenden Inseln herbei. Binnen kurzem waren wir von Kanus umringt, und das Deck war so überfüllt, daß wir nur mit Mühe unseren Dienst tun konnten. Zuerst war die Verwirrung groß, aber die Ordnung wurde wiederhergestellt, als zwei Häuptlinge an Bord kamen, deren sich Bligh von seinem Besuch der Insel im Jahre 1777 erinnerte. Wir konnten ihnen verständlich machen, daß vor allem das Deck geräumt werden müsse; auf einige energische Befehle der Häuptlinge hin bestiegen bald darauf alle Eingeborenen, mit Ausnahme des Gefolges der Anführer, wieder ihre Kanus. Kapitän Bligh berief mich als Dolmetscher, aber mein Studium der Sprache von Tahiti erwies sich hier als beinahe wertlos. Immerhin vermochten wir uns mit Zeichen und einem gelegentlich eingeworfenen Wort oder Satz verständlich zu machen.

Kapitän Cook war es gewesen, der dieser Inselgruppe den Namen »Freundschaftsinseln« gegeben hatte, aber meine persönlichen Eindrücke von den Einwohnern waren ganz und gar nicht vorteilhaft. Sie ähnelten den Leuten von Tahiti in Gestalt, Haut- und Haarfarbe, aber sie waren von einer herausfordernden Frechheit, die unseren Freunden von Tahiti keineswegs zu eigen war. Zudem waren sie Diebe ärgster Sorte, und wenn man ihnen die geringste Gelegenheit dazu gab, nahmen sie alles mit sich, was nicht niet- und nagelfest war. Christian war der Ansicht, daß man diesen Leuten durchaus nicht trauen dürfe, und schlug vor, daß die Gruppen, die zum Einholen von Holz und Wasser an Land geschickt wurden, von starken Wachmannschaften begleitet werden sollten. Kapitän Bligh lachte ihn darob aus.

»Sie haben doch nicht am Ende Angst vor diesen elenden Tröpfen, Herr Christian?«

»Nein, Sir, aber ich glaube, wir haben Grund, ihnen gegenüber auf der Hut zu sein. Meiner Meinung nach ...«

Doch der Kapitän unterbrach ihn.

»Wer hat Sie nach Ihrer Meinung gefragt? Verflucht noch einmal! Ich glaube wahrhaftig, daß ich ein altes Weib zu meinem Stellvertreter gemacht habe! Kommen Sie, Herr Nelson, wir müssen etwas tun, um diese ängstlichen Naturen zu beruhigen.«

Mit diesen Worten stieg er die Stufen zum Kutter hinab, der darauf wartete, ihn ans Ufer zu bringen. Herr Nelson, der einige während der Fahrt eingegangene Brotfruchtbäume durch neue zu ersetzen hatte, folgte ihm, und zusammen mit den beiden Häuptlingen wurden sie an Land gerudert.

Herr Bligh hatte die unglückselige Gewohnheit, seinen Offizieren gegenüber verletzende Bemerkungen zu machen, auch wenn ein Teil der Schiffsmannschaft zugegen war. Zu seiner Verteidigung mag angeführt werden, daß er sich, weil er selbst ein dickes Fell hatte, keine Vorstellung davon machen konnte, wie aufreizend ein solches Verhalten auf eine empfindliche Natur wie Christian wirken mußte.

Übrigens ereignete sich an diesem Tag nichts Ungewöhnliches. Die Tatsache, daß Herr Bligh sich in Begleitung zweier Häuptlinge befand, schützte ihn vor Belästigungen. Am Nachmittag und während des ganzen folgenden Tages brachten die Eingeborenen Vieh und Produkte ihrer Insel zum Tauschhandel an Bord, und erst am Morgen des dritten Tages wurden Leute an Land geschickt, um unter Christians Kommando Holz und Wasser zu holen. Nun erst erwies sich dessen Mißtrauen gegen die Inselbewohner als vollkommen berechtigt, denn kaum hatten wir das Ufer betreten, als die Eingeborenen sich störend bemerkbar machten. Der Kapitän hatte uns zwar eine Wachmannschaft mitgegeben, aber ausdrücklich Befehl erteilt, daß von den Waffen kein Gebrauch gemacht werden dürfe. Die Eingeborenen umringten uns, und kaum hatten wir unsere Arbeit begonnen, als sie sich anschickten, den Holzfällern die Äxte aus der Hand zu reißen. Christian ging mit größter Kaltblütigkeit vor, und nur ihm war es zu verdanken, daß wir von den Wilden, die uns an Zahl fünfzigfach überlegen waren, nicht überwältigt wurden. Es gelang uns, Wasser und Holz an Bord der Boote zu bringen, ohne daß es zu eigentlichen Kämpfen gekommen wäre, aber als wir uns gegen Sonnenuntergang zur Abfahrt bereit machten, gelang es ihrer Übermacht, sich in den Besitz des Draggankers zu bringen.

Als wir an Bord der *Bounty* kamen und unseren Verlust meldeten, geriet Kapitän Bligh in Wut und beschimpfte Christian in Worten, die selbst einem gewöhnlichen Matrosen gegenüber nicht am Platz gewesen wären.

»Sie sind ein unbrauchbarer, feiger Tropf! Haben Sie wahrhaftig Angst vor armseligen Wilden, wenn Sie Waffen in der Hand tragen?«

»Helfen mir die Waffen etwas, Sir, wenn Sie verbieten, davon Gebrauch zu machen?« fragte Christian ruhig. Bligh ging über diese Frage hinweg und fuhr fort, Christian mit einer solchen Flut von Beschimpfungen zu überschütten, daß dieser sich plötzlich umdrehte und das Deck verließ. Wenn Bligh einen seiner Wutanfälle hatte, glich er einem Wahnsinnigen. Ich hatte nie zuvor einen Menschen seiner Art gesehen, und ich kam zur Überzeugung, daß er sich nachher dessen, was er in seiner Wut sagte oder tat, kaum erinnerte. Sehr häufig wurden solche Ausbrüche durch Fehler verursacht, die er selber begangen hatte; es schien mir, als wolle er sich mit Gewalt selbst davon überzeugen, daß ein anderer die Schuld daran trage. Wenn Bligh sich wieder einmal auf solche Art hatte gehenlassen, so folgten meist mehrere ruhige Tage, an denen er kaum mit jemandem sprach. In diesem Falle aber geschah es, daß sich am nächsten Tag ein ähnlicher Vorfall ereignete, der für uns alle die verhängnisvollsten Folgen haben sollte. Ich glaube nicht an ein Fatum. Der denkende Mensch ist selbst Herr seiner Entschließungen und damit zum großen Teil seines Schicksals; und doch gibt es Zeiten, wo böse Mächte sich ein teuflisches Vergnügen daraus zu machen scheinen, mit den Menschen und ihrem armseligen Dasein zu spielen. Ein solches Datum war sicherlich der 27. April des Jahres 1789.

Am Abend des 26. waren wir von Namuka abgesegelt, aber da ein sehr schwacher Wind wehte, kamen wir während der

Nacht nur langsam vorwärts. Während des folgenden Tages entfernten wir uns nie mehr als sieben oder acht Meilen vom Land. Die Vorräte, die wir von den Eingeborenen erhalten hatten, wurden weggeräumt; auf dem Quarterdeck war zwischen den Kanonen eine große Anzahl von Kokosnüssen aufgehäuft, und Bligh, der über die geringsten Einzelheiten des Vorratsbestandes Bescheid wußte, entdeckte, daß einige Nüsse fehlten.

Er ließ sogleich alle Offiziere zusammenrufen und fragte jeden von ihnen, wie viele Kokosnüsse er auf eigene Rechnung gekauft und ob er gesehen habe, daß seitens der Leute Nüsse vom Quarterdeck gestohlen worden seien. Alle verneinten dies, was Bligh, der offenbar glaubte, daß die Offiziere die Mannschaft schützten, in noch größere Wut versetzte. Schließlich kam er zu Christian.

»Und nun, Herr Christian, möchte ich genau wissen, wie viele Kokosnüsse Sie für eigenen Gebrauch gekauft haben.«

»Das weiß ich wirklich nicht, Sir«, entgegnete Christian, »doch hoffentlich halten Sie mich nicht für geizig genug, die Ihren zu stehlen.«

»Doch, Sie Halunke! Dafür halte ich Sie! Sie müssen welche von meinen gestohlen haben, sonst könnten Sie mir einen klareren Bericht über Ihre eigenen geben. Ihr seid allesamt Gauner und Betrüger! Aber ich werde euch lehren zu stehlen, ihr Hunde! Ich werde euch kujonieren, daß ihr wünschen werdet, ihr hättet mich nie in eurem Leben gesehen!«

Von allen beschämenden Szenen, die sich ereignet hatten, war diese die ärgste, wenngleich sie in Anbetracht ihrer lächerlich geringfügigen Ursache beinahe etwas Komisches hatte. Kein anderer Kapitän im Dienste Seiner Majestät hätte eine solche Anklage gegen seine Offiziere erhoben. Blighs Züge waren wutverzerrt; er brüllte, als ob wir uns am anderen Ende des Schiffes befänden. Plötzlich blieb er stehen.

»Herr Samuel!«

»Hier, Sir.« Samuel trat vor.

»Die Schurken erhalten bis auf weiteres keinen Grog. Und statt eines Pfundes Jamswurzeln wird von nun an nur ein halbes Pfund pro Mann an alle Messen ausgegeben. Verstanden?«

»Jawohl, Sir.«

»Und, bei Gott, wenn noch etwas fehlt, so reduziere ich die Ration auf ein Viertelpfund, und um dieses sollen sie zuerst betteln!«

Sodann befahl er, daß alle Kokosnüsse, die den Offizieren oder der Mannschaft gehörten, von nun als allgemeiner Schiffsvorrat zu gelten hätten.

Niemals habe ich das Schiff stiller gesehen als an jenem Abend. Die meisten von uns dachten sicherlich an die lange Reise, die uns noch bevorstand. Es mochte noch ein ganzes Jahr dauern, bis die *Bounty* England wieder erreichen würde. Inzwischen standen wir unter der Fuchtel eines Kapitäns, der mit uns tun konnte, was er wollte, und gegen dessen Tyrannei es keine Berufung gab. Meine Messe war besonders schweigsam, denn zu jener Zeit speiste Samuel mit uns, und wir wußten, daß jedes unserer Worte Bligh hinterbracht werden würde.

Um acht Uhr begann Herrn Fryers Wache. Fast die ganze Mannschaft war wegen des schönen Abends an Deck. Wenn auch nur eine leichte Brise wehte, so war die Luft doch erfrischend kühl. Der Mond stand in seinem ersten Viertel, und in der Ferne sahen wir die schwachen Umrisse der Insel Tofoa.

Als mein Wachdienst um Mitternacht zu Ende ging, war der Wind schwächer geworden, und die südlichen Sternbilder spiegelten sich in einem Meer, das unbewegt wie ein Mühlteich dalag. Ich ging in meine Kammer hinunter, aber es war viel zu heiß zum Schlafen. Zusammen mit Tinkler ging ich wieder an Deck. Eine Zeitlang schlenderten wir, über dieses und jenes plaudernd, auf und ab. Plötzlich blickte sich mein Kamerad vorsichtig um und sagte dann: »Byam, weißt du, daß ich ein hartgesottener Verbrecher bin? Ich habe eine von Herrn Blighs Kokosnüssen gestohlen.«

»So haben wir also dir die erbauliche Strafpredigt zu verdanken, du kleiner Halunke«, antwortete ich lächelnd.

»Leider ja! Ich bin einer der ›Gauner und Betrüger‹. Ich könnte dir die Namen von zwei anderen nennen, aber ich bin edel und tue es nicht. Wir waren durstig und zu faul, uns Wasser zu holen. Und dort lag ein großer Haufen Kokosnüsse, wirklich ein zu verlockender Anblick. Ich möchte, sie lägen noch immer dort; gleich würde ich wieder eine stehlen. Der Teufel soll Nelsons Brotfruchtgarten holen! Dem haben wir es zu verdanken, daß wir halb verdursten.«

Und wir waren wirklich alle neidisch auf die Brotfruchtpflanzen. Die mußten regelmäßig ihr Wasser erhalten, was immer auch geschah, und um den Wasserkonsum zu beschränken, war Bligh auf ein höchst geistreiches Mittel verfallen. Jeder, der trinken wollte, mußte zuerst zum Großmars hinaufsteigen, um einen dort aufbewahrten Flintenlauf zu holen. Mit diesem kletterte er dann wieder hinab, führte den Lauf in das Spundloch des Wasserfasses ein, stillte seinen Durst und trug das Trinkrohr wieder zu seinem luftigen Aufbewahrungsort zurück. Niemand, mochte er noch so durstig sein, durfte diese Kletterpartie während seines Wachdienstes öfter als zweimal unternehmen, und so kam es, daß faule Leute so lange auf ihren Trunk verzichteten, bis das Durstgefühl sie übermannte.

»Gott sei Dank! Diesmal wurde ich ausnahmsweise nicht verdächtigt«, fuhr Tinkler fort. »Unglaublich, aber wahr! Wenn der Alte mich gefragt hätte, so hätte ich natürlich geleugnet, etwas mit seinen dummen Kokosnüssen zu tun gehabt zu haben. Aber mein böses Gewissen hätte mich dieses Mal verraten. Christian tat mir so leid.«

»Wußte Christian, daß du einige Nüsse genommen hattest?«

»Eine Nuß – nicht gleich übertreiben, lieber Freund! Wie gesagt, hatte ich Mitverschworene. Natürlich wußte er es. Er sah sogar, wie ich sie nahm, und blickte weg, wie es auch jeder andere anständige Offizier getan hätte. Schließlich haben wir ja die Sicherheit des Schiffes nicht gefährdet. Vier Nüsse von Tausenden, das war alles – ich schwöre es dir! Und von den vieren habe ich nur eine auf dem Gewissen. Nun, ich werde meine Sünden einmal überschlafen, vielleicht kommen sie mir morgen nicht mehr so schwer vor.«

Tinkler war wie die Schiffskatze; er konnte sich überall zusammenrollen und sogleich einschlafen. Jetzt legte er sich neben ein Geschütz, benutzte seinen Arm als Kissen und war, so nahm ich wenigstens an, nach wenigen Minuten fest eingeschlafen.

Es war inzwischen ein Uhr geworden, und außer der Wachmannschaft, Tinkler und mir war niemand auf Deck. Peckover stand auf der anderen Seite des Decks an der Reling, ich konnte seine Gestalt im Sternenlicht undeutlich erkennen. Nun stieg jemand den hinteren Niedergang empor. Es war Christian. Nachdem er einige Male das Deck abgeschritten hatte, sah er mich zwischen den Geschützen stehen.

»Ah, Sie sind's, Byam!« Er kam auf mich zu, stellte sich neben mich und stützte die Ellenbogen auf die Reling. Seit dem peinlichen Auftritt am Nachmittag hatte ich ihn nicht mehr gesehen.

Nach langem Schweigen fragte er: »Wissen Sie, daß er mich zum Abendessen eingeladen hat? Warum nur? Können Sie mir das vielleicht erklären? Zuerst schreit er mich an, tritt mich mit Füßen, und dann läßt er mich an seinen Tisch bitten!«

»Und Sie sind nicht gegangen?«

»Nach dem, was vorgefallen ist? Nein – wie können Sie nur fragen!«

Noch nie in meinem Leben hatte ich einen Menschen in solch hoffnungsloser Verzweiflung gesehen. Er machte den Eindruck eines Mannes, der eine schwere Last nicht länger tragen kann. Ich war froh, in seiner Nähe zu sein, denn es war klar ersichtlich, daß er das dringende Bedürfnis empfand, einem Vertrauten gegenüber sein Herz auszuschütten.

»Er hat uns alle in der Hand«, sprach Christian mit einem finsteren Blick. »Er betrachtet uns als Hunde, die man einmal schlägt und einmal streichelt, wie man gerade gelaunt ist. Und es gibt keine Befreiung. Keine …! Nicht, ehe wir nach England kommen. Gott weiß, wann das sein wird!«

Bekümmert blickte er auf das nächtliche Meer hinaus. Schließlich sprach er: »Byam, Sie könnten etwas für mich tun.«

»Was ist es?«

»Vielleicht erweist es sich als nicht notwendig, aber auf einer solch langen Reise weiß man nie, was geschehen kann. Wenn ich aus irgendeinem Grund die Heimat nicht wiedersehen würde, so möchte ich, daß Sie meine Familie in Cumberland besuchen. Wäre das zu viel Mühe?«

»Gewiß nicht«, antwortete ich.

»Während der letzten Unterredung mit meinem Vater, unmittelbar bevor ich abreiste, wünschte er, daß ich mit jemand an Bord der *Bounty* eine solche Abmachung träfe. Ich versprach es ihm, und nun habe ich die halbe Reise vergehen lassen, ohne mein Wort zu halten. Jetzt, wo ich mit Ihnen gesprochen habe, fühle ich mich erleichtert.«

»Sie können auf mich rechnen«, sagte ich mit einem Händedruck.

»Gut, das wäre abgemacht!«

»Sieh da, Herr Christian! Sie sind noch spät auf!«

Wir fuhren herum und sahen Bligh etwa einen Meter entfernt vor uns stehen. Er war barfuß und nur mit Hemd und Hose bekleidet. Keiner von uns beiden hatte ihn kommen gehört.

»Jawohl, Sir«, entgegnete Christian kalt.

»Und Sie auch, Herr Byam. Können Sie nicht schlafen?«

»Unten ist es sehr heiß, Sir.«

»Ein richtiger Seemann kann auch in einem Ofen schlafen, wenn es sein muß, oder in einem Eiskeller.« Er blieb einen Augenblick stehen, als erwarte er eine Antwort von uns; dann wandte er sich unvermittelt ab und schritt zum Niedergang. Ehe er hinabschritt, blieb er einen Augenblick stehen, um einen Blick auf die Segel zu werfen. Christian unterhielt sich noch kurze Zeit über gleichgültige Dinge mit mir; dann wünschte er mir gute Nacht und ging.

Tinkler, der im Schatten einer der Kanonen gelegen war, richtete sich auf und dehnte sich gähnend.

»Geh hinunter, Byam, und beweise dem Alten, daß du ein richtiger Seemann bist. Der Teufel soll dich, Christian und euer Geschwätz holen! Ich war gerade im Begriff einzuschlafen, als er kam.«

»Hast du gehört, was er sagte?« fragte ich.

»Daß du es seinem Vater mitteilen sollst, wenn ihm etwas zustößt, meinst du? Allerdings; ich mußte horchen, ob ich wollte oder nicht. Mein Vater hat kein solches Ansinnen an mich gestellt, was nur beweist, daß er nicht die geringste Hoffnung hat, ich könnte nicht zurückkommen … Ich verdurste! Und dabei habe ich vor Tagesanbruch kein Anrecht auf einen Schluck Wasser. Was würdest du an meiner Stelle tun?«

»Herr Peckover ist gerade auf einen Augenblick hinuntergegangen«, sagte ich. »Du könntest es versuchen.«

»Glaubst du?« Tinkler sprang auf. Er kletterte zum Großmars

empor, holte den Flintenlauf und trug ihn wieder zurück, ehe Peckover sichtbar wurde. Als wir zusammen hinuntergingen, hörte ich, wie es drei Glas schlug und der Wächter vom Fockmast herab die Meldung erstattete: »Alles wohl!«

Ich legte mich in meine Hängematte und war bald eingeschlafen.

Meuterei

Kurz vor Tagesanbruch wurde ich dadurch geweckt, daß mich jemand derb an der Schulter packte. Gleichzeitig drangen laute Stimmen, darunter die des Kapitäns, an mein Ohr. Vom Deck her kam wilder Lärm. Churchill, der Profos, stand mit einer Pistole in der Hand bei meiner Hängematte, während Thompson mit aufgepflanztem Bajonett bei der Waffenkiste Wache hielt, die draußen auf dem Gang stand. Im gleichen Augenblick stürzten zwei Leute, deren Namen ich vergessen habe, in die Kammer, und einer von ihnen brüllte: »Wir gehen mit euch, Churchill! Gebt uns Waffen!«

Sie wurden von Thompson mit Musketen versorgt und eilten anschließend wieder auf Deck. Stewart, dessen Hängematte nächst der meinen war, hatte sich bereits erhoben und kleidete sich hastig an. Trotz des Tumultes über uns war Young nicht erwacht.

»Sind wir angegriffen worden, Churchill?« fragte ich; denn mein erster Gedanke war, daß die *Bounty* einer der umliegenden Inseln zu nahe gekommen sein mußte und daß die Wilden unser Schiff geentert hätten.

»Ziehen Sie sich an, und zwar rasch, Herr Byam«, antwortete er. »Wir haben von dem Schiff Besitz ergriffen, und Kapitän Bligh ist unser Gefangener.«

Soeben erst aus dem tiefsten Schlummer gerissen, verstand ich die Bedeutung dieser Worte nicht sogleich und blickte ihn verständnislos an.

»Es ist eine Meuterei ausgebrochen, Byam!« sagte Stewart.

»Um Gottes willen, Churchill, sind Sie verrückt? Begreifen Sie überhaupt, was Sie tun?«

»Wir wissen sehr gut, was wir tun«, antwortete der Gefragte.

»Bligh hat sich alles selbst zuzuschreiben. Jetzt werden wir ihn büßen lassen, was er uns angetan hat!«

Thompson schwenkte drohend seine Muskete. »Wir werden den Hund totschießen!« rief er. »Und ihr jungen Herren sollt euch nur ja nicht unterstehen, uns in die Quere zu kommen, sonst werden ein paar umgebracht! Nehmt sie fest, Churchill! Man darf ihnen nicht trauen.«

»Halt den Mund und kümmere dich um deine Waffenkiste«, wies ihn Churchill zurecht. »Rasch, Herr Byam, ziehen Sie sich an! Quintal, du bleibst dort bei der Tür stehen! Niemand darf ohne meinen Befehl herein – verstanden?«

»Gut, Sir!«

Als ich mich umblickte, sah ich Quintal am hinteren Eingang der Kammer stehen. Unmittelbar darauf erschien Samuel hinter ihm, nur mit einer Hose bekleidet; sein blasses Gesicht war noch bleicher als sonst.

»Herr Churchill!« rief er.

»Zurück, du dickes Schwein, oder ich renne dir die Muskete in den Leib!« brüllte Quintal.

»Aber Herr Churchill, lassen Sie mich doch wenigstens sprechen«, rief Samuel aufs neue.

»Treib ihn zurück«, gebot Churchill, und Quintal machte eine so drohende Bewegung mit seiner Muskete, daß Samuel eilends verschwand. »Gib ihm einen Tritt in den Hintern, Quintal«, schrie jemand; als ich aufblickte, sah ich am Lukenrand zwei weitere bewaffnete Männer stehen.

Da wir völlig unbewaffnet waren, blieb Stewart und mir nichts übrig, als Churchills Befehlen zu gehorchen. Sowohl er als auch Thompson waren bärenstarke Leute, und wir hätten es selbst dann nicht mit ihnen aufnehmen können, wenn sie unbewaffnet gewesen wären. Ich dachte sogleich an Christian, der ebenso rasch einen Entschluß zu fassen wie zu handeln verstand, aber ich konnte nicht hoffen, daß er sich noch in Freiheit befände. Er befehligte an diesem Morgen die Wachmannschaft und war zweifellos überwältigt worden, noch ehe die Meuterer sich des Kapitäns bemächtigt hatten.

Wir kleideten uns rasch an; dann befahl uns Churchill, vor ihm den vorderen Niedergang hinaufzusteigen. Der nächste Bewaffnete, den ich antraf, war der mir als Diener zugeteilte Alexander Smith, an dessen Treue ich niemals gezweifelt hätte. Es schmerzte mich, ihn in der Gefolgschaft Churchills zu sehen, aber das Bild, das sich mir auf Deck bot, ließ mich die Existenz Smiths völlig vergessen. Kapitän Bligh stand, nur mit dem Hemd bekleidet, mit hinter dem Rücken zusammengebundenen Händen am Besanmast. Christian stand vor ihm; in der einen Hand hielt er das Ende des Stricks, mit dem Bligh an den Mast gefesselt war, in der anderen ein Bajonett. Um ihn her standen, bis an die Zähne bewaffnet, mehrere Matrosen, unter denen ich Mills, Martin und Burkitt erkannte. Churchill rief uns zu: »Bleibt hier stehen; wir werden euch kein Leid antun, wenn ihr nichts gegen uns unternehmt.« Dann verließ er uns.

Stewart und ich waren der festen Meinung gewesen, der Rädelsführer der Aufrührer sei Churchill. Wie bereits berichtet, war dieser nach seiner versuchten Desertion in Tahiti von Bligh empfindlich bestraft worden; ich wußte, wie sehr er den Kapitän haßte. Aber daß Christian an der Meuterei beteiligt sei, erschien mir als etwas völlig Unmögliches. Stewart flüsterte mir zu: »Christian! Um Gottes willen! Jetzt gibt es keine Hoffnung mehr!«

Und in der Tat sah die Lage hoffnungslos aus. Das Schiff war völlig in der Hand der Meuterer. Offenbar hatte man uns hier heraufgeführt, um die Kadetten nicht zusammenzulassen und auf diese Art jede gemeinsame Aktion zu unterbinden. Inmitten der allgemeinen Verwirrung gingen wir ein wenig nach achtern, und als wir uns der Stelle näherten, wo

Bligh stand, hörte ich Christian sagen: »Werden Sie schweigen, Sir, oder soll ich Sie dazu zwingen? Ich habe jetzt auf diesem Schiff zu befehlen, und, bei Gott, ich werde mir Ihre Beleidigungen nicht länger gefallen lassen!« Schweiß perlte auf Blighs Stirn. So laut er konnte, hatte er gebrüllt: »Mord! Verrat!«

»So, du befiehlst auf meinem Schiff, du aufrührerischer Hund!« heulte er jetzt. »Ich werde dich hängen lassen! Ich werde dich blutig peitschen lassen! Ich werde ...«

»Halten Sie den Mund, oder Sie sind in diesem Augenblick des Todes.«

Christian richtete die Spitze seines Bajonetts auf Blighs Brust, und der Ausdruck seiner Augen verhieß nichts Gutes.

»Schlagt den Hund tot!« brüllte jemand; andere riefen: »Werft ihn über Bord!«

»Füttert die Haifische mit dem Halunken!«

Erst jetzt, glaube ich, erkannte Kapitän Bligh in Wahrheit die Lage, in der er sich befand. Einen Augenblick lang stand er schwer atmend da und blickte wie ungläubig vor sich hin.

»Christian, lassen Sie mich sprechen!« bat er mit heiserer Stimme. »Denken Sie daran, was Sie tun! Befreien Sie mich – legen Sie Ihre Waffen weg! Wir wollen wieder Freunde sein, und ich gebe Ihnen mein Wort, daß Ihre unüberlegte Handlung keine Folgen haben soll.«

»Ihr Wort ist wertlos, Sir«, entgegnete Christian. »Wären Sie ein Mann von Ehre, so hätte sich dies nie ereignet.«

»Was gedenken Sie mit mir zu tun?«

»Erschießen werden wir dich, du blutige Bestie!« rief Burkitt, mit seiner Muskete vor dem Gesicht des Kapitäns hin und her fuchtelnd.

»Erschießen ist zu gut für ihn! Lassen Sie ihn die Katze schmecken, Herr Christian!«

»So soll es sein! Gebt ihm sein eigenes Gift zu schmecken!«

»Zieht ihm die Haut ab!«

»Ruhe!« gebot Christian streng; dann, zu Bligh gewandt: »Wir werden Ihnen Gerechtigkeit zuteil werden lassen; die Gerechtigkeit, die wir bei Ihnen niemals gefunden haben. Wir werden Sie als Gefangenen nach England bringen ...«

Ein Dutzend Stimmen unterbrachen ihn gleichzeitig. »Nach England? Niemals! Das gestatten wir nicht, Herr Christian!«

Der Tumult war unbeschreiblich. Niemals war Blighs Lage so kritisch wie in diesem Augenblick, und zu seiner Ehre muß gesagt werden, daß er keine Furcht zeigte. Die Leute befanden sich in furchtbarer Erregung, und es hing an eines Haares Breite, ob er stehenden Fußes erschossen wurde oder nicht; aber er blickte sie der Reihe nach herausfordernd an. Glücklicherweise entstand eine Entspannung, als Ellison, mit einem Bajonett in der Luft herumfuchtelnd, heraufstürmte. Ellison war im Grunde genommen ein harmloser Bursche, aber nichts ging ihm über Possen und Streiche; er mußte, koste es, was es wolle, bei allem dabeisein. Offenbar hielt er eine Meuterei ganz einfach für einen feinen Spaß, und er tanzte jetzt mit einem so drolligen Gesichtsausdruck vor Bligh umher, daß die Spannung sogleich nachließ. Die Leute begannen ihm Beifall zu klatschen.

»Hurra, Tommy! Also du bist auch auf unserer Seite, Junge?«

»Lassen Sie mich den Kapitän bewachen, Herr Christian!« schrie Ellison. »Ich will ihn bewachen wie eine Katze die Maus!« Er führte vor Bligh einen förmlichen Kriegstanz auf. »Oh, du alter Schuft! Du wolltest uns durchhauen, wie? Du wolltest uns keinen Grog geben, was? Du wolltest uns Gras fressen lassen, nicht wahr?«

Die Leute munterten ihn auf. »Gut so, gib's ihm nur! Gib's ihm nur ordentlich!«

»Du und dein Herr Samuel! Ein paar Schwindler seid ihr, sonst gar nichts! Uns um unser Essen betrügen! Ein schönes Stück Geld mußt du dir zurückgelegt haben, du alter Dieb!«

Christian hatte offenbar begriffen, daß die Redeflut Ellisons die aufs höchste gesteigerte Wut der Mannschaft gegen ihren Kapitän gemildert und diesem vielleicht das Leben gerettet hatte. Deshalb ließ er den jungen Matrosen einige Zeit gewähren. Nun aber schnitt er ihm das Wort ab, indem er mit lauter Stimme rief:

»Macht den Kutter klar! ... Herr Churchill!«

»Hier, Sir!«

»Bringen Sie den Herrn Fryer und Herrn Purcell an Bord! ... Burkitt!«

»Hier, Sir!«

»Du, Sumner, Mills und Martin, ihr bleibt hier und bewacht Herrn Bligh!«

Burkitt nahm das Ende des Stricks, mit dem der Kapitän gefesselt war, in seine riesigen, behaarten Hände.

»Wir werden gut auf ihn aufpassen! Darauf können Sie sich verlassen!«

»Was haben Sie für Absichten, Herr Christian? Wir haben ein Recht darauf, das zu erfahren«, rief Sumner. Christian wandte sich rasch um und blickte ihn an. »Kümmere dich um deine Angelegenheiten, Sumner!« sagte er ruhig. »Auf diesem Schiff kommandiere ich! Rasch, Leute, macht den Kutter bereit.«

Einige Matrosen kletterten in das Boot, um den Proviant, der darin aufbewahrt war, auszuräumen, während andere es abfahrtbereit machten. Burkitt stand unmittelbar vor Bligh; die Spitze seines Bajonetts war auf die Brust des Kapitäns gerichtet. Hinter ihm stand Sumner, die Muskete in der Faust; rechts und links hielten die anderen Leute Wache. Mit Ausnahme von Ellison gehörten sie zu den wildesten und entschlossensten Kerlen an Bord, so daß Bligh gut daran tat, sie nicht noch mehr zu reizen. Weitere Meuterer waren über das ganze Deck verteilt, während drei Leute den Niedergang besetzt hielten.

Ich wunderte mich im stillen darüber, daß der Aufruhr so gut und gleichzeitig so geheim vorbereitet worden war. Während der letzten Tage hatte sich nichts ereignet, das mir im geringsten verdächtig erschienen wäre.

Ich war in den Anblick dieser Szene so versunken, daß ich Stewart vergessen hatte. Als ich mich suchend nach ihm umsah, traf mich Christians Blick. Er kam auf mich zu und sagte in einem Ton, dessen äußere Ruhe seine Erregung notdürftig verbarg:

»An der Spitze dieser Aktion stehe ich. Niemand soll ein Haar gekrümmt werden, aber wenn jemand Partei gegen uns ergreift, so bringt er damit nicht nur sich, sondern auch andere in Gefahr. Handeln Sie nun, wie es Ihnen gut dünkt.«

»Was gedenken Sie zu tun?« fragte ich.

»Ich hatte die Absicht, Bligh gefangen nach England zu bringen. Das ist unmöglich; die Leute erlauben es nicht. Er soll den Kutter haben; wohin er sich wendet, ist seine Sache. Fryer, Hayward, Hallet und Samuel sollen ihn begleiten.«

Es war keine Zeit mehr für weitere Unterhaltung. Churchill kam mit dem Steuermann und Purcell auf Deck. Der Zimmermann war wie gewöhnlich schweigsam und mürrisch. Er und Fryer waren entsetzt über das Vorgefallene, und Christian wußte sehr wohl, daß diese beiden Männer die erste sich etwa bietende Gelegenheit ergreifen würden, um das Schiff wieder in ihre Gewalt zu bekommen.

»Sie haben doch sicherlich keinen Anteil an dem, was hier vorgeht?« fragte mich Fryer.

»So wenig wie Sie selbst, Sir«, antwortete ich.

»Herr Byam hat nichts damit zu tun«, bestätigte Christian. »Herr Purcell ...«

Fryer unterbrach ihn.

»Um Himmels willen, Herr Christian, was tun Sie da? Begreifen Sie denn nicht, daß Sie uns alle ins Verderben stürzen? Machen Sie dieser Tollheit ein Ende, und ich verspreche Ihnen, daß wir alle Ihre Interessen vertreten werden. Lassen Sie uns nur erst England erreichen und . . .«

»Es ist zu spät, Herr Fryer«, sagte Christian kalt. »Ich habe während der letzten Wochen in einer Hölle gelebt, und ich gedenke nicht, dies noch länger zu ertragen.«

»Ihr Zerwürfnis mit Kapitän Bligh gibt Ihnen nicht das Recht, uns alle ins Unglück zu stürzen.«

»Schweigen Sie, Sir«, entgegnete Christian. »Herr Purcell, geben Sie Ihren Leuten die Weisung, die Duchten und Zubehör für den großen Kutter heraufzuholen. Geben Sie dem Zimmermann eine Wache mit, Churchill.«

Purcell und Churchill stiegen den vorderen Niedergang hinab.

»Haben Sie am Ende die Absicht, uns auszusetzen?« fragte Fryer.

»Wir sind höchstens neun Meilen vom Land entfernt«, entgegnete Christian. »Die See ist so ruhig, daß Herr Bligh keine Schwierigkeiten haben wird, das Ufer zu erreichen.«

»Ich will das Schiff nicht verlassen.«

»Sie werden Kapitän Bligh begleiten, Herr Fryer. Williams! Führen Sie den Steuermann in seine Kajüte, damit er seine Sachen packen kann. Lassen Sie ihn dort scharf bewachen!«

Purcell kehrte jetzt mit seinen Maaten, Norman und McIntosh, zurück; sie brachten die Geräte zur Ausrüstung des Kutters.

»Herr Byam, ich weiß, daß Sie bei dieser Sache die Hand nicht mit im Spiel haben. Aber Sie sind – oder waren – Herrn Christians Freund. Ersuchen Sie ihn, Kapitän Bligh die Barkasse zu geben. Der Kutter ist morsch und wird niemals das Land erreichen.«

Ich wußte, daß dem so war. Der Kutter war so wurmig und leck, daß er kaum zu verwenden war. An ebendiesem Morgen hätten die Zimmerleute mit seiner Ausbesserung beginnen sollen. Purcell wollte Christian den Wunsch nicht selber vortragen, weil er glaubte, dieser sei ihm nicht gut gesinnt.

»Mir würde er die Bitte niemals erfüllen«, sagte er. »Die Fahrt im Kutter würde für Kapitän Bligh und alle, die mit ihm gehen dürfen, den fast sicheren Tod bedeuten.«

Ohne Verzug trug ich Christian das Ersuchen des Zimmermanns vor. Mehrere Meuterer umringten uns, um zu hören, was ich zu sagen hatte. Christian war sogleich einverstanden.

»Gut, er soll die Barkasse haben«, sagte er. »Sagen Sie dem Zimmermann, er möge sie bereitmachen.« Dann rief er: »Hört auf mit dem Kutter, Jungs! Räumt die Barkasse aus!«

Die Leute, Churchill an der Spitze, murrten gegen diese Entscheidung.

»Die Barkasse, Herr Christian?«

»Geben Sie sie ihm nicht, Sir! Der alte Fuchs wird mit ihr nach Hause zurückkehren!«

»Sie ist zu gut für ihn, verflucht noch einmal!«

Aber Christian zwang ihnen bald seinen Willen auf. Schließlich kam es den Leuten vor allem darauf an, den Kapitän loszuwerden, und sie hatten wenig Grund, zu fürchten, daß er England je wiedersehen werde.

Nun wurde der Rest derer, die sich den Meuterern nicht angeschlossen hatten, auf Deck berufen. Unter den ersten, die heraufgeführt wurden, war Samuel. Er ging, ohne die Beschimpfungen der Matrosen zu beachten, geradewegs auf den Kapitän zu, um dessen Befehle entgegenzunehmen. Man gestattete ihm, in Blighs Kajüte zu gehen und die Kleider des Kapitäns zu holen.

Achtern standen Hayward und Hallet an der Reling. Beide befanden sich in großer Erregung; Hallet weinte sogar. Jemand berührte meine Schulter, und als ich mich umwandte, sah ich Herrn Nelson neben mir stehen.

»Nun, Byam, ich fürchte, daß wir noch weiter von der Heimat sind, als wir glaubten. Wissen Sie, was man mit uns vorhat?«

Ich berichtete ihm das wenige, das ich wußte. Er lächelte wehmütig, mit einem Blick auf die Insel Tofoa, deren Küstenlinie einem blauen Streifen gleich am Horizont sichtbar war.

»Ich nehme an, daß Kapitän Bligh sich dorthin wenden wird«, meinte er. »Die Aussicht, die Freundschaftsinsulaner wiederzusehen, begeistert mich nicht. Ich fürchte, mit ihrer Freundschaft ist es nicht weit her.«

Der Zimmermann tauchte auf dem Niedergang auf, gefolgt von Lamb, dem Metzger, der ihm half, seinen Werkzeugkasten auf Deck zu tragen.

»Wir wissen ja, wem wir das alles zu verdanken haben, Herr Nelson«, brummte der Zimmermann.

»Gewiß, Herr Purcell, unserem unglücklichen Stern«, gab Nelson zur Antwort.

»Nein, Sir! Kapitän Bligh haben wir dafür zu danken, sonst niemand! Er hat uns mit seinem verfluchten Verhalten in diese Lage gebracht!«

Purcell empfand tiefsten Haß für Bligh, den dieser mit Zinsen zurückgab. Seit Monaten hatten die beiden Männer kein überflüssiges Wort miteinander gesprochen! Und dennoch war der Zimmermann, als Herr Nelson meinte, er könne vielleicht auf dem Schiff bleiben, geradezu entsetzt.

»An Bord bleiben? Mit Verbrechern und Piraten? Niemals, Sir! Ich folge meinem Kommandanten.«

In diesem Augenblick erblickte uns Churchill, der seine Augen überall hatte.

»Was treiben Sie da, Purcell? Der Teufel soll Sie holen! Sie möchten uns wohl unser Handwerkszeug stehlen, was?«

»Euer Handwerkszeug, Sie Halunke? Die Sachen gehören mir und begleiten mich, wohin immer ich gehe!«

»Wenn mein Wille etwas gilt, werden Sie nicht einen einzigen Nagel von diesem Schiff fortschleppen«, gab Churchill zurück.

Er rief Christian herbei, und wieder entspann sich eine Meinungsverschiedenheit, nicht nur wegen des Werkzeugkastens, sondern auch wegen des Zimmermanns selber. Christian hätte gute Lust gehabt, ihn an Bord zu behalten, denn er schätzte ihn als tüchtigen Handwerker; alle anderen aber widersetzten sich dem, weil Purcell heftig und aufbrausend war und von den Leuten als Tyrann gefürchtet wurde, der Bligh nicht viel nachstand.

»Er ist ein verfluchter alter Schuft, Sir!«

»Behalten Sie seine Maate, Herr Christian. Das sind die richtigen Leute für uns!«

»Zwingen Sie ihn, das Boot zu besteigen!«

»Ihr wollt mich zwingen, das Boot zu besteigen, ihr Seeräuber?« schrie Purcell. »Ich möchte den Mann sehen, der mich daran hindern könnte!«

Unglücklicherweise war Purcell ebenso eigensinnig wie furchtlos, und er vergaß sich jetzt so weit, daß er damit zu prahlen begann, was wir tun würden, wenn wir uns von den Meuterern frei gemacht hätten.

»Paßt auf meine Worte gut auf, ihr Verbrecher! Jeden einzelnen von euch werden wir hängen lassen. Wir werden ein Schiff bauen, das uns heimbringt ...«

»Ja, das werden sie, Herr Christian, wenn wir dem Kerl sein Handwerkszeug geben«, riefen einige.

»Der alte Fuchs kann ein Schiff bauen, wenn er nur soviel wie ein Taschenmesser hat!«

Purcell erkannte zu spät, was er angerichtet hatte. Ich glaube, Christian würde ihm alle Werkzeuge gegeben haben, die an Bord doppelt vorhanden waren, nun aber gestattete er Purcell nur, eine Handsäge, eine kleine Axt, einen Hammer und eine Schachtel Nägel mitzunehmen. Bligh, der alles mit angehört hatte, konnte sich nun nicht mehr länger zurückhalten. »Sie verfluchter Narr!« fuhr er Purcell an und hätte wahrscheinlich noch mehr gesagt, wenn ihn Burkitt nicht mit seinem Bajonett bedroht hätte.

Die Decks waren jetzt voll mit Menschen, aber Christian achtete darauf, daß die, welche nicht zu seinen Anhängern gehörten, keine Gelegenheit fanden, sich zusammenzurotten. Sobald die Barkasse frei gemacht war, befahl er dem Bootsmann, sie hinabzulassen. Wir mußten ihm dabei helfen, denn die Meuterer selbst waren zu vorsichtig, um ihre Waffen beiseite zu legen.

Als erster wurde Samuel in das Boot kommandiert; dann folgten Hayward und Hallet. Beide weinten und baten um Gnade; man mußte sie den Gang entlang beinahe tragen. Hayward ergriff beschwörend Christians Hände.

»Was habe ich getan, Herr Christian, um eine solche Behandlung zu verdienen?« rief er aus. »Um Christi willen, erlauben Sie mir, auf dem Schiff zu bleiben.«

»Wir können Sie hier entbehren«, entgegnete Christian grimmig. »Ins Boot alle beide!«

Dann kam die Reihe an Purcell. Bei ihm bedurfte es keiner Gewaltanwendung. Er wäre sicherlich lieber gestorben, als auf dem Schiff zu bleiben, nun, da es in der Gewalt der Meuterer war. Seine wenigen Werkzeuge wurden ihm von dem Bootsmann, der als nächster folgte, hinabgereicht. Sodann befahl Christian, daß Bligh herbeigeführt werde. Die Hände des Kapitäns wurden von den Fesseln befreit.

»Nun denn, Herr Bligh, hier ist Ihr Boot; Sie können sich

glücklich schätzen, die Barkasse und nicht den Kutter erhalten zu haben. Steigen Sie sogleich ein, Sir!«

»Herr Christian«, sagte Bligh, »zum letzten Mal bitte ich Sie, zu überlegen, was Sie tun! Ich gebe meine Ehre zum Pfand, daß Sie nicht zur Rechenschaft gezogen werden, wenn Sie sich eines Besseren besinnen. Denken Sie an meine Frau und meine Kinder!«

»Nein, Herr Bligh. An Ihre Familie hätten Sie früher denken sollen, und wir wissen, was Ihre Ehre wert ist. Besteigen Sie das Boot, Sir!«

Da Bligh einsah, daß alles Bitten nutzlos war, gehorchte er, gefolgt von Herrn Peckover und Norton, dem Quartiermeister. Dann ließ Christian einen Sextanten und ein nautische Tabellen enthaltendes Buch hinunterreichen.

»Ihren Kompaß haben Sie, Sir. Dieses Buch genügt allen Ansprüchen, und der Sextant ist mein eigener. Sie wissen, daß er gut ist.«

Jetzt, wo er seine Hände frei hatte und wieder ein Fahrzeug befehligte, wenn es auch nur eine Barkasse war, wurde Bligh wieder er selbst.

»Ich weiß nur, daß Sie ein verfluchter Schurke sind!« brüllte er, Christian mit der geballten Faust drohend. »Aber ich werde mich rächen! Denken Sie daran, Sie undankbarer Halunke! Ich werde dafür sorgen, daß Sie baumeln, ehe zwei Jahre vergangen sind, und jeder Verräter mit Ihnen!«

Zu Blighs Glück hatte Christian seine Aufmerksamkeit bereits anderen Pflichten zugewandt, aber die an der Reling stehenden Meuterer blieben ihm die Antwort nicht schuldig, und es hätte nicht viel gefehlt, so wäre das Boot beschossen worden.

In der allgemeinen Verwirrung hatte ich Stewart aus den Augen verloren. Es war mir klargeworden, daß man mir, wenn ich Kapitän Bligh begleiten wollte, keine Schwierigkeiten in den Weg legen würde. Zusammen mit Herrn Nelson eilten wir auf den hinteren Niedergang zu, als uns Christian in den Weg trat.

»Herr Nelson, Sie und Herr Byam können auf dem Schiff bleiben, wenn Sie wollen«, sagte er.

»Ich habe Mitleid mit Ihnen wegen des Unrechts, das man Ihnen angetan hat, Herr Christian«, entgegnete Nelson, »aber keinerlei Verständnis für Ihre Art und Weise, sich dagegen zu wehren.«

»Habe ich um Ihr Mitleid gebettelt, Sir? Herr Byam, welchen Entschluß haben Sie gefaßt?«

»Ich gehe mit Kapitän Bligh.«

»Dann beeilt euch, alle beide.«

»Dürfen wir unsere Kleider holen?« fragte Nelson.

»Ja, aber rasch!«

Ich trennte mich von Nelson und lief in unsere Kammer, vor der Thompson noch immer die Waffenkiste bewachte. Tinkler und Elphinstone hatte ich nicht mehr gesehen, und ich schickte mich an, nachzusehen, ob sie noch in der rechts gelegenen Kammer seien. Thompson hinderte mich daran.

»Hier haben Sie nichts zu suchen«, sagte er. »Holen Sie Ihre Kleider, und machen Sie, daß Sie fortkommen!«

Zu meinem Erstaunen fand ich Young in tiefem Schlaf. Er hatte von zwölf bis vier Uhr nachts Wachdienst getan, aber daß er von dem wilden Tumult nicht geweckt worden war, war dennoch seltsam. Ich versuchte, ihn zu wecken, aber er hatte einen so festen Schlaf, daß ich den Versuch als zwecklos aufgab. Nun durchsuchte ich in größter Eile meine Kiste nach Dingen, die ich am dringendsten benötigte. In einer Ecke des Raumes lehnten mehrere Kriegskeulen, die wir von den Wilden auf Namuka erhalten hatten. Sie waren aus dem Holz des Eisenholzbaumes geschnitzt, der seinen Namen verdiente, denn das Holz war so stark und fest wie Eisen. Beim Anblick dieser Waffen schoß mir der Gedanke durch den Kopf: »Könnte ich Thompson damit niederschlagen?«

Ich warf einen raschen Blick auf den Gang. Aber Thompson, der auf der Waffenkiste saß und seine Muskete zwischen den Beinen hielt, bemerkte, wie ich den Kopf zur Tür hinaussteckte, und gebot mir mit einem Fluch, mich zu beeilen und zum Teufel zu gehen.

In diesem Augenblick näherte sich Morrison, und Thompsons Aufmerksamkeit wurde gleichzeitig durch jemanden abgelenkt, der ihm von oben etwas zurief. Ich winkte Morrison, in die Kammer zu kommen, und dies gelang ihm, ohne daß er gesehen wurde. Es bedurfte keiner Worte. Ich reichte ihm eine der Keulen und ergriff selbst eine andere; dann machten wir einen letzten, vergeblichen Versuch, Young aus dem Schlaf zu wecken. Morrison stellte sich mit erhobener Keule zur Tür; ich stand gleichfalls bereit, denn wir erwarteten, daß Thompson bald hereinkommen werde, um mich abzuholen. Statt dessen rief er nur von draußen: »Nun, wird's bald, Byam?«

»Komme schon«, antwortete ich und blickte neuerdings hinaus. Zu meinem Schrecken bemerkte ich, daß Burkitt und McCoy sich näherten. Sie blieben bei der Waffenkiste stehen und sprachen mit Thompson; beide waren mit Musketen bewaffnet. Unsere Chance, Thompson zu überwältigen und uns der Waffenkiste zu bemächtigen, war verloren, wenn die beiden sich nicht entfernen würden. Das Glück war gegen uns. Wir warteten zwei lange Minuten, aber die beiden Männer blieben, wo sie waren. Ich hörte Nelson herunterrufen: »Byam! Rasch, Junge, sonst bleiben Sie zurück!« Und Tinkler rief: »Um Gottes willen, Byam, beeil dich!«

Es war ein bitterer Augenblick für Morrison und mich. Im besten Fall wäre unsere Chance klein gewesen, aber vielleicht hätten wir sie doch nutzen können. Nun blieb uns nichts übrig, als die Keulen an ihren Platz zurückzustellen und hinauszustürzen. Wir stießen mit Thompson zusammen, der mich holen kam.

»Zum Teufel, Morrison, was haben Sie hier zu suchen?« Wir ließen uns keine Zeit zu Erklärungen, sondern rannten den Gang entlang zum Niedergang. Morrison stieg vor mir hinauf, und in meiner Hast, das Deck zu erreichen, glitt ich mit meinem Kleiderbündel aus und stürzte ab. Ich kletterte wieder hinauf und wollte zum Schiffsgang eilen, als Churchill mich festhielt. »Es ist zu spät, Byam«, sagte er, »Sie können nicht mehr mit.«

»Ich kann nicht mehr mit? Bei Gott, ich muß!« schrie ich und stieß ihn mit solcher Wucht von mir, daß er taumelte. Ich war außer mir, denn ich sah, daß die Barkasse zum Heck des Schiffes gezogen wurde. Burkitt und Quintal hielten Coleman, den Waffenschmied, fest, der darum bat, ins Boot gelassen zu werden, während Morrison mit mehreren Matrosen rang, die auch ihn zurückhalten wollten. Wir waren wirklich zu spät gekommen; das Boot war so beladen, daß es dem Kentern nahe war; ich hörte Bligh rufen: »Ich kann euch nicht mehr mitnehmen, Jungs! Aber ich werde euch zu eurem Recht verhelfen, wenn wir nach England kommen.«

Als die Barkasse sich dem Heck des Schiffes genähert hatte, warf der Mann, der die Fangleine hielt, deren freies Ende einem der im Boot befindlichen Leute zu. Alle auf der *Bounty* Zurückgebliebenen drängten sich längs der Reling, und ich hatte Mühe, einen Platz zu finden, von dem aus ich hinunterblicken konnte. Ich war ganz verzweifelt, als ich begriff, daß ich inmitten der Meuterer zurückbleiben mußte. Bligh stand ganz hinten in der Barkasse, während die anderen teils saßen, teils standen. Zwischen dem Schiff und der Barkasse wurde wild hin- und hergeschrien. Bligh trug zu dem Tumult nach besten Kräften bei, indem er einerseits laute Kommandorufe ertönen ließ und andererseits Verwünschungen gegen Christian und seine Leute ausstieß.

Fryer rief zu uns herauf: »Im Namen Gottes beschwöre ich Sie, Herr Christian, geben Sie uns Waffen und Munition! Denken Sie daran, wohin wir gehen! Geben Sie uns eine Möglichkeit, unser Leben zu verteidigen!«

»Ihr braucht keine Waffen!« rief einer an meiner Seite. »Vater Bligh ist gut Freund mit den Wilden. Er wird euch schon verteidigen!« Wir riefen Christian herbei und baten ihn, Bligh einige Musketen und die nötige Munition zu geben.

»Niemals!« sagte er. »Sie dürfen keine Feuerwaffen haben.«

»Dann geben Sie ihnen wenigstens ein paar Entermesser, Herr Christian«, bat Morrison nunmehr, »sonst werden sie im gleichen Augenblick ermordet, wo sie an Land gehen. Denken Sie doch nur an das, was wir auf Namuka erlebt haben!«

Damit erklärte Christian sich einverstanden. Auf seine Weisung hin brachte Churchill vier Entermesser, die in das Boot hinabgelassen wurden.

»Ihr Feiglinge!« rief Purcell zu den Meuterern hinauf. »Nur diese paar armseligen Waffen wollt ihr uns geben?«

»Sollen wir am Ende die ganze Waffenkiste hinunterlassen, Zimmermann?« höhnte Brown.

»Pfeffert ihnen ein paar blaue Bohnen in den Leib!« schrie einer der Matrosen.

Burkitt erhob seine Muskete und zielte auf Bligh. Ich bin überzeugt davon, daß er die Absicht hatte, ihn zu erschießen, aber Christian befahl, daß man dem Mann seine Waffen abnehmen und ihn bewachen solle. Burkitt wehrte sich aus Leibeskräften; vier Männer waren notwendig, um ihn zu entwaffnen.

Fryer und andere beschworen Bligh nunmehr, abzufahren, da sie sonst alle ermordet werden würden. Bligh gab die erforderlichen Befehle; die Ruder tauchten ins Wasser, und das Boot nahm Kurs auf die etwa zehn Meilen entfernte Insel Tofoa. Zwölf Personen wären die richtige Bemannung für die Barkasse gewesen; nun befanden sich neunzehn darin, nicht zu reden von den Lebensmitteln, dem Wasservorrat und der Ausrüstung der Leute.

»Wir müssen Gott danken, daß wir zu spät gekommen sind, Byam!« Morrison stand jetzt wieder neben mir.

»Ist das Ihr Ernst?« fragte ich.

Er schwieg einen Augenblick, so, als überlege er die Sache reiflich. Dann sagte er: »Nein, ich hätte es gerne gewagt mitzufahren, obgleich sie alle verloren sind. Keiner von ihnen wird England wiedersehen.«

Und wirklich waren sie alle, die dort in dem Boot saßen oder standen, so gut wie tot. Der nächste Hafen, in dem sie Hilfe erwarten konnten, war über tausend Meilen entfernt. Die Inseln ringsumher waren von blutdürstigen Wilden bewohnt, die nur mit schwerer Bewaffnung in Schach gehalten werden konnten. Aber selbst wenn der eine oder andere dem Tod von der Hand der Eingeborenen entgangen wäre, welche Aussicht hatte ein so winziges Fahrzeug, je einen zivilisierten Hafen zu erreichen? Bis in die Tiefe meiner Seele erschüttert, wandte ich meinen Blick von dem Boot ab, das auf dieser riesigen Wasserfläche so klein und hilflos erschien.

Aus den Reihen der Meuterer ertönte der Ruf: »Auf nach Tahiti!«, als Christian den Befehl gegeben hatte, die *Bounty* fahrbereit zu machen. Während Ellison, McCoy und Williams am Fockmast das Bramsegel beisetzten, standen die anderen bei der Reling und blickten der Barkasse nach, die immer kleiner und kleiner wurde. Auch Christian blickte schweigend auf das Meer hinaus. Seine Gedanken zu enträtseln war unmöglich. Der Gedanke an das Unrecht, das ihm seitens Blighs widerfahren war, hatte sicherlich alle anderen Erwägungen in ihm verdrängt. Ich kannte ihn vielleicht besser als jeder andere, und doch gelang es mir nie, seine Gefühle und Gedanken wirklich zu verstehen. Menschen von solch leidenschaftlicher Wesensart vergessen, einmal zum Äußersten getrieben, alles außer ihrem eigenen Elend. Erst wenn es zu spät ist, vermögen sie zu begreifen, welches Unglück ihre Taten über ihre Mitmenschen heraufbeschworen haben.

Als das Boot sich vom Schiff entfernt hatte, war es acht Uhr. Kurz nachher frischte die nordöstliche Brise auf, und die *Bounty* segelte in guter, ruhiger Fahrt dahin. Das Boot war nur mehr als winziger Punkt sichtbar, wenn eine Welle es emportrug oder das Sonnenlicht seine Ruder aufleuchten ließ. Eine halbe Stunde später war es vollends verschwunden, als habe das Meer es verschluckt. Die *Bounty* nahm westnordwestlichen Kurs.

Fletcher Christian

Obgleich die Mannschaft der *Bounty* von gemeinsamem Unheil betroffen wurde, war ihr kein gemeinsames Schicksal bestimmt. Ich zweifle daran, ob jemals die Mannschaft eines englischen Schiffes so weit über die Erde zerstreut und von einem so seltsamen, zum Teil tragischen Schicksal betroffen worden ist wie die der *Bounty*.

Dem Kapitän waren folgende Leute auf die Barkasse gefolgt:

John Fryer, Steuermann
Thomas Ledward, Schiffsarztgehilfe
David Nelson, Botaniker
William Peckover, Stückmeister
William Cole, Bootsmann
William Elphinstone, Profosmaat
William Purcell, Zimmermann

Thomas Hayward
John Hallet   } Kadetten
Robert Tinkler

John Norton   } Quartiermeister
Peter Lenkletter

George Simpson, Quartiermeistersmaat
Lawrence Lebogue, Segelmacher
Samuel, Schreiber
Robert Lamb, Metzger

John Smith } Köche
Thomas Hall }

Von denen, die auf der *Bounty* blieben, hatten die folgenden an der Meuterei tätigen Anteil genommen:

Fletcher Christian,
  während der Fahrt zum Leutnant ernannt
John Mills, Stückmeistersmaat
Charles Churchill, Profos
William Brown, Gärtner

Thomas Burkitt
Matthew Quintal
John Sumner
John Millward
William McCoy
Henry Hillbrandt
Alexander Smith   } Vollmatrosen
John Williams
Thomas Ellison
Isaac Martin
Richard Skinner
Matthew Thompson

Die folgenden waren auf der *Bounty* geblieben, ohne sich Christian angeschlossen zu haben:

Edward Young } Kadetten
George Stewart }

James Morrison, Bootsmannsmaat
Josef Coleman, Waffenschmied

Charles Norman, Zimmermannsmaat
Thomas McIntosh, Zimmermannsgehilfe
William Muspratt, Vollmatrose

Ferner Michael Byrne, der halbblinde Seemann, und ich selbst. Muspratt hatte einen Augenblick lang so getan, als nähme er an dem Aufstand teil; er hatte sich von Churchill eine Muskete geben lassen. Ich bin aber gewiß, daß er die Waffe nur genommen hatte, um Fryer bei der Wiedereroberung des Schiffes zu helfen. Als er erkannt hatte, daß das Unternehmen hoffnungslos war, legte er seine Waffe beiseite. Coleman, Norman und McIntosh waren daran gehindert worden, das Boot zu besteigen, weil die Meuterer sie als Handwerker benötigten.

Es war begreiflich, daß wir, die wir uns an der Meuterei nicht beteiligt hatten, von den anderen mit Mißtrauen betrachtet wurden. Als einige Leute eine drohende Haltung gegen uns einnahmen und es aussah, als werde es zu einem Handgemenge kommen, bei welchem wir zweifellos den kürzeren gezogen hätten, legte sich Christian sogleich ins Mittel.

»Geh an deine Arbeit, Thompson«, herrschte er diesen, der an der Spitze unserer Angreifer stand, wutentbrannt an. »Und dich, Burkitt, werde ich in Eisen legen lassen, wenn du noch einmal Anlaß zu Klagen gibst!«

»Also so sieht die Sache aus?« murrte Thompson, »dann lassen Sie sich gesagt sein, Herr Christian, daß wir uns das nicht gefallen lassen. Wir sind keine Meuterer geworden, damit Sie jetzt den Kapitän Bligh spielen!«

»Nein, bei Gott, das lassen wir uns nicht gefallen!« stimmte Williams ein, »das werden Sie bald merken!«

Christian blickte sie einen Augenblick lang schweigend an, und der Ausdruck seiner Augen ließ erkennen, daß er der Lage gewachsen war. »Die ganze Mannschaft aufs Quarter-

deck«, kommandierte er und ging auf und ab, bis alle Leute versammelt waren. Dann wandte er sich um und sprach:
»Eine Frage muß ein für allemal entschieden werden, und zwar, wer der Kapitän dieses Schiffes ist. Ich habe es mit eurer Hilfe in Besitz genommen, um uns von einem Tyrannen zu befreien, der uns allen das Leben zur Last gemacht hat. Vergeßt keinen Augenblick, woran ihr seid! Wir sind Meuterer, und wenn wir entdeckt und gefangengenommen werden, wird kein einziger der Todesstrafe entgehen. Diese Möglichkeit ist nicht so weit entfernt, wie ihr vielleicht glaubt. Falls es Bligh gelingt, England zu erreichen, wird sogleich ein Kriegsschiff auf die Suche nach uns geschickt werden. Aber auch, wenn von der *Bounty* innerhalb eines oder höchstens zweier Jahre keine Nachricht kommt, wird ein Schiff ausgesandt werden, um den Grund unseres Verschwindens festzustellen. Wir sind nicht nur Meuterer, sondern auch Piraten, weil wir uns eines bewaffneten Schiffes Seiner Majestät bemächtigt haben. Wir sind auf ewig von England abgeschnitten, es sei denn, daß wir als Gefangene heimgebracht würden, und dann wäre unser Schicksal nicht ungewiß.
Der Stille Ozean ist groß und noch so wenig bekannt, daß wir niemals entdeckt zu werden brauchen, es sei denn durch unsere eigene Torheit. In unserer Lage muß einer der Führer sein, dessen Wille ohne Gegenrede befolgt wird. Es sollte unnötig sein, britischen Seeleuten erst zu sagen, daß kein Schiff ohne Disziplin bestehen kann, auch ein Meutererschiff nicht. Wenn ich die *Bounty* befehligen soll, so verlange ich Gehorsam von euch. Ungerechtigkeit wird es nicht geben. Ich werde niemanden ohne guten Grund bestrafen, aber meine Autorität lasse ich von niemandem in Zweifel ziehen.
Ihr selbst sollt entscheiden, wer auf der *Bounty* zu befehlen hat. Wenn einer da ist, den ihr an meine Stelle setzen wollt, nennt ihn, und ich trete zurück. Wenn ihr wollt, daß ich euch

führe, denkt daran, was ich gesagt habe: Ich verlange Gehorsam von euch.«

Churchill sprach als erster: »Nun, Leute, was habt ihr dazu zu sagen?«

»Ich bin für Herrn Christian«, rief Smith.

Alle Meuterer gaben ihrer Zustimmung laut Ausdruck, ausgenommen Thompson und Williams; aber als Christian durch Erheben der Hände abstimmen ließ, hoben auch diese die Hand.

»Noch eine Angelegenheit muß geklärt werden«, fuhr Christian fort. »An Bord dieses Schiffes befinden sich Männer, die sich uns nicht angeschlossen haben. Sie wären mit Bligh gegangen, wenn es ihnen möglich gewesen wäre ...«

»Legen Sie sie in Ketten«, rief Mills. »Sie werden uns schaden, wo sie nur können.«

»Auf diesem Schiff wird niemand ohne triftigen Grund in Ketten gelegt werden«, entgegnete Christian. »Diese Männer verdienen keinen Tadel dafür, daß sie nicht unsere Partei ergriffen haben. Sie taten, was sie für richtig hielten, und ich achte ihren Entschluß. Aber ich werde wissen, was ich zu tun habe, wenn sie sich als Verräter erweisen sollten. Sie mögen nunmehr selbst entscheiden.«

Er fragte uns sodann der Reihe nach, ob wir zur Mitarbeit gewillt seien, solange wir uns auf der *Bounty* befänden. Mit Young begann er.

»Für mich hat das Schicksal die Frage entschieden, Herr Christian«, antwortete dieser. »Ich hätte Ihnen nicht geholfen, das Schiff in Besitz zu nehmen, wenn ich wach gewesen wäre, aber jetzt erkläre ich mich mit allem einverstanden. Ich habe keine sonderliche Lust, nach England zurückzukehren. Auf mich können Sie rechnen, wohin immer Sie sich wenden.«

Er war der einzige von uns, der diese Entscheidung traf. Wir anderen versprachen nur, den Befehlen zu gehorchen, unseren Pflichten an Bord wie bisher nachzukommen und keinerlei Verrat zu üben, solange wir auf der *Bounty* seien. Was hätten wir auch sonst tun sollen? Insgeheim wußte Christian sicherlich, daß wir das Schiff verlassen würden, sobald sich uns eine Gelegenheit dazu böte.

»Das genügt mir«, sagte er, nachdem er jeden von uns angehört hatte. »Aber ihr werdet verstehen, daß ich mich und meine Leute davor bewahren muß, gefangengenommen zu werden.«

Dann ging er daran, seine Offiziere zu ernennen. Young wurde Steuermann, Stewart Steuermannsmaat, ich Quartiermeister, Morrison Bootsmann und Alexander Smith Bootsmannsmaat. Burkitt und Hillbrandt wurden Quartiermeistersmaate, Millward und Byrne Köche. Wir wurden in drei Wachmannschaften eingeteilt.

Wir gingen sogleich an die Arbeit. Ein Teil der großen Kajüte wurde als Wohnraum für Christian hergerichtet, und er ließ die Waffenkiste dorthin schaffen. Er benützte sie als Bett und trug die Schlüssel dazu immer bei sich. Einer der Meuterer stand Tag und Nacht bei der Kajüttür Wache. Christian speiste allein und sprach nur selten mit jemandem, außer wenn er Befehle zu erteilen hatte. Der Kapitän eines Schiffes führt immer ein einsames Leben, aber nie hat einer einsamer gelebt als Fletcher Christian. Trotz des bitteren Gefühls, das ich ihm gegenüber zu dieser Zeit verspürte, tat mir das Herz weh, wenn ich ihn bei Tag und auch oft bei Nacht Stunde um Stunde auf dem Quarterdeck auf und ab gehen sah. Alle Fröhlichkeit war von ihm gewichen; niemals war die Spur eines Lächelns auf seinem Antlitz zu sehen – nur der Ausdruck finsterer Melancholie.

Stewart, Young und ich aßen gemeinsam wie bisher, aber unsere Mahlzeiten waren nicht mehr so fröhlich, wie sie gewesen waren. Es gelang uns nicht, uns an die Leere und Stille auf dem Schiff zu gewöhnen. Wir vermieden es, von denen zu sprechen, die das Schiff verlassen hatten, wie man es vermeidet, von kürzlich Verstorbenen zu sprechen, und doch wurden wir ohne Unterlaß an sie erinnert; der Gedanke an ihr Geschick und an das unsere bedrückte uns unausgesetzt. Young allerdings schien die Aussicht, den Rest seines Lebens auf einer Südseeinsel zu verbringen, keinen Kummer zu bereiten.

»Wir müssen die Dinge nehmen, wie sie sind«, sagte er eines Abends. »Wenn man es richtig betrachtet, ist unsere Lage gar nicht so traurig. Ich habe immer davon geträumt, auf einer tropischen Insel zu leben. Wenn es möglich gewesen wäre, wäre ich schon in Tahiti desertiert.«

»Eines ist gewiß, Tahiti werden wir niemals wiedersehen«, sagte Stewart düster. »Herr Christian denkt sicherlich nicht daran, auf der Insel Zuflucht zu suchen. Er weiß nur zu gut, daß früher oder später ein Kriegsschiff dort auftauchen wird.«

»Was schadet das?« fragte Young. »Es gibt Hunderte Inseln, auf denen wir geradeso glücklich leben können. Laßt alle Hoffnung, je in die Heimat zurückzukehren, fahren! Genießt lieber, was euch das Leben hier zu bieten hat!«

Die *Bounty* hatte ihren Kurs geändert und segelte nach Südosten. Wir befanden uns jetzt in einem Teil des Stillen Ozeans, der, soviel mir bekannt war, noch niemals von einem europäischen Schiff befahren worden war. Es war klar, daß Christian die Suche nach unentdeckten Inseln aufgenommen hatte. Jene Tage und Nächte sind mir als eine überaus friedvolle Zeit in Erinnerung geblieben. Blighs Abwesenheit empfanden wir alle als ein wahres Gottesgeschenk. Christian hielt strengste Disziplin, aber niemand hatte Ursache, sich über Ungerechtigkeit zu beklagen. Er war der geborene Führer und verstand es, seinen Leuten ohne Züchtigungen und Beschimpfungen Respekt einzuflößen. Nach den stürmischen

Ereignissen, die sich während der Meuterei abgespielt hatten, schien die Mannschaft sich über die Ruhe, welche auf dem Schiff herrschte, von Herzen zu freuen.

Der Mond hatte zugenommen und war nun wieder im Abnehmen begriffen, als eines Morgens, kurz nach Sonnenaufgang, im Norden Land gesichtet wurde. Am späten Nachmittag waren wir bis auf eine Meile an eine Insel herangelangt, die eine Länge von etwa acht Meilen zu haben schien und ebenso gebirgig und fruchtbar war wie Tahiti. Mehrere Kanus, mit je acht bis zehn Ruderern bemannt, näherten sich unserem Schiff. Die Eingeborenen glichen in Farbe, Gestalt und Kleidung den Bewohnern von Tahiti; es war augenscheinlich, daß sie noch nie ein europäisches Fahrzeug gesichtet hatten. Wir versuchten sie anzulocken, und schließlich kam eines der Boote dicht an das Schiff heran.

Auf Christians Geheiß fragte ich die Eingeborenen in der Sprache von Tahiti nach dem Namen ihrer Insel. Sie verstanden meine Worte und antworteten, sie hieße Rarotonga. Im übrigen aber war mir ihre Sprache unverständlich. Wir hüllten einige Schmuckstücke in ein Tuch ein und ließen sie zu den Eingeborenen hinab. Sie nahmen das Paket an sich, ohne nachzusehen, was sich darin befand.

Da alle unsere Versuche, die Eingeborenen zu überreden, an Bord zu kommen, fehlschlugen, gab Christian Befehl weiterzusegeln. Wir bedauerten dies lebhaft, denn die Insel war kaum weniger schön als Tahiti, und die Bewohner hätten, ihrem Verhalten nach zu schließen, unserer Landung keinen Widerstand entgegengesetzt. Es ist mir immer ein Rätsel geblieben, warum Christian diese Insel nicht als Versteck wählte. Denn Rarotonga liegt beinahe siebenhundert Meilen südwestlich von Tahiti und war zu jener Zeit sicherlich noch keinem anderen Europäer bekannt. Vielleicht lag der Grund darin, daß er an der ganzen Küste keinen geeigneten Ankerplatz sah. Vielleicht hatte er aber auch damals noch keine endgültige Entscheidung über unsere Zukunft gefaßt.

Eines Abends ließ mich Christian zu meiner großen Überraschung ersuchen, mit ihm zu Abend zu speisen. Ich fand ihn in seiner Kabine sitzend, eine große Landkarte vor sich. Er begrüßte mich mit formeller Höflichkeit, aber als sich der Mann, der an der Tür Wache hielt, auf einen Wink von ihm entfernt hatte, sprach er wieder auf die gleiche freundliche Art zu mir wie vor der Meuterei.

»Ich habe Sie eingeladen, mit mir zu speisen, Herr Byam«, sagte er, »aber Sie brauchen nicht anzunehmen, wenn Sie es nicht wünschen.«

Entgegen meiner anfänglichen Absicht ging ich auf seinen freundlichen Ton ein. Voll Bitterkeit über das Unglück, in das er uns alle gestürzt hatte, war ich gekommen; aber unter dem Einfluß seiner bezwingenden Freundlichkeit schmolz mein Unwille dahin. Ich stand vor meinem Freunde Fletcher Christian, nicht vor dem Meuterer, der neunzehn Menschen, Tausende von Meilen von der Heimat entfernt, in einem kleinen Boot dem Ozean preisgegeben hatte.

Er brauchte jemanden, dem gegenüber er sein Herz erleichtern konnte, und ich war kaum fünf Minuten in seiner Kajüte, als er bereits von der Meuterei zu sprechen begann.

»Wenn ich an Bligh denke«, sagte er, »empfinde ich kein Bedauern – gar keines. Ich habe durch ihn zu viel gelitten, als daß ich mir über sein Schicksal Sorgen machen könnte. Hingegen die, die ihn begleitet haben ...«

Er schloß die Augen und barg sie in den Händen, als wolle er das Bild des gebrechlichen, bis zum Kentern mit unschuldigen Menschen gefüllten Fahrzeuges aus seinem Gedächtnis löschen. So tief war die Trostlosigkeit, die sich in seinen Zügen malte, daß ich Mitleid mit ihm empfand. Ich begriff, daß er nie mehr Ruhe finden werde – nie mehr bis zu seinem letzten Tag. Als er mich ermahnte, mir sein Beispiel zu Herzen zu nehmen und niemals einer plötzlichen Eingebung folgend zu handeln, konnte ich trotz allen Mitgefühls nicht umhin, zu sagen, daß ein so sorgfältig und geheim vorbereiteter Aufstand wohl kaum als eine unüberlegte Handlung bezeichnet werden könne.

»Gott im Himmel!« rief er aus. »Glaubten Sie, daß der Aufstand geplant war? Zehn Minuten bevor Bligh festgenommen wurde, dachte ich sowenig an eine Meuterei wie Sie selbst. Wie konnten Sie so etwas nur denken?«

»Mußte ich das nicht? Es ereignete sich während Ihres Wachdienstes. Als Churchill mich weckte, waren Sie bereits Herr des Schiffes, und überall sah ich Bewaffnete Wache halten. Es ist unfaßbar für mich, daß all dies ohne vorgefaßten Plan geschehen konnte.«

»Und doch ist es so«, sprach Christian ernst. »Alles war das Werk eines Augenblicks. Lassen Sie sich erzählen ... Erinnern Sie sich des Gespräches, das wir in der Nacht vorher geführt hatten?«

»Gewiß!«

»Der Grund, weshalb ich Sie bat, meine Eltern zu besuchen, wenn mir etwas zustoßen würde, war der, daß ich die Absicht gefaßt hatte, das Schiff vor der Morgenwache zu verlassen. Ich hatte nur John Norton ins Vertrauen gezogen, den Quartiermeister, einen Mann, dem ich trauen konnte. Ihnen sagte ich nichts davon, weil ich Sie nicht in einen Gewissenskonflikt bringen wollte. Norton hatte insgeheim ein winziges Floß gezimmert, mit welchem ich hoffte, die Insel Tofoa zu erreichen. Da das Meer vollkommen ruhig war, wäre mir das auch sicher gelungen.«

»Sie wollten sich wirklich für immer den Rückweg zu Ihrer Heimat und Ihren Freunden abschneiden?«

»Ja, Byam! Ich war am Ende meiner Kräfte. Als Bligh mich an

jenem Nachmittag beschuldigte, seine Kokosnüsse gestohlen zu haben, spürte ich plötzlich, daß ich es nicht länger ertragen könne.«

»Ich verstehe Sie; Sie haben vieles erduldet! Aber waren wir nicht alle in der gleichen traurigen Lage?«

»Daran dachte ich nicht. Ich dachte nur an die Schande, die er mir mit dieser Beschuldigung antat, an die unendliche Niedrigkeit eines Mannes, der seinen Offizieren gegenüber dazu imstande war. Und dann dachte ich an die lange, lange Fahrt, die vor uns lag, und ich wußte mit einemmal, daß ich ein weiteres Jahr in dieser Hölle nicht ertragen könne.

Aber ich hatte kein Glück. Die schöne, ruhige Nacht, die meinem Plan im übrigen so günstig gewesen wäre, war schuld daran, daß ich ihn nicht ausführen konnte. Wie Sie wissen, war fast die ganze Mannschaft an Deck; ich hätte mich nicht ungesehen davonmachen können. So mußte ich den Plan zumindest vorläufig aufgeben.

Selbst um vier Uhr morgens, als ich das Kommando der Wache übernahm, war mir der Gedanke an eine Meuterei noch nicht gekommen. Ich schwöre Ihnen, daß dies wahr ist. Ich verteidige mich nicht; ich berichte nur Tatsachen. Ich war in der Stimmung, den Menschen umzubringen. Ja, mehr als einmal fuhr mir der Gedanke durch den Kopf: Ermorde ihn, und alles ist vorüber. Mit einem Wort: Ich war nicht bei Sinnen. Hayward war der Maat meines Wachdienstes. Um mich wieder in die Gewalt zu bekommen, suchte ich ihn und fand ihn im Kutter – schlafend. Zu einer anderen Zeit hätte eine solche Pflichtverletzung meinen Zorn erregt. Wir waren in unbekannten Gewässern, und Bligh hatte mit Recht Order gegeben, daß bei Tag und Nacht strengste Wache zu halten sei. Drei der Leute hatten das schlechte Beispiel ihres Vorgesetzten befolgt und schliefen gleichfalls. Einen Augenblick lang blickte ich auf Hayward hinab. Dann hörte ich, so deut-

lich, als wären sie wirklich gesprochen worden, die Worte: Bemächtige dich des Schiffes!

Von dieser Sekunde an arbeitete mein Hirn mit äußerster
Klarheit und Genauigkeit. Es schien unabhängig von mir zu
funktionieren. Ich hatte nur zu gehorchen. Ich erkannte, welche Gelegenheit sich mir bot, nicht aber das Unrecht, das
ich euch anderen zufügte. Burkitt war wach. Er war von Bligh
oft bestraft worden, und ich wußte, daß ich auf ihn rechnen
konnte, aber noch weihte ich ihn nicht in meinen Plan ein –
denn nun hatte ich schon einen Plan. Ich forderte ihn auf,
mit mir hinunterzugehen, Churchill, Martin, Thompson und
Quintal zu wecken und ihnen zu sagen, daß ich sie beim vorderen Niedergang zu sprechen wünsche. Ich weckte inzwischen Coleman auf und verlangte den Schlüssel zur Waffenkiste, unter dem Vorwand, ich brauche eine Muskete, um
einen Haifisch zu erlegen. Er gab ihn mir, drehte sich um
und schlief wieder ein.

Hallet fand ich auf der Waffenkiste schlafend vor. Da er
gleichfalls zu meiner Wachmannschaft gehörte, weckte ich
ihn mit gespieltem Zorn und schickte ihn über den hinteren Niedergang an Deck. Er war zu Tode erschrocken und
bat mich, Kapitän Bligh nichts zu sagen. Burkitt und die Leute, die er geweckt hatte, erwarteten mich. Sie erklärten sich
sogleich mit meinem Plan einverstanden. Wir versahen uns
mit Musketen und Pistolen; dann weihten wir McCoy, Williams, Alexander Smith und andere ein; alle sagten mir Gefolgschaft zu. Sie erhielten Waffen, und nachdem ich Posten
über das ganze Schiff verteilt hatte, gingen wir zu Blighs Kajüte. Das Weitere wissen Sie.«

Er verfiel in Schweigen und starrte eine Weile regungslos vor
sich hin. Schließlich zwang ich mich dazu, zu fragen: »Welche Aussicht, England zu erreichen, hat Bligh Ihrer Ansicht
nach?«

»Eine sehr geringe. Timor ist der nächste Hafen, wo er Hilfe erwarten kann. Es liegt 1200 Meilen von der Stelle entfernt, wo die Barkasse ausgesetzt wurde ... Als ich mich des Schiffes bemächtigte, war mein einziger Gedanke, Bligh als Gefangenen nach England zu bringen. Die Leute erlaubten es nicht; ich mußte ihnen in diesem Punkt nachgeben. Dann kam die Frage, wer den Kapitän begleiten solle. Zuerst dachte ich, nur Fryer, Samuel, Hallet und Hayward mit ihm zu schicken, aber ich konnte denen, die ihn begleiten wollten, diesen Wunsch nicht abschlagen. Auch wäre dies im höchsten Grad gefährlich gewesen. Fryer, Purcell, Cole und Peckover würden die erste Gelegenheit benutzt haben, das Schiff zurückzuerobern ... Nun, genug davon. Was geschehen ist, kann nicht mehr ungeschehen gemacht werden. Ich muß jetzt an die Leute denken, die mir gefolgt sind. Ich muß zumindest dafür sorgen, daß sie nicht gefangen werden.«

»Und was geschieht mit uns anderen?«

»Es ist Ihr gutes Recht, diese Frage zu stellen. Ich kann nicht erwarten, daß auch ihr alle Hoffnung aufgebt, die Heimat wiederzusehen. Wenn ich euch nach Tahiti bringen und euch dort freilassen würde, könnte ich von keinem von euch Stillschweigen über die Meuterei erwarten. Gegenwärtig muß ich euch, sosehr ich es bedaure, an Bord behalten. Damit müssen Sie sich vorläufig begnügen.«

Über seine Pläne für die nächste Zukunft sagte Christian nichts. Am Morgen des 28. Mai, genau vier Wochen nach der Meuterei, wurde in sechs Meilen Entfernung eine Insel gesichtet. Da Windstille eintrat, konnten wir sie erst am nächsten Morgen erreichen. Stewart, der ein vortreffliches Gedächtnis für Längen- und Breitengrade besaß, war überzeugt, daß es sich um die Insel Tupuai handle, die von Kapitän Cook entdeckt worden war. Nach zwei Monaten auf See erschien diese Insel uns allen wie ein Garten Eden, und wir waren begierig, an Land zu gehen. Längs des Riffs lagen mehrere Inselchen zerstreut, und zwischen diesen, über die Lagune hinweg, boten sich uns prächtige Blicke auf die Hauptinsel. Längs der ganzen Küste sahen wir Anzeichen, daß auf Tupuai eine zahlreiche Bevölkerung lebte.

An einer Stelle bot das Riff eine Durchfahrt, und Christian beabsichtigte, das Schiff in die Lagune zu lenken; als wir jedoch ganz nahe an die Durchfahrt herangekommen waren, bemerkten wir, daß uns eine gewaltige Menge von Eingeborenen erwartete. Wir schätzten ihre Anzahl auf acht- bis neunhundert. Alle waren mit Speeren, Keulen und Steinen bewaffnet. Über ihre feindselige Gesinnung konnte kein Zweifel bestehen; sie wiesen unsere Freundschaftsbezeigungen zurück, schwangen ihre Speere und überschütteten uns mittels ihrer Schleudern mit einem solchen Steinhagel, daß mehrere unserer Leute verletzt wurden. Von der Mastspitze aus erkannten wir, daß die Lagune mit Korallenbänken übersät war, die die Manövrierung des Schiffes selbst dann schwierig gestaltet hätten, wenn wir von den Wilden unbelästigt geblieben wären. Einige der Meuterer schlugen vor, die Kanonen auf die Eingeborenen zu richten; wenn wir dies getan hätten, würden wir Hunderte von ihnen getötet und den Rest unterjocht haben. Aber Christian wollte davon nichts hören. Er berief eine Versammlung der Mannschaft ein, von der wir, die wir an der Meuterei nicht teilgenommen hatten, ausgeschlossen blieben. Schließlich nahm das Schiff Kurs nach Norden.

Young hatte sich verpflichtet, uns über das Ergebnis der Versammlung nichts zu sagen, aber da wir die Lage des Schiffes feststellen konnten und sahen, daß der Kurs nach Norden mehrere Tage lang eingehalten wurde, konnte kein Zweifel bestehen: Unser Ziel war Tahiti. Während der Nacht besprach ich mit Morrison und Stewart flüsternd unsere Lage. Die

Rückkehr nach Tahiti bedeutete einen unverhofften Glücksfall für uns. Vielleicht müßten wir dort mehrere Jahre auf
ein Schiff warten, das uns in die Heimat brächte, aber einmal
würde es kommen. Wir beschlossen, in Tahiti auf irgendeine
Weise von der *Bounty* zu fliehen und uns verborgen zu halten,
bis sie wieder die Anker lichtete.

Abschied von der *Bounty*

Am nächsten Tag ließ mich Christian abermals zu sich rufen. Ich fand ihn in Gesellschaft Churchills, der mich mit einem Lächeln begrüßte, während Christian düster und vergrämt aussah.

»Ich habe Sie rufen lassen, Herr Byam«, sagte Christian in förmlichem Ton, »um Sie über den Entschluß zu unterrichten, den wir mit Bezug auf Sie und Ihre Gefährten getroffen haben. Wir hegen keinen Groll gegen Sie, aber die Umstände zwingen uns, die nötigen Maßnahmen für unsere eigene Sicherheit zu treffen. Wir steuern jetzt auf Tahiti zu, wo wir mindestens eine Woche bleiben werden, um Vieh und Vorräte an Bord zu nehmen.«

Meine Züge müssen meine Gedanken verraten haben, denn Christian schüttelte den Kopf. »Ich hatte zuerst die Absicht«, fuhr er fort, »Sie dort zurückzulassen; früher oder später könnten Sie auf ein Schiff hoffen, das Sie in die Heimat bringen würde. Aber die Leute wollen davon nichts hören, und ich fürchte, sie haben recht.«

Churchill nickte. »Nein, Herr Byam; die ganze Mannschaft will Ihnen wohl, aber wir dürfen es nicht zugeben.«

»Wir können Sie weder auf Tahiti lassen noch Ihnen erlauben, an Land zu gehen«, fuhr Christian fort. »Die Leute wollten, daß wir Sie alle unter Bewachung stellen, aber ich erwirkte, daß Herr Stewart, Herr Morrison und Sie sich frei auf Deck bewegen können, wenn Sie Ihr Ehrenwort geben, den Bewohnern nichts von der Meuterei zu sagen und nichts zu tun, was uns schaden könnte.«

»Ich verstehe das, Sir«, entgegnete ich, »wenn wir auch gehofft hatten, Sie würden uns in Tahiti zurücklassen.«

»Unmöglich!« sprach Christian. »Nur ungern nehme ich Sie gegen Ihren Willen mit, aber die Sicherheit der Mannschaft erfordert es. Keiner von uns wird England wiedersehen – damit müssen wir uns abfinden. Es ist meine Absicht, eine der vielen unbekannten Inseln in diesem Meer aufzusuchen, unsere Vorräte und unseren Viehbestand an Land zu bringen, das Schiff zu vernichten und uns dort dauernd anzusiedeln, in der Hoffnung, nie wieder ein fremdes weißes Gesicht zu sehen.«

»So ist es, Herr Christian«, stimmte Churchill zu. »Das ist die einzige Möglichkeit.«

Christian stand auf, um anzudeuten, daß die Unterredung beendet sei, und ich ging zutiefst entmutigt an Deck. Ich blickte auf das blaue Wasser hinab, das das Schiff umspielte, und versuchte meine Gedanken zu sammeln. Das Versprechen, das man von uns verlangte, enthielt wohl nichts auf eine Flucht Bezügliches, aber sicherlich würden wir streng bewacht werden. Und selbst wenn wir entkommen könnten, würden wir aller menschlichen Voraussicht nach wieder eingefangen werden. Die Häuptlinge hätten auf Christians Geheiß sicherlich alle Berge und Täler nach uns absuchen lassen. Unsere einzige Chance, und die war wirklich recht gering, bestand darin, uns in den Besitz eines schnellen Kanus zu setzen und eine andere Insel zu erreichen, wohin die Macht der großen Häuptlinge von Tahiti nicht reichte.

Das Schiff unter den Augen der Meuterer zu verlassen würde schwer sein; sogleich ein geeignetes Kanu abfahrtsbereit zu machen und mit Vorräten zu versehen, noch schwerer. Am schwersten zu ertragen erschien uns die einzige andere Möglichkeit – nie wieder ein fremdes weißes Gesicht zu sehen.

Wie ich so, tief in angstvolles Nachdenken versunken, dastand, berührte Stewart meinen Arm. »Sieh nur«, sagte er, »sie werfen die jungen Brotfruchtpflanzen über Bord!«

Und in der Tat hatte sich auf dem Niedergang eine Reihe von Männern gebildet, die unter Youngs Kommando die Töpfe von Hand zu Hand gehen ließen. Ein Mann an der Reling des Hecks riß eine junge Pflanze nach der anderen mit den Wurzeln heraus und warf sie über Bord, während andere die Erde in das Meer schütteten. Wir hatten über tausend junge Brotfruchtbäume an Bord, und nun trieb im Kielwasser der *Bounty* üppig grünes Blattwerk, ein Spielzeug der blauen Wogen. Die Pflanzen waren mit unendlicher Mühe eingesammelt und gepflegt worden; um sie zu erlangen, hatten wir Entbehrungen erlitten, unbekannten Meeren getrotzt und über siebenundzwanzigtausend Meilen in gutem und schlechtem Wetter durchsegelt. Und nun gingen die in Westindien sehnlichst erwarteten Pflanzen über Bord wie unnützer Ballast.

»Verschwendung!« murmelte Stewart. »Zerstörung und Verschwendung! Dinge, die ich als guter Schotte verabscheue!«

Es war traurig, über die Ergebnisse der Expedition nachzudenken: die kostbaren Pflanzen über Bord geworfen; Bligh und seine Gefährten vermutlich ertrunken oder von Wilden ermordet; die Meuterer, verzweifelt und unglücklich, dazu bestimmt, aus den Reihen der Menschheit zu verschwinden; wir selbst von dem gleichen harten Schicksal bedroht. Als wir am Abend ungestört in unserer Kammer beisammensaßen, unterrichtete ich Stewart von meinem Gespräch mit Christian und den trüben Aussichten, die sich uns boten. Er schwieg eine Weile; dann blickte er auf. »Wenigstens werde ich Peggy wiedersehen. Vielleicht kann sie uns die Möglichkeit verschaffen, zu entfliehen.«

»Ja, das wäre möglich!« stimmte ich zu. »Sie könnte uns ein Kanu verschaffen – nur sie. Die Häuptlinge allein besitzen Fahrzeuge, die für unsere Zwecke groß genug sind. Teina und Hitihiti fühlen sich König Georg gegenüber zu verpflichtet, um die Hand zu einem Unternehmen zu reichen, das sie als eine Verschwörung gegen ihn betrachten würden. Bei Peggys Vater fällt dieses Bedenken weg.«

Stewart folgte meinem Gedankengang sogleich. »So ist es! Peggy bietet uns die einzige Möglichkeit. Wenn ich zehn Minuten mit ihr allein bin, kann ich alles vorbereiten. Es muß in einer Nacht geschehen, in der der Wind von Osten her weht. Das Kanu muß an der *Bounty* vorbeigerudert werden, als sei es auf einer Fahrt nach Tetiaroa begriffen, und die Besatzung muß Lärm machen, der die Wachmannschaft auf die eine Seite des Schiffes lockt. Inzwischen können wir auf der anderen Seite über Bord springen und schwimmend das Kanu erreichen. Wenn wir Glück haben, wird uns in der Dunkelheit niemand bemerken.«

»Wahrhaftig, Stewart! Ich glaube, es wird gehen!«

»Es muß gehen, Byam!«

Am Abend des 5. Juni sahen wir in der Ferne die Bergspitzen von Tahiti aus den Wolken auftauchen, und am nächsten Nachmittag warfen wir in der Bucht von Matavai Anker. Jeder Mann an Bord hatte genaue Weisungen darüber, was er den Polynesiern zu sagen habe: Bei Aitutaki waren wir Kapitän Cook, Blighs Vater, begegnet, der auf dieser Insel eine englische Niederlassung errichten wollte. Bligh und andere Mitglieder der Schiffsmannschaft waren von Cook aufgenommen worden, der der *Bounty* den Auftrag gegeben hatte, ihm die Brotfruchtpflanzen zu übergeben und nach Tahiti zurückzukehren, um Vorräte und Vieh zu laden. Sodann sollte unser Schiff auf die Suche nach anderen, für eine Niederlassung geeigneten Inseln gehen.

Die Eingeborenen strömten in Scharen auf das Schiff zu, unter ihnen auch Taina, Hitihiti und die anderen Häuptlinge. Die Geschichte, die Christian erdichtet hatte, befriedigte sie vollkommen, und da er sehr beliebt war, weit beliebter als

Bligh, versprachen die Eingeborenen, alles Gewünschte zu liefern.

An diesem Abend speiste ich mit Christian; Maimiti und Hitihiti, mein Taio, waren die übrigen Gäste. Als das Mädchen an seiner Seite saß, schien Christian für einen Augenblick die finstere Stimmung, die seit der Meuterei niemals von ihm gewichen war, abgeschüttelt zu haben. Er erhob sein Glas und lächelte mir über den Tisch hinweg zu.

»Auf das Wohl unserer Liebsten«, rief er fröhlich. »Sie können auf das Wohl der meinen trinken, Byam, da Sie selbst keine haben.«

Maimiti lächelte ernsthaft und berührte das Glas mit den Lippen, während mein Taio sein Glas in einem Zug leerte.

»Komm an Land und wohne in meinem Haus, Byam«, forderte er mich auf.

Ich spürte Christians Blick auf mir ruhen, als ich antwortete:

»Es tut mir leid, aber wir bleiben nur einige Tage hier, und Herr Christian benötigt mich an Bord.«

Hitihiti war augenscheinlich überrascht hierüber. Er sah Christian an; dieser nickte und sprach: »So ist es! Er wird während der Zeit, die wir hier vor Anker liegen, an Bord benötigt.« Der Häuptling verstand genug von der Disziplin auf einem britischen Schiff, um das Thema fallenzulassen.

Während des Nachmittags war Peggy an Bord gekommen, und als ich an Deck kam, sah ich das Paar beim Großmast sitzen. Stewarts Arm war um ihre Hüfte geschlungen, und sie unterhielten sich in der Landessprache. Als sie das Schiff verlassen hatte, traf ich bei der großen Luke mit Stewart und Morrison zusammen. Young kommandierte die Wache, und da wir vor Anker lagen und die Nacht ruhig war, hatte er seinen Leuten die Erlaubnis erteilt, an Deck zu schlafen. Er war ein sorgloser Bursche, der kein Mißtrauen kannte, und lehnte gegen eine Schießscharte, den Blick auf die dunkle Masse des Landes gerichtet. Taurua, sein Liebchen, hielt mit ihm Wache, eine schlanke, in weißen Tapastoff gehüllte Gestalt. Die Nacht war kühl, und in der schwarzen Fläche der Bucht spiegelten sich die Sterne.

»Ich habe mit Peggy gesprochen«, berichtete Stewart leise, »und sie von unserem Entschluß unterrichtet, vom Schiff zu entweichen. Sie glaubt, daß ich um ihretwillen entfliehe, was ja zum Teil auch Wahrheit ist. Was euch beide anbetrifft, so nimmt sie an, daß ihr das Leben auf Tahiti liebgewonnen habt. Peggy wird uns von Herzen gern helfen. Leider ist das einzige große Kanu, das ihre Familie besitzt, in Tetiaroa. Sie wird morgen ein kleines Boot aussenden, um es zu holen, falls der Wind günstig ist.«

»Ich wünschte, wir könnten die anderen mitnehmen«, warf ich ein.

»Das ist unmöglich«, meinte Morrison. »Christian hält sie unter Deck bewacht, bis das Schiff absegelt.«

»Auf jeden Fall wären ihrer zu viele«, sagte Stewart. »Ihre Anzahl würde die Flucht unmöglich machen.«

Morrison zuckte die Achseln. »Nein, wir müssen an uns selbst denken. Ich habe nur einen Wunsch, einen Gedanken, nach England zurückzukehren. Ein Schiff wird kommen, wenn wir auch vielleicht zwei oder drei Jahre warten müssen. Wir müssen Geduld haben, das ist alles.«

»Geduld?« sprach Stewart. »Nun denn, ich kann es gut und gerne drei Jahre hier aushalten, auch vier oder fünf, wenn es sein muß! Auch Byam liebt das Leben auf dieser Insel.«

»Das Leben auf dieser Insel soll der Teufel holen«, rief Morrison, ohne zu lächeln. »Wer weiß, welche Kriege ausbrechen, welche Aussichten auf Beförderung und Beute uns entgehen!«

Ich ging in jener Nacht mit leichterem Herzen zur Ruhe,

denn unsere Flucht schien gesichert. Bei Sonnenaufgang sah ich Peggys leichtes Kanu, mit einem halben Dutzend kräftiger Burschen bemannt, Kurs auf Tetiaroa nehmen, und während des ganzen Vormittags beobachtete ich angstvoll die Entwicklung des Wetters. Die Natur war gegen uns. Der Tag wurde kühl, und Wolkenmassen senkten sich vom Gebirge auf die See hinab. Die Bucht von Matavai selbst blieb unter dem Schutz der Berge ruhig wie ein Teich, aber draußen auf dem offenen Meer tobte ein heftiger Sturm von Süden her. Ich erkannte, daß, solange der Südwind anhielt, kein Kanu es wagen würde, von Tetiaroa zurückzukehren.

Tag um Tag verging, und der Südwind blies ohne Unterlaß, während wir unsere seltsame Ladung an Bord nahmen. Schweine, Hühner, Hunde und Katzen wurden auf das Schiff gebracht, bis es einer Menagerie glich, zum Schluß der Stier und die Kuh, die Kapitän Cook auf Tahiti zurückgelassen hatte. Ziegen liefen meckernd zwischen Bergen von Taro, süßen Kartoffeln und Jamswurzeln umher. Und allmählich verwandelten sich unsere Hoffnungen in Befürchtungen. Alle Anzeichen sprachen dafür, daß Christian an baldige Abfahrt dachte, und Peggys Gesicht war, wenn sie ihren Liebhaber an Bord besuchte, von Sorge umschattet. Ich will bei diesen Tagen ängstlicher Spannung nicht lange verweilen. Genug damit, daß am neunten Tag der Wind nach Nordosten umschlug und unser Segelkanu endlich kam. Dies geschah zu Mittag, und alles war für unsere Flucht in der folgenden Nacht vorbereitet, als das Schicksal im letzten Augenblick sich wiederum gegen uns wandte. Um zwei Uhr nachmittags gab Christian Befehl, die Anker zu lichten, und die *Bounty* segelte aus der Bucht von Matavai.

Die Monate Juni bis September des Jahres 1789 werden ewig als Albdruck in meiner Erinnerung bleiben, und da sie mit meiner eigentlichen Erzählung wenig zu tun haben, will ich nicht mehr als notwendig darüber berichten.

Trotz des feindseligen Empfangs bei unserem ersten Besuch in Tupuai hatte sich Christian entschlossen, diese Insel als Niederlassungsort zu wählen. Wir segelten nun gegen Süden, und die *Bounty* glich einer neuen Arche Noah; sie hatte Vieh an Bord, das dazu bestimmt war, sich auf der Insel zu vermehren.

Aber auch eingeborene Frauen waren auf dem Schiff: Christians Maimiti befand sich darunter und Youngs Taurua; Alexander Smith, der den Damen von Tupuai mißtrauisch gegenüberstand, hatte Bal'hadi überredet, ihn zu begleiten. Übrigens waren keine großen Überredungskünste erforderlich, denn die Polynesier lieben Reisen und Abenteuer jeglicher Art leidenschaftlich. Als wir Tahiti längst hinter uns gelassen hatten, entdeckten wir erst, daß wir neun eingeborene Männer, zwölf Frauen und acht Knaben an Bord hatten, die sich zum größten Teil ohne unser Wissen auf das Schiff geschmuggelt hatten.

Der Empfang in Tupuai war am Anfang freundlich, und zwar dank der Passagiere aus Tahiti, die den Bewohnern unsere Absicht auseinandersetzten, auf der Insel eine Heimstätte zu gründen. Mit unendlicher Mühe zogen wir das Schiff an Land und errichteten Schutzdächer gegen die Sonne. Dann bauten wir ein Fort und umgaben es mit einem zwanzig Fuß tiefen, vierzig Fuß breiten Graben. Die Leute murrten sehr über diese Herkulesarbeit, aber es zeigte sich bald, daß Christians Vorsichtsmaßnahme nur zu begründet war. Unsere Ziegen, die wir freigelassen hatten, damit sie sich in dem gebirgigen Innern vermehrten, fielen über die mit unendlicher Mühe angelegten und bewässerten Taropflanzen der Eingeborenen her. Die Leute kamen mit der Forderung zu uns, die Tiere, deren sie nicht Herr werden konnten, mit unseren Musketen zu erlegen. Als wir uns weigerten, brach unter den Eingeborenen offene Feindseligkeit gegen uns aus. Ein ums andere Mal griffen sie unsere Festung wütend an; zwar wurden sie durch unser Geschützfeuer immer wieder vertrieben, aber wir konnten nur noch in größeren Gruppen, schwer bewaffnet, unser befestigtes Lager verlassen. Die Lage wurde immer unerträglicher, und Anfang September berief Christian eine Versammlung ein, die über unsere weiteren Schritte entscheiden sollte. Alle waren dafür, Tupuai zu verlassen; sechzehn wünschten, in Tahiti zurückgelassen zu werden, während die andern lieber auf der *Bounty* die Suche nach einer anderen, unbewohnten Insel aufnehmen wollten. Als wir den Eingeborenen unseren Entschluß, Tupuai zu verlassen, mitgeteilt hatten, stellten sie ihre Feindseligkeiten ein, und wir machten die *Bounty* mit großer Mühe segelfertig.

Mit einer frischen östlichen Brise nahmen wir wieder Kurs auf Tahiti und ankerten fünf Tage später erneut in der Bucht von Matavai. Christian, Mills, Young, Brown, Martin, McCoy, Williams, Quintal und Alexander Smith beschlossen, auf dem Schiff zu bleiben. Der Rest der Mannschaft zog es vor, sich in Tahiti niederzulassen. Ich war überglücklich über diese plötzliche Änderung meines Loses, und Stewart und Morrison teilten meine Gefühle. Als mein Freund Hitihiti vernahm, daß ich die Absicht habe, sein Haus zu meinem neuen Heim zu machen, strahlte er über das ganze Gesicht. Da er in einem Doppelkanu, das alle meine Habseligkeiten aufnehmen konnte, gekommen war, erbat ich sogleich Christians Erlaubnis, das Schiff zu verlassen. Dieser war gerade damit beschäftigt, Waffen zu verteilen; jeder der in Tahiti Verbleibenden erhielt den ihm zukommenden Teil.

»Gehen Sie an Land, wann immer Sie wünschen«, sagte er, von der Liste, die er in der Hand hielt, aufblickend. »Und nehmen Sie eine Muskete und genügend Blei mit, um Kugeln daraus zu gießen. Heute abend werde ich Sie bei Hitihiti besuchen; sagen Sie Stewart, er möge sich gleichfalls einfinden.«

Wieder im Haus meines Taio zu sein, Hina und ihren Gatten zu begrüßen und von Hitihitis Enkelkindern willkommen geheißen zu werden, das alles erschien mir wie eine richtige Heimkehr. Ich hatte so lange unter diesen guten Menschen gelebt, daß sie mir durch stärkere Bande als die bloßer Freundschaft verbunden schienen. Bald hatte sich ein Kreis neugieriger Nachbarn um mich versammelt, und ich mußte unsere Abenteuer auf Tupuai des langen und breiten in der Landessprache erzählen.

»Was gedenkst du zu tun, nun, da du zurückgekehrt bist? Wirst du lange unter uns leben?« wollte Hina wissen.

»Morgen oder übermorgen wird Christian mit acht Männern nach Aitutaki segeln, um mit Kapitän Cook zusammenzutreffen. Wir anderen, die wir diese Insel liebgewonnen haben, erhielten die Erlaubnis, uns hier niederzulassen.«

Hina lehnte sich an mich und ergriff mit einem herzlichen Gruß nach einheimischer Art meine Schulter.

»Oh, Byam«, sprach sie, »wir alle sind erfreut über deinen Beschluß, das Haus ist leer, seit du nicht mehr darin wohnst.«

»So ist es«, stimmte ihr Mann herzlich zu. »Du bist einer der Unseren, und wir lassen dich nicht mehr weg!«

Am späten Nachmittag kam Stewart, während Hitihiti zum Schiff zurückgekehrt war, um Christian und Maimiti abzuholen.

Unablässig schlugen die Wellen des ruhigen Meeres an das Ufer, und wir saßen schweigend am Strand; es war, als ob die Schönheit des Abends uns in einen Zauber von Schweigen und Unbeweglichkeit eingehüllt hätte.

Der Abend wandelte sich zur Nacht, als das Doppelkanu, auf den Wellen schaukelnd, wie ein wandernder Schatten näher

kam. Nun war es da; Christian sprang an Land und war Maimiti beim Aussteigen behilflich.

Er bat Stewart und mich, auf ihn zu warten, während er sich
von Maimitis Verwandten verabschiedete.

Als er zum Strand zurückkehrte, hatte sich bereits tiefes Dunkel herabgesenkt. Mich überkam unendliche Rührung.

»Ich sehe euch jetzt zum letzten Mal«, sprach Christian unvermittelt nach langem Schweigen. »Wir segeln morgen, sobald ein günstiger Wind weht, ab. Ich habe euch über die
Meuterei alles offen und ehrlich erzählt. Vergeßt nicht, daß
ich, ich allein, verantwortlich bin. Bligh und seine Begleiter
sind sicherlich längst tot. Wegen Bligh hege ich kein Bedauern; der Gedanke an die anderen unschuldigen Männer lastet
schwer auf meinem Gewissen. Ihr kennt die Umstände; sie
mögen meine Handlung erklären, wenn sie sie auch niemals
entschuldigen können. Ich bin ein Meuterer und ein Pirat,
und es ist meine Pflicht, jene zu schützen, die sich meiner
Führung anvertrauen. Dies ist der größte Ozean der Welt,
mit unzähligen Inseln besät. Auf einer derselben, nördlich
oder südlich, östlich oder westlich, werden wir uns niederlassen und das Schiff zerstören. Wir werden uns nicht mehr
wiedersehen, das verspreche ich euch.«

Er schwieg. Die Stille der Nacht wurde nur durch das sanfte
Plätschern des Meeres unterbrochen.

»Früher oder später«, fuhr Christian nach einer langen Pause
fort, »wird ein britisches Kriegsschiff hier ankern. Wenn dies
geschieht, rate ich euch, sofort an Bord zu gehen und euch
beim Kommandanten zu melden, ihr und die anderen, die
an der Meuterei nicht beteiligt waren. Ihr seid unschuldig,
und es kann euch nichts geschehen. Die anderen mögen
tun, was sie für richtig halten. Da sie nicht mit mir gehen wollen, trage ich keine Verantwortung für ihr Schicksal mehr.
Noch einmal bitte ich Sie, Byam, meinen Vater aufzusuchen,

wenn Sie nach England zurückkehren. Erzählen Sie ihm meine Geschichte, wie ich sie Ihnen erzählt habe; erklären Sie ihm vor allem, daß ich nur die Absicht hatte, Bligh seines Kommandos zu entheben und ihn als Gefangenen heimzubringen. Vielleicht wird dies mein Verbrechen in den Augen meines Vaters weniger schwer erscheinen lassen. Wollen Sie das für mich tun?«

Christian erhob sich; auch Stewart und ich sprangen auf. Ich ergriff als erster Christians Hand.

»Ich verspreche es«, sagte ich, zu bewegt, um weitere Worte zu finden.

Im nächsten Augenblick rief Christian zum Haus hinüber: »Maimiti!« Sie mußte den Ruf erwartet haben, denn gleich darauf tauchte eine schlanke weiße Gestalt zwischen den Palmen auf. Die Ruderer folgten ihr, hoben das Kanu in die Höhe und schoben es ins Meer. Das Mädchen kam wortlos auf mich zu und umarmte mich zärtlich nach dem Brauch ihrer Heimat. Dann umarmte sie, gleichfalls schweigend, Stewart und sprang in das Kanu. Christian schüttelte zum letzten Mal unsere Hände: »Gott segne euch!«

Wir standen am Ufer und sahen das Kanu allmählich im Dunkel verschwinden. Als ich bei Tagesanbruch das Haus verließ, bewegte sich die *Bounty*, alle Segel gesetzt und von einer leichten östlichen Brise getrieben, in nördlicher Richtung vom Land fort.

Tehani

Obgleich ich Grund hatte, mit meiner gegenwärtigen Lage zufrieden zu sein, war die auf die Abfahrt der *Bounty* folgende Woche eine unglückliche Zeit für mich. Ich begann in meiner knabenhaften Einfalt darüber nachzugrübeln, ob das Schicksal des Menschen von einem göttlichen Gesetz oder vom Zufall gelenkt werde. Viele gute, unschuldige Menschen hatten Bligh in das Boot begleitet. Wo waren sie nun? Die meisten Meuterer waren brave, einfältige Burschen und hatten geduldig Dinge ertragen, die andere zur Verzweiflung getrieben hätten. Unter dem eisernen Gesetz der See hatten sie, ohne viel zu murren, die Entbehrungen der langen Reise und die Launen eines Mannes, der selbst in jenem harten Zeitalter als brutal gelten mußte, erduldet. Ein Augenblick hemmungsloser Leidenschaft hatte unser aller Los geändert. Auch mein eigenes Schicksal und das meiner Gefährten war weit davon entfernt, beneidenswert zu sein, wenn wir auch die Prüfungen bestanden hatten, ohne Schuld auf uns zu laden. Was hingegen die Meuterer anbetraf, die auf Tahiti geblieben waren, so wußte ich nur zu wohl, welches Los ihnen bevorstand. Oft schweiften meine Gedanken zu dem kleinen Ellison, der sich keinen Begriff von der Schwere seiner Verfehlungen machte. Und doch wußte ich, daß er nach dem Seerecht unfehlbar zum Tod verurteilt werden mußte.

Während dieser Tage hörte ich auf, ein Knabe zu sein. Morrison hatte sich bei Poino, dem in der Nähe lebenden großen Krieger, niedergelassen, während Stewart mit Peggy im Hause Tipaus, ganz in meiner Nähe, lebte. Ich kam häufig mit diesen beiden Freunden zusammen, und ihr Beispiel lehrte mich, mich meiner unfruchtbaren Niedergeschlagenheit zu schämen. Morrison und Millward, der gleichfalls in Poinos Haus wohnte, planten bereits, einen kleinen Schoner zu bauen und in diesem Batavia zu erreichen, ohne die Ankunft eines Schiffes aus England abzuwarten. Stewart beschäftigte sich damit, das Land rings um das Haus, welches Tipau für ihn erbauen ließ, zu verschönern. Als ich ihn in meine Gedanken einweihte, meinte er lächelnd: »Man soll sich nie Sorgen über etwas machen, was man nicht ändern kann.« Und unverdrossen fuhr er fort, zu graben, zu säen und Pfade anzulegen. Da auch ich endlich begriff, daß schwere Arbeit das einzige Mittel gegen meine Melancholie war, nahm ich mein Wörterbuch vor und vertiefte mich von neuem in meine Tätigkeit.

Eines frühen Morgens, etwa zehn Tage nach der Abfahrt der *Bounty*, konnte ich keinen Schlaf mehr finden und machte einen Spaziergang längs des gewundenen Strandes, der nach Kap Venus führt. Es war eine Stunde vor Sonnenaufgang; die Sterne leuchteten hell, und die nördliche Brise, die aus der Gegend des Äquators herüberwehte, machte die Luft warm und mild. Ganz nahe dem Kap liegt einer der schönsten kleinen Häfen der Insel, der häufig von Reisenden in Segelbooten dazu benutzt wird, die Nacht an Land zu verbringen. Das Wasser ist dort immer ruhig und klar.

Das Kap war zu dieser Tagesstunde eines meiner Lieblingsplätzchen, denn der Blick über die Küste bei Sonnenaufgang erfreute mich stets von neuem. Ich ließ mich behaglich auf einer der hohen Sanddünen nieder und schaute gen Osten, wo der erste zarte Schimmer der Morgendämmerung aufleuchtete. In diesem Augenblick drang ein leises Geräusch an mein Ohr, und ich bemerkte, daß ein großes Segelboot in den Hafen einfuhr. Ein wenig später hörte ich auch die leisen Kommandorufe des Mannes an der Mastspitze; einer der Seeleute sprang an Land und machte den Bug des Kanus an einem Pfosten fest. Aus der Größe des Fahrzeuges und der Zahl der Besatzung schloß ich, daß es Fahrgäste von Rang an Bord hatte, aber diese schliefen offenbar noch in der kleinen gedeckten Kajüte. Einige Mann der Besatzung kamen an Land, um ein Feuer anzuzünden und das Morgenmahl vorzubereiten. Dann sah ich, wie mit Hilfe der Ruderer zwei Frauen ans Ufer stiegen und sich in westlicher Richtung entfernten.

Es war vollends Tag geworden, als ich mich erhob und zu dem großen Fluß ging, der sich westlich vom Kap in die See ergießt. Er heißt Vaipoopoo, und nahe der Mündung war sein Wasser so klar und tief, daß ich an dieser schönen, weltabgeschiedenen Stelle oft zu schwimmen pflegte. Hohe, alte Bäume, deren Wurzeln prächtige Sitzgelegenheiten bildeten, überschatteten die Wasserfläche.

Hierher lenkte ich nun meine Schritte, um mein Morgenbad zu nehmen. Ich warf den leichten Überwurf von den Schultern, behielt nur den landesüblichen Lendenschurz an, stieg ins Wasser und ließ mich von der sanften Strömung gemächlich tragen. Hoch über mir ließ ein Vogel seine Stimme ertönen, ein Omaomao, dessen Gesang süßer ist als der unserer Nachtigall.

Plötzlich sah ich ein junges Mädchen, lieblich wie eine Wassernixe, auf einer Baumwurzel sitzen. Das Geräusch meines Umherplätscherns mußte an ihr Ohr gedrungen sein, denn sie hob plötzlich den Kopf und blickte mir voll in die Augen. Ich erkannte sie sofort – es war Tehani, die ich vor langer Zeit in Tetiaroa gesehen hatte. Sie verriet weder Scheu noch Verlegenheit, denn ein Mädchen ihres Standes hatte in jener Zeit nichts zu fürchten, weder bei Tag noch bei Nacht, weder allein noch in Gesellschaft. Ein ungehöriges Wort ihr gegenüber hätte für den Missetäter den sofortigen Tod bedeutet, ein tätlicher Angriff wäre die Ursache eines blutigen Krieges

186

geworden. Dieses Gefühl des Geschütztseins verlieh den Mädchen ihres Standes eine unbewußte Sicherheit des Benehmens,
die ihren besonderen Reiz ausmachte.

»Lang sollst du leben!« sprach ich zu ihr, gegen den Strom auf
sie zuschwimmend.

»Auch du!« antwortete Tehani mit einem Lächeln. »Ich weiß,
wer du bist. Du bist Byam, der Taio Hitihitis!«

»Der bin ich«, sagte ich, begierig, die Unterhaltung zu ver-
längern. »Soll ich dir auch sagen, wer du bist? Du bist Tehani, Poinos Verwandte. Ich sah dich in Tetiaroa, als du dort
tanztest.«

Darüber lachte sie laut auf. »So, du sahst mich? Tanzte ich
gut?«

»So herrlich, daß ich jene Nacht nie vergessen werde!«

»Arero mona!« rief sie scherzend, denn die Eingeborenen nennen einen Schmeichler »süße Zunge«.

»So herrlich«, fuhr ich fort, als hätte ich ihre Worte nicht gehört, »daß ich zu Hitihiti sagte: ›Wer ist jenes Mädchen, lieb-
licher als jedes andere in Tahiti, sie, die die junge Göttin des
Tanzes selber sein könnte?‹«

»Arero mona!« spottete sie aufs neue, aber ich konnte sehen,
wie eine leichte Röte ihre Wangen überflog. Sie war gerade
aus dem Wasser gestiegen, und ihr braunes Haar fiel in feuchten Löckchen auf ihre Schulter.

»Komm, laß uns sehen, wer weiter unter Wasser schwimmen
kann, du oder ich!« Tehani schlüpfte in den Fluß und tauchte
so leicht unter, daß sich das Wasser kaum kräuselte. Von jenseits der Biegung, die der Fluß ein Stückchen weiter unten
machte, ertönte nach einer Zeit, die mir unendlich lang schien,
Tehanis Stimme: »Nun zeig du, was du kannst!«

Ich tauchte ins Wasser; es war klar wie Luft, und ich konnte
Scharen kleiner, bunter Fische vor mir fliehen sehen. Immer
weiter schwamm ich, entschlossen, daß kein Mädchen mich

im Wasser, in dem Element, das ich immer geliebt hatte, besiegen solle. Endlich, als meine Lungen die Anstrengung nicht mehr aushielten und ich überzeugt war, gewonnen zu haben, streckte ich den Kopf aus dem Wasser. Ein Kichern, musikalisch wie das Gemurmel des Flusses, grüßte mich, und als ich aufblickte, sah ich das Mädchen auf einer langgestreckten Wurzel, volle zehn Meter vor mir, sitzen.

»Bist du bis dorthin geschwommen?« fragte ich betrübt.

»Ich habe dich nicht betrogen!«

»Wir wollen eine Weile rasten; dann versuche ich es noch einmal.«

Tehani wies auf den Platz neben sich. »Komm und ruhe dich hier aus«, lud sie mich ein.

Ich setzte mich neben sie und strich mein nasses Haar aus dem Gesicht. Einer gemeinsamen Regung folgend, wandten sich unsere Gesichter einander zu, und Tehanis klare braune Augen lächelten mich an. Dann wandte sie sich plötzlich ab, und mit einemmal hörte ich, wie mein Herz schneller schlug. Ihre Hand lag ganz nahe bei der meinen, ich ergriff sie sanft, und sie wurde mir nicht entzogen. Tehani senkte das Haupt, um in das klare Wasser zu blicken, und lange Zeit schwiegen wir beide.

Ich blickte nicht in das Wasser, sondern auf das schöne Mädchen an meiner Seite. Sie trug nur ein leichtes Röckchen aus weißem Stoff, und ihre nackten Arme und Schultern waren glatt wie Seide und auf das edelste geformt. Ihre zarten kleinen Hände und Füße hätten den Neid einer Prinzessin erregen können, und Phidias selbst hätte in kaltem Marmor nichts Vollkommeneres hervorbringen können als ihren in voller Unbefangenheit entblößten Busen. Ihr Antlitz drückte Sanftmut und Festigkeit zugleich aus.

»Tehani!« sagte ich endlich und nahm zärtlich ihre Hand in meine beiden Hände.

Sie sprach nicht, sondern hob nur langsam den Kopf und blickte mich an. Dann auf einmal, ohne daß ein weiteres Wort zwischen uns gewechselt worden wäre, lag sie in meinen Armen. Der schwache Duft ihres Haares berauschte mich, und zunächst hinderte mich das Klopfen meines Herzens daran, zu sprechen. Das Mädchen war es, das zuerst Worte fand.

»Byam«, fragte sie, mein nasses Haar zärtlich streichelnd, »hast du keine Frau?«

»Nein«, entgegnete ich.

»Ich habe keinen Gatten«, sagte das Mädchen.

In diesem Augenblick ertönte eine weibliche Stimme: »Tehani! Tehani! O!« Das Mädchen rief zurück, die Frau möge warten.

»Es ist nur meine Dienerin, die an der Mündung des Flusses wartet, bis ich gebadet habe.«

»Du kamst von Tetiaroa?« fragte ich, indes mein Kopf an ihrer Schulter lehnte und mein Arm ihre Hüfte umschlang.

»Nein, ich bin mit meinem Onkel in Raiatea gewesen. Zwei Tage und Nächte waren wir auf dem Meer.«

»Wer ist dein Onkel?«

Das Mädchen war erstaunt. »Das weißt du nicht?« fragte sie ungläubig.

»Nein.«

»Mein Onkel ist Vehiatua, der oberste Häuptling von Taiarapu.«

»Ich habe oft von ihm sprechen gehört.«

»Bist du in deinem Heimatland auch ein Häuptling?«

»Vielleicht ... wenn auch nur ein geringer.«

»Ich wußte es! Vom ersten Augenblick an wußte ich es!«

Wieder schwiegen wir. Ich hob ihren Kopf in die Höhe und küßte sie in der Art meiner Heimat auf den Mund. Hand in Hand wanderten wir zur Bucht zurück. Tehanis Dienerin folgte uns mit staunenden Augen.

Vehiatua war an Land gekommen und frühstückte gerade, als wir die Anlegestelle erreichten. Er war ein alter Mann von edler Erscheinung, fröhlich und gutmütig. Sein Gefolge hatte sich um ihn versammelt und bediente ihn mit Brotfrucht, gebratenen Fischen und Bananen. Die Tätowierung des alten Häuptlings, die seinen ganzen Körper mit Ausnahme des Gesichtes bedeckte, war die schönste und kunstvollste, die ich je gesehen habe. Ich war froh darüber, daß ich nur meinen Lendenschurz trug, denn es galt als unhöflich, sich einem der großen Häuptlinge mit bedeckten Schultern zu nähern. Vehiatua zeigte sich über mein Kommen nicht erstaunt.

»Willkommen, Tehani!« begrüßte er seine Nichte liebevoll. »Dein Frühstück erwartet dich an Bord. Und wer ist der junge Mann an deiner Seite?«

»Der Taio Hitihitis; sein Name ist Byam.«

»Ich habe von ihm gehört.« Dann lud mich Vehiatua höflich ein, an seinem Mahl teilzunehmen. Ich war hierüber keineswegs ungehalten, setzte mich neben ihm nieder und beantwortete seine Fragen über die *Bounty*, von der er viel gehört hatte. Er gab seinem Erstaunen über meine Kenntnisse der Landessprache Ausdruck, worauf ich ihm von meinem Auftrag und der Hilfe, die mir mein Taio angedeihen ließ, erzählte. »Und nun wollt ihr euch in Tahiti niederlassen, um in unserer Mitte zu leben?« fragte Vehiatua.

»Zumindest für lange Zeit«, entgegnete ich. »Wenn in zwei oder drei Jahren das nächste britische Schiff ankommt, wird König Georg vielleicht einige von uns oder uns alle zurückberufen.«

»Ja«, sprach der alte Edelmann, »seinem König muß man gehorchen!«

Als Tehani zurückkehrte, war sie sehr verschieden von dem Mädchen, das sich vor so kurzer Zeit, einem Knaben gleich, im Schwimmen mit mir gemessen und mich besiegt hatte.

Ihr schönes, nun von der Sonne getrocknetes Haar war fast auf griechische Art frisiert. Ihr Überwurf aus schneeweißem Stoff war in klassische Falten gelegt, und sie schritt mit einer Würde vor ihren sechs Dienerinnen einher, die wohl nur bei wenigen sechzehnjährigen Mädchen meiner Heimat anzutreffen gewesen wäre. Der Häuptling nickte mir zu und erhob sich.

»Komm, wir wollen das Haus meines Freundes aufsuchen«, sagte er.

Ein muskulöser Bursche warf sich vor Vehiatua nieder, auf dessen Schultern sich der Häuptling nun niederließ. Der Mann, der ihm als Reittier diente, erhob sich wieder. Vehiatua, Teina und einige andere große Häuptlinge jener Zeit durften niemals zu Fuß gehen, denn der Grund und Boden eines gewöhnlichen Mannes, den sie betraten, gehörte von jenem Augenblick an ihnen. Wohin immer sie sich begaben, wurden sie von Männern getragen, die eigens hierzu ausgebildet waren.

Hitihiti empfing uns vor dem Tore seines Hauses, warf seinen Umhang ab und trat vor, um seinen Freund mit entblößten Schultern zu begrüßen. Ein Mahl war vorbereitet, und obgleich unser Besucher soeben erst gewaltige Speisemengen verzehrt hatte, erklärte er sich bereit, an einem zweiten Frühstück teilzunehmen. Tehani und Hina kannten einander gut und hatten sich viel zu erzählen. Aus den Blicken, die Hina mir von der Seite zuwarf, erkannte ich, daß Tehani ihr über unser Zusammentreffen beim Fluß berichtet hatte.

Gegen Mittag, als die anderen ein Schläfchen machten, fand ich meinen Taio wach. Er ruhte allein unter seinem Lieblingsbaum nahe dem Ufer, und ich eröffnete ihm, daß mir die Liebe zu Tehani den Frieden meiner Seele geraubt habe.

»Warum heiratest du sie nicht, falls sie einverstanden ist?« fragte Hitihiti.

»Ich glaube, daß sie einverstanden ist, aber was werden ihre Eltern dazu sagen?«

»Sie hat keine Eltern; beide sind tot.«

»Und Vehiatua?«

»Hat Gefallen an dir gefunden.«

»Vortrefflich! Wenn wir nun aber heiraten, und ein englisches Schiff käme, um mich in meine Heimat zurückzurufen?«

Mein Taio zuckte verzweifelt die Achseln. »Ihr Engländer seid alle gleich«, sagte er mißbilligend; »ihr macht euch unglücklich wegen Dingen, die vielleicht nie kommen werden! Ist das Heute nicht genug, daß du immer an morgen und übermorgen denken mußt? Zehn oder zwanzig Jahre mögen vergehen, ehe wieder ein Schiff hierherkommt! Laß mich solches Gerede nicht mehr hören! Gestern ist vorbei; heute gehört dir; morgen wird vielleicht niemals kommen!«

Wider Willen mußte ich über die Lehren meines Freundes lächeln, wenn ich auch begriff, daß ein gutes Stück gesunder Weltweisheit darin lag. Sich über die Zukunft Sorgen zu machen ist ohne Zweifel die größte Stärke und die größte Schwäche des weißen Mannes in seiner Jagd nach dem Glück. Den Bewohnern von Tahiti waren Sorgen um die Zukunft unbekannt; ihre Sprache enthielt nicht einmal ein Wort, um einen solchen Begriff auszudrücken.

Sicherlich hatte Hitihiti recht; da es mir nun einmal bestimmt war, lange Zeit unter den Eingeborenen zu leben, mußte ich mich ihren Grundsätzen anpassen.

»Du bist mein Taio«, sagte ich, »willst du mein Fürsprecher bei Vehiatua sein?«

Der Häuptling klopfte mir auf den Rücken. »Von Herzen gern!« rief er. »Du bist mir schon zu lange ohne Weib! Nun aber laß mich schlafen!«

Tehani erwachte früher als die anderen; als sie mich sah, kam sie gleich auf mich zu. »Liebste«, sagte ich, »mein Taio hat versprochen, für mich bei Vehiatua um deine Hand anzuhalten. Habe ich unrecht gehandelt?«

»Ich sprach mit meinem Onkel, bevor er sich zum Schlummer niederlegte«, antwortete Tehani lächelnd. »Ich sagte ihm, daß du mein Gatte werden mußt. Er wollte wissen, ob du einverstanden seist; da meinte ich, ich müsse dich bekommen, ob du willst oder nicht! ›Verlangst du vielleicht von mir, ich soll Hitihiti mit Krieg überziehen und seinen Taio entführen?‹ fragte er. ›Ja‹, entgegnete ich, ›wenn es notwendig ist!‹ Er blickte mich liebevoll an und sprach: ›Habe ich dir jemals etwas versagt, meine kleine Taube, seit deine Mutter gestorben ist? Dein Byam ist ein Fremdling, aber immerhin ist er ein Mann, und kein Mann könnte dir widerstehen!‹ Sag mir, glaubst du, daß er recht hat?«

»Er hat recht!« antwortete ich, ihre Hand drückend.

Als wir zum Haus zurückkehrten, stand die Sonne schon tief, und die beiden Häuptlinge waren in eine ernste Unterhaltung vertieft.

»Vehiatua gibt seine Zustimmung zu der Heirat«, sagte Hitihiti, als wir uns näherten. »Er stellt nur eine Bedingung – ihr müßt den größten Teil eurer Zeit in Tautira verbringen. Er könnte es nicht ertragen, von seiner Nichte getrennt zu leben. Aber ihr müßt den alten Hitihiti oft besuchen!«

»Die Hochzeit wird sogleich in meinem Haus stattfinden«, sprach der Beherrscher von Taiarapu. »Ihr könnt morgen mit mir fahren; Hitihiti und Hina werden in ihrem Boote folgen. Ihr könnt euch als verlobt betrachten.«

Bei diesen Worten erhob ich mich und ging in das Haus, um meine Kiste zu öffnen. Als ich zurückkehrte, brachte ich das Armband und die Halskette mit, die ich vor so langer Zeit in London erworben hatte. Ich zeigte die Schmuckstücke zuerst Vehiatua, der sie bewundernd betrachtete. »Mein Brautgeschenk für Tehani«, erklärte ich, »mit deiner Erlaubnis.«

»Sie kann sich glücklich schätzen, denn kein Mädchen auf diesen Inseln besitzt solche Dinge. Ich habe schon Gold gesehen und weiß, daß es sehr kostbar ist und nicht rostet wie Eisen. Ein königliches Geschenk, Byam, was können wir dir wohl als Gegengabe bieten?«

»Das hier!« rief ich, legte die Kette um Tehanis Hals und nahm sie bei der Schulter, als ob ich sie forttragen wolle.

Vehiatua schmunzelte anerkennend. »Gut geantwortet!« sprach er. »Auch Tehani ist in Wahrheit ein königliches Geschenk. Auf eine Ahnenreihe von dreiundsiebzig Generationen kann sie zurückblicken; sie stammt von den Göttern ab! Sieh sie nur an! Wo auf all diesen Inseln fändest du eine, die ihr gleicht?«

In der Morgenfrühe des nächsten Tages trugen Vehiatuas Leute meine Habseligkeiten zum Ufer, wenig später gingen wir an Bord, und die Schiffsleute ruderten das Fahrzeug durch die enge Durchfahrt auf das ruhige Meer hinaus. Dies war das schönste Eingeborenenboot, das ich je gesehen habe. Es war mit zwei Segeln versehen; auf einer Plattform erhob sich das als Kajüte dienende Häuschen, in dem der Häuptling und die Frauen schliefen; auch ich durfte es mir hier, geschützt vor der Sonne, während der fünfundvierzig Meilen langen Fahrt bequem machen.

Gegen Mittag, als wir uns auf der Höhe des Kap Maraa befanden, frischte der Wind auf, und ich merkte, daß die großen Boote der Eingeborenen an Schnelligkeit jedes europäische Fahrzeug jener Zeit übertrafen. Gegen Abend, als wir die Südküste von Tahiti Nui erreicht hatten, trat Windstille ein, und wir mußten die Segel einziehen. Von den Ruderern fortbewegt, fuhr das Boot in eine prächtige Bucht ein, die einen vortrefflichen Naturhafen bildete und den Flotten aller europäischen Nationen sichere Zuflucht vor Stürmen geboten hätte. Wir schliefen in dieser Nacht an Bord, und da die Umseglung der Südostspitze von Taiarapu wegen der lebhaften Strömungen und der vielen unsichtbaren Riffe als gefährlich galt, wurde das Fahrzeug mit Hilfe zahlreicher in der Nähe wohnender Leute auf Rollen über die Landenge befördert. Bei Pueu fuhren wir in die Lagune ein und erreichten am Nachmittag Tautira, wo Vehiatua während des größten Teils des Jahres residierte.

Der Häuptling wurde von den Mitgliedern seines Haushaltes, dem Priester des Tempels, welcher den Göttern in einem langen Gebet für die Bewahrung des Herrschers vor den Gefahren des Meeres dankte, und einer großen Volksmenge feierlich empfangen.

Ein Mahl war vorbereitet worden, denn die Nachricht von unserer Ankunft war uns vorangeeilt, und als ich mich mit Vehiatua, Taomi, dem alten Priester, und Tuahu, Tehanis älterem Bruder, auf der großen, halbkreisförmigen Veranda des Hauses niederließ, war ich einen Augenblick sprachlos über die Herrlichkeit der Aussicht. Das Haus, von alten Brotfruchtbäumen beschattet, stand auf einer Anhöhe. Im Osten erstreckte sich die blaue Fläche des Stillen Ozeans ins Unendliche; im Norden und Westen stieg in der Ferne Tahiti Nui zur erhabenen Pracht der Bergspitzen empor; im Westen blickte ich tief in das große Tal von Vaitepiha, das mit Wasserfällen inmitten blühender Vegetation geschmückt und von Bergen, welche die fremdartigsten Formen von Türmen und Zinnen hatten, umgeben war.

Hitihiti und seine Tochter trafen am nächsten Tag ein, und am Tag darauf begannen die Hochzeitszeremonien. Vehiatuas erste Handlung war, mir ein schönes neues Haus am Ufer, nicht weit von dem seinen, zu schenken. Es war für einen Unterhäuptling, einen berühmten Krieger, errichtet worden, der es mir mit liebenswürdiger Bereitwilligkeit abtrat.

Sogleich zog ich mit Hitihiti, seiner Tochter, deren Gatten und ihrem Gefolge in mein neues Haus. Am frühen Morgen begaben wir uns alle nach Vehiatuas Residenz, zahlreiche Geschenke mit uns tragend. Diese wurden »O« genannt, ein außerordentlich kurzer Ausdruck für »Zeichen des Willkommens«. Nachdem die Geschenke feierlich entgegengenommen worden waren, schritten beide Familien in einem stattlichen Zug zu meinem Haus, gefolgt von Dienern, welche die Geschenke der Braut brachten: Vieh, Stoff, Matten und andere für den neuen Haushalt unentbehrliche Gegenstände. Rechts und links vom Weg hatten sich zahlreiche Untertanen Vehiatuas angesammelt, während eine Schar Possenreißer durch ihre Späße und Lieder für unausgesetzte Heiterkeit sorgte. Im Haus angelangt, breitete Hina, die die weibliche Seite meiner »Familie« vertrat, eine große neue Matte aus, und darüber legte sie ein neues, schneeweißes Tuch. Tetuanui, die ältere Schwester Vehiatuas, welcher Witwer war, breitete sodann über Hinas Tuch ein zweites von gleicher Farbe aus. Dies bedeutete die Vereinigung der beiden Familien; Tehani und ich wurden angewiesen, uns Seite an Seite auf das Tuch zu setzen. Nachdem die Geschenke rechts und links von uns ausgebreitet worden waren und wir uns in den vorgeschriebenen Worten bedankt hatten, ließen sich Hina und Tetuanui ihre Paonihos reichen, kleine Instrumente aus poliertem Holz, mit einem Haifischzahn, scharf wie ein Rasiermesser, versehen. Jede Frau in Tahiti besaß ein solches Marterinstrument, das dazu benutzt wurde, um sich damit bei freudigen und traurigen Anlässen den Kopf zu ritzen, bis das Blut über das Gesicht hinabrann. Während die Zuschauer ihnen bewundernd zusahen, taten mir die beiden Damen die Ehre an, sich die Köpfe so heftig zu zerschneiden, daß ich mich zurückhalten mußte, um nicht zu protestieren. Sodann nahm der Priester sie bei der Hand und führte sie immer wieder im

Kreis um Tehani und mich herum, so daß das Blut auf das Tuch, auf welchem wir saßen, rann. Dann mußten wir uns erheben, und das Tuch, auf welchem sich das Blut der beiden Familien vereinigt hatte, wurde sorgsam gefaltet und aufbewahrt.

Vehiatua hatte am Abend vorher einige seiner Felsenkletterer in das Gebirge entsandt. Das Amt dieser Leute war erblich, und jeder Häuptling hatte deren mehrere. Wenn eine religiöse Zeremonie von Bedeutung stattfand, mußten diese Männer die Schädel der Vorfahren des Häuptlings herbeischaffen, die in geheimen, schwer zugänglichen Berghöhlen aufbewahrt wurden, um vor der Entweihung von feindlicher Hand geschützt zu bleiben. Nach der Zeremonie wurden diese Reliquien wieder in ihr Versteck zurückgebracht.

Nachdem im Haus Vehiatuas die gleichen Zeremonien wie in meiner neuen Wohnstätte stattgefunden hatten, setzten wir uns zu einem Mahl nieder, das bis gegen Abend dauerte; natürlich waren auch hierbei die Männer von den Frauen getrennt. Hiermit war der gesellschaftliche Teil der Hochzeit beendet; ihm folgte die religiöse Feier. Sie wurde in Vehiatuas Familientempel abgehalten. Taomi, der alte Priester, führte die Prozession an. Der Tempel bestand aus einer von Mauern umgebenen, mit Steinen belegten Stelle. Auf der einen Seite stieg eine dreißig Fuß lange und zwanzig Fuß breite Pyramide in vier Stufen zu einer Höhe von etwa vierzig Fuß an, überragt von dem kunstvoll aus Holz geschnitzten Abbild eines Vogels. Von Hitihiti und seiner Tochter begleitet, wurde ich in eine Ecke der ummauerten Stelle geleitet, während Tehani, geführt von Vehiatua und anderen Verwandten, ihren Platz in der mir gegenüberliegenden Ecke einnahm. Sodann näherte sich mir der Priester feierlich und richtete die Frage an mich: »Du wünschest dieses Mädchen zur Frau zu nehmen; wird deine Zuneigung für sie nicht erkalten?«

»Nein«, antwortete ich.

Taomi ging hierauf langsamen Schrittes zu der Stelle, wo meine Braut ihn erwartete, und stellte die gleiche Frage an sie. Als Tehani diese mit Nein beantwortet hatte, gab er den anderen ein Zeichen, die nun die beiden weißen Tücher, auf denen das Blut der beiden Familien sich vermischt hatte, entfalteten. Weitere Priester näherten sich, mit allen Zeichen der Ehrfurcht die Ahnenschädel herbeitragend, deren einige so alt waren, daß sie in Staub zu zerfallen drohten. Diese stummen Zeugen der Zeremonie wurden auf dem Steinboden sorgfältig in eine Reihe gelegt, auf daß ihre blicklosen Augen die Vermählung der Jüngsten ihres Stammes mit ansähen.

Während Tehani und ich auf den blutbefleckten Tüchern Hand in Hand Platz nahmen, hielt der Priester eine Ansprache an die mächtigen Häuptlinge und Krieger, deren Schädel vor uns ausgebreitet waren, wobei er jeden einzelnen Mann bei seinem Namen nannte. Er rief die Toten auf, die Vereinigung Tehanis mit dem weißen Mann von jenseits des Meeres zu segnen. Als dieses geschehen war, richtete Taomi die folgenden Worte an mich:

»Dieses Mädchen wird bald dein Weib sein. Vergiß nicht, daß sie eine Frau und daher schwach ist. Ein Mann aus dem Volk mag sein Weib im Grimm schlagen, nicht aber ein Häuptling. Sei gütig und rücksichtsvoll zu ihr.« Nach einer Pause sprach er zu Tehani: »Dieser Mann wird bald dein Gatte sein. Halte deine Zunge im Zaum, wenn du dich ärgerst; sei geduldig; laß dir sein Wohlergehen angelegen sein. Wenn er krank ist, pflege ihn; wenn er in der Schlacht verwundet ist, heile seine Wunden. Die Liebe ist die Nahrung der Ehe; laß deine Ehe nicht hungern.« Er hielt abermals inne und schloß, sich an uns beide wendend: »Alles wird gut sein, wenn es also mit euch geschehen wird!«

So feierlich waren diese Worte, und so feierlich war der Ton, in dem der alte Priester sie sprach, daß Tehani aufs tiefste gerührt war und ihre Hand in der meinen erzitterte; in ihren Augen glänzten Tränen.

Schließlich sprach der Priester ein langes Gebet an Taaroa, den Gott des Stammes, dem Vehiatua angehörte, und flehte ihn an, unseren Bund zu segnen. Dann schwieg er lange und rief plötzlich: »Bringt das Tapoi!«

Ein junger Priester trug ein großes Tuch aus dem heiligen braunen Stoff herbei, der nur von Männern erzeugt wird. Der Priester ergriff es, breitete es aus und warf es über uns, so daß Tehani und ich vollkommen bedeckt waren. Im nächsten Augenblick entfernte er es wieder und hieß uns aufstehen. Die Hochzeit war vorüber, und wir wurden nunmehr von den Mitgliedern der beiden Familien auf heimische Art umarmt. Von den Festmählern und allgemeinen Belustigungen, die unserer Hochzeit folgten, brauche ich nicht zu erzählen.

Helen

Daß ich mit Tehani glücklich war, besagt nur wenig. Mehr mag es bedeuten, wenn ich behaupte, daß nur zwei Frauen in meinem Leben eine wirkliche Rolle gespielt haben, meine Mutter und dieses Mädchen. Lange vor der Geburt unserer Tochter hatte ich mich damit abgefunden, in Tautira ein Dasein ruhigen Glücks zu führen; je weiter die Zeit fortschritt, desto stärker spürte ich die unendliche Entfernung von meiner Heimat, und die Hoffnung, daß ein Schiff kommen möge, schwand fast völlig aus meinem Bewußtsein. Wäre nicht meine Mutter gewesen, die meine Erinnerung an England allein wachhielt, so hätte ich wohl kaum mit Freude an die Möglichkeit einer Rückkehr gedacht. Und da ich überzeugt war, daß weder Bligh noch einer seiner Begleiter jemals die Heimat wiedersähen, wußte ich, daß meine Mutter sich um meinetwillen keine Sorgen machte, wenigstens nicht, solange die *Bounty* nicht überfällig war. Ich machte mir Hitihitis Philosophie zu eigen und dachte weder an die Vergangenheit noch an die Zukunft. Achtzehn Monate lang, die glücklichste Zeit meines Lebens, bot mir jeder Tag neue, reine Freude.

Seit ihrer Hochzeit schien Tehani eine neue Würde und Ernsthaftigkeit angenommen zu haben, obgleich sie, wenn sie in unserem Heim mit mir allein war, zuweilen noch immer das wilde, jugendfrohe Mädchen sein konnte, welches mich im Schwimmen besiegt hatte. Ich arbeitete jeden Tag an meinem Wörterbuch, und Sir Joseph Banks selbst hätte mir kein eifrigerer und verständigerer Mitarbeiter sein können als meine Frau. Sie leitete unseren Haushalt mit einer Festigkeit und Gewandtheit, die bei einem so jungen Wesen erstaunlich war. So hatte ich genügend Zeit für meine Arbeit und für Jagdexpeditionen in das Gebirge. Aber ich zog Ausflüge vor, bei denen Tehani mich begleiten konnte, und versäumte manche Eberjagd, um mit meiner Gattin kurze Reisen in unserem Segelkanu zu unternehmen.

Etwa einen Monat nach unserer Hochzeit segelten wir nach Matavai, um meinen Taio zu besuchen. Ich freute mich ebenso sehr darauf, Hitihiti wiederzusehen, wie Stewart, Morrison und andere Kameraden, die sich dort niedergelassen hatten.

»Deine Freunde bauen ein Schiff«, berichtete mir Hitihiti während des Mittagsmahls. »Morrison und Millward leiten die Arbeiten, einige andere helfen ihnen. Sie arbeiten am Kap, unweit der See.«

Gegen Abend wanderten wir – Hina, ihr Vater, Tehani und ich – zu der kleinen Schiffswerft hinüber. Morrison hatte eine begraste Lichtung inmitten hoher Brotfruchtbäume gewählt. Zahlreiche Eingeborene saßen ringsumher im Gras und beobachteten die weißen Männer bei der Arbeit. Als Gegenleistung dafür, daß sie zusehen durften, versorgten sie die Schiffbauer überreichlich mit Nahrungsmitteln. Der große Häuptling Teina, dem das Land gehörte, war dort, begleitet von seiner Gattin Itea. Sie begrüßten uns; im gleichen Augenblick sah Morrison auf und bemerkte mich. Er legte seine Axt aus der Hand, wischte sich den Schweiß von der Stirn und schüttelte mir kräftig die Hand.

»Wir haben von deiner Hochzeit gehört«, sagte er, »laß mich dir Glück wünschen.«

Ich machte ihn mit Tehani bekannt, und als er ihr die Hand gab, näherte sich uns Tom Ellison. »Was halten Sie von unserem Schiff, Herr Byam?« fragte er. »Es wird nur dreißig Fuß lang, aber Herr Morrison hofft, Batavia damit zu erreichen. Wir haben es auch schon getauft: *Resolution* wird es heißen. Bei Gott, es ist nicht leicht, ein Schiff ohne Nägel und richtige Werkzeuge zu erbauen!«

Ich schüttelte Coleman, dem Waffenschmied der *Bounty*, Hillbrandt, Norman, McIntosh und Skinner die Hand. Alle arbeiteten unter Morrisons Leitung nach besten Kräften; einige von dem Wunsch beseelt, England wiederzusehen, andere, die sich ihrer Schuld bewußt waren, aus Furcht, an Bord eines britischen Schiffes in Eisen gelegt zu werden, ehe ihr Schoner fahrtbereit war.

Bei Sonnenuntergang legten die Schiffbauer ihr Handwerkszeug nieder, und ich begleitete Morrison zum Haus Poinos, wo er, unweit der Wohnstätte Stewarts, lebte. Tehani ließ ich unter der Obhut Hinas und Hitihitis.

Ich traf Stewart, wie er trotz der hereingebrochenen Dämmerung in seinem Garten arbeitete. Er hieß mich willkommen, reckte sich und reinigte seine Hände von der Erde.

»Du bleibst doch selbstverständlich zum Abendessen, Byam? Und du auch, Morrison?«

Da in diesem Augenblick gerade der junge Ellison auf dem Heimweg an uns vorbeikam, rief ihm Stewart zu: »Willst du nicht über Nacht hierbleiben?«

»Von Herzen gern, Herr Stewart!« grinste der Bursche.

»Ich habe ohnedies ein wenig Angst vor dem Nachhausekommen.«

»Warum denn?« fragte Morrison.

»Ja, sehen Sie, Sir, wegen meines Mädels. Gestern abend hat sie mich dabei erwischt, wie ich ihrer Schwester einen Kuß gab. Ich schwöre, daß es ganz harmlos war, aber glauben Sie vielleicht, daß sie Vernunft annehmen wollte? Sie schlug ihre Schwester mit einer Tapakeule nieder, mir wäre es geradeso gegangen, wenn ich nicht Reißaus genommen hätte.«

Stewart lachte. »Du hättest es bestimmt verdient, du Taugenichts!«

Eine halbe Stunde später saßen wir beim Abendessen in Stewarts Speiseraum, einer offenen, mit Farnkräutern in hängenden Körben geschmückten Halle. Ein Diener hielt eine Fackel, die den Raum mit flackerndem Licht erfüllte.

»Wie lange wird es dauern, bis ihr euer Fahrzeug vollendet habt?« fragte ich Morrison.

»Mindestens sechs Monate.«

»Und du hoffst, in ihm Batavia zu erreichen?«

»Ja, das hoffe ich. Von dort wird uns ein holländisches Schiff nach Europa bringen. Wir fünf wollen den Versuch wagen, Norman, McIntosh, Muspratt, Byrne und ich. Stewart und Coleman ziehen es vor, hier ein englisches Schiff abzuwarten.«

»Diese Absicht habe ich auch«, bemerkte ich. »Ich fühle mich in Tautira glücklich und bin froh, an meinem Wörterbuch weiterarbeiten zu können.«

»Was mich anbetrifft«, warf Stewart ein, »so gefällt mir Tahiti ausgezeichnet. Auch habe ich keine Lust zu ertrinken!«

»Von Ertrinken ist keine Rede!« rief Morrison ungeduldig. »Unser Schoner ist gut genug für eine Weltumsegelung!«

»Und wir wollen unser eigenes kleines Königreich gründen«, mischte sich Ellison ins Gespräch. »Tüchtige Kerle sind wir ja, und in England müßten wir alle baumeln! Herr Morrison hat uns versprochen, uns auf einer Insel westlich von Tahiti auszusetzen.«

»Das ist das beste, was sie tun können«, nickte Morrison. »Ich werde versuchen, eine Insel zu finden, deren Bevölkerung harmlos ist. Außer Tom haben auch Millward, Burkitt, Hillbrandt und Summer die Absicht, sich dort niederzulassen. Churchill will hierbleiben, obgleich er damit rechnen muß, gefangen und gehängt zu werden. Skinner hält es für seine Pflicht, sich selbst zu stellen und für sein Verbrechen zu büßen. Thompson ist eher ein Vieh als ein Mensch; ich will ihn nicht an Bord haben.«

So unterhielten wir uns bis in die späte Nacht, während Tipaus Diener eine Fackel nach der anderen anzündete. Der Mond ging bereits auf, als ich mich von meinen Freunden verabschiedete und längs des menschenleeren Strandes nach Hause schlenderte.

Am nächsten Morgen hatte ich Gelegenheit, mich dessen zu erinnern, was Morrison über Thompson, den dümmsten und brutalsten Mann von der *Bounty*, gesagt hatte. Thompson hatte mit Churchill Freundschaft geschlossen, obgleich die beiden gar nicht zueinander paßten. Sie verbrachten den größten Teil ihrer Zeit damit, in einem kleinen, mit einem europäischen Segel versehenen Kanu längs der Küsten von Tahiti zu kreuzen. Thompson haßte die Eingeborenen ebenso sehr, wie er ihnen mißtraute, und an Land trug er stets eine geladene Muskete bei sich.

Als ich zum Strand hinunterging, um ein frühes Bad im Meer zu nehmen, traf ich die beiden, die unweit ihres am Ufer festgemachten Kanus ein Feuer angezündet hatten, an dem sie ein Spanferkel rösteten. »Kommen Sie, frühstücken Sie mit uns, Herr Byam!« rief mir Churchill gastfreundlich zu.

Thompson blickte mürrisch auf. »Der Teufel soll dich holen, Churchill«, brummte er, »wie kannst du einen verfluchten Kadetten einladen, wo nicht einmal genug für uns beide da ist!«

Churchill stieg die Zornesröte in die Wangen. »Du elender Halunke!« rief er. »Herr Byam ist mein Freund! Geh und lerne von den Indios Manieren, ehe ich sie dir mit einem Stock einbleue!«

Thompson ging brummend weg und setzte sich auf einen Sandhaufen, seine Muskete zwischen den Knien. Als ich mich umwandte, sah ich, wie ein Dutzend Leute ein großes Segelboot ans Ufer zogen, dessen Besitzer sich uns mit seiner Frau näherte. Der Mann trug ein etwa dreijähriges Kind auf dem Arm. Sie blieben bewundernd bei Churchills Kanu stehen.

Als die Frau das Segel berührte, hörte ich Thompson mit barscher Stimme befehlen: »Macht, daß ihr fortkommt!«

Die Polynesier, die die Worte nicht verstanden, blickten auf; da brüllte Thompson abermals: »Fort mit euch, elendes Gesindel!« Das Paar blickte uns erstaunt an, und Churchill wollte gerade sprechen, als Thompson ohne vorherige Warnung anlegte und schoß. Die Kugel durchbohrte das Kind und die Brust des Vaters; beide sanken zu Tode getroffen nieder. Die Frau schrie auf, während die Bootsmannschaft herbeilief.

Churchill sprang auf und lief zu der Stelle, wo Thompson, das rauchende Gewehr in der Hand, saß. Mit einem einzigen Faustschlag streckte er den Mörder in den Sand; dann ergriff er die Muskete und schleifte Thompsons regungslosen Körper in sein Boot, sprang selbst hinein und stieß vom Land ab. Im nächsten Augenblick hatte er bereits das Segel gesetzt, und das kleine Fahrzeug schoß davon, ehe die Eingeborenen recht begriffen hatten, was geschehen war.

Ich eilte zu dem sterbenden Vater und seinem Töchterchen, erkannte aber sogleich, daß keine Rettung mehr möglich war. Fünf Minuten später waren beide tot. Die Mannschaft des Kanus bewaffnete sich mit großen Steinen und begann mich mit drohenden Gesten zu umringen, als Hitihiti erschien. Er erfaßte die Lage sogleich, und als er mit einer Handbewegung Ruhe gebot, erstarb das erregte Murren der Leute.

»Dieser Mann ist mein Taio«, sprach er, »er ist so unschuldig wie ihr selbst! Warum steht ihr hier herum und schnattert wie Weiber? Ihr habt Waffen! Laßt das Boot ins Meer! Ich kenne den Mann, der euern Herrn getötet hat; er ist ein übelriechender Hund, und nicht einer der Fremdlinge wird die Hand erheben, um ihn zu schützen!«

Die Leute machten sich sofort an die Verfolgung, aber wie ich später erfuhr, vermochten sie die Flüchtlinge nicht zu erreichen. Die Toten wurden in der folgenden Nacht beerdigt;

Hina und Tehani taten ihr möglichstes, um die arme Frau zu trösten, die auf der benachbarten Insel Eimeo wohnte. Das Nachspiel zu dieser Tragödie kam vierzehn Tage später, als Tehani und ich in unser Heim zurückgekehrt waren.

Da Churchill die Rache der Bewohner der Westküste von Tahiti fürchtete, die demselben Stamm angehörten wie der Ermordete, hatte er sich nach Tautira gewandt, wo ihn Vehiatua, der ihn für einen meiner Freunde hielt, gastlich aufnahm. Thompson hingegen war sein übler Ruf vorangeeilt; er wurde von allen gehaßt und gemieden. Churchill war seines Begleiters herzlich überdrüssig geworden und sagte mir, als er am Abend meiner Ankunft mit der Muskete in der Hand in mein Haus kam, daß er Thompson so rasch wie möglich loswerden wolle. »Am liebsten würde ich den Hund erschießen!« meinte er. »Gehängt zu werden ist zu gut für ihn! Aber der Teufel soll mich holen, wenn ich einen Menschen kalten Blutes umbringen kann. Ich war ein Narr, ihn nicht in Matavai der Rache der Bewohner überlassen zu haben!«

»Sie hätten kurzen Prozeß mit ihm gemacht«, sagte ich.

»Und ihm wäre recht geschehen. Ich bin fertig mit ihm. Heute erklärte ich ihm, daß er das Kanu haben könne, wenn er verschwände, um nie wieder zurückzukehren. Sehen Sie nur, dort drüben sitzt er.«

Thompson saß in einiger Entfernung am Strand, die Muskete zwischen den Knien haltend.

»Der Mann ist halb verrückt«, knurrte Churchill. »Sie haben eine Muskete, Byam; Sie sollten sie laden und bei der Hand halten, bis er weg ist.«

Vehiatua hatte uns eingeladen, an diesem Abend einem nächtlichen Tanzfest beizuwohnen, wie wir es in Tetiaroa gesehen hatten. Wir fanden den Festplatz hell beleuchtet und mit Zuschauern übersät. Ich setzte mich mit Tehani und Churchill ins Gras, am äußeren Rand der Menschenmenge.

Kaum hatte der Trommelwirbel eingesetzt, als ich hinter mir den Warnruf eines Eingeborenen hörte; gleich darauf folgte ein Musketenschuß. Churchill versuchte aufzuspringen, sank aber getroffen neben mir zusammen; die Muskete entfiel seinen Händen. Ringsumher schrien Frauen auf; Männer brüllten, und Vehiatuas Stimme übertönte den Tumult: »Tötet ihn!« In dem flackernden Fackelschein sah ich Thompson mit unbeholfenen Sätzen dem Strand zurennen, aber ein großer Stein, den ihm der Häuptling Atuanui nachwarf, traf den Mörder an der Schulter, so daß er zu Boden stürzte. Im nächsten Augenblick war Atuanui bei ihm und schlug ihm mit dem gleichen Stein den Schädel ein. Als ich zum Haus zurückkehrte, war auch Churchill schon tot.

Diese traurigen Vorfälle gerieten nach und nach in Vergessenheit. Ich hatte mein ruhiges häusliches Leben und das Studium der Landessprache wieder aufgenommen. Von den Beobachtungen, die ich über das Leben und die Bräuche der Eingeborenen machte, will ich in diesem Bericht nicht viel erzählen, da Cook und andere frühere Besucher von Tahiti ausführlich darüber geschrieben haben. Ich will den Bewohnern der Insel nur die Gerechtigkeit widerfahren lassen, zwei Bräuche zu erwähnen, die zwar an und für sich abscheulich sind, aber weniger anstößig erscheinen mögen, wenn man die Gründe dafür kennt. Ich meine den Kindermord und das Menschenopfer.
Nirgends in der Welt werden Kinder mehr in Ehren gehalten als auf den Südseeinseln, und doch galt der Kindermord hier als ein verdienstvoller Akt der Selbstaufopferung. Die Gesellschaften fahrender Possenreißer, deren Anführer den angesehensten Familien von Tahiti angehörten, waren dazu ausersehen, den Häuptlingen und dem Volk ein Beispiel zu bieten, wie der Übervölkerung der Insel Einhalt zu gebieten

sei. Wenn eine Frau ein Kind gebar, wurde dieses sogleich auf die rascheste und schmerzloseste Weise getötet; das ärgste Schimpfwort unter diesen Leuten war Vahine Fanaunau, das heißt schwangere Frau.

Die Eingeborenen hatten großes Verständnis für die Gefahren der Übervölkerung und schützten sich dagegen, indem sie den Kinderreichtum verpönten. So grausam die Methode auch scheinen mag, so sollte man, ehe man sie verurteilt, doch daran denken, daß die Bevölkerung sich vermehrt, während das Ausmaß des bewohnbaren Landes auf einer kleinen Insel immer das gleiche bleibt.

Was nun das Menschenopfer anbetrifft, so wurde diese Zeremonie sehr selten vollführt, und zwar nur auf dem Altar des Kriegsgottes Oro. Das Opfer wurde stets unversehens und auf schmerzlose Art durch einen Schlag von hinten getötet, und es handelte sich immer um Menschen, die nach Ansicht der Häuptlinge im Interesse des Allgemeinwohls den Tod verdienten. In einem Land, in dem Gerichte und Henker unbekannt waren, hielt die Furcht vor dieser Todesart viele davor zurück, Verbrechen gegen die Gesellschaft zu begehen.

Die Bewohner von Tahiti waren in mancher Hinsicht beneidenswert; das Klima, die Fruchtbarkeit ihrer Insel und der Überfluß an Nahrungsmitteln erleichterten die Lebensführung sehr; noch beneidenswerter aber waren sie vielleicht, weil sie den Begriff des Geldes oder anderer Zahlungsmittel nicht kannten. Schweine, Matten, Rindenstoff wurden als Belohnung für die Erbauung eines Hauses oder die Tätowierung eines jungen Häuptlings gegeben, aber sie galten eher als Geschenk denn als Bezahlung. Da es nichts gab, was ein Geizhals hätte aufhäufen können, war Habgier, die verächtlichste aller menschlichen Untugenden, hier unbekannt. Dadurch, daß wir das Eisen einführten und die Eingeborenen mit den

Grundsätzen des Tauschhandels bekannt machten, haben wir ihnen ohne Zweifel unendlichen Schaden zugefügt.

Am 15. August 1790 kam unsere Tochter Helen zur Welt. Das Kind erhielt Tehanis Namen und einen langen Titel, aber ich gab ihr außerdem den Namen meiner Mutter. Sie war ein reizendes kleines Geschöpf mit seltsam schönen Augen, die dunkelblau waren wie das Meer.
Auf dem heiligen Grund hinter Vehiatuas Familientempel waren drei kleine Häuser errichtet worden. Das erste hieß »Das Haus des süßen Farnkrautes«, und in ihm fand die Entbindung statt; das zweite führte den Namen »Das Haus der Schwachen«, und in diesem verbrachten Mutter und Kind die ersten vierzehn Tage nach der Geburt; das dritte nannte man »Das gemeinsame Haus«; in ihm waren Tehanis Dienerinnen untergebracht. Da die kleine Helen unsere Erstgeborene war, mußte nach uraltem Brauch sechs Tage lang nach ihrer Geburt an der Küste von Taiarapu Schweigen herrschen. Das Volk zog sich in das Gebirge zurück, wo es sprechen durfte und unbehindert leben konnte, bis die Schweigepflicht vorüber war. Am siebten Tag durfte ich das Haus der Schwachen betreten und sah meine Tochter zum ersten Mal. Vorher durfte kein Mann mit Ausnahme Taomis, des Priesters, seinen Fuß in die drei Häuser setzen. Es war dunkel in dem Haus, und einen Augenblick lang konnte ich Tehani auf ihrem Lager von weichen Matten und das Neugeborene, das mir seine zu kleinen Fäusten geballten Patschhändchen entgegenstreckte, kaum erkennen.

Unser Kind war drei Monate alt, als Stewart und Peggy die Insel umsegelten, um uns zu besuchen. Sie hatten gleichfalls ein Töchterchen, und die beiden Mütter fanden in ihren Kindern ein unerschöpfliches Gesprächsthema.

Ich entsinne mich einer Unterhaltung, die ich in jenen Tagen mit Stewart führte, während wir lässig ausgestreckt am Strand lagen.

»Sag, Byam, was mag wohl aus Christian geworden sein?« forschte Stewart. »Zuweilen kommt mir der Gedanke, er könne sich das Leben genommen haben.«

»Niemals! Er ist sich seiner Verantwortung den anderen gegenüber viel zu sehr bewußt.«

»Du magst recht haben. Jetzt müssen sie sich schon auf irgendeiner Insel niedergelassen haben; ich frage mich nur, auf welcher! In diesem Meer muß es unzählige Inseln geben, die noch auf keiner Karte eingezeichnet sind.«

Lange hingen wir stumm unseren Gedanken nach. Später fragte ich Stewart: »Möchtest du immer hier leben?«

»Vielleicht. Und doch vermisse ich den Anblick weißer Gesichter. Geht es dir nicht auch so, Byam?«

Ich dachte einen Augenblick nach, ehe ich antwortete: »Bisher noch nicht.«

Stewart lächelte. »Du bist schon ein halber Eingeborener geworden. So innig ich Peggy auch liebe, würde ich in Matavai doch ohne Ellison weniger glücklich sein. Ich habe den Jungen liebgewonnen, und er verbringt den halben Tag in unserem Haus. Es ist verflucht schade, daß er an der Meuterei teilgenommen hat.«

»Der Bursche ist wahrhaftig harmlos genug«, meinte ich, »und doch muß er sich für den Rest seiner Tage auf einer Insel unter Wilden verbergen. Alles um des Vergnügens willen, mit einem Bajonett vor Blighs Nase herumgefuchtelt zu haben!«

»In sechs Wochen wird die *Resolution* fahrtbereit sein«, berichtete Stewart. »Morrison hat Wunder gewirkt! Sie ist ein gutes kleines Schiff, das jedem Sturm widerstehen kann.«

Nach sieben Tagen reiste Stewart mit den Seinen ab, und es dauerte vier Monate, ehe ich ihn wiedersah. Und doch erscheinen mir diese Monate, wenn ich sie mir jetzt in das Gedächtnis zurückrufe, wie ebenso viele Wochen. Es ist oft – und zwar mit vollem Recht – behauptet worden, daß der Mensch in der Südsee den Sinn für die Zeit verliert. In einem Klima, in dem der Sommer niemals ein Ende nimmt und in dem eine Woche kaum von der nächsten verschieden ist, gleiten die Tage unmerkbar vorüber.

Das Jahr 1790 war das glücklichste und erschien mir als das kürzeste meines ganzen Lebens. Auch das Jahr 1791 begann auf das heiterste. Der Januar verging, und nach ihm der Februar. Gegen Mitte März reiste Vehiatua mit Tehani zur anderen Seite der Insel, um einem religiösen Fest beizuwohnen. Da mich die hierbei üblichen Zeremonien langweilten, beschloß ich, mit meinem Schwager in Tautira zu bleiben. Meine Frau war seit einer Woche fort, als das Schiff kam.

Tuahu und ich hatten am Abend vorher an einer Heiva teilgenommen, und da wir uns spät zur Ruhe begeben hatten, schlief ich, bis die Sonne hoch am Himmel stand. Tuahu weckte mich. »Byam«, rief er, atemlos vor Erregung, »wach auf! Ein Schiff! Ein Schiff!«

Mir den Schlaf aus den Augen reibend, folgte ich ihm zum Strand, wo sich bereits viele Leute versammelt hatten. Alle blickten nach Osten in das blendende Licht der Morgensonne. Eine leichte Brise wehte, und in der Ferne bemerkte ich ein europäisches Schiff. Marssegel, Bramsegel und Oberbramsegel waren, klein wie ein Spielzeug, zu erkennen, aber das Schiff war noch zu weit entfernt, als daß ich seine Nationalität hätte bestimmen können. Der Bewohner hatte sich große Erregung bemächtigt.

»Glaubst du, daß es ein britisches Schiff ist?« fragte mich Tetuanui, die Tante meiner Frau.

Zunächst konnte ich die Frage noch nicht beantworten, aber als das Schiff ein wenig näher kam, schloß ich aus der Form seiner Marssegel beinahe mit Sicherheit, daß es in der Tat ein britisches Fahrzeug sei.

»Tuahu«, sagte ich, »ich glaube, es ist ein Schiff aus meinem Heimatland! Komm, wir wollen unser kleines Segelkanu bereitmachen und nach Matavia segeln!«

Mein Schwager sprang ungestüm auf. »Wir werden um Stunden früher dort sein als das große Schiff«, rief er, »der Wind bläst nahe der Küste immer am stärksten. Draußen auf dem offenen Meer wird bald Windstille eintreten.«

Wir frühstückten in Eile, versahen das Kanu mit Vorräten und gingen eine Stunde später unter Segel, von einem Diener begleitet. Mit der kräftigen Brise schoß unser Boot durch die geschützten Gewässer der Lagune; bei Pueu fuhren wir auf die offene See hinaus. Am Nachmittag legten wir bereits vor Hitihitis Wohnstätte an. Das Haus war ausgestorben, denn die Nachricht von der Ankunft des Schiffes war uns vorausgeeilt, und mein Taio hatte sich, begleitet von allen Hausgenossen, zu dem Aussichtspunkt begeben, der den Namen »Hügel des einzigen Baumes« trug.

Das Schiff *Pandora*

Während des ganzen Tages strömten Eingeborene von allen Teilen der Insel nach Matavai; das Ufer war mit an Land gezogenen großen und kleinen Kanus übersät. Als ich am späten Nachmittag den »Hügel des einzigen Baumes« erstieg, fand ich ihn überfüllt von Menschen, die nach dem Schiff Ausschau hielten. Das Gedränge war so groß, daß ich Schwierigkeiten hatte, Stewart zu finden. Schließlich erspähte ich ihn aber doch; er stand ganz nahe bei dem uralten Baum, der dem Hügel den Namen gegeben hatte.

»Ich habe dich bereits erwartet, Byam«, rief er mir entgegen. »Was kannst du mir von dem Schiff sagen? Du mußt es von Tautira aus gesehen haben.«

»Ja«, antwortete ich. »Ich halte es für eine englische Fregatte.« »Eigentlich müßten wir froh darüber sein. In einem gewissen Sinn bin ich es ja auch. Aber das Schicksal hat uns einen seltsamen Streich gespielt. Empfindest du das nicht auch?«

Ja, auch ich hatte zutiefst diese Empfindung. Beim ersten Anblick des Schiffes hatte mich jähe Freude durchzuckt. Das bedeutete die Rückkehr in die Heimat! Aber auch Tahiti war mir zur Heimat geworden, und ich fühlte, daß die Bande, die mich an die Insel fesselten, nicht schwächer waren als jene, welche mich mit der Heimat verknüpften. In Tahiti zu bleiben oder es zu verlassen – das schien eine schmerzliche Wahl; und doch wußte ich, daß es keine Wahl gab. Unsere Pflicht war uns klar vorgeschrieben. Sobald das Schiff vor Anker lag, mußten wir an Bord gehen und über die Meuterei Meldung erstatten.

Wir zweifelten kaum daran, daß das Fahrzeug ausgesandt war, die *Bounty* zu suchen. Die Eingeborenen hatten hiervon natürlich keine Ahnung. Sie glaubten, daß das herannahende Schiff dem Kapitän Cook gehören müsse und daß Kapitän Bligh, den sie für seinen Sohn hielten, ihn begleiten werde. Während ich mich mit Stewart unterhielt, kam ein Bote von Teina; der Häuptling wünschte uns in seinem Haus zu sehen. Wir ließen ihm mitteilen, daß wir bald kommen würden.

»Was wird aus unseren Frauen und Kindern?« fragte Stewart sorgenvoll. »Es mag dir seltsam vorkommen, Byam, aber ich habe niemals so recht daran gedacht, daß wir sie einmal verlassen müßten. England kommt mir so weit entfernt vor, als läge es auf einem andern Planeten.«

»Ich verstehe dich; mir ist es genauso ergangen.«

Er schüttelte traurig den Kopf. »Reden wir nicht davon! Bist du sicher, daß es ein englisches Schiff ist?«

»So gut wie sicher.«

»Dann tut mir der arme Morrison leid. Er ist in dem Schoner vor vier Tagen abgefahren. Jetzt befindet er sich wohl schon auf dem Weg nach Westen.«

Morrisons Pläne, berichtete Stewart weiter, hatten sich nicht geändert. Alle Meuterer, die auf Tahiti geblieben waren, mit Ausnahme von Skinner, hatten sich entschlossen, ihn auf der *Resolution* zu begleiten. Sie wollten auf einer kleinen, westlich gelegenen Insel, auf der sie kaum je entdeckt werden würden, an Land gehen. Morrison, Norman, McIntosh, Byrne und Muspratt hingegen hatten die Absicht, die gefährliche Fahrt nach Batavia zu versuchen, wo sie hofften, den Schoner zu verkaufen und eine Reisegelegenheit nach Europa zu finden. Der Schoner war zuerst nach Papara an der Südküste von Tahiti gefahren, um McIntosh, Hillbrandt und Millward an Bord zu nehmen. Es sei sogar möglich, meinte Stewart, daß der Schoner noch dort sei.

Bald darauf ertönten laute Rufe. Die Fregatte, die ein entferntes Vorgebirge umsegelt hatte, war in Sicht gekommen. Sie befand sich vier oder fünf Meilen von der Küste entfernt; der Wind war so schwach geworden, daß das Schiff den Hafen sicherlich nicht vor Eintritt der Dunkelheit erreichen konnte.

Infolgedessen stiegen die meisten Bewohner vom Hügel herab. Wir schlossen uns ihnen an und trafen auf dem Weg zu Teinas Haus Skinner und Coleman, die eine Wanderung in das Gebirge unternommen hatten und soeben erst von der bevorstehenden Ankunft der Fregatte unterrichtet worden waren. Coleman war tief bewegt, als ich ihm sagte, das Schiff sei sicher englisch. Mehr als jeder andere von uns sehnte er sich nach der Heimat. Er hatte Frau und Kinder zu Hause und war keine Verbindung mit einem Mädchen der Insel eingegangen. Freudentränen schimmerten in seinen Augen, und ohne weiteren Bericht abzuwarten, stürmte er den Hügel empor, der ihm Ausblick auf das Schiff, das ihn nach England zurückführen sollte, gewähren würde.

Stewart und ich waren Skinners wegen sehr besorgt. Dieser hatte seit langem seine Teilnahme an dem Aufstand bereut, wohl als einziger der Meuterer. Er war ein tiefreligiöser Mann, der über seine Untreue der Obrigkeit gegenüber lange nachgegrübelt hatte und entschlossen war, sich bei der ersten Gelegenheit selbst zu stellen. Wir wußten, daß Reue vor dem Kriegsgericht nicht als mildernder Umstand betrachtet werden würde. Sein Schicksal war besiegelt, wenn er sich stellte. »Ich hege nicht den Wunsch zu entkommen«, sagte uns der arme Mann. »Mein Tod wird eine Warnung für alle sein, die an Meuterei denken.«

Wir versuchten, ihn von seiner Absicht abzubringen, aber als sich dies als unmöglich erwies, setzten wir unseren Weg zu Teina fort. Wir fanden den Häuptling beim Abendessen, an dem teilzunehmen er uns einlud; während der Mahlzeit überhäufte er uns mit Fragen über das Schiff. Wie viele Kanonen würde es wohl haben? Wie viel Mann Besatzung? Würde

König Georg an Bord sein? Alle Bewohner von Tahiti hegten den glühenden Wunsch, den König von England zu sehen, und Bligh, ebenso wie die anderen englischen Kapitäne, welche die Insel vor ihm besuchten, hatte, die Leichtgläubigkeit der Eingeborenen ausnützend, die Meinung verbreitet, der König würde Tahiti eines Tages besuchen.

Wir erklärten Teina, daß König Georg über viele Länder herrsche und in seinem Reich so mit Geschäften überhäuft sei, daß er selten Gelegenheit habe, weit entfernte Gegenden zu besuchen.

Es war lange nach Mitternacht, als wir Teinas Haus verließen, aber niemand in der ganzen Gegend dachte in jener Nacht an Schlaf. Die von entfernten Teilen der Insel gekommen waren, hatten längs des Strandes ihre Lager aufgeschlagen, und das Licht der von ihnen angezündeten Feuer beleuchtete die ganze Bucht. Noch immer kamen große und kleine Kanus an, beladen mit heimischen Produkten für den Tauschhandel mit dem Schiff.

Auch in Stewarts Haus war noch alles wach. Peggy, Stewarts Frau, wählte aus großen Rollen Rindenstoff die feinsten Stücke als Geschenke für die Freunde ihres Gatten auf dem Schiff aus. Sie hielt es für selbstverständlich, daß wir an Bord jeden kennen mußten, und es war klar ersichtlich, daß sie keine Ahnung davon hatte, was die Ankunft des Schiffes für uns bedeutete. Endlich entfernte ich mich, um Tuahu und meine anderen Freunde aus Tautira aufzusuchen, die in der Nähe lagerten. Inzwischen war es beinahe Tag geworden, und Tuahu schlug vor, in einem Kanu dem Schiff entgegenzufahren.

»Ist es ein fremdes Schiff, so wird der Kapitän froh sein, wenn wir ihn in die Bucht lotsen. Freilich glaube ich, daß es Parai (Kapitän Bligh) ist, der kommt, uns zu besuchen. Und wir sind dann die ersten, die ihn begrüßen.«

Ich erklärte mich mit Tuahus Vorschlag sogleich einverstanden; wir nahmen den alten Diener Paoto mit, schoben unser Kanu ins Wasser, und wenige Minuten später hatten wir Kap Venus umschifft und strebten dem offenen Meer zu.

Tahiti war mir niemals so schön erschienen wie im schwachen Dämmerschein dieses frühen Morgens. Die Sterne leuchteten hell, als wir abfuhren, aber sie verblaßten nach und nach, und die Insel hob sich in einer klaren, kalten Silhouette vom Himmel ab. Wir ruderten eine halbe Stunde lang, ehe wir des Schiffes ansichtig wurden; dann ließen wir uns treiben, um es zu erwarten. Die Brise war überaus schwach, und eine halbe Stunde später war die Fregatte noch ein beträchtliches Stück von uns entfernt. Sie hatte vierundzwanzig Kanonen an Bord, und obgleich ich schon vorher überzeugt gewesen war, daß es sich um ein britisches Kriegsschiff handelte, schlug mein Herz doch schneller, als ich endlich die englischen Farben erkannte.

In meinem ersten Eifer, dem Schiff nahe zu kommen, hatte ich vergessen, daß ich wie ein Indio und nicht wie ein englischer Kadett gekleidet war. Nun erinnerte ich mich meines halbnackten Zustandes und hatte gute Lust, zurückzukehren, aber es war bereits zu spät. Das Fahrzeug war nur noch einige hundert Meter entfernt und hatte seinen Kurs geändert, um uns aufzunehmen.

Die Backbord-Schanzkleider waren voll mit Menschen, und ich sah auf dem Quarterdeck den Kapitän, der sein Fernrohr auf uns gerichtet hatte, und neben ihm eine Gruppe Offiziere. Dann ließ man eine Leine an der Bordwand hinab, an der ich, von Tuahu gefolgt, emporkletterte. Paoto blieb im Boot, das ins Schlepptau genommen wurde.

Meine Haut war so braun wie die der Indios, und da meine Arme mit Tätowierungen bedeckt waren, ist es nicht verwunderlich, daß man mich für einen Eingeborenen hielt. Ein

Leutnant stand auf der Pforte, und als wir das Deck erreicht hatten, eilten Matrosen und Marinesoldaten herbei, um uns besser betrachten zu können. Der Leutnant lächelte liebenswürdig und klopfte Tuahu auf die Schulter. »Maitai! Maitai!« (Gut! Gut!), sagte er. Dies war offenbar das einzige Wort der Landessprache, das er konnte.

»Sie können ihn auf Englisch anreden, Sir«, erklärte ich lächelnd. »Er versteht es sehr gut. Mein Name ist Byam, Roger Byam, früherer Kadett auf S. M. Schiff *Bounty*. Wenn Sie es wünschen, wird es mir eine Freude sein, Sie zum Ankerplatz zu lotsen.«

Der Gesichtsausdruck des Offiziers änderte sich sogleich. Ohne zu antworten, maß er mich von oben bis unten.

»Korporal!« rief er.

Der Korporal der Marinesoldaten trat vor und salutierte.

»Wache vor! Dieser Mann ist achtern zu bringen.«

Zu meinem Erstaunen wurde ich von vier Leuten mit Musketen und gefälltem Bajonett zum Kapitän geführt, der uns auf dem Quarterdeck erwartete. Der Leutnant war vorausgegangen. »Hier ist einer der Piraten, Sir«, meldete er.

»Ich bin kein Pirat, Sir!« widersprach ich. »Sowenig wie Sie selbst!«

»Schweigen Sie!« gebot mir der Kapitän.

Er betrachtete mich mit dem Ausdruck kalter Feindseligkeit, aber ich war über die Anschuldigung so empört, daß ich nicht schweigen konnte.

»Erlauben Sie mir zu sprechen, Sir«, sagte ich. »Ich gehöre nicht zu den Meuterern. Mein Name ist ...«

»Hast du mich nicht verstanden, du Schuft? Ich befahl dir zu schweigen!«

Obgleich ich hierüber aufs äußerste ergrimmt war, gelang es mir, mich zu beherrschen; ich hegte keinen Zweifel darüber, daß das Mißverständnis bald aufgeklärt werden würde. Tuahu blickte mit dem Ausdruck höchsten Erstaunens auf mich. Ich durfte nicht mit ihm sprechen.

Die erniedrigendste Behandlung sollte aber erst kommen. Der Waffenschmied wurde herbeigeholt; man legte mir Handschellen an und führte mich unter Bewachung zur Kajüte des Kapitäns. Zwei Stunden lang ließ man mich an der Tür warten. Ich sah niemanden außer den Wachen, die sich weigerten, mit mir zu sprechen. Inzwischen war das Schiff in die Bucht gelotst worden und ankerte an derselben Stelle, an der die *Bounty* bei ihrer Ankunft vor fast drei Jahren gelegen war. Durch die Luken sah ich das Gewimmel der Eingeborenen am Strand und Kanus, die auf die Fregatte zusteuerten. In einem der ersten Boote befanden sich Coleman und Stewart. Stewart war in seine Kadettenuniform gekleidet, Coleman in eine alte Jacke und eine mit Baststücken ausgebesserte Hose. Die Fregatte führte den Namen *Pandora* und wurde von Kapitän Edward Edwards befehligt, einem großen hageren Mann mit kalten blauen Augen. Sobald das Schiff sicher verankert war, kam er in seine Kajüte, gefolgt von einem seiner Leutnants, Herrn Parkin. Er setzte sich an seinen Tisch und ließ mich vorführen. Ich erhob sogleich gegen die Behandlung, die mir zuteil geworden war, Einspruch, aber er musterte mich, als wäre ich eine exotische Merkwürdigkeit. Sodann lehnte er sich in seinen Sessel zurück und blickte mir streng ins Gesicht.

»Wie heißt du?«

»Roger Byam.«

»Du warst Kadett auf Seiner Majestät bewaffnetem Schiff *Bounty*?«

»Jawohl, Sir.«

»Wieviel Mann der Besatzung jenes Schiffes befinden sich gegenwärtig auf Tahiti?«

»Meines Wissens drei, ohne mich zu zählen.«

»Wie heißen die Leute?«

Ich nannte die Namen.

»Wo ist Fletcher Christian? Und wo ist die *Bounty*?«

Ich berichtete ihm über Christians Abreise mit acht Mann und über alle Ereignisse, die seither in Tahiti vorgefallen waren. Ich erzählte ihm auch von dem Bau des Schoners, der unter Morrisons Leitung mit der Bestimmung Batavia in See gegangen war.

»Eine glaubhafte Geschichte!« sagte der Kapitän ironisch. »Warum hast du dann die Leute nicht begleitet?«

»Weil der Schoner für eine so lange Reise nicht geeignet ist. Es erschien mir klüger, hier die Ankunft eines englischen Schiffes abzuwarten.«

»Welches du ohne Zweifel nie zu sehen hofftest. Du wirst überrascht sein, wenn ich dir sage, daß Kapitän Bligh England glücklich erreicht hat.«

»Ich freue mich außerordentlich darüber, Sir.«

»Nicht weniger erstaunt wirst du darüber sein, daß alle Einzelheiten der Meuterei, deine eigene Schurkerei inbegriffen, bekanntgeworden sind.«

»Meine Schurkerei, Sir? Ich bin an dieser Sache geradeso schuldlos wie irgendein Mann Ihres Schiffes!«

»Du wagst zu leugnen, daß du mit Christian ein Komplott geschmiedet hast, um die *Bounty* in Besitz zu nehmen?«

»Sie wissen doch sicherlich, Sir, daß einige von denen, die auf dem Schiff zurückgelassen wurden, dort bleiben mußten, weil in der Barkasse kein Platz mehr war? Wir neun hatten keinen wie immer gearteten Anteil an der Empörung. Die Barkasse war so überfüllt, daß Kapitän Bligh selbst den Wunsch aussprach, es solle kein Mann mehr an Bord kommen; und er versprach, in England dafür zu sorgen, daß uns unser Recht werde. Warum werde ich unter diesen Umständen wie ein Pirat behandelt? Wenn Kapitän Bligh hier wäre ...«

»Genug«, schnitt mir Edwards die Rede ab. »Du wirst Kapitän Bligh gegenübergestellt werden, wenn du in England die Strafe erleiden wirst, die du reichlich verdient hast. Also willst du mir sagen, wo die *Bounty* zu finden ist, oder nicht?«

»Ich habe Ihnen alles gesagt, was ich weiß, Sir.«

»Ich werde sie finden, verlasse dich darauf. Und ich verspreche dir, daß du ebensowenig wie die anderen Meuterer einen Vorteil davon haben wirst, daß ihr eure Spießgesellen zu schützen versucht.«

Ich war zu ergrimmt und verzweifelt, um zu antworten. Niemals während all der Zeit, die seit der Meuterei vergangen war, hatte ich an die Möglichkeit gedacht, ich könne als Anhänger Christians betrachtet werden. Wenn es mir auch nicht möglich gewesen war, an jenem Morgen mit Bligh zu sprechen, so wußten doch Nelson und andere, die ihn begleitet hatten, von meiner Treue und meiner Absicht, mit ihnen zu fahren. Ich war fest überzeugt davon, daß Bligh sich ein richtiges Bild von meiner Haltung machte, und konnte ganz und gar nicht begreifen, warum ich auf die Liste der Meuterer gekommen war. Ich war begierig, etwas über das Schicksal derer, die Bligh begleitet hatten, zu erfahren, aber Edwards gab mir keine Auskunft.

»Du wirst hier verhört, nicht ich«, sagte er. »Du weigerst dich noch immer, mir zu sagen, wo Christian ist?«

»Ich weiß darüber nicht mehr als Sie selbst, Sir«, entgegnete ich.

Er wandte sich an den Leutnant. »Lassen Sie diesen Mann hinunterschicken, Herr Parkin, und sorgen Sie dafür, daß er mit niemand in Berührung kommt ... Warten Sie einen Augenblick! Ersuchen Sie Herrn Hayward, jetzt zu mir zu kommen.«

Ich konnte bei der Nennung dieses Namens mein Erstaunen nicht verbergen. Gleich darauf trat Thomas Hayward, mein ehemaliger Kamerad von der *Bounty*, ein. Ohne an meine Handfesseln zu denken, ging ich auf ihn zu, um ihn zu grüßen, aber er maß mich mit einem Blick der Verachtung und versteckte seine Hände hinter dem Rücken.

»Sie kennen diesen Mann, Herr Hayward?«

»Jawohl, Sir. Es ist Roger Byam, vormals Kadett auf der *Bounty*.«

»Danke«, sagte Edwards. Mit einem neuerlichen kalten Blick auf mich ging Hayward hinaus, während ich von der Wache auf das Orlopdeck in einen Raum gebracht wurde, der offenbar für Gefangene vorbereitet worden war. Er lag unterhalb der Wasserlinie, war von üblem Geruch erfüllt, der durch das ständig eindringende Seewasser verursacht wurde, und erhielt seine Luftzufuhr nur durch einen schmalen Niedergang. An den Beinen wurden mir die gleichen Fesseln angelegt wie an den Handgelenken, und ich mußte, von je einem Mann vor beiden Türen bewacht, in diesem Verlies bleiben. Etwa eine Stunde später wurden Stewart, Coleman und Skinner heruntergebracht und auf die gleiche Art in Eisen gelegt wie ich. Es war uns verboten, miteinander zu sprechen. Dort lagen wir den ganzen, uns endlos erscheinenden Tag lang, so elend an Leib und Seele, wie ein Mensch nur sein kann.

Doktor Hamilton

Während der nächsten vier Tage waren Stewart, Coleman, Skinner und ich kaum fähig, an etwas anderes zu denken als an unser eigenes Elend. Der Aufenthalt in unserem stinkenden, glühend heißen Gefängnis war fast unerträglich. Unsere Wachen wurden alle zwei Stunden abgelöst, und ich erinnere mich, mit welcher Sehnsucht wir den Leuten nachsahen, wenn sie in die frische Luft zurückkehren durften. Am Morgen und Abend wurde uns das Essen gebracht; nur dann konnten wir die Nacht vom Tag unterscheiden, denn kein Sonnenstrahl drang in unser Verlies. Unsere Nahrung bestand aus schlechtem Pökelfleisch und hartem Brot; niemals durften wir das frische Fleisch, die Früchte und Gemüse kosten, die die Insel in solchem Überfluß hervorbringt. Aber mehr als nach Nahrung sehnten wir uns nach frischer Luft und dem köstlichen Genuß der Bewegung. Unsere Fußeisen waren durch Ringbolzen an den Planken befestigt, und obgleich wir unsere Füße bewegen konnten, war es uns unmöglich, mehr als einen Schritt in eine Richtung zu tun.

Am fünften Morgen unserer Gefangenschaft erschien der Korporal der Marinesoldaten. Meine Fußfesseln wurden mir abgenommen, und ich wurde den Niedergang hinauf, das Geschützdeck entlang, in die Kajüte des Schiffsarztes geführt. Dort erwartete mich der Arzt selbst, Dr. Hamilton. Er wies, als er die Handschellen bemerkt hatte, den Korporal an, mir die Eisen abzunehmen. Der Mann zögerte.

»Leutnant Parkin hat befohlen . . .«

»Unsinn«, unterbrach ihn der Doktor. »Ich stehe für den Mann ein.« Die Eisen wurden mir abgenommen, und auf einen Wink des Arztes zog sich der Korporal zurück. Dr. Hamilton sperrte lächelnd die Tür ab. »Diese Vorsichtsmaßregel richtet sich nicht gegen Sie, Herr Byam«, sagte er. »Ich will, daß unsere Unterhaltung nicht gestört wird. Bitte nehmen Sie Platz.«

Er war ein kräftiger, etwa vierzigjähriger Mann von angenehmem Wesen. Ich fühlte mich sogleich zu ihm hingezogen. Nach der Behandlung, die mir von Edwards und Parkin zuteil geworden war, erschien mir bloße Höflichkeit als die höchste der Tugenden. Ich nahm auf der Kleiderkiste Platz und wartete.

»Zunächst einmal«, begann der Arzt, »wie steht es mit Ihrem Studium der Sprache von Tahiti? Haben Sie es während Ihres langen Aufenthaltes auf Tahiti weitergeführt?«

»Das habe ich, Sir. Kein Tag ist vergangen, an dem ich mein Wörterbuch nicht bereichert hätte. Ich habe auch eine Grammatik der Sprache fertiggestellt.«

»Ausgezeichnet! Sir Joseph Banks hat Ihnen also nicht mit Unrecht Vertrauen geschenkt.«

»Sir Joseph! Sie kennen ihn, Sir?«

»Leider nicht so gut, wie ich es wünschen würde. Ich habe ihn erst kurz vor unserer Abfahrt kennengelernt.«

»Sicherlich werden Sie mir aber sagen können, ob er mich für schuldig hält. Glauben Sie selbst, Sir, daß ich so hirnverbrannt war, mich an dem Aufruhr zu beteiligen? Und doch bin ich von Kapitän Edwards behandelt worden, als sei ich einer der Rädelsführer.«

Der Arzt sah mich einen Augenblick ernst an. »Vielleicht wird es Ihnen Trost gewähren, wenn ich Ihnen sage, daß Sie nicht wie ein Mensch aussehen, der sich schuldbewußt fühlt. Sir Joseph glaubt trotz allem, was gegen Sie vorgebracht wurde, an Ihre Unschuld.«

»Gestatten Sie mir weiterzusprechen«, fuhr er fort, als er bemerkte, daß ich ihn unterbrechen wollte. »Ich werde Sie mit Vergnügen anhören, aber zunächst möchte ich Sie darüber unterrichten, wie schwer die Anschuldigungen sind, die gegen Sie erhoben wurden. Eine Einzelheit wird Ihnen beweisen, wie schwer Sie belastet sind. In der Nacht, ehe die Meuterer sich der *Bounty* bemächtigten, überraschte Sie Kapitän Bligh persönlich bei einem ernsten Gespräch, das Sie mit Herrn Christian führten. Kapitän Bligh versicherte, daß er hörte, wie Sie zu Christian sagten: ›Sie können auf mich rechnen‹, oder Worte ähnlichen Inhaltes.«

Ich war einen Augenblick lang sprachlos. So klar ich mich auch des Gesprächs mit Christian erinnerte, so war diese wichtige Einzelheit meinem Gedächtnis doch vollkommen entschwunden. Die Aufregungen, die unmittelbar darauf folgten, waren vermutlich daran schuld. Nun begriff ich sogleich, daß es um meine Sache sehr schlecht stand und daß Bligh berechtigt war, aus meinen Worten die schlimmsten Folgerungen zu ziehen. Was sonst konnte er glauben, als daß ich Christian meiner unbedingten Gefolgschaft bei der Besitznahme des Schiffes versichert hatte?

Dr. Hamilton saß mit gefalteten Händen da und sprach: »Ich sehe Ihnen an, Herr Byam, daß Sie sich dieses Gesprächs erinnern.«

»Sie haben recht, Sir. Ich habe diese Worte in der Tat gesprochen, und zwar unter den von Kapitän Bligh geschilderten Umständen.«

Ich erzählte ihm sodann die ganze Geschichte der Meuterei, ohne irgend etwas auszulassen. Er hörte mich an, ohne mich zu unterbrechen. Als ich geendet hatte, blickte er mir voll ins Gesicht; dann sagte er: »Mein Junge, Sie haben mich überzeugt, hier haben Sie meine Hand darauf!« Ich schüttelte sie warm. »Aber ich muß gestehen, daß meine Überzeugung mehr auf meinem persönlichen Eindruck von Ihnen als auf Ihrem

Bericht beruht. Sie müssen einsehen, daß gerade die Wahrscheinlichkeit Ihrer Erzählung gegen Sie spricht.«

»Wie soll ich das verstehen, Sir?«

»Ich glaube Ihnen; aber stellen Sie sich einmal vor, Sie seien ein Mitglied des Kriegsgerichtes. Ihre aufrichtige Art wird auch auf die Richter Eindruck machen. Werden sie jedoch die Erzählung selbst nicht für zu vollkommen und deshalb für konstruiert halten? Sie entspricht so genau Ihren Erfordernissen. Die belastenden Worte, die Sie an Christian richteten, sind einwandfrei erklärt. Daß Sie unmittelbar vor der Abfahrt der Barkasse das Deck verließen, ist gleichfalls aufs glaubhafteste erklärt. Jeder der Kapitäne, die über Sie zu Gericht sitzen werden, wird sich denken: ›Das ist genau die Erzählung, die ein schlauer Kadett, der sein Leben retten will, erfinden würde.‹«

»Aber, wie ich Ihnen bereits sagte, Sir, hat Robert Tinkler mein Gespräch mit Christian mit angehört. Er kann jedes Wort meiner Aussage bezeugen.«

»Ja, ich hoffe, daß Tinkler Sie retten wird. Ihr Leben liegt in seiner Hand. Er ist gesund nach England zurückgekehrt. Sie werden aber begreifen, wie schwer es sein wird, das Kriegsgericht davon zu überzeugen, daß Christian, ein kluger und besonnener Mann, den Wahnsinnsplan faßte, allein auf einem winzigen Floß eine von Wilden bewohnte Insel zu erreichen.«

»Es ist verständlich, wenn man Christians Charakter und die Beschimpfungen, denen er seitens Kapitän Blighs ausgesetzt war, kennt.«

»Aber diese Offiziere werden nichts über Christians Charakter wissen; sie werden alle auf seiten Blighs stehen. Gibt es niemand, der Christians Absicht bezeugen kann? Ein solcher Mann wäre ein überaus wichtiger Zeuge für Sie.«

»Es gibt einen; John Norton, einer der Quartiermeister. Er stellte das Floß für Christian her.«

Der Arzt zog ein Dokument aus der Schublade seines Schreibtisches. »Hier habe ich eine Liste der Leute, die Kapitän Bligh begleiteten. Zwölf davon blieben am Leben und erreichten England.« Er überflog die Liste und sah mich dann ernst an. »Norton befindet sich leider nicht darunter. Er wurde auf der Insel Tofoa von Wilden getötet.«

Nortons Tod war ein schwerer Schlag für mich. Auch Nelson war tot; er fiel in Coupang einem Fieber zum Opfer. Nelson war nicht nur mein Freund gewesen; er hätte auch bezeugen können, daß ich die Absicht hatte, das Schiff zu verlassen. Das Fehlen dieser beiden Zeugen ließ meine Chance, freigesprochen zu werden, gering erscheinen. Dr. Hamilton beurteilte meine Lage hoffnungsvoller.

»Sie dürfen sich nicht entmutigen lassen«, meinte er. »Tinklers Aussage ist wichtiger für Sie als die von Norton und Herrn Nelson. Sir Joseph Banks wird dafür sorgen, daß alles, was zu Ihren Gunsten spricht, ins Treffen geführt wird. Nehmen Sie mein Wort darauf, Ihre Lage ist keineswegs verzweifelt.«

Seine zuversichtliche Art beruhigte mich, und für den Augenblick hörte ich auf, mir Gedanken über mein Los zu machen. Dr. Hamilton erzählte mir sodann in aller Kürze, was mit Bligh und seinen Begleitern geschehen war, nachdem wir die Barkasse aus den Augen verloren hatten. Sie landeten zuerst auf Tofoa, aber die Wilden griffen sie in solchen Massen an, daß sie mit knapper Mühe dem Tod entgingen. Es war ein Wunder, daß nur Norton getötet wurde. Die weiteren Erlebnisse bildeten eine Kette ununterbrochener unsäglicher Entbehrungen, und unter einem anderen Kommandanten wäre die Barkasse sicherlich dem Untergang geweiht gewesen. Am 14. Juni, siebenundvierzig Tage nach der Meuterei, erreichte das Boot die niederländische Niederlassung Coupang auf der Insel Timor, über 1200 Meilen von Tofoa entfernt. Nachdem sie sich zwei Monate erholt hatten, wurde ein kleiner Schoner ausgerüstet, mit dem sie am 1. Oktober 1789 Batavia erreichten. Hier starben drei weitere Teilnehmer der Fahrt: Elphinstone, Lenkletter und Hall. Ledward wurde in Batavia zurückgelassen; die übrigen schifften sich auf Fahrzeugen der Niederländisch-Ostindischen Compagnie nach Europa ein. Lamb starb unterwegs, so daß von den neunzehn Männern nur zwölf die Heimat wiedersahen.

»In den Annalen der Geschichte der Schiffahrt ist keine Reise in einem offenen Boot verzeichnet, die dieser gleicht«, fuhr Dr. Hamilton fort. »Wochenlang bildeten die Abenteuer der *Bounty* in London fast den einzigen Gesprächsstoff. Im ganzen Land erklang Blighs Lob. Es wäre nutzlos, es Ihnen zu verheimlichen, Herr Byam: Die auf der *Bounty* zurückblieben, gelten allgemein als Verbrecher verworfenster Art.«

»Tat Bligh denn gar nichts, um die gegen ihren Willen Zurückgebliebenen reinzuwaschen?« fragte ich. »Ich verstehe nunmehr seine Erbitterung gegen mich, aber es gibt andere, von denen er weiß, daß sie unschuldig sind, und denen er zu ihrem Recht zu verhelfen versprach. Stewart und Coleman liegen in Ketten auf diesem Schiff, und doch sind sie genauso schuldlos wie jene, die Kapitän Bligh begleiteten.«

»Ich habe die Instruktionen gelesen, die Kapitän Edwards von der Admiralität erhielt. Sie enthalten eine Liste der Leute, die auf der *Bounty* blieben, und ihr alle werdet als Meuterer betrachtet. Ein Unterschied zwischen den einzelnen wird nicht gemacht, und Kapitän Edwards hat Weisung, sie so streng zu bewachen, daß eine Flucht unmöglich ist.«

»Bedeutet das, daß wir in unserem jetzigen Gefängnis bleiben, bis die *Pandora* England erreicht?«

»Wenn Kapitän Edwards meinem Rat folgt, nicht. Seine Weisungen verpflichten ihn auch, geeignete Vorkehrungen für die Erhaltung eures Lebens zu treffen. In dieser Hinsicht teile ich die Verantwortung mit ihm, und in Ihrem jetzigen Gefängnis kann ich unmöglich für Ihr Leben und das Ihrer Kameraden einstehen. Ich werde mein möglichstes tun, um den Kapitän dazu zu bewegen, Ihnen einen gesünderen Aufenthaltsort anzuweisen.«

»Und wenn es Ihnen möglich ist, Sir«, bat ich, »sorgen Sie bitte auch dafür, daß uns erlaubt wird, miteinander zu sprechen.«

»Gott im Himmel! Hat er Ihnen nicht einmal diese kleine Vergünstigung gewährt?« Der Arzt betrachtete mich mit einem grimmigen Lächeln. »Kapitän Edwards ist ein gerechter Mann, Herr Byam. Sie verstehen vielleicht, in welchem Sinn ich das meine? Er wird seine Weisungen mit peinlicher Genauigkeit befolgen, und des Vergehens zu großer Milde wird er sich sicherlich nicht schuldig machen. Aber ich denke, ich kann Ihnen kleine Erleichterungen versprechen. Um zum Thema Ihrer Studien zurückzukehren – Sie haben Ihre Manuskripte vermutlich in Ihrem Haus?«

All mein persönliches Eigentum befand sich in Tautira. Ich sagte Dr. Hamilton, daß Tuahu meine Kiste auf das Schiff bringen würde, wenn ich ihm eine Nachricht zukommen lassen dürfe.

»Ich werde mich mit ihm in Verbindung setzen«, nickte der Arzt. »Sir Joseph legt größten Wert darauf, daß diese Manuskripte nicht verlorengehen.«

»Es wäre ein wahres Gottesgeschenk für mich, während der Heimreise meine Arbeit fortsetzen zu dürfen.«

»Eben dieses hat Sir Joseph, für den Fall, daß wir Sie finden würden, vorgeschlagen. Ich glaube, daß Kapitän Edwards die Erlaubnis dazu erteilen wird.«

Diese Nachricht gab mir neuen Mut. Diese Beschäftigung würde die lange Gefangenschaft erträglicher machen.

Dr. Hamilton blickte auf die Uhr und sagte dann: »Ich muß

Sie bald wieder hinunterschicken. Vorher aber habe ich Ihnen noch einen Brief zu übergeben, den mir Sir Joseph Banks für den Fall, daß wir Sie finden würden, anvertraut hat.«

Dr. Hamilton beschäftigte sich mit seinen Papieren, während ich meinen Brief las. Das Schreiben war von meiner Mutter. Ich besitze es bis zum heutigen Tag, und trotz der vielen Jahre, die vergangen sind, kenne ich es Wort für Wort auswendig:

»Mein lieber Sohn!

Soeben erst habe ich erfahren, daß ich die unschätzbare Gelegenheit habe, Dir zu schreiben. Ich darf keinen Augenblick mit unnützen Worten verlieren.

Als Kapitän Bligh die Nachricht von dem schrecklichen Schicksal der *Bounty* brachte, schrieb ich ihm sogleich und erhielt von ihm den Brief, den ich beifüge. Was ihn gegen Dich aufgebracht hat, weiß ich nicht. Nach dem Empfang seines herzlosen Schreibens wendete ich mich nicht wieder an ihn, aber Du darfst nicht glauben, daß ich sehr bekümmert bin. Ich kenne Dich zu gut, lieber Roger, um den geringsten Zweifel an Deiner Schuldlosigkeit zu haben. Ich weiß, welche Sorgen Du Dir um mich machen wirst, wenn Du bei der Ankunft der *Pandora* erfahren wirst, daß man Dich für einen Meuterer hält. Stell Dir also vor, lieber Sohn, Du seiest in der Lage gewesen, mir alle Umstände ausführlich zu erklären und daß dieser Brief mich erreicht habe. Ich bin so sicher, als wenn ich Deinen Brief vor mir liegen hätte, daß unüberwindliche Hindernisse es Dir unmöglich machten, die *Bounty* mit Kapitän Bligh zu verlassen. Ich warte mit vollkommenem Vertrauen, bis Du heimkehrst und Deinen Namen von dieser schändlichen Anschuldigung reinigst. Meine einzige Sorge ist die wegen der Leiden, die Du als Gefangener während der langen Fahrt nach England zu ertragen haben wirst.

Aber Du wirst sie ertragen; vergiß nicht, mein Sohn, daß am Ende dieser Reise die Heimat liegt.

Du wirst Dich darüber freuen, zu erfahren, daß Sir Joseph Kapitän Blighs Ansicht, Du gehörest zu seinen Feinden, nicht teilt. Ich weiß nicht, aus welchen Gründen man Dich der Meuterei bezichtigt, aber Sir Joseph schließt seinen Brief an mich mit den Worten: ›Ich hoffe zuversichtlich, daß der Beweis für die Unschuld Ihres Sohnes an dem Tage offenbar wird, an dem die *Pandora* zurückkehrt und alle Tatsachen bekannt werden.‹ Ich erwarte dies nicht nur, ich weiß es so sicher wie daß morgen die Sonne aufgehen wird.

Lebe wohl, mein lieber Roger. Die *Pandora* segelt in drei Tagen ab, und mein Brief muß die heutige Londoner Postkutsche erreichen. Glaube mir, mein lieber Junge, daß ich bei dem Gedanken an die schändlichen Beschuldigungen gegen Dich lächeln kann. Möge England viele Verbrecher hervorbringen, wie Du einer bist.«

Dr. Hamilton war die Güte selbst. Unser Verlies war so dunkel wie ein Keller, und ich hätte meinen Brief dort niemals lesen können. Er gestattete mir, ihn wieder und wieder zu lesen, so lange, bis ich ihn auswendig kannte. Der beigelegte Brief Blighs an meine Mutter war zweifellos das grausamste und herzloseste Schreiben, das jemals an eine Mutter über ihren Sohn gerichtet worden ist:

London, den 2. April 1790.

»Gnädige Frau!

Ich erhielt heute Ihren Brief und bedauere Sie sehr, denn ich begreife vollkommen den Kummer, den Ihnen das Verhalten Ihres Sohnes verursachen muß. Seine Nichtswürdigkeit ist unbeschreiblich. Aber ich hoffe, daß Sie den Verlust eines sol-

chen Sohnes überwinden werden. Ich nehme an, daß er mit den übrigen Meuterern nach Tahiti zurückgekehrt ist.
Ich zeichne, gnädige Frau, als Ihr William Bligh.«

Ich kehrte in völlig geänderter Stimmung in unser dunkles Loch zurück. Als wir das Zwischendeck passierten, konnte ich durch die Luken einen Blick auf die Bucht und die zwischen dem Ufer und der Fregatte hin- und herfahrenden Boote erhaschen. Diese kurzen Blicke ließen mich den unermeßlichen Wert des bloßen Lebens und Freiseins erkennen. Ich dachte daran, daß lange Zeit vergehen müßte, ehe ich diese beiden köstlichen Güter wieder mein eigen nennen würde.

Das Rundhaus

Am folgenden Morgen wurde unser Gefängnis zum ersten Mal, seit wir uns darin befanden, gereinigt und mit zwei Extrakerzen beleuchtet. Man brachte uns einen Eimer Seewasser und erlaubte uns, die Hände und das Gesicht zu waschen.

Kaum hatten wir unsere Säuberung in Hast beendet, als Kapitän Edwards, gefolgt von Leutnant Parkin, eintrat. Der Profos kommandierte: »Häftlinge, aufstehen!« Wir erhoben uns; Edwards blickte sich in dem Raum um und musterte uns sodann der Reihe nach.

»Herr Parkin, sorgen Sie dafür, daß der Waffenschmied jede einzelne Fessel genau untersucht«, sagte der Kapitän. »Wenn es einem der Häftlinge gelingt, sich zu befreien, ist er mir verantwortlich dafür.«

»Ich werde sogleich Sorge dafür tragen, Sir«, entgegnete Parkin. Edwards fuhr fort, uns mit kaltem Blick zu messen.

»Teilen Sie den Häftlingen mit, Profos, daß sie von nun an miteinander sprechen dürfen, aber nur in englischer Sprache. Wenn auch nur ein einziges Wort in der Eingeborenensprache zwischen ihnen gewechselt wird, wird die Erlaubnis zurückgezogen.«

Der Profos wiederholte die Mitteilung.

»Unter keinen Umständen«, fuhr Edwards fort, »dürfen die Häftlinge mit einer Wache oder mit jemand anderem sprechen als mit Herrn Parkin und dem Korporal der Wache. Jede Verletzung dieses Befehls werde ich aufs schwerste ahnden.«

Parkin hatte die Oberaufsicht über uns. Ich verspürte eine instinktive Abneigung gegen den Mann. Er war klein, vierschrötig und außerordentlich stark behaart; seine Augenbrauen trafen sich in einer unregelmäßigen Linie oberhalb der

Nase. Das Laster der Grausamkeit stand deutlich auf seinem Gesicht geschrieben; bald sollten wir den Charakter des Mannes, in dessen Macht wir uns befanden, erkennen. Edwards hatte ihm jetzt die Gelegenheit gegeben, nach der er begierig war. Kaum war der Kapitän gegangen, als Parkin persönlich eine Untersuchung unserer Fesseln vornahm. Zuerst befahl er Stewart, sich hinzulegen und die Hände auszustrecken. Dann stemmte er einen Fuß gegen seine Brust und zog so lange mit aller Kraft an der Kette, an der die Handschellen befestigt waren, bis er die Fesseln losgerissen hatte. Dies ging nicht ohne Hautabschürfungen an Stewarts Handrücken und Gelenken ab. Als die Handschellen endlich nachgaben, stürzte der Leutnant beinahe nach hinten. In seiner Wut vergaß Stewart seine hilflose Lage. Er sprang auf, und wenn er Parkin erreicht hätte, hätte er ihn sicherlich zu Boden geschlagen.

»Sie gemeiner Unmensch!« schrie er. »Und Sie wollen ein Offizier sein?«

Parkin hatte eine hohe, beinahe weibliche Stimme, die in seltsamem Gegensatz zu seiner äußeren Erscheinung stand.

»Was haben Sie gesagt?« fragte er. »Wiederholen Sie das!«

»Ich nannte Sie einen gemeinen Unmenschen«, sagte Stewart, »und das sind Sie auch!«

Der Leutnant beeilte sich, aus Stewarts Nähe zu kommen. »Das werden Sie bereuen«, knirschte er. »Ich verspreche Ihnen, daß Sie diese Worte öfter als einmal bedauern werden, ehe Sie gehängt werden.«

Ich weiß nicht, ob er die Absicht hatte, unsere Fesseln auf die gleiche Art zu prüfen. Ich war entschlossen, daß zumindest ich es nicht zulassen würde; aber in diesem Augenblick trat der Waffenschmied ein. Parkin wies ihn an, die Prüfung fortzusetzen. Er befahl, alle Handfesseln enger zu machen. Als sie geändert und zurückgebracht worden waren, konnten sie uns nur mit größter Anstrengung angelegt werden.

Von uns vieren war Skinner der einzige, der nichts zu hoffen hatte, und doch war er der fröhlichste unter uns. Er sagte öfter als einmal, daß er sich, wenn er die Entscheidung nochmals zu treffen habe, wieder der Gerechtigkeit stellen würde; er schien mit Vergnügen auf den Tag seiner Hinrichtung zu warten.

Wir befolgten Edwards Befehl, nicht mit den Wachen zu sprechen, aufs genaueste. Wir wollten den Leuten keine Unannehmlichkeiten bereiten; außerdem spionierte Parkin zu allen Tageszeiten herum. Nun gab es aber unter den Matrosen einen Mann namens James Good, der uns gewöhnlich das Essen brachte und niemals verabsäumte, uns willkommene kleine Neuigkeiten ins Ohr zu flüstern, wenn er die Schüsseln austeilte.

»Herr Parkin ist an Land gegangen, junger Herr«, sagte er etwa; »heute morgen wird er Sie nicht belästigen.« Wenn immer es möglich war, brachte er uns ein Stückchen Schweinefleisch oder süße Kartoffeln, die er, in ein Taschentuch gewickelt, in seiner Bluse verbarg. Er tat dies mit Wissen der Köche. Wäre einer dieser Leute entdeckt worden, so hätte er sich einer schweren Prügelstrafe ausgesetzt, und doch nahmen sie diese Gefahr freiwillig auf sich, um unser Elend zu mildern.

Niemals aber brachte uns Good eine willkommenere Nachricht als an dem Abend, an dem er uns mitteilte, daß wir in ein anderes Quartier geschafft werden würden. »Haben Sie das Klopfen und Hämmern auf Deck gehört?« flüsterte er mir zu. »Die Zimmerleute bauen ein richtiges Haus für euch.«

Wir hatten die Hammerschläge wohl gehört, und jetzt, wo wir wußten, daß sie uns angingen, waren sie Musik für unsere Ohren. Am folgenden Tag wurden wir den Niedergang hinauf zum Zwischendeck und über einen weiteren Niedergang in die frische Luft des Oberdecks gebracht. Zuerst waren wir vom Glanz der Sonne so geblendet, daß wir kaum sehen konnten und daher das halbe Vergnügen an dem Augenblick im Freien verloren. Es war in der Tat nur ein Augenblick. Wir mußten über eine Leiter zum Dach der viereckigen Hütte, die auf dem Quarterdeck errichtet worden war, empor- und dann durch ein enges Loch in das Innere hinabsteigen. Dies war unser Gefängnis, solange wir auf der *Pandora* blieben. Es wurde »Das Rundhaus« genannt, wir Gefangenen pflegten es jedoch als »Büchse der Pandora« zu bezeichnen. Der Raum war elf Fuß lang und achtzehn breit. In den Wänden befanden sich zwei Gucklöcher, die, ebenso wie die Öffnung im Dach, schwer vergittert waren und spärliches Licht eindringen ließen. In der Mitte waren in einer Reihe vierzehn Ringbolzen angebracht, an denen die Fußeisen befestigt wurden. Wir wurden in den Ecken des Raumes untergebracht.

Wie in unserem alten Gefängnis konnten wir einen halben Schritt in jeder Richtung gehen. Auf dem Dach marschierten unausgesetzt zwei Wachen auf und ab. An die gleichmäßigen, unaufhörlichen Schritte unmittelbar über unserem Kopf gewöhnten wir uns allmählich ebenso wie an das Klirren unserer Fesseln.

Es war nicht anzunehmen, daß ein solch großes Gefängnis für vier Personen erbaut worden war, und bei jedem der unbenutzten Ringbolzen lag ein Paar Fußeisen. Offenbar rechnete Kapitän Edwards damit, bald weitere Gefangene einzubringen. Da Christian und seine Begleiter kaum in Frage kamen, hatte sich vermutlich die Abfahrt der *Resolution* verzögert, und die Gefangennahme der Mannschaft war entweder schon geschehen oder binnen kurzem zu erwarten. Wir blieben nicht lange im Zweifel. Zwei Tage später wurden Morrison, Norman und Ellison hereingeführt und neben uns angekettet.

Dies war ein Wiedersehen, das wohl keiner von uns erwartet

hätte. Morrison und Norman hatten sich von dem Erstaunen, als Meuterer behandelt zu werden, noch nicht erholt. Ellison war der gleiche leichtsinnige Junge geblieben wie früher. Für einen gefährlichen Menschen gehalten und wie ein wildes Tier eingesperrt zu werden erschien ihm wie ein großartiger Spaß. Der Waffenschmied legte den neuen Gefangenen Handfesseln an, und da Ellison kaum mehr als ein Knabe war, wagte Parkin es, bei ihm das gleiche zu versuchen wie früher bei Stewart. Er stemmte seinen Fuß gegen Ellisons Brust und versuchte, ihm die Fesseln über die Hände zu ziehen. Einen Augenblick ließ sich Ellison diese Behandlung schweigend gefallen, dann sagte er lächelnd: »Lassen Sie los, Sir, ich gebe Ihnen die Dinger freiwillig, wenn Sie wollen, aber so können Sie sie nie bekommen.«

Parkins einzige Antwort bestand darin, die Kette so plötzlich loszulassen, daß Ellison zurückfiel und mit dem Kopf schwer auf dem Fußboden anschlug. Dann versuchte es Parkin von neuem, aber diesmal war Ellison vorbereitet, und als Parkin die Kette losließ, fiel der Junge auf eine Schulter, ohne sich weh zu tun.

»Diesmal habe ich gewonnen, Sir«, grinste er.

Die Tatsache, daß ein gewöhnlicher Matrose, noch dazu ein Meuterer, es gewagt hatte, ihn anzureden, war mehr, als der Leutnant ertragen konnte. »Leg dich nieder!« befahl er. Ellison blickte jetzt ängstlich drein. Wieder streckte er die Arme aus und erwartete, daß Parkin aufs neue an der Kette ziehen werde. Statt dessen gab ihm der Leutnant mit aller Kraft einen schmerzhaften Stoß in die Seite. »Das wird dich lehren, einen Offizier anzureden«, sagte er. Glücklicherweise stand Parkin in der Nähe Morrisons, der ihm mit seinen gefesselten Händen einen solchen Hieb versetzte, daß der Leutnant in meine Richtung flog. Ich fand gerade noch Zeit, ihm gleichfalls einen kräftigen Stoß zu geben, so daß er das Gleichgewicht verlor und sich im Fallen den Kopf an einem der Ringe stieß. Langsam erhob er sich und blickte uns schweigend an. Dann sagte er zum Waffenschmied: »Sie können gehen, Jackson! Ich werde mit diesen Burschen schon fertig werden.« Der Waffenschmied stieg den Niedergang hinauf, während Parkin auf Ellison niederblickte, der auf dem Bauch lag und sich stöhnend die schmerzende Stelle hielt.

»Ihr Hunde!« sagte der Leutnant leise, als spräche er mit sich selbst. »Ich könnte euch dafür zu Tode prügeln lassen. Aber ich will euch baumeln sehen!«

Dann stieg er die Leiter hinauf und kletterte hinaus. Wäre der Waffenschmied nicht Zeuge des rohen Angriffs gegen Ellison gewesen, so hätten wir sicherlich für unsere rebellische Tat büßen müssen. Aber offenbar fürchtete Parkin, daß die Wahrheit ans Licht kommen werde, wenn er sich beim Kapitän beklagte. Jedenfalls wurde nichts gegen uns unternommen, und einige Tage sahen wir den Mann nicht.

Als wir wieder einmal allein waren, berichtete uns Morrison über die Vorgänge, die seiner Gefangennahme vorangegangen waren. Der Schoner war nach Papara gesegelt, um McIntosh, Hillbrandt und Willward aufzunehmen. Sie hatten sich entschlossen, weiteres Schweinefleisch einzupökeln. So vergingen einige Tage, und an dem Morgen, der der letzte des Aufenthaltes auf der Insel sein sollte, hatten die meisten Leute eine Expedition unternommen, um Gebirgs-Kochbananen zu sammeln. Morrison, Ellison und Norman blieben im Schoner, und gegen Mittag verbreitete sich die Nachricht von der Ankunft eines fremden Schiffes. Ehe sie gewarnt werden konnten, erschien ein Kutter des Kriegsschiffes, der von Hayward kommandiert wurde. Die Leute wurden sogleich gefesselt und im Kutter zur *Pandora* gebracht, während Hayward mit einem Teil der Marinesoldaten beim Schoner blieb. Bald wurden auch die anderen Leute aus Papara in unser Gefängnis gebracht. Es waren sieben: McIntosh, Hillbrandt, Burkitt, Millward, Sumner, Muspratt und Byrne. Das Rundhaus war jetzt nicht mehr zu groß für uns.

Einige Tage später bemerkte ich, daß sich in dem feuchten Bretterwerk unter dem Einfluß der Sonne ein Astknorren gelockert hatte. Während mehrerer Nächte versuchte ich ohne Erfolg, ihn herauszuziehen. James Good war mir behilflich. Er drückte den Knorren zu mir hinein, und nun hatte ich ein winziges Fensterchen, durch welches ich einen Blick auf die Bucht und die Küste werfen konnte.

Ich beobachtete das Kommen und Gehen der Beiboote und Kanus. Mehrere Male sah ich, wie Peggy, Stewarts Frau, von ihrem Vater oder einem ihrer Brüder um die *Pandora* herumgerudert wurde. Mit welchem Verlangen sie in unsere Richtung schaute! Stewart sagte ich nichts davon. Ich hätte seine Seelenpein damit nur verstärkt.

Als ich eines Morgens durch mein Guckloch blickte, ließ Muspratt das Warnungssignal »Sie kommen!« vernehmen; ich hatte gerade noch Zeit, die Öffnung zu verschließen, als der Profos, gefolgt von Edwards, die Leiter hinabstieg. Es war der erste Besuch des Kapitäns, seit wir in das Rundhaus gesperrt worden waren. Unser Gefängnis war während all der Zeit nicht gereinigt worden, und ich will über seinen Zustand nur das eine sagen: daß vierzehn Männer in Ketten hier ihre Notdurft verrichten mußten.

Edwards blieb am Fuß der Leiter stehen. »Profos, warum befindet sich dieser Raum in einem solch schmutzigen Zustand?«

»Herr Parkin hat den Befehl gegeben, das Gefängnis sei einmal wöchentlich zu reinigen, Sir.«

»Lassen Sie es sofort säubern und berichten Sie mir, sobald dies geschehen ist.«

»Zu Befehl, Sir!«

Edwards verließ uns sogleich wieder. Dann wurden uns zu unserer großen Freude Schrubber gereicht sowie ein Eimer Seewasser nach dem anderen. Nachdem wir unser Quartier gründlich gereinigt hatten, rieben wir uns gegenseitig ab. Das Gefühl, wieder einmal sauber zu sein, hatte eine wunderbare Wirkung auf unseren Gemütszustand. Einige der Leute sangen und pfiffen während der Arbeit, Töne, die zu dem Klirren der Fesseln in einem seltsamen Gegensatz standen. Ein kurzer Befehl des Profos machte diesem fröhlichen Lärm ein Ende. In einer halben Stunde hatten wir den Raum so sauber gemacht, wie es mit Salzwasser und gutem Willen möglich war. Bald darauf kam der Profos zurück, diesmal in Gesellschaft Dr. Hamiltons. Der Arzt warf mir einen freundlichen Blick zu, musterte dann jeden einzelnen Mann und blieb schließlich vor Muspratt stehen.

»Das muß behandelt werden, Mann«, sagte er, indem er auf eine große Beule an Musprats Knie wies. »Schicken Sie ihn mir um zehn Uhr ins Lazarett, Herr Jackson.«

»Zu Befehl, Sir.«

»Leidet sonst noch jemand von euch an Hautausschlägen oder sonstigen Krankheiten?« erkundigte sich Dr. Hamilton. »Wenn dem so ist, meldet euch, und ich werde jeden einzelnen Fall untersuchen. Zögert nicht, mir zu melden, wenn ihr meine Dienste benötigt.«

»Darf ich sprechen, Sir?« fragte Stewart.

»Gewiß.«

»Wäre es möglich, daß wir, solange das Schiff hier vor Anker liegt, hie und da frische Nahrungsmittel bekämen?«

Morrison unterstützte die Bitte eifrig. »Wir haben Freunde unter den Eingeborenen, Sir, die uns gerne Früchte und Gemüse senden würden, wenn es erlaubt wäre.«

Dr. Hamilton blickte uns erstaunt an. »Aber ihr erhaltet doch frische Nahrungsmittel!« sagte er.

»Nein, Sir«, meldete sich Coleman. »Nur Pökelfleisch und hartes Brot.«

Dr. Hamilton sah den Profos fragend an.

»Die Häftlinge erhalten nichts anderes, Sir. Auf Befehl von Herrn Parkin.«

»Hm!« Der Arzt schüttelte den Kopf. »Ich werde der Sache nachgehen. Vielleicht ist es möglich.« Wir dankten ihm herzlich, ehe er uns verließ.

Es war uns nunmehr klar, daß weder der Kapitän noch Dr. Hamilton Kenntnis von der Behandlung hatten, die uns Parkin angedeihen ließ. Von diesem Tag an besuchte uns Dr. Hamilton regelmäßig. Es wurde für Sauberkeit im Rundhaus gesorgt, und unsere Nahrung war nun die gleiche, die die Besatzung der *Pandora* erhielt.

Die Suche nach der *Bounty*

Eines Morgens zu Anfang des Monats Mai wurden Stewart und mir die Fußeisen abgenommen, und man führte uns zu dem als Lazarett dienenden Raum. Dr. Hamilton erwartete uns auf dem Gang. Er winkte uns stumm, einzutreten. Dies taten wir, ohne zu wissen, was unser wartete; hinter uns wurde die Tür geschlossen.

In dem Raum befanden sich Tehani und Peggy mit unseren Töchtern. Tehani kam auf mich zu, umschlang mich und flüsterte mir ins Ohr:

»Höre, Byam. Ich habe keine Zeit zu weinen. Ich muß rasch sprechen. Atuanui ist mit dreihundert Kriegern aus Tautira, seinen besten Kriegern, hierhergekommen. Sie kamen in kleinen Gruppen, nicht mehr als fünf oder zehn zur gleichen Zeit. Seit vielen Tagen habe ich versucht, dich zu sehen. Die Krieger werden das Schiff bei Nacht angreifen. In der Dunkelheit werden uns die großen Feuerrohre wenig Schaden zufügen. Nur das eine fürchten wir, daß du von den Soldaten getötet wirst, ehe wir dich erreichen können. Deshalb ist der Angriff noch nicht erfolgt. Seid ihr alle in dem Haus, das auf dem Deck erbaut wurde? Atuanui wünscht zu wissen, wie ihr bewacht werdet.«

Ich war so überglücklich, Tehani und unsere kleine Tochter zu sehen, daß ich einen Augenblick lang außerstande war zu sprechen.

»Gib mir Auskunft, Byam, rasch! Wir haben nicht lange Zeit zu sprechen.«

»Seit wann bist du in Matavai, Tehani?«

»Drei Tage, nachdem du Tautira verlassen hast, kam ich her. Hattest du geglaubt, ich werde dich im Stich lassen?«

»Tehani«, sagte ich, »du mußt Atuanui begreiflich machen, daß es unmöglich ist, uns zu retten Er würde mit all seinen Leuten den Tod finden.«

»Nein, nein, Byam! Wir werden sie mit Keulen erschlagen, ehe sie ihre Feuerrohre verwenden können. Atuanui will morgen Abend den Angriff unternehmen. Es ist Neumond. Wir müssen rasch handeln, denn das Schiff soll Matavai bald verlassen.«

Es erwies sich als unmöglich, Tehani den Grund unserer Gefangenschaft zu erklären. Daran waren wir selber schuld, da wir die Meuterei vor allen Bewohnern Tahitis geheimgehalten hatten.

»Der Kapitän hat Hitihiti gesagt, ihr seid böse Menschen. Er erklärt, er müsse euch nach England bringen, um euch bestrafen zu lassen. Hitihiti glaubt das nicht. Niemand glaubt es.«

Inzwischen hatte Stewarts Frau ihm die gleichen Mitteilungen gemacht wie Tehani mir. Es gab nur eine Möglichkeit, den Angriff auf die Fregatte zu verhindern. Wir erklärten, daß wir vollkommen hilflos seien und zweifellos getötet würden, ehe das Schiff erobert werden könne. Ich erklärte Tehani weiter der Wahrheit gemäß, daß Kapitän Edwards auf einen solchen Angriff vorbereitet sei und daß unsere Wachen den Befehl hätten, auf die ersten Anzeichen eines Befreiungsversuches hin Feuer zu geben. Endlich gelang es, unsere Frauen von der Aussichtslosigkeit des Planes zu überzeugen.

Bis zu diesem Augenblick hatten Tehani und Peggy sich beherrscht. Nun, da sie sahen, daß es keine Rettung für uns gäbe, brach Peggy in hemmungsloses Weinen aus. Stewart versuchte vergeblich, sie zu trösten. Tehani saß stumm zu meinen Füßen, ihr Gesicht in den Händen bergend. Hätte sie geweint, so hätte ich es leichter ertragen können. Ich kniete neben ihr nieder, unser Kind in den Armen. Zum ersten Male in meinem Leben kostete ich die Bitterkeit wirklichen Elends bis zur Neige aus.

Stewart konnte den Schmerz nicht länger ertragen. Er öffnete die Tür. Dr. Hamilton und die Wachen warteten draußen. Stewart winkte ihnen, hereinzukommen. Peggy klammerte sich verzweifelt an ihn; nur mit größter Schwierigkeit gelang es ihm, ihre Finger zu lösen. Wäre Tehani nicht gewesen, so hätte sie mit Gewalt vom Schiff entfernt werden müssen. Tehanis Leid war, wie das meine, zu tief für Tränen. Einen Augenblick lang hielten wir uns wortlos umschlungen. Dann hob sie Peggy sanft empor und stützte sie beim Hinausgehen. Stewart und ich folgten, unsere Kinder in den Armen. Auf dem Gang übergaben wir sie den Dienerinnen, die unsere Frauen begleitet hatten. Stewart ersuchte, sogleich in das Rundhaus zurückgebracht zu werden. Ich wurde in Dr. Hamiltons Kajüte geführt und war zutiefst dankbar für die Erlaubnis, dort einige Minuten allein zu bleiben. Durch die Luke sah ich, wie das Kanu, welches von Tuahu und Tipau, Peggys Vater, gerudert wurde, von der Fregatte abfuhr. Eine der Dienerinnen hielt Peggys Kind. Tehani saß im Boot, unsere kleine Helen in den Armen haltend. Ich sah das Kanu kleiner und kleiner werden; mein Herz war von grenzenloser Verzweiflung erfüllt.

Ich stand noch immer bei der Luke, als Dr. Hamilton eintrat.

»Setzen Sie sich, mein Junge«, sagte er. Seine Augen waren feucht. »Ich erwirkte von Kapitän Edwards die Erlaubnis zu dieser Zusammenkunft. Meine Absichten waren die besten, aber ich hatte nicht überlegt, welch grausame Prüfung es für euch alle wäre.«

»Ich kann in Stewarts Namen wie in meinem eigenen sprechen, Sir. Wir sind Ihnen aus tiefstem Herzen dankbar.«

»Ihr Weib ist eine edle Frau, Herr Byam. Ihre Würde hat tiefen Eindruck auf mich gemacht. Ich muß gestehen, daß meine Vorstellungen von den Frauen dieser Inseln sich vollkommen geändert haben, seit ich sie kennengelernt habe. Nach den Erzählungen, die ich in England gehört habe, habe ich sie alle für Kreaturen ohne Gefühl gehalten. Ich erkenne von Tag zu Tag deutlicher, wie falsch dieses Urteil war. Wir nennen diese Menschen Wilde! Nun sehe ich ein, daß in mancher Hinsicht wir die Wilden sind, nicht sie.«

»Sie haben meine Frau heute zum ersten Mal gesehen?« fragte ich.

»O nein, ich sah sie während des vergangenen Monats fast täglich. Sie hat Himmel und Erde in Bewegung gesetzt, um Sie sehen zu dürfen. Stewarts Frau tat das gleiche. Bis gestern wies Kapitän Edwards alle Gesuche der Eingeborenen, die Gefangenen besuchen zu dürfen, zurück. Er fürchtet, daß sie versuchen würden, Sie zu befreien.«

»Er hat allen Grund zu dieser Befürchtung, Sir.«

»Wie soll ich das verstehen?«

Wäre ich sicher gewesen, Atuanui habe seinen Plan aufgegeben, so hätte ich es vermieden, Dr. Hamilton von dem Gehörten Mitteilung zu machen. Aber ich kannte die Furchtlosigkeit und die impulsive Natur des Häuptlings, und weder er noch Tehani konnten sich einen Begriff von der mörderischen Wirkung großer Geschütze machen. Es war mehr als wahrscheinlich, daß Atuanui den Handstreich noch immer für ausführbar hielt. Deshalb weihte ich den Arzt in den Angriffsplan ein und berichtete ihm über meine Bemühungen, die Eingeborenen davon abzubringen.

»Sie haben recht daran getan«, nickte Dr. Hamilton. »Ein Angriff hätte für Dutzende, vielleicht Hunderte der Leute den Tod bedeutet.«

»Kapitän Edwards kann nun alle Gefahr leicht abwenden«, fügte ich hinzu. »Er braucht nur eine starke Wache am Ufer zu belassen und jede Ansammlung von Kanus in der Nähe des Schiffes zu verbieten.«

Der Arzt teilte mir sodann mit, daß er von Tuahu die Manuskripte meines Wörterbuches und meiner Grammatik erhalten habe. »Ich bin auch im Besitz Ihres Tagebuches«, fügte er hinzu. »Würden Sie mir gestatten, in dieses gelegentlich Einsicht zu nehmen, oder enthält es Dinge, die Sie geheimzuhalten wünschen?«

Ich erklärte ihm, daß es nichts enthalte als einen täglichen Bericht meiner Erlebnisse, angefangen von unserer Abfahrt von England bis zur Ankunft der *Pandora*, und daß ich ihm gern die Erlaubnis gäbe, die Aufzeichnungen zu lesen.

»Ich danke Ihnen dafür«, sagte er. »Ihr Tagebuch wird in späteren Jahren von großem Wert für Sie sein. Wenn Sie es wünschen, werde ich alle diese Dokumente für Sie aufbewahren. In meinem Arzneischrank sind sie wohl geborgen. Was das Wörterbuch anbetrifft, so ist Kapitän Edwards über das große Interesse, das Sir Joseph Banks ihm entgegenbringt, unterrichtet; Sie haben die Erlaubnis, während der Heimreise daran weiterzuarbeiten.«

Das war eine wahrhaft erfreuliche Botschaft für mich. Ich nahm die Gelegenheit wahr, das Verbot des Kapitäns, in der Sprache der Indios zu sprechen, zu erwähnen.

»Wenn dieses Verbot aufgehoben würde, Sir, könnten meine Mitgefangenen mich sehr unterstützen; gleichzeitig wäre diese Beschäftigung eine große Gunst für sie.«

Der Arzt versprach, meine Bitte weiterzugeben.

James Good berichtete mir, daß die Fregatte in den nächsten vierundzwanzig Stunden absegeln werde. Edwards hatte nichts über den Verbleib Christians und der *Bounty* in Erfahrung gebracht und schien erkannt zu haben, daß wir ihm hierüber die Wahrheit gesagt hatten. Während dieses letzten Tages sah ich mich noch einmal an dem grünen Land, in dem ich so glücklich gewesen war, satt. Die ganze Nacht lag ich wach. Glücklicherweise wurde kein Versuch gemacht, die Fregatte zu erobern. Bei Sonnenaufgang lichteten wir die Anker. Um zehn Uhr sah ich durch mein Guckloch nichts mehr als das offene Meer.

Für die vierzehn Insassen der »Büchse der Pandora« folgte nun eine langweilige Zeit. Mein Wörterbuch erwies sich als Segen für uns alle. Am zweiten Tag auf See brachte es mir Dr. Hamilton persönlich, zugleich mit Schreibmaterial und einem kleinen Tischchen. Das frische Holz, aus welchem das Rundhaus erbaut worden war, schrumpfte in der heißen Sonne ein, und durch die Ritzen drang genug Licht, um das Arbeiten zu ermöglichen. Das Verbot, uns in der Eingeborenensprache zu unterhalten, wurde aufgehoben, und die anderen beteiligten sich mit Lust und Liebe an meinen Studien. Am meisten überraschte mich Ellison. Er schien die Sprache ohne die geringste Mühe erlernt zu haben und wies mich auf manche feine Unterschiede hin, die mir entgangen waren. Dieser arme Bursche hatte niemals seine Eltern gekannt. Solange er sich entsinnen konnte, war er auf Schiffen umhergestoßen worden; niemals war ihm der Gedanke gekommen, daß er einen guten Kopf haben könne. Der Gedanke betrübte mich, daß dieser junge Mensch keine Erziehung erhalten hatte, während so mancher einfältige Sohn reicher Eltern Bildungsmöglichkeiten hat, aus denen er keinen Nutzen ziehen kann.
Graue Tage, an denen unablässig Stürme wüteten, kamen. Die Fregatte arbeitete sich mühsam durch schwere See; sie wurde von den Wogen hin und her geworfen, und wir mit ihr, wobei jeder von uns sich an seinem Ringbolzen anklammerte, um sich im Gleichgewicht zu halten. Unser Elend während des schlechten Wetters wurde noch dadurch vergrößert, daß

der Regen Tag und Nacht durch die Fugen des Daches drang und wir auf schlüpfrig feuchten Brettern schliefen oder zu schlafen versuchten.

Wir waren bereits mehrere Tage unterwegs, als wir erfuhren, daß die *Resolution*, Morrisons kleiner Schoner, die *Pandora* begleite. Sie wurde von Herrn Oliver, dem Steuermannsmaat der *Pandora*, befehligt und hatte eine Bemannung von acht Leuten. Die *Resolution* war ein vorzügliches kleines Fahrzeug und übertraf die Fregatte bei weitem an Schnelligkeit.

Bei Hillbrandt, einem grüblerischen, melancholischen Menschen, zeigten sich bald Anzeichen dafür, daß seine Nerven der langen Haft nicht gewachsen waren. Ich erinnere mich noch gut, daß ich eines Nachts durch seine Stimme aus unruhigem Schlummer geweckt wurde. Es war stockdunkel. Hillbrandt sprach unaufhörlich leise einförmige Gebete vor sich hin. Seeleute haben, mögen sie auch selbst noch so ungläubig sein, fast stets Achtung vor den religiösen Gefühlen ihrer Kameraden. Obgleich ich in der Finsternis nichts sehen konnte, spürte ich, daß die anderen wach lagen und Hillbrandts Gebeten lauschten. Zumindest eine halbe Stunde lang flehte er Gott an, ihn vor dem Strick zu bewahren. Immer wiederholte er die gleichen Worte.

Schließlich hörte ich Millward rufen: »Hillbrandt! Sei doch endlich still!«

»Ja«, ließ sich ein anderer vernehmen. »Bete still für dich, wenn du willst, aber laß uns schlafen.«

Unvermittelt brach Hillbrandt in heftiges Schluchzen aus. »Wir sind verloren, Leute«, schrie er, »verloren jeder einzelne von uns! Wir werden gehängt, denkt daran! Mit einem Strick erwürgt!«

»Der Teufel hole dich! Wirst du endlich das Maul halten?« hörte ich Burkitt sagen. »Dreh ihm den Hals um, Sumner, wenn er noch ein einziges Wort spricht.«

Sumner war neben Hillbrandt angekettet. »Das werde ich!«
brummte er. »Wenigstens erspare ich auf die Art dem Henker
eine Arbeit!«

Über das uns in der Heimat bevorstehende Schicksal wurde
im Rundhaus einem stillen Übereinkommen gemäß niemals
gesprochen. Das gegenwärtige Elend genügte uns; wir hatten
keine Lust, an die Zukunft zu denken.

Wir hatten keine Ahnung, welchen Kurs das Schiff nahm.
James Good berichtete uns, daß Kapitän Edwards nach Westen kreuze und auf jeder Insel Nachschau nach der *Bounty*
halte. Unsere Vermutungen darüber, wo wir uns befanden,
stützten sich nur auf das wenige, was ich durch mein Fensterchen sehen konnte. Nach und nach gelang es auch einigen
meiner Mitgefangenen, durch Ritzen im Plankenwerk einen
Blick auf die Außenwelt zu tun.

Hier und da sahen wir die *Resolution*, die uns von Insel zu
Insel folgte. Der Schoner erwies sich jetzt als äußerst wertvoll für Edwards. Infolge ihres geringen Tiefganges konnte
sie ganz nahe an die verschiedenen Inseln, die wir berührten,
herangelangen. Während der nächsten zwei Monate kreuzten
wir zwischen verschiedenen Inselgruppen hin und her, immer noch auf der Suche nach einer Spur der *Bounty*. Am
21. Juni – ich hatte mir selbst einen Kalender angelegt – verloren wir in schwerem Wetter die *Resolution*. Die Fregatte
kreuzte mehrere Tage in der Gegend, aber der Schoner blieb
verschwunden, worauf Kapitän Edwards Kurs auf Namuka,
eine der Freundschaftsinseln, nahm. Hier sollten sich die beiden Fahrzeuge im Falle einer Trennung verabredungsgemäß
wiedertreffen. Man wird sich erinnern, daß die *Bounty* einige
Tage vor der Meuterei diese Insel angelaufen hatte. Durch
mein Guckloch erblickte ich die Hütten der Eingeborenen inmitten ihrer Haine, die Stelle, wo der Dragganker geraubt
worden war, und das gleiche Gewimmel der mit diebischen

Wilden gefüllten Kanus wie früher. Die *Pandora* wartete hier vom 28. Juli bis 2. August. Da der Schoner nicht wiederkam, wurde er verlorengegeben; Kapitän Edwards beschloß nun, ohne weiteren Zeitverlust die Heimreise anzutreten. Am nächsten Tag passierten wir die Insel Tofoa und kamen in einer Entfernung von wenigen Meilen an der Stelle vorbei, an der sich die Meuterei ereignet hatte. Die Erregung der Männer im Rundhaus, als wir durch die Ritzen unseres Gefängnisses die blaue Küstenlinie von Tofoa erblickten, kann man sich leicht vorstellen. Mir erschienen die Ereignisse jenes traurigen Morgens und alles, was seither geschehen war, wie etwas Unwirkliches; unser gegenwärtiges Mißgeschick kam mir wie ein Albtraum vor, aus dem ich im nächsten Augenblick in meiner englischen Heimat zu erwachen hoffte.

Das Ende der *Pandora*

Der Monat August erschien uns Gefangenen endlos. Insel um Insel tauchte auf und verschwand wieder, während wir uns der Torresstraße näherten. Als wir so durch den gewaltigen, mit Inseln und Sandbänken übersäten Ozean segelten, kam mir erst so recht die Leistung zum Bewußtsein, die Kapitän Bligh vollbracht hatte. Daß es ihm gelungen war, siebzehn Menschen ohne Waffen, mit so geringen Proviant- und Wasservorräten, an einen Bestimmungsort zu bringen, der fast viertausend Meilen vom Ausgangspunkt entfernt lag, war beinahe ein Wunder. Unsere persönlichen Gefühle Bligh gegenüber waren sicherlich nicht die freundlichsten, doch gab es keinen unter uns, der nicht als Engländer auf die Tat dieses Mannes stolz gewesen wäre.

Edwards sahen wir nur selten. Wir waren in der Gewalt Parkins, der uns das Leben so sauer machte, wie es ihm möglich war. Als wir in die Torresstraße gelangten, hörten auch Parkins Besuche auf. Die Offiziere ebenso wie der Kapitän waren um diese Zeit mit der Steuerung des Schiffes vollauf beschäftigt. Die *Pandora* kreuzte zwischen zahllosen Riffen und Sandbänken durch; den ganzen Tag über konnten wir die Rufe der Leute vernehmen, die das Senkblei auswarfen.

Der 28. August war ein trüber Tag, an dem Windstille mit heftigen Böen abwechselte. Als ich beim Morgengrauen durch mein Guckloch blickte, sah ich, daß wir uns inmitten eines Labyrinths von Klippen befanden, über die die Wogen mit ungeheurer Gewalt hinwegstürmten. Eines der Boote war dem Schiff vorangefahren, um den besten Weg zu erkunden. Wir konnten nur wenig von dem, was vorging, sehen, aber die ununterbrochenen Kommandorufe bewiesen uns, in welch schwieriger Lage sich die Fregatte befand.

Gegen Abend wurde es offenbar, daß sich die Gefahr noch vergrößert hatte. Der Kutter fuhr noch immer vor uns her; unablässig gab man Musketenschüsse ab, um mit dem Boot in Verbindung zu bleiben. Das Musketenfeuer wurde vom Kutter aus beantwortet, und da die Schüsse deutlicher hörbar wurden, wußten wir, daß das Boot sich uns langsam näherte. Während dieser ganzen Zeit wurde das Senkblei ohne Unterlaß ausgeworfen; bei 110 Faden wurde noch kein Grund gefunden. Bald aber lauteten die Tiefenmeldungen: 50 Faden, 40, 36, 32. Unmittelbar nach der letzten Meldung stieß die Fregatte auf Grund. Wir im Rundhaus stürzten zu Boden. Ehe wir uns noch erheben konnten, erfolgte ein zweiter, so gewaltiger Stoß, daß wir glaubten, die Masten müßten brechen. Es war jetzt stockdunkel, und um unser Unglück vollzumachen, wurden wir von einer neuen heftigen Bö erfaßt. Durch das Heulen des Sturmes ertönten, wie von weit her, Kommandorufe. Jeder erdenkliche Versuch, das Schiff mit Hilfe der Segel frei zu bekommen, wurde gemacht, aber als dies mißlang, wurden die Segel geborgen und die verbleibenden Boote über die Reling hinabgelassen. Die Bö hörte ebenso plötzlich auf, wie sie gekommen war, und wir hörten jetzt deutlich die Musketenschüsse von dem sich nähernden Kutter.

Die Heftigkeit der Stöße, die wir abbekommen hatten, ließ keinen Zweifel darüber offen, daß die *Pandora* schwer beschädigt worden war. Ich hörte Edwards Stimme: »Wie steht's, Roberts?«, und Roberts Antwort: »Das Schiff füllt sich rasch mit Wasser, Sir. Im unteren Deck steht es fast drei Fuß hoch.«

Den Eindruck, den diese Nachricht auf uns machte, kann man sich leicht vorstellen. Hillbrandt und Byrne begannen mit kläglicher Stimme zu bitten, uns von unseren Fesseln zu befreien. Unsere Versuche, die beiden Leute zu beruhigen, waren vergeblich; ihr Gebrüll trug, mit dem von draußen hereindringenden Lärm und dem donnernden Anprall der Brandung an das Riff, dazu bei, unsere Lage noch schrecklicher erscheinen zu lassen.

Sogleich wurden alle verfügbaren Leute an die Pumpen beordert. Gleich darauf wurde das Gitter in unserem Dach geöffnet, und der Profos trat mit einer Laterne ein. Rasch befreite er Coleman, Norman und McIntosh von ihren Fesseln und kommandierte sie an Deck. Wir baten den Mann, uns alle zu befreien, aber er schenkte uns kein Gehör. Als er unser Gefängnis mit den drei Leuten verlassen hatte, wurde das Gitterloch wieder versperrt. Einige der Gefangenen begannen zu toben und zu fluchen wie Wahnsinnige; sie rissen an ihren Ketten, als wollten sie sie brechen. In diesem Augenblick erschien Edwards bei dem Gitter und befahl uns streng, ruhig zu sein.

»Um Gottes Barmherzigkeit willen, nehmen Sie uns unsere Fesseln ab, Sir!« brüllte Muspratt. »Geben Sie uns eine Chance, unser Leben zu retten!«

»Ruhe! Versteht ihr mich?« war Edwards' einzige Antwort; dann sagte er zum Profos, der neben ihm stand: »Ich mache Sie für die Gefangenen verantwortlich. Ohne meinen Befehl dürfen sie nicht befreit werden.«

Da sie einsahen, daß alles Bitten zwecklos sei, beruhigten sich die Leute allmählich, wir fanden uns in unsere Lage mit dem Gefühl der Teilnahmslosigkeit, wie es vollkommen hilflose Menschen befällt. Nach einer Stunde begannen Sturm und Regen aufs neue zu wüten, und wiederum wurde die Fregatte von den Wogen emporgehoben und gegen das Riff geschleudert. Diese wiederholten Stöße warfen uns gegen die Wände und gegeneinander, so daß wir Schrammen und Beulen davontrugen.

Es muß gegen zehn Uhr gewesen sein, als die zweite Bö ein

Ende nahm; in der nun folgenden Stille konnten wir die Kommandorufe wieder deutlich vernehmen. Die Geschütze wurden über die Reling hinabgelassen. Das Leck vergrößerte sich so rasch, daß jeder Mann an Bord, mit Ausnahme von uns und unseren Wächtern, sich an den Pump- und Schöpfarbeiten beteiligte.

Edwards' Verhalten uns gegenüber ist weder zu erklären noch zu entschuldigen. Das Riff, an welchem die *Pandora* gestrandet war, befand sich viele Meilen von jedem bewohnbaren Land entfernt. Auch wenn wir frei gewesen wären, hätten wir keine Möglichkeit der Flucht gehabt; und doch verdoppelte Edwards unsere Wachen und gab Befehl, uns an Händen und Füßen gefesselt zu lassen. Glücklicherweise erkannten wir die Unmittelbarkeit der Gefahr nicht. Da das Rundhaus auf dem Quarterdeck war, befanden wir uns hoch über dem Wasser; wenn wir auch wußten, daß das Schiff verloren war, so wußten wir damals doch noch nicht, mit welch unheimlicher Geschwindigkeit sich das Leck vergrößerte. Es war in der Tat ein Wettlauf zwischen Meer und Tageslicht; wäre die Fregatte während der Nacht gesunken, so hätte nicht ein einziger Mann gerettet werden können.

Als der Morgen graute, erkannten freilich auch wir, daß das Ende nicht mehr eine Frage von Stunden, sondern nur noch von Minuten war. Die Neigung des Decks war so groß, daß man nicht mehr darauf stehen konnte. Alle Boote waren hinabgelassen worden und wurden mit Vorräten gefüllt. Wir baten inständig, befreit zu werden. Endlich wurde unser Flehen erhört. Hodges, der Waffenschmied, kam zu uns herab und befreite Byrne, Muspratt und Skinner von ihren Fesseln. Als die drei Männer den Raum verlassen hatten, wurde die Gittertür wieder geschlossen, und zwar, wie ich vermute, auf Befehl Parkins, den ich eine Sekunde lang auf uns hinabblicken sah.

Hodges hatte nicht bemerkt, daß das Gitter geschlossen worden war. Er nahm uns unsere Fesseln so rasch wie möglich ab, als plötzlich der allgemeine Schrei »Das Schiff sinkt!« ertönte. Auf allen Seiten sprangen Menschen ins Meer. Wir brüllten aus Leibeskräften, denn schon drang das Wasser in den Raum. Daß wir nicht alle ertranken, ist der Menschlichkeit James Moulters, des Bootsmannsmaats, zu danken. Er hatte das Dach des Rundhauses erklettert, um von dort aus ins Meer zu springen. Als er unser Schreien hörte, rief er uns zu, daß er uns entweder befreien oder mit uns untergehen werde. Er zog die Stangen heraus, die das Gitter festhielten, und warf dieses über Bord. »Macht rasch, Jungs!« rief er; dann sprang er in die See.

In seiner Angst und Erregung hatte der Waffenschmied Burkitt und Hillbrandt nur die Fußeisen, nicht aber die Handschellen abgenommen. Wir kletterten, einander helfend, hinaus; es war wahrlich keine Minute zu früh. Das Schiff lag bis zum Großmast im Wasser; ich sah Kapitän Edwards zur Pinasse schwimmen. Ich selbst sprang in das Meer und hatte große Mühe, mich von der Spiere des Besansegels frei zu machen, ehe das Schiff unterging. Nur wenige Seeleute können schwimmen, und die Schreie der ertrinkenden Menschen waren über alle Maßen schrecklich anzuhören. Einigen Leuten gelang es, sich an im Wasser treibenden Holzstücken festzuhalten; andere hingegen sanken fast in Reichweite der rettenden Planke unter. Mir selbst gelang es, ein kurzes Brett zu erreichen, und ich schwamm, mich daran festhaltend, auf eines der Boote zu. Ich hatte fast eine Stunde im Wasser zugebracht, als mich die blaue Jolle aufnahm. Auch Ellison und Byrne waren von diesem Boot gerettet worden, das nun auf eine kleine Sandbank lossteuerte, das einzige Stückchen Land, das über die Oberfläche des Meeres hinausragte.

Rings um die Sandbank, die ein Riff beinahe kreisförmig umgab, war das Wasser ruhig, so daß wir ohne Schwierigkeit landen konnten. Sobald die Leute und die im Boot enthaltenen Vorräte ausgeladen waren, wurde die Jolle zum Schauplatz des Schiffbruches zurückbeordert. Ellison, Byrne und ich ruderten, während Bowling, der Steuermann, am Steuer saß. Wir suchten lange zwischen den umhertreibenden Wrackteilen und retteten zwölf Leute, darunter Burkitt, der sich mit gefesselten Handgelenken an eine Planke klammerte.

Es war beinahe Mittag geworden, als wir zur Sandbank zurückkehrten; inzwischen waren auch die anderen Boote dort gelandet. Sie war etwa dreißig Schritt lang und zwanzig Schritt breit. Nichts wuchs dort; nicht ein einziger grüner Strauch bot den Augen Erholung von der blendenden Sonne. Kapitän Edwards hielt eine Musterung der Überlebenden ab; es wurde festgestellt, daß dreiunddreißig Mann der Besatzung und vier Gefangene ertrunken waren. Von den Gefangenen fehlten Stewart, Sumner, Hillbrandt und Skinner.

Morrison berichtete mir, daß Stewart, von einem schweren Holzklotz am Kopf getroffen, untergegangen sei. Von allem, was ich seit meiner Abfahrt von England erlebt hatte, hat nichts, vielleicht mit Ausnahme des Abschiedes von meiner Frau mit meiner kleinen Tochter, mein Gemüt so sehr umdüstert wie Stewarts Tod. Einen besseren Gefährten und treueren Freund, in guten Tagen und in schlimmen, hat es nie gegeben.

Kapitän Edwards verfügte, daß aus den Segeln der Beiboote Zelte zu errichten seien, eines für die Offiziere und eines für die Mannschaft. Wir Gefangenen wurden an das äußerste Ende der Sandbank verwiesen und, da es keine Fluchtmöglichkeit gab, bei Tag nicht bewacht; während der Nacht wurde uns jedoch eine Wache von zwei Mann beigegeben. Die Gefangenschaft hatte unseren Körper, der vorher gegen das tropische Sonnenlicht unempfindlich gewesen war, gebleicht; wir waren beinahe so weiß wie irgendein Schreiber in einem Londoner Handelshaus. Die meisten von uns waren splitternackt, und die unbarmherzig herniederstrahlende Sonne hatte uns die Haut schwer verbrannt. Wir baten um die Erlaubnis, uns aus einem der nicht benötigten Segel ein Schutzdach zu errichten, aber Edwards war so unmenschlich, uns dies abzuschlagen. So blieb nichts übrig, als den glühenden Sand zu befeuchten und uns darin bis zum Hals einzugraben.

Wir litten unerträglichen Durst. Fast alle hatten viel Salzwasser geschluckt, ehe wir von den Booten aufgenommen worden waren, und dies erhöhte unsere Qual noch. Unsere Vorräte waren so gering, daß wir am ersten Tag nur ein winziges Stück Brot und ein halbes Pint Wein erhielten. Wasser wurde an jenem Tag nicht verabreicht. Einer der Matrosen, ein gewisser Connell, verlor, weil er Salzwasser getrunken hatte, den Verstand.

Wir Gefangenen lagen, in Sand eingegraben, am Rand des Wassers und sehnten uns nach der Nacht; doch als diese kam, hinderten uns der wütende Durst und unsere verbrannte Haut am Schlafen. Am nächsten Morgen wurde die Pinasse ausgesandt, um, wenn möglich, noch etwas von dem Wrack der *Pandora* zu retten. Sie kehrte mit Bramstange und einer Katze zurück, die sich auf die Saling geflüchtet hatte. Das arme Tier war jedoch nur gerettet worden, um schiffbrüchigen Seeleuten als Nahrung zu dienen. Sie wurde am gleichen Tag gekocht und gegessen; aus ihrem Fell wurde eine Kappe für das kahle Haupt eines der Offiziere gemacht, der seine Perücke verloren hatte. Der folgende Tag war eine Wiederholung des vorangegangenen. Am frühen Morgen wurde das seichte Wasser nach Schaltieren abgesucht und eine Anzahl von riesigen Krebsen gefangen, aber der Durst der Leute war so groß, daß die Tiere nicht gegessen werden konnten. Die

Zimmerleute waren inzwischen damit beschäftigt, die Boote für die bevorstehende lange Reise auszurüsten.

Am Morgen des 31. August war die Ausbesserung der Boote beendet. Kapitän Edwards nahm eine neuerliche Musterung vor. Wir alle, Offiziere, Mannschaften und Gefangene, befanden uns in einem jammervollen Zustand. Edwards war mit einem Hemd, einer Hose und Schuhen bekleidet, hatte aber keine Strümpfe an. Dr. Hamilton war im Besitz der gleichen Kleidungsstücke, bis auf die Schuhe, die er verloren hatte; hingegen hatte er seinen Arzneikasten gerettet und fand Gelegenheit, mir zuzuflüstern, daß mein Tagebuch und meine Manuskripte in Sicherheit wären. Die meisten Matrosen standen mit entblößtem Oberkörper da und trugen aus roten oder gelben Taschentüchern geknüpfte Mützen auf dem Kopf. Von uns Gefangenen waren vier vollkommen nackt, während die anderen nur Fetzen aus Rindenstoff um die Lenden geschlungen hatten. Keiner von uns hatte eine Kopfbedeckung, und erst auf Veranlassung Dr. Hamiltons erhielten wir kleine Stückchen Segeltuch, um uns vor der Sonne zu schützen.

Edwards schritt eine Weile schweigend die traurige Front ab. Wir warteten stumm auf die Ansprache des Kapitäns. Endlich sagte Edwards:

»Leute! Wir haben eine lange, gefährliche Fahrt vor uns. Der nächste Hafen, der uns Hilfe leisten kann, ist die niederländische Niederlassung auf der Insel Timor. Wir werden an vielen Inseln vorbeikommen, aber sie sind von Wilden bewohnt, von denen wir nichts zu erwarten haben. Unsere Vorräte sind so gering, daß die Rationen sehr klein sein werden; aber sie werden ausreichen, uns am Leben zu erhalten. Jeder Mann, wir Offiziere nicht ausgenommen, wird täglich zu Mittag die gleiche Ration erhalten, und zwar zwei Unzen Brot, eine halbe Unze Suppe, eine halbe Unze Malzextrakt, zwei kleine

Glas Wasser, ein kleines Glas Wein. Es ist zu hoffen, daß wir während der Fahrt unsere Vorräte vermehren können, aber damit dürfen wir nicht rechnen. Bei günstigem Wind und Wetter können wir Timor in vierzehn Tagen erreichen, aber das wäre ein besonderer Glücksfall. In drei Wochen jedoch werden wir, wenn uns kein Unglück zustößt, am Ziel angelangt sein. Die Boote müssen möglichst dicht beieinander bleiben. Ich erwarte von jedem Mann unbedingten Gehorsam. Unsere Sicherheit hängt davon ab; jede Disziplinverletzung wird aufs strengste bestraft werden. Kapitän Bligh hat dieselbe Reise, die uns bevorsteht, in einem schwerer beladenen Boot und mit noch geringeren Vorräten durchgeführt. Als er in der Nähe dieser Stelle vorbeikam, hatte er mit seinen Leuten bereits über sechshundert Meilen zurückgelegt. Dennoch kam er in Timor mit dem Verlust nur eines Mannes an. Was er vollbracht hat, muß auch uns möglich sein.«

Edwards wandte sich nun an uns.

»Was euch anbetrifft«, fuhr er fort, »so sollt ihr nie vergessen, daß ihr Piraten und Meuterer seid, die nach England gebracht werden, um die wohlverdiente Strafe zu erleiden. Ich habe von der Regierung Seiner Majestät Auftrag, für die Erhaltung eures Lebens zu sorgen. Dieser Pflicht werde ich auch in Zukunft genügen.«

Dies war das erste und zugleich das einzige Mal, daß er sich herabließ, uns persönlich anzureden. Die Boote wurden nun ins Wasser gezogen; wir Gefangenen wurden auf die vier Fahrzeuge aufgeteilt. Morrison, Ellison und ich kamen in die Pinasse des Kapitäns.

Unsere Abfahrt verzögerte sich infolge des Zustands des Matrosen Connell, der Salzwasser getrunken hatte, um seinen Durst zu löschen. Während der ganzen Nacht hatte er getobt, und es war offensichtlich, daß sein Leben nur noch nach Stunden zählte. Um zehn Uhr vormittags erlöste ihn der

Tod von seinen Leiden. Er wurde im Sand beerdigt; ein von der Sonne geschwärzter Korallenblock diente als Grabstein. Kein britischer Seemann hat, glaube ich, jemals eine einsamere Grabstätte gefunden.

Dann bestiegen wir die Boote und segelten unserem fernen Ziel zu.

Zehn schwere Monate

Der Wind war günstig und die See ruhig. Sobald wir die Sandbank verlassen hatten, hißten wir das Segel. Edwards saß am Steuer. Er sah so abgezehrt und verwahrlost aus wie seine Leute, aber seine Lippen waren zur gleichen dünnen Linie zusammengepreßt wie sonst, und sein Gesichtsausdruck war derselbe wie zur Zeit, als er noch auf dem Quarterdeck auf der *Pandora* auf und ab stolzierte. Einer der Leute rief aufmunternd: »Jetzt sind wir bald in Timor, Jungs!«, aber der Scherz fand keinen Widerhall. Wir waren so von Durst geplagt, daß kaum ein Wort gesprochen wurde.

Uns – Morrison, Ellison und mir – waren Plätze im vorderen Teile der Pinasse angewiesen worden. Wenn Windstille herrschte, mußten wir wie die anderen rudern, aber keinen Augenblick ließ man uns vergessen, daß wir Piraten waren, die sich auf dem Weg zum Galgen befanden.

Nach etwa zwölf Meilen war es mit der ruhigen See zu Ende; wir gerieten wieder, wie die *Pandora*, in ein Gewirr von Sandbänken und halb von den Wogen überfluteten Riffen. Die Strömungen waren ebenso stark wie tückisch, und es kostete große Mühe, das schwer beladene Boot zwischen den Klippen hindurchzusteuern.

Um die Mittagszeit wurde uns unsere Ration Nahrungsmittel und Wasser zugeteilt. Edwards hatte eine primitive Waage herstellen lassen; Wasser und Wein wurden in einem kleinen Glas abgemessen. Wir hatten nur zwei solcher Gläser und mußten unsere Ration sofort trinken, damit auch die anderen an die Reihe kämen; später rüsteten wir uns jedoch mit Austernschalen aus, die es uns ermöglichten, die Getränke schluckweise zu uns zu nehmen.

Die Arbeit an den Rudern steigerte unseren Durst bis zur Unerträglichkeit. Einige Leute, vor Durst fast von Sinnen, erbaten oder forderten eine größere Wasserration; einer von ihnen versuchte sich des Glases eines Kameraden zu bemächtigen, wobei das kostbare Naß verschüttet wurde. Der Mann wurde von einem der Bootsmannsmaate sogleich zu Boden geschlagen. Unter den obwaltenden Umständen war diese Strafe nur gerecht. Dann sprach Edwards zu uns:

»Ich habe die Absicht, euch alle heil nach Timor zu bringen; wenn sich aber noch ein einziges Mal ein solcher Vorfall abspielt, wird der Schuldige sofort erschossen. Keiner von euch soll vergessen, daß wir alle die gleichen Entbehrungen zu erdulden haben. Morgen werden wir uns der Küste von Australien nähern. Dort werden wir ohne Zweifel irgendwo Wasser finden; ich verspreche euch, daß wir nicht früher weiterfahren werden. Merkt euch inzwischen, was ich euch gesagt habe!«

Am nächsten Morgen kam die nördliche Küste von Australien in Sicht, aber ob es der Kontinent selbst oder eine der unzähligen vorgelagerten Inseln war, wußte keiner von uns. Die Pinasse und die rote Jolle waren um diese Zeit dicht beieinander. Mehrere Stunden fuhren wir die Küste entlang, sahen aber weder Mensch noch Tier, und die Vegetation bestand nur aus einigen Bäumen und Pflanzen, die ebenso von Durst geplagt aussahen wie wir selbst.

Wir gelangten zu einer tief in die Küste eingeschnittenen Bucht. Der Wind legte sich, wir griffen zu den Rudern und fuhren in die Bucht ein. Das Wasser glich hier einer Glasplatte; der Himmel und die Küste spiegelten sich darin. Am Ende der Bucht erblickten wir ein schmales Tal, das Pflanzenwuchs von satterem Grün aufwies; dies wies darauf hin, daß in der Nähe Wasser zu finden sei. Edwards befahl, daß in jedem der beiden Boote einige Leute zur Bewachung der Gefangenen zurückbleiben müßten. Die übrigen erhielten sodann die Erlaubnis, an Land zu gehen; wir sahen mit fiebrigen Augen zu, wie sie sich am Ufer verteilten. Plötzlich erklang ein lauter Ruf, und alle rannten wie Wahnsinnige zur gleichen Stelle. Kaum fünfzig Meter von der Küste entfernt war eine vorzügliche Quelle gefunden worden.

Wir mußten lange, quälend lange warten, aber endlich waren wir an der Reihe. Wir tranken und tranken und tranken dann nochmals, bis wir nicht mehr konnten. Alles andere war vergessen. Von der schrecklichsten der körperlichen Qualen, die der Mensch kennt, befreit, waren wir zufrieden. Jene, deren Durst gelöscht war, schleppten sich in den Schatten der Bäume und schliefen sogleich ein. Wie Tote lagen sie dort. Edwards wäre gerne länger hier geblieben, aber die Barkasse und die blaue Jolle hatten die Bucht verfehlt, und da wir das offene Meer nicht sahen, konnten wir ihnen kein Zeichen geben. Infolgedessen ließen die Offiziere unser kleines Faß, den Teekessel, zwei Flaschen und sogar ein paar wasserdichte Stiefel füllen und in die Boote verstauen. Einige der Matrosen waren so erschöpft, daß man sie nicht wecken konnte. Sie mußten in die Boote getragen werden.

Als wir die Bucht verlassen hatten, sahen wir die Barkasse und die blaue Jolle weit vor uns. Wir gaben Zeichen mittels Musketenschüssen, aber die Signale wurden nicht gehört, und erst am späten Nachmittag hatten wir die anderen erreicht. Edwards ließ jedem Mann der beiden Boote drei Glas Wasser verabreichen, dann segelten wir weiter.

Bei Anbruch des folgenden Tages waren wir nicht weit von einer Insel entfernt, die bewohnt zu sein schien. Wir suchten nach einem Landungsplatz, waren aber von der Küste aus gesehen worden, und Eingeborene in großer Zahl versammelten sich am Strand. Sie waren splitternackt und mit Pfeil und Bogen bewaffnet. Endlich fanden wir im Riff eine Öffnung, fuhren in eine schmale Lagune ein und näherten uns dem Ufer. Der Wilden bemächtigte sich große Erregung; offenbar hatten sie nie zuvor weiße Menschen gesehen. Wir gaben ihnen durch Zeichen zu verstehen, daß wir Wasser wünschten; nach vielen vergeblichen Versuchen gelang es uns, ein halbes Dutzend der Leute so nahe an die Boote heranzulocken, daß wir ihnen Knöpfe von verschiedenen Kleidungsstücken reichen konnten. Sie nahmen das Faß der Pinasse, unseren einzigen großen Wasserbehälter, entgegen und brachten es nach kurzer Zeit gefüllt zurück. Die furchtbare Hast, mit der wir tranken, hätte bei jedem zivilisierten Beobachter Mitleid hervorgerufen; die Wilden aber lachten und jauchzten bei diesem Anblick vor Vergnügen. Das Faß war bald geleert und wurde den Eingeborenen neuerdings gereicht, aber als sie es zum zweiten Mal gefüllt hatten, stellten sie es ans Ufer und forderten uns durch Zeichen auf, es zu holen. Dies gestattete Edwards nicht; er gab Order, die Boote in sichere Entfernung vom Land zu bringen. Auf dieses Zeichen der Furcht hin stürmten die Wilden vor und überschütteten uns mit einem Pfeilregen. Wie durch ein Wunder wurde niemand getroffen. Edwards ließ hierauf eine Salve über die Köpfe der Eingeborenen hinweg abfeuern. Dies jagte ihnen solche Furcht ein, daß sie in wilder Hast davonliefen. Einen Augenblick später lag das Ufer verlassen da. Die Pinasse fuhr heran, und wir holten das Faß zurück; dies geschah keine Minute zu früh, denn die Wilden stürmten wieder heran. Es gelang uns jedoch, ohne Verlust davonzukommen.

Während der nächsten Tage liefen wir mehrere andere Inseln an, aber nur auf einer, die Edwards »Laforeyinsel« nannte, fanden wir Wasser. Am 2. September hatten wir die Torresstraße endgültig hinter uns und erreichten wieder das offene Meer. Trotz der vielen Jahre, die seither vergangen sind, erinnere ich mich noch genau an das Gefühl des Schreckens und der lastenden Schwermut, von der die meisten Männer in der Pinasse um diese Zeit erfaßt wurden. Timor war noch unendlich weit, und nur wenige von uns hofften, es jemals zu erreichen. Hier auf dem offenen Meer hatten wir neue Gefahren zu überwinden. Wir gerieten in einen heftigen Weststurm, und da unsere vollbeladenen Boote sehr tief im Wasser lagen, nahm die Schöpfarbeit kein Ende. Hierfür standen uns nur die Schalen der Riesenmuscheln zur Verfügung, die wir auf der Laforeyinsel gefunden hatten, und diese waren schwer und für den Zweck wenig geeignet. Während des ersten Sturmtages hatten wir keinen Augenblick Ruhe, und sogar die Zuteilung der Nahrungsmittel und des Wassers konnte nur unter großen Schwierigkeiten erfolgen.

Bei Einbruch der Nacht wurden die Boote aneinander befestigt, aber die Taue rissen wiederholt, und die Fahrzeuge waren in so großer Gefahr, gegeneinandergeschleudert und zertrümmert zu werden, daß wir uns wieder trennen mußten. Alle zwei Stunden versuchten wir uns durch Musketensignale miteinander zu verständigen, aber da unser Pulver feucht geworden war, war auch dies nur schwer möglich. Gegen Morgen hatte uns der Sturm weit auseinandergetrieben, mehrere Stunden lang hielten wir die blaue Jolle für verloren, bis wir sie schließlich doch wieder, von einer hohen Woge emporgetragen, erblickten.

Um die Mittagszeit waren wir wieder beisammen, und die dürftigen Rationen konnten verteilt werden. Diese mittäglichen Zusammenkünfte haben eine Reihe unauslöschlicher Bilder in meinem Gedächtnis zurückgelassen. Ich sehe die blaue Jolle, wie sie sich uns langsam nähert; unvorstellbar klein und verlassen sieht sie aus; zuweilen entschwindet sie unserem Blick in der stürmischen See vollkommen. Nun ist sie so nahe, daß wir die Menschen darin unterscheiden können, wie sie ohne Unterlaß schöpfen ... schöpfen ... schöpfen. Und jetzt kann ich auch die eingefallenen, hohläugigen Gesichter unterscheiden und den Eindruck unaussprechlicher Müdigkeit auf diesen Gesichtern sehen. Zuweilen starren wir einander an, als seien wir Gespenster...

Die Männer in der roten Jolle hatten das Glück, Dr. Hamilton in ihrer Mitte zu haben. Er litt soviel wie jeder andere, aber immer wieder flößte er aufs neue den Leuten Mut und Hoffnung ein. Ich war wegen Muspratt und Burkitt froh, daß sich der Arzt in jenem Boot befand, denn es stand unter dem Kommando Parkins, und dieser hätte das Elend der Gefangenen sicherlich noch erhöht, wäre Dr. Hamilton nicht gewesen.

Während der nächsten Wochen gelang es uns beisammenzubleiben. In der Pinasse wurde ein Tölpel gefangen. Dieser Glücksfall ereignete sich am 11. September, zu einer Zeit, als wir diese Bereicherung zu unserer Nahrung schon dringend benötigten.

Am Morgen des Dreizehnten wurde Land gesichtet, ein dünner, bläulicher Streifen am westlichen Horizont. Zuerst konnten wir nicht glauben, daß es wirklich Timor sei, was da vor uns lag, aber im Verlauf des Morgens überzeugten sich auch die Skeptiker unter uns davon, daß es Land und keine Wolke sei. Wir waren so elend an Leib und Seele, daß wir uns nicht einmal recht freuen konnten.

Unglücklicherweise trat am Nachmittag völlige Windstille ein. Unendlich müde ruderten wir dem Land zu. Einige der älteren Leute in der Pinasse waren um diese Zeit so kraftlos geworden, daß sie nicht mehr aufrecht sitzen konnten. Sie lagen auf dem Boden des Bootes, stöhnend und um Wasser flehend.

Zu Mittag des folgenden Tages hatte die Pinasse das Land beinahe erreicht. Die übrigen Boote waren nicht in Sicht. Die Qual des Durstes war so groß geworden, daß sich Edwards entschloß, den verbleibenden Wasservorrat aufzuteilen; auf jeden Mann entfiel eine halbe Flasche. Dies erfrischte uns unendlich; wir segelten die Küste entlang und hielten nach einer Landungsmöglichkeit Ausschau. Auf die grünen Hügel und die dahinter auftauchenden Gebirge warfen wir kaum einen Blick; wir hatten nur Augen für das Ufer, aber die Brandung war so stark, daß unser Boot beim ersten Landungsversuch an den Klippen zerschellt wäre. Während der Nacht erhob sich eine Brise, und wir kamen rasch weiter. Am nächsten Morgen fanden wir einen Landungsplatz und vortreffliches Trinkwasser. Es ist fraglich, ob einige der Leute den Durst einen einzigen Tag länger ausgehalten hätten.

In der Nacht vom 15. auf den 16. September erreichten wir das Fort von Coupangbai. Es war eine stille, sternklare Nacht. In der Niederlassung schien alles zu schlafen. Nicht weit von uns lag ein Schiff vor Anker nebst einigen kleineren Fahrzeugen, aber in der Dunkelheit war es unmöglich, festzustellen, ob eines der anderen Boote der *Pandora* angekommen war. Von dem hohen Festungswall herab bellte uns ein Hund kläglich an. Das war unser Empfang in Coupang. Völlig erschöpft von unserer langen Fahrt, blieben wir, wo wir waren, bis der Morgen dämmerte. Auf unseren Sitzen zusammengekauert, schliefen wir, und niemals, glaube ich, haben Menschen gesünderen Schlummer genossen.

Über unsere Erlebnisse vom Morgen unserer Ankunft in Coupang bis zu dem Tag, an dem wir die Klippen Englands sichteten, will ich nur kurz berichten. Kapitän Edwards und seiner Mannschaft gefiel es auf Timor vermutlich ausgezeichnet; sie waren Gäste der Niederländisch-Ostindischen Compagnie. Wir Gefangenen waren gleichfalls Gäste, aber Gäste anderer Art. Wir wurden sofort in das Fort gebracht und arrestiert. Parkin sorgte dafür, daß uns selbst die notwendigsten Bequemlichkeiten versagt blieben. Edwards suchte uns nicht ein einziges Mal auf, aber Dr. Hamilton vergaß uns nicht. Während der ersten Woche auf Timor war er Tag und Nacht mit den Kranken der *Pandora* beschäftigt, von denen einige kurz nach unserer Ankunft starben, doch sobald er ein wenig Zeit hatte, besuchte er uns in Begleitung des holländischen Arztes. Wir baten Dr. Hamilton, seinen Einfluß geltend zu machen, damit Leutnant Corner, ein anständiger und menschenfreundlicher Mann, mit unserer Beaufsichtigung betraut werde. Edwards lehnte dies jedoch ab, und Parkin fuhr fort, uns das Leben zur Hölle zu machen. Oft wünschten wir, tot zu sein, ehe wir das Kap der Guten Hoffnung erreichten.

Am 6. Oktober schifften wir uns alle auf der *Rembang*, einem niederländischen Schiff mit Bestimmung Batavia, ein. Nach einer stürmischen Fahrt, während der die *Rembang*, ein altes und schadhaftes Fahrzeug, mehr als einmal in Gefahr geriet unterzugehen, erreichten wir am 30. Oktober Samarang. Hier fanden wir zu jedermanns Freude den Schoner *Resolution* wieder, den wir vor vier Monaten verloren hatten. Oliver, der Kommandant der *Resolution*, hatte die Insel Tofoa irrtümlich für den vereinbarten Treffpunkt Namuka gehalten. Er und seine neunköpfige Mannschaft hatten Gefahren und Entbehrungen durchgemacht, die zumindest so groß waren wie die unseren. Edwards verkaufte in Samarang die *Resolution*; der Erlös wurde unter der Mannschaft der *Pandora* für den Ankauf von Kleidungsstücken und anderen notwendigen Dingen verteilt. Dies erschien mir als ein Unrecht gegen Morrison und die anderen Gefangenen, die den Schoner gebaut hatten. Sie erhielten keinen Schilling, aber wenigstens hatten sie die Genugtuung, daß ihr kleines Schiff so gut war, als sei es aus der berühmtesten Werft Englands hervorgegangen.

In Samarang wurde die *Rembang* ausgebessert; dann ging die Reise weiter nach Batavia. Dort wurden wir auf vier Schiffe der Niederländisch-Ostindischen Compagnie verteilt, um die lange Fahrt nach Europa anzutreten. Kapitän Edwards schiffte sich mit Leutnant Parkin, mehreren anderen Offizieren, zwei Kadetten und den zehn Gefangenen auf der *Vreedenberg* ein, die am 15. Januar 1792 das Kap der Guten Hoffnung erreichte, wo uns Seiner Majestät Schiff *Gorgon* aufnahm. Wir blieben beinahe drei Monate am Kap; während dieser Zeit wurden wir an Bord gefangengehalten. Herr Gardner, der Oberleutnant des Kriegsschiffs, behandelte uns sehr menschlich. Wir waren nur noch an einem Bein angekettet statt an beiden Füßen und Händen wie bisher. Auch gab man uns während der Nacht ein altes Segel als Lager, ein Luxus, dessen wir uns während der vergangenen zwölf Monate nicht erfreut hatten. Während der langen Fahrt nach England durften wir jeden Tag mehrere Stunden an Deck bleiben, um frische Luft zu atmen. Über diese humane Behandlung ärgerte sich Edwards sehr; da das Schiff jedoch nicht seinem Kommando unterstellt war, konnte er nichts dagegen tun.

Am Abend des 19. Juni ankerten wir im Hafen von Portsmouth. Vier Jahre und sechs Monate waren seit der Abfahrt der *Bounty* verstrichen. Fünfzehn Monate davon hatten wir in Ketten zugebracht.

Sir Joseph Banks

Die Mannschaften aller Schiffe im Hafen von Portsmouth waren von der Ankunft des Kriegsschiffes *Gorgon* unterrichtet, und sie wußten auch alle, daß es einige der berüchtigten Meuterer von der *Bounty* an Bord hatte. Am 21. Juni 1792 wurden wir auf S. M. Schiff *Hector* gebracht, um dort die Kriegsgerichtsverhandlung zu erwarten. Es war ein wolkiger, regnerischer Tag. Als wir ein Schiff nach dem anderen passierten, sahen wir Reihen von Matrosen auf uns niederblicken. Wir wußten nur zu gut, daß sich jeder einzelne Mann dachte: Gott sei Dank, daß ich nicht einer von jenen bin.

An Bord der *Hector* wurden wir mit eindrucksvoller Feierlichkeit empfangen. Eine Doppelreihe Marinesoldaten mit aufgepflanztem Bajonett hatte an der Pforte Aufstellung genommen. Tiefes Schweigen herrschte, als wir zwischen den Soldaten hindurchschritten. Wir sahen wie echte Piraten aus; einige von uns hatten keine Hüte, andere keine Schuhe, und kein einziger besaß etwas, was einer Uniform ähnlich sah. Die Lumpen, die wir trugen, bestanden aus abgelegten Kleidungsstücken, die wir von gutherzigen englischen Matrosen in Batavia und am Kap der Guten Hoffnung erhalten hatten. Wir wurden in die Kadettenmesse gebracht, der Steuerbord achtern lag, und es bedeutete eine große Erleichterung für uns, daß die Behandlung, an die uns Edwards gewöhnt hatte, nunmehr der Vergangenheit angehörte. Wir wurden nicht als Verurteilte, sondern als Angeklagte angesehen; welch unermeßlicher Unterschied darin liegt, kann nur jemand beurteilen, der sich einmal in einer ähnlichen Lage befunden hat. Wir waren ungefesselt und durften uns in dem von Marinesoldaten bewachten Raum frei bewegen. Wir erhielten anständiges Essen und Hängematten; uns wurden alle Erleichterungen gewährt, die wir als Gefangene erwarten durften.

Wenn man unsere Entbehrungen und unsere lange Gefangenschaft bedenkt, so befanden wir uns alle in einem bemerkenswert guten Gesundheitszustand. Während der ganzen Zeit war keiner von uns krank gewesen. Ohne Zweifel rechnete sich Edwards dies als Verdienst an, aber ohne jede Berechtigung. Wir waren nicht infolge seiner Behandlung, sondern trotz dieser gesund geblieben.

Kaum waren wir eine Stunde an Bord der *Hector*, als Kapitän Montague, der Kommandant des Schiffes, mich in seine Kajüte rufen ließ. Er entließ die Wache und ersuchte mich in freundlichster Weise, Platz zu nehmen. Die Meuterei wurde gar nicht erwähnt. Eine Viertelstunde lang plauderte er mit mir ebenso höflich wie mit einem seiner Offiziere. Er befragte mich ausführlich nach dem Schiffbruch der *Pandora* und unseren weiteren Abenteuern auf der Reise nach Timor. Wenn er auch meiner Erzählung mit ehrlichem Interesse zuhörte, so war ich doch überzeugt, daß er mich noch aus einem anderen Grund hatte rufen lassen. Schließlich öffnete er eine Schublade seines Tisches und übergab mir ein kleines Paket.

»Ich habe Briefe für Sie, Herr Byam, Sie können sie hier in aller Ruhe lesen. Wenn Sie bereit sind, in Ihr Quartier zurückzukehren, brauchen Sie nur die Tür zu öffnen und die Wache zu benachrichtigen.«

Mit diesen Worten verließ er mich; ich öffnete das Paket mit zitternden Händen; es enthielt einen Brief von Sir Joseph Banks, den mir dieser auf die Nachricht vom Eintreffen des Schiffes hin geschrieben hatte. Er teilte mir mit, daß meine Mutter vor sechs Wochen gestorben sei, und legte ein Schreiben bei, das sie in der Nacht vor ihrem Tod an mich gerichtet hatte. Ich war Kapitän Montague dankbar dafür, daß er mich in solch mitfühlender Weise allein gelassen hatte; aber Trost in meinem Leid fand ich weder damals noch später. Während all der Jahre, seit die *Bounty* England verlassen hatte, war kaum ein Tag vergangen, an dem ich nicht an meine Mutter gedacht und mich nach ihr gesehnt hatte; das Bewußtsein ihrer Liebe hatte mich während der endlosen Monate meiner Gefangenschaft aufrechterhalten. Sicherlich hatte sie niemals an meiner Schuldlosigkeit gezweifelt, aber sie war nicht nur sanft und gütig, sondern auch stolz; der Makel, der nun an dem guten Namen unserer Familie haftete – insbesondere aber der Umstand, daß Bligh mich für einen der Hauptschuldigen hielt –, untergrub ihre Lebenskraft. Ihr Brief allerdings enthielt nichts hierüber; ich erfuhr all dies erst später von Frau Thacker, die mir erzählte, daß meine Mutter an dem Tag, an dem sie Blighs Brief erhielt, zu kränkeln begann. Ich habe seither versucht, alle möglichen Entschuldigungsgründe für Bligh geltend zu machen; er konnte annehmen, daß ich Christians Komplize sei. Aber ein Mann mit einem Funken von Menschlichkeit hätte einer Mutter einen solchen Brief niemals geschrieben. Ich vergebe ihm seine Grausamkeit heute ebensowenig wie damals, als ich diesen Brief zum ersten Mal las.

Es war die Ironie meines Schicksals, daß ich, der ich mit der standhaften Liebe zweier Frauen gesegnet war, jetzt, wo ich sie am meisten benötigte, von meiner Mutter durch den Tod und von meiner Frau durch die halbe Erde getrennt war. Diesen beiden Frauen hatte all meine Liebe gegolten. Nun, da meine Mutter dahingegangen war, wurde meine Erinnerung an Tehani um so zärtlicher.

Was jetzt geschehen würde, schien mir unwichtig. Ich konnte mir ein Leben in England ohne meine Mutter nicht vorstellen. Der Gedanke, sie zu verlieren, war mir niemals gekommen. Als ich ruhiger wurde, begriff ich jedoch, daß ich zumindest um ihretwillen meinen Namen von dem Schmutz, der an ihm haftete, reinigen müsse.

Sir Joseph Banks besuchte mich einige Tage nachdem ich seinen Brief erhalten hatte. Er hatte meine Mutter wenige Wochen vor ihrem Tod gesehen und berichtete mir über alle kleinen Einzelheiten seines Besuches. Er erinnerte sich jedes Wortes, das sie gesprochen hatte, und gestattete mir, ihn nach Herzenslust auszufragen. Ich fühlte mich unsäglich getröstet und gestärkt. In seiner äußeren Erscheinung war Sir Joseph ein typischer »John Bull«, kräftig gebaut, mit der gesunden Gesichtsfarbe, die unser englisches Klima verleiht. Er strahlte Energie aus, und niemand konnte fünf Minuten in seiner Gegenwart zubringen, ohne ein besserer Mensch zu werden. Zu jener Zeit war er Präsident der Royal Society, und sein Name war nicht nur in England, sondern in ganz Europa bekannt und geachtet. Es gab vielleicht keinen beschäftigteren Mann in ganz London, und doch hätte man während dieser angstvollen Wochen vor der Kriegsgerichtsverhandlung glauben können, seine einzige Sorge sei, daß uns allen Gerechtigkeit zuteil werde.

Er verstand es, mich rasch aus meiner Verzweiflung aufzurütteln; bald erzählte ich ihm mit Eifer und Enthusiasmus von meinem Wörterbuch und meiner Grammatik. Ich berichtete ihm, daß sich meine Manuskripte in der Obhut Dr. Hamiltons befänden, der mit dem Rest der Überlebenden von der *Pandora* bald in England eintreffen müsse.

»Vortrefflich, Byam! Vortrefflich!« rief Sir Joseph. »Ich werde mit Dr. Hamilton sprechen, sobald er ankommt. Aber genug davon für den Augenblick! Jetzt möchte ich von Ihnen die Geschichte der Meuterei – die ganze Geschichte, jede Einzelheit – hören.«

»Haben Sie Kapitän Blighs Bericht gelesen, Sir? Wissen Sie, wie schwer die Anschuldigungen gegen mich sind?«

»Ja«, antwortete er ernst. »Kapitän Bligh ist mein Freund, aber ich kenne seine Charakterschwächen ebenso wie seine Tugenden. Er glaubt an Ihre Schuld; aber gestatten Sie mir, Ihnen zu sagen, daß ich keinen Augenblick an Ihrer Schuldlosigkeit gezweifelt habe.«

»Ist Bligh gegenwärtig in England, Sir?«

»Nein. Er wurde wiederum nach Tahiti entsandt, um Brotfruchtpflanzen nach Westindien zu bringen.«

Das war eine böse Nachricht für mich. Ich war überzeugt, daß ich Bligh, wenn ich ihm gegenübergestellt würde, von meiner Schuldlosigkeit überzeugen könne. Nun war diese Hoffnung geschwunden.

»Denken Sie nicht mehr daran, Byam«, riet mir Sir Joseph. »Es ist nun einmal nichts daran zu ändern; Ihr Wunsch, Bligh gegenübergestellt zu werden, bringt ihn nicht rechtzeitig zur Verhandlung nach England zurück. Und jetzt erzählen Sie mir, wie die Meuterei vor sich gegangen ist.«

Ich gab ihm, genauso wie seinerzeit Dr. Hamilton, einen vollständigen Bericht über die Meuterei und alles, was sich seither begeben hatte. Er unterbrach mich kaum ein einziges Mal. Als ich geendet hatte, wartete ich auf seine Äußerung.

»Wir wollen den Tatsachen ins Auge blicken, Byam. Sie sind in großer Gefahr. Herr Nelson, der von Ihrer Absicht, Bligh zu begleiten, wußte, ist tot. Norton, dem Christians Plan, in der Nacht vor der Meuterei von der *Bounty* zu entfliehen, bekannt war, ist gleichfalls nicht mehr am Leben. Ihre Aussicht auf einen Freispruch beruht fast ausschließlich auf der Aussage eines einzelnen Menschen, Ihres Freundes Robert Tinkler.«

»Nun, der ist wohlbehalten nach England zurückgekehrt.«

»Ja, aber wo ist er jetzt? Wir müssen ihn sofort finden. Sie sagten, er sei Fryers Schwager?«

»So ist es, Sir.«

»In diesem Fall sollte es mir möglich sein, ihn aufzuspüren. Bei der Admiralität kann ich erfahren, auf welchem Schiff Fryer gegenwärtig dient.«

Ich hatte als sicher angesehen, daß Tinkler wissen müsse, wie sehr ich ihn brauchte, wenn ich je nach Hause zurückkehrte; Sir Joseph wies mich jedoch darauf hin, daß Tinkler hiervon vermutlich keine Ahnung habe.

»Es ist sehr unwahrscheinlich«, sagte er, »daß er etwas von Blighs Aussage bei der Admiralität weiß. Ebensowenig dürfte ihm der Gedanke gekommen sein, daß Ihre Unterhaltung mit Christian als Schuldbeweis gegen Sie benutzt wird. Nein, glauben Sie mir, er wird keine Befürchtungen um Sie hegen. Wir müssen ihn finden; kein Augenblick darf verlorengehen!«

»Wann wird das Kriegsgericht zusammentreten, Sir?« erkundigte ich mich.

»Da der Fall schon lange anhängig ist, wird ihn die Admiralität so rasch wie möglich erledigen wollen. Natürlich ist es notwendig, die Ankunft der übrigen Schiffbrüchigen von der *Pandora* abzuwarten, aber sie dürften sich England bereits nähern.«

Sir Joseph verließ mich bald darauf. Er wollte mit der Nachtpostkutsche nach London zurückkehren.

»Sie werden bald von mir hören«, sagte er mir beim Abschied. »Seien Sie inzwischen überzeugt, daß ich Tinkler finden werde, wenn er in England überhaupt zu finden ist.«

Unser Gespräch hatte in Kapitän Montagues Kajüte stattgefunden. Die anderen erwarteten in der Kadettenmesse angstvoll meine Rückkehr und meinen Bericht. Im allgemeinen sprachen wir selten von der bevorstehenden Verhandlung. Zuweilen unterhielten wir uns, um uns von unseren Sorgen abzulenken, über das glückliche Leben in Tahiti, aber den größten Teil des Tages verbrachten wir schweigend; jeder hing seinen eigenen Gedanken nach. Oder wir standen an den Luken und blickten auf das geschäftige Leben im Hafen hinaus. Es gab Zeiten, in denen mir alle meine Erlebnisse wie etwas Unwirkliches vorkamen. Mir war dann wie einem, der aus einem ungewöhnlich verworrenen und phantastischen Traum erwacht ist. Am schwersten fiel es mir, die Tatsache zu erfassen, daß wir uns wirklich wieder in der Heimat befanden, wenige Meilen von Spithead, dem Ausgangspunkt der Fahrt, entfernt.

Inzwischen wurden wir dank des Einsatzes von Sir Joseph mit anständiger Kleidung für die bevorstehende Kriegsgerichtsverhandlung versorgt. Das Gefühl, wieder einmal sauber gekleidet zu sein, war von ausgezeichneter Wirkung auf unsere Stimmung.

Nach zehn Tagen erhielt ich folgenden Brief von Sir Joseph:

»Mein lieber Byam!

Ich kann mir vorstellen, wie begierig Sie auf Nachricht von mir warten. Da es mir zur Zeit unmöglich ist, nach Portsmouth zu kommen, muß Ihnen dieses Schreiben genügen.

Sogleich nach meiner Rückkehr wandte ich mich an das Büro der Admiralität und vernahm, daß Fryer in London ist. Ich erfuhr von ihm, daß Tinkler kurz nach seiner Heimkehr eine Stelle als Steuermann auf der *Carib Maid*, einem Kauffahrteischiff, angeboten erhielt, die er annahm. Vor einem Jahr kehrte Tinkler von seiner ersten Reise nach Westindien zurück und trat bald darauf eine zweite an. Vor etwa drei Monaten empfing Fryer die Nachricht, daß die *Carib Maid* nahe Kuba in einem Orkan mit der gesamten Mannschaft untergegangen sei.

Es wäre zwecklos, zu leugnen, daß dieses ein großes Unglück für Sie ist. Aber auch so halte ich Ihre Lage nicht für hoffnungslos. Fryer spricht von Ihnen in den freundlichsten Ausdrücken. Er ist überzeugt davon, daß Sie an der Meuterei nicht teilgenommen haben, und seine Aussage wird wertvoll sein. Auch Cole, Purcell und Peckover habe ich gesprochen. Sie alle haben eine vortreffliche Meinung von Ihnen. Mein Freund, Herr Graham, der als Sekretär verschiedener Admirale häufig als Kriegsgerichtsrat bei Kriegsgerichten fungierte, hat mir versprochen, Ihnen zur Seite zu stehen. Er hat genaue Kenntnisse des Dienstes und ist ein ausgezeichneter Jurist. Der größte Teil des Beweismaterials befindet sich bereits in seinen Händen. Lassen Sie den Mut nicht sinken, und seien Sie überzeugt, daß ich mich Ihrer Interessen annehme. Ich werde der Verhandlung bestimmt beiwohnen, und nun, da mein Freund Graham Ihre Verteidigung übernommen hat, fühle ich mich zuversichtlicher, als wenn Ihnen der berühmteste Advokat Englands zur Seite stünde.«

Meine Gefühle bei der Lektüre dieses Briefes sind leicht zu erraten. Sir Joseph hatte alles getan, um die bittere Pille zu versüßen, aber ich war mir des Ernstes meiner Lage vollkommen bewußt. Ohne Tinklers Aussage war mein Fall so gut wie aussichtslos. Und doch klammerte ich mich an die Hoffnung, wie es des Menschen Art ist. Ich beschloß, mit aller Kraft um mein Leben zu kämpfen.

Marineoffiziere haben, wie mir Sir Joseph mitteilte, eine große Abneigung gegen Advokaten. Ich war deshalb froh darüber, Herrn Graham, der selbst der Marine angehörte, zur Seite zu haben. Morrison beschloß, sich selbst zu verteidigen. Coleman, Norman, McIntosh und Byrne, die alle hoffen durften, für schuldlos befunden zu werden, sicherten sich den Beistand eines Marineoffiziers im Ruhestand, Kapitän Manly; den übrigen wurde von der Regierung ein Offizier der Admiralität, Kapitän Bentham, als Berater beigestellt.

Diese Herren besuchten uns in der folgenden Woche; als erster kam Herr Graham. Er war ein hochgewachsener, schlanker Mann, gegen Ende Fünfzig, von würdevollem Auftreten; seine ruhige Stimme und seine ganze Art flößten mir sofort Vertrauen ein. Er klärte uns darüber auf, wie es bei einer Kriegsgerichtsverhandlung zuging.

»Ich habe den ganzen Vormittag zur Verfügung, Herr Byam«, sagte er, »und stehe Ihnen und den übrigen Beschuldigten gerne mit Auskünften zur Verfügung.«

»Ich gedenke mich selbst zu verteidigen, Sir«, sagte Morrison. »Mir liegt besonders daran, den genauen Wortlaut des Paragraphen kennenzulernen, nach dem wir abgeurteilt werden.«

»Ich kenne ihn auswendig«, erklärte Graham. »Es ist der Paragraph 19 des Kriegsgesetzes: ›Wenn eine Person, die der Marine angehört, unter welcher Begründung auch immer, eine aufrührerische Zusammenrottung veranstaltet oder eine solche zu veranstalten versucht, so soll jede Person, die daran teilnimmt und dieses Verbrechens durch Spruch des Kriegsgerichts schuldig befunden wird, den Tod erleiden.‹«

»Gibt es für den Gerichtshof keine andere Möglichkeit?« fragte ich.

»Keine. Das Gericht muß entweder freisprechen oder aber das Todesurteil aussprechen.«

»Wenn es nun aber mildernde Umstände gibt, Sir?« fügte Morrison hinzu. »Wenn zum Beispiel auf einem Schiff eine Meuterei ausbricht und jemand keine Kenntnis von den Absichten der Meuterer hat und an der Besitzergreifung des Schiffes keinen Anteil nimmt?«

»Wenn er mit den Meuterern auf dem Schiff zurückbleibt, so gilt er vor dem Gesetz als ebenso schuldig wie die anderen. Der Mann, der sich neutral verhält, wird nach dem gleichen Maße gemessen wie jener, der die Hand gegen seinen Kapitän erhebt.«

»Nun gab es einige unter uns, Sir«, gab Coleman zu bedenken, »die Kapitän Bligh nur zu gerne begleitet hätten. Wir wurden aber von den Meuterern, die unsere Dienste benötigten, mit Gewalt zurückgehalten.«

»Ein solcher Fall wird ohne Zweifel vom Gerichtshof berücksichtigt werden«, entgegnete Herr Graham. »Wenn der Betreffende seine Schuldlosigkeit einwandfrei beweisen kann, droht ihm keine Gefahr.«

»Darf ich auch eine Frage stellen, Sir?« meldete sich Ellison.

»Gewiß, mein Junge.«

»Ich gehörte zu den Meuterern, Sir. Am Anfang habe ich mit der Sache nichts zu tun gehabt. Aber ich war so wie die anderen auf Kapitän Bligh nicht gut zu sprechen, und als man mich aufforderte, tat ich mit. Gibt es eine Hoffnung für mich?«

Herr Graham blickte ihn einen Augenblick lang ernst an. Dann sagte er: »Ich habe an so mancher Kriegsgerichtsverhandlung teilgenommen, und genauso wie bei einem bürgerlichen Gericht soll man keine Meinung über das Urteil abgeben, ehe das gesamte Beweismaterial vorliegt. Deshalb, junger Mann, wäre es unrecht von mir, Ihre Frage zu beantworten.«

Die Tage schleppten sich mit quälender Langsamkeit dahin. Der Juli verging, dann der August, und immer noch warteten wir.

Das Kriegsgericht tritt zusammen

Am Morgen des 12. September erhielten wir die Weisung, uns bereitzuhalten, da wir in den nächsten Stunden an Bord des Kriegsschiffes *Duke* gebracht werden würden. Es war ein grauer, kühler, windstiller Tag, so daß wir die Schiffsglocken von nah und fern glasen hörten. Die *Hector* lag nur etwa eine halbe Meile von der *Duke* entfernt vor Anker. Kurz vor acht sahen wir einen mit Marinesoldaten in Paradeuniform bemannten Kutter von dem großen Schiff aus auf die *Hector* zufahren, und Schlag acht wurde von S. M. S. *Duke* ein einziger Kanonenschuß abgegeben. Dies war das Signal für den Beginn der Kriegsgerichtsverhandlung. Unsere Zeit war gekommen.

Das einzige Gefühl, das ich verspürte, war das der Erleichterung. Zu lange hatte ich gewartet und zu viel erduldet, um stärkerer Empfindungen fähig zu sein. Ich fühlte mich geistig und körperlich unaussprechlich müde, und wenn ich überhaupt etwas erhoffte, so war es Frieden – den Frieden der Gewißheit über mein Schicksal, welches immer es auch sein würde. Die Kriegsgerichtsverhandlung fand in der großen Kajüte der *Duke* statt, welche die ganze Breite des Schiffes einnahm. Das Quarterdeck war von Menschen überfüllt; zum großen Teil waren es Offiziere in Paradeuniform, die sich von den vielen im Hafen liegenden Kriegsschiffen hierherbegeben hatten, um der Verhandlung beizuwohnen. Es waren jedoch auch einige Zivilisten anwesend, darunter Sir Joseph Banks. Dr. Hamilton, den ich das letzte Mal am Kap der Guten Hoffnung gesehen hatte, stand mit den anderen Offizieren der *Pandora* auf der Backbordseite des Decks. Edwards war gleichfalls anwesend, begleitet von Parkin. Der Kapitän maß uns mit dem gewohnten Ausdruck kalter Feindseligkeit und schien zu denken: Was, diese Halunken sind nicht gefesselt? Welch grobe Pflichtverletzung!

Auf der anderen Seite des Decks hatten sich die Offiziere der *Bounty* versammelt; sie schienen sich inmitten all dieser Schiffskapitäne und Admirale nicht gerade wohl zu fühlen. Es war ein seltsames Wiedersehen für ehemalige Schiffskameraden, und so mancher schweigende Blick wurde zwischen uns ausgetauscht. Herr Fryer, der Steuermann, stand dort, Cole, der Bootsmann, Purcell, der Zimmermann, und Peckover, der Stückmeister. Ein klares Bild blitzte in mir auf; ich sah diese Männer vor mir wie damals, als sie von der sich entfernenden Barkasse aus über die immer größer werdende blaue Wasserfläche hinweg zum letzen Mal zur *Bounty* zurückgeblickt hatten. Damals hätte wohl kaum einer von uns gedacht, daß wir einander je wieder begegnen würden.

Die allgemeine Unterhaltung erstarb, als die Tür zur großen Kajüte geöffnet wurde. Zuerst betraten die Zuschauer den Raum; dann wurden wir mit unserer Wache von einem Marineleutnant mit gezogenem Säbel hineingeführt. Wir wurden rechts von der Tür in einer Reihe aufgestellt. Während des ersten Verhandlungstages mußten wir stehen; wegen der langen Dauer des Prozesses wurde uns später eine Bank zur Verfügung gestellt. In der Mitte der Kajüte stand ein langer Tisch; rechts und links vom Sessel des Vorsitzenden saßen die Richter. Hinter dem Vorsitzenden war ein Tischchen für den Kriegsgerichtsrat aufgestellt; diesem gegenüber ein weiterer Tisch für die Schreiber, die das Verhandlungsprotokoll aufnahmen. Den Beiständen der Angeklagten war gleichfalls ein Tisch eingeräumt. Längs der Wände hatten die Zuschauer auf langen Bänken Platz genommen.

Punkt neun öffnete sich die Tür aufs neue, und die Mitglieder des Gerichts nahmen ihre Plätze ein. Den Vorsitz führte

Lord Hood, Vizeadmiral und Oberbefehlshaber der Kriegsschiffe im Hafen von Portsmouth. Von den übrigen elf Richtern, samt und sonders Kapitänen von Kriegsschiffen, kannte ich nur Sir George Montague, den Kommandanten der *Hector*. Meine Teilnahmslosigkeit wich von mir, als ich mich dem eindrucksvollen Bild zuwandte. Zunächst wurde meine Aufmerksamkeit vollkommen von den Richtern in Anspruch genommen. Sie waren zum größten Teil Männer in mittlerem Alter; man hätte sie auch in Zivilkleidung sogleich als Marineoffiziere erkannt. Als ich der Reihe nach in ihre strengen, unbewegten Züge blickte, war ich sehr entmutigt. Der einzige von diesen Männern, von dem wir ein wenig Milde zu erwarten hatten, schien mir Sir George Montague, der Kapitän der *Hector*, zu sein.

Der Profos rief unsere Namen; wir standen unmittelbar vor dem Gericht, während die Anklage gegen uns zur Verlesung gelangte. Die Anklageschrift war von beträchtlicher Länge und enthielt die Geschichte der *Bounty* von ihrer Abfahrt bis zu dem Augenblick, in dem sich die Meuterer des Schiffes bemächtigten. Dann verlas der Kriegsgerichtsrat die beeidete Aussage Kapitän Blighs, die wiederum eine genaue Darstellung der Vorgänge während der Meuterei, vom Gesichtspunkt des Kapitäns, gab.

Der Schluß des Dokuments hatte folgenden Wortlaut: »Ich gestatte mir, die verehrte Admiralität darauf aufmerksam zu machen, daß die Vorbereitungen zu der Meuterei mit größter Heimlichkeit getroffen wurden, so daß keiner der mir Treugebliebenen die geringste Ahnung von dem, was vorging, hatte. Folgendes erscheint mir als eine Tatsache von größter Wichtigkeit: Als ich in der Nacht vor dem Aufstand während der mittleren Wache meiner Gewohnheit gemäß auf Deck kam, sah ich Fletcher Christian, den Rädelsführer der Piraten, im ernsten Gespräch mit Roger Byam, einem der Kadetten. Infolge der herrschenden Dunkelheit bemerkten mich diese Leute nicht; auch argwöhnte ich damals nicht, daß diese Unterredung einen gefährlichen Inhalt haben könne. Als ich mich jedoch unbemerkt näherte, sah ich, wie Byam Christian die Hand schüttelte und sagte: ›Sie können auf mich rechnen.‹ Christian antwortete hierauf: ›Gut denn, das wäre abgemacht.‹ Als sie mich bemerkten, brachen sie ihr Gespräch ab. Ich hege nicht den geringsten Zweifel daran, daß sich diese Unterredung auf die bevorstehende Meuterei bezog.«

Der Verlesung der Aussage des Kapitäns folgte ein Augenblick tiefen Schweigens. Ich spürte den Blick vieler Augenpaare auf mich gerichtet. Eine vernichtendere Anklage gegen mich wäre undenkbar gewesen, und es war nur zu klar ersichtlich, welch tiefen Eindruck sie auf das Gericht gemacht hatte. Wie konnte ich diese Beschuldigung ohne Tinklers Zeugenaussage entkräften? Das Bewußtsein der Hoffnungslosigkeit meiner Lage überfiel mich. Wäre ich einer der Richter gewesen, so hätte ich schon jetzt an der Schuld eines der Angeklagten nicht mehr gezweifelt.

Der Kriegsgerichtsrat fragte: »Ist es Eurer Lordschaft Wunsch, daß ich die Namen, welche in der der Aussage beiliegenden Liste enthalten sind, verlese?«

Lord Hood nickte.

Zuerst wurden die Namen jener, die Bligh begleitet hatten, verlesen, dann die Namen derer, die auf dem Schiff zurückgeblieben waren. Ich wunderte mich darüber, daß Bligh bezüglich Colemans, Normans und McIntoshs völliges Stillschweigen bewahrte. Er wußte sehr wohl, daß diese Männer von den Meuterern daran gehindert worden waren, die Barkasse zu besteigen. Und doch machte er keinen Unterschied zwischen ihnen und den Anhängern Christians. Bis zum heutigen Tag ist mir Blighs Mangel an Gerechtigkeitsgefühl diesen dreien gegenüber unverständlich geblieben.

Nun wurde Fryer aufgerufen. Er hatte sich, seit ich ihn zum letzten Mal gesehen hatte, gar nicht verändert. Nachdem er den Eid abgelegt hatte, gab er einen klaren und unparteiischen Bericht über die Meuterei, aus dem ich jedoch kaum etwas über die Vorgänge jenes Tages erfuhr, das ich nicht bereits wußte. Nachdem er geendet hatte, begann die Fragestellung des Gerichts. Im allgemeinen erfolgte sie durch den Vorsitzenden, doch beteiligten sich auch die übrigen Richter daran.

Das Gericht: »Sie haben ausgesagt, daß Sie die Folgenden bewaffnet gesehen haben: Christian, Churchill, Sumner, Martin, Quintal und die Angeklagten Burkitt und Millward. Waren Sie der Ansicht, daß nur diese Leute bewaffnet waren?«

Fryer: »Nein.«

Das Gericht: »Aus welchem Grund nicht?«

Fryer: »Meine Gefährten in der Barkasse sprachen von einer größeren Anzahl Bewaffneter. Ich selbst kann mich nicht erinnern, mehr gesehen zu haben.«

Das Gericht: »Haben Sie gesehen, daß einer der Angeklagten auf Befehl Christians oder Churchills sich aktiv an der Meuterei beteiligte?«

Fryer: »Burkitt und Millward bewachten Kapitän Bligh. Sie waren bewaffnet.«

Das Gericht: »Sahen Sie den Angeklagten Ellison am Morgen des Aufstandes?«

Fryer: »Im Anfang nicht. Später stand er in der Nähe des Kapitäns.«

Das Gericht: »War er bewaffnet?«

Fryer: »Daran kann ich mich nicht erinnern.«

Das Gericht: »Sahen Sie William Muspratt?«

Fryer: »Nein.«

Das Gericht: »Wie viele Leute waren erforderlich, um die Barkasse hinabzulassen?«

Fryer: »Etwa zehn.«

Das Gericht: »Befand sich unter diesen Leuten einer der Angeklagten?«

Fryer: »Ja. Byam, Morrison, Coleman, Norman und McIntosh halfen dabei. Sie taten dies jedoch im Auftrag des Bootsmannes Cole.«

Das Gericht: »Waren Sie der Meinung, daß diese Leute auf seiten Kapitän Blighs oder der Meuterer standen?«

Fryer: »Auf seiten Kapitän Blighs.«

Das Gericht: »Woraus schlossen Sie, daß Millward Ihnen freundlich gesinnt war, als er Sie bewachte?«

Fryer: »Er machte auf mich den Eindruck, als habe er die Waffen nur widerwillig entgegengenommen.«

Das Gericht: »In welchem Teil des Schiffes befanden sich die Kammern der Kadetten?«

Fryer: »Im Zwischendeck, zu beiden Seiten des Hauptganges.«

Das Gericht: »Wußten Sie, ob dieser Gang bewacht war?«

Fryer: »Ja. Ich vergaß zu erwähnen, daß Thompson mit Muskete und aufgepflanztem Bajonett bei der Waffenkiste Wache hielt.«

Das Gericht: »Waren Sie der Ansicht, daß er die Kadettenkammern zu bewachen hatte?«

Fryer: »Ja, die Kammern und die Waffenkiste gleichzeitig.«

Das Gericht: »Ist Ihnen bekannt, daß ein Versuch gemacht wurde, das Schiff zurückzuerobern?«

Fryer: »Nein.«

Das Gericht: »Wie viel Zeit lag zwischen dem ersten Alarm und dem Augenblick, wo Sie gezwungen wurden, in das Boot zu steigen?«

Fryer: »Etwa drei Stunden, soweit ich mich erinnere.«

Das Gericht: »Hatte es in allerletzter Zeit Streit zwischen Kapitän Bligh und Christian gegeben?«

Fryer: »Am Tag vor der Meuterei hatte Herr Bligh Christian beschuldigt, seine Kokosnüsse gestohlen zu haben.«

Nun wurde es den Angeklagten gestattet, den Zeugen zu befragen. Ich stellte als erster drei Fragen.

Ich: »Hörten Sie, als Sie auf Deck kamen und mich mit Herrn Christian sprechen sahen, etwas von dem, was gesprochen wurde?«

Fryer: »Nein, Herr Byam. Es war . . .«

Lord Hood unterbrach ihn. »Sie müssen die Fragen des Angeklagten beantworten, indem Sie sich an das Gericht wenden«, sagte er.

Fryer: »Ich kann mich nicht erinnern, von dem Gespräch etwas gehört zu haben.«

Ich: »Hatten Sie Anlaß, zu glauben, daß ich für Herrn Christian Partei nahm?«

Fryer: »Nicht im geringsten.«

Ich: »Gesetzt den Fall, man hätte Ihnen erlaubt, an Bord zu bleiben, und Sie hätten versucht, das Schiff zurückzuerobern, wäre ich dann einer von denen gewesen, die Sie ins Vertrauen gezogen hätten?«

Fryer: »Er wäre einer der ersten gewesen, mit dem ich gesprochen hätte.«

Das Gericht: »Haben Sie bemerkt, daß während Ihrer Wache in der Nacht vor dem Aufstand Christian und der Angeklagte Byam auf Deck zusammenkamen?«

Fryer: »Nein. Herr Byam war während meiner ganzen Wache auf Deck, während sich Herr Christian überhaupt nicht zeigte.«

Das Gericht: »Schien Byam erregt, nervös oder verstört zu sein?«

Fryer: »Nicht im geringsten.«

Ich war Fryer zutiefst dankbar, nicht nur wegen des Tatsächlichen seiner Aussage, sondern auch wegen der Art, in der

286

er sie vorbrachte. Das Gericht mußte klar erkennen, daß er mich für unschuldig hielt.

Morrison fragte: »Ist Ihnen an meinem Verhalten etwas aufgefallen, das Sie glauben ließ, ich gehöre zu den Meuterern?«

Fryer: »Nein.«

Nun stellten die anderen Angeklagten der Reihe nach Fragen an ihn. Dann wurde der Steuermann entlassen und Herr Cole, der Bootsmann, vorgerufen. Seine Aussagen stimmten naturgemäß in vielen Teilen mit denen Fryers überein, dennoch gab es zwischen den Darstellungen der einzelnen Zeugen beträchtliche Unterschiede. Jeder hatte die Ereignisse von einem anderen Teil des Schiffes mit angesehen; die Auslegung des Geschehenen, ebenso wie die Erinnerung nach so langer Zeit, wich bei den einzelnen Zeugen voneinander ab.

Ich erfuhr aus Coles Aussage, daß er Stewart und mich beim Ankleiden in unserer Kammer gesehen hatte, während Churchill uns bewachte. Seine Aussage war besonders schwerwiegend für Ellison und schadete diesem um so mehr, als sie offensichtlich nur widerstrebend gemacht wurde. Cole hatte, wie fast jeder auf dem Schiff, Ellison sehr gerne. Da er aber ein Mann von unbedingtem Pflichtgefühl war, mußte er dennoch zugeben, daß er Ellison gesehen hatte, wie dieser Wache bei Bligh hielt. Sein Zwiespalt zwischen dem Wunsch, alle Angeklagten soweit wie möglich zu entlasten, und der Notwendigkeit, die Wahrheit zu sagen, trug ihm die Sympathie des Gerichts, uns aber keine Gnade ein.

Das Gericht: »Wie war Ellison bewaffnet?«

Cole: »Mit einem Bajonett.«

Das Gericht: »Hörten Sie ihn irgendwelche Bemerkungen machen?«

Cole: »Ja.«

Das Gericht: »Wie lauteten diese?«

Cole: »Ich hörte, wie er Kapitän Bligh einen alten Halunken nannte.«

Ich richtete an Cole folgende Frage: »Konnten Sie, als Sie Stewart und mich in unserer Kammer sahen und Churchill mit geladener Pistole neben uns stand, etwas von dem vernehmen, was zwischen mir, Churchill und Thompson gesprochen wurde?«

Cole: »Nein, ich konnte nichts verstehen. Der Lärm war zu groß.«

Ellison: »Sie sagten, ich sei mit einem Bajonett bewaffnet gewesen, Herr Cole. Sahen Sie auch, daß ich irgendwelchen Gebrauch davon machte?«

Cole: »Keineswegs, Junge. Du ...«

»Richten Sie Ihre Antworten an das Gericht!«

Cole: »Er versuchte nicht ein einziges Mal, sein Bajonett zu benutzen. Er fuchtelte Kapitän Bligh nur damit vor der Nase herum.«

Bei dieser Antwort sah ich die Spur eines grimmigen Lächelns in den Mienen einiger Mitglieder des Gerichts. Cole fuhr ernsthaft fort: »Der Bursche ist kein schlechter Kerl. Er war damals noch ein Knabe und hatte immer dumme Streiche im Kopf.«

Das Gericht: »Glauben Sie, daß das eine Entschuldigung für die Teilnahme an einer Meuterei ist?«

Cole: »Nein, Sir, aber ...«

»Das genügt, Bootsmann«, unterbrach ihn daraufhin Lord Hood.

»Hat noch einer der Angeklagten Fragen zu stellen?«

Morrison: »Erinnern Sie sich, daß ich Ihnen dabei half, Ihre Sachen aus der Kammer zu holen?«

Cole: »Das hatte ich vergessen, aber es stimmt vollkommen. Ich hatte niemals Anlaß, zu glauben, Herr Morrison gehöre zu den Meuterern.«

Morrison: »Lief ich nicht, nachdem ich Ihnen geholfen hatte, Ihre Sachen in das Boot zu bringen, nach unten, um meine eigenen zu holen, in der Hoffnung, Kapitän Bligh begleiten zu dürfen?«

Cole: »Ich weiß, daß er hinunterlief, und ich zweifle nicht an seiner Absicht, uns zu begleiten.«

Das Gericht: »Schien der Angeklagte Morrison begierig zu sein, das Boot zu besteigen?«

Cole: »Keiner von uns war begierig, denn wir hatten keine Hoffnung, England jemals wiederzusehen. Aber er war bereit, mitzufahren, und ich zweifle nicht daran, daß er es getan hätte, wenn Platz gewesen wäre.«

Nachdem Cole auch von den anderen Angeklagten und dann nochmals vom Gericht befragt worden war, wurde die Verhandlung auf den nächsten Morgen vertagt. Als wir uns wieder in der Kadettenmesse der *Hector* befanden, brachte mir Herr Graham ein Schreiben von Sir Joseph, folgenden Inhaltes: »Seien Sie guten Mutes. Fryer und Cole haben sich tapfer für Sie geschlagen. Es ist offensichtlich, daß ihr Urteil über Ihren Charakter auf das Gericht Eindruck gemacht hat.«

Herr Graham unterhielt sich eine halbe Stunde mit mir; er ging die Zeugenaussagen in allen Einzelheiten mit mir durch und gab mir Weisungen über die Fragen, die ich an die weiteren Zeugen stellen sollte. Er lehnte es ab, über meine Aussichten ein Urteil abzugeben. »Wenn es Ihnen möglich ist, zerbrechen Sie sich darüber gar nicht den Kopf«, sagte er. »Inzwischen können Sie versichert sein, daß ich alles in meiner Macht Stehende tun werde, um Ihnen zu helfen.«

»Darf ich noch eine Frage stellen, Herr Graham?«

»Gewiß. So viele Sie wollen.«

»Halten Sie mich für schuldig oder für unschuldig?«

»Diese Frage kann ich ohne Zögern beantworten. Ich halte Sie für unschuldig.«

Dies gab mir neuen Mut und die Berechtigung, zu hoffen, daß zumindest einige der Richter der gleichen Ansicht sein würden.

An diesem Abend wurde in der Kadettenmesse wenig gesprochen. Solange das Tageslicht es erlaubte, saß Morrison bei einer Luke und las Muspratt auf dessen Wunsch aus der Bibel vor. Ellison legte sich früh in seine Hängematte und schlief sogleich ein. Vier der Angeklagten hatten wenig zu fürchten. Die Ereignisse des ersten Verhandlungstages hatten es immer klarer gemacht, daß Coleman, Norman, McIntosh und Byrne so gut wie sicher auf Freispruch rechnen durften. Burkitt und Millward gingen lange mit nackten Füßen im Raum auf und ab. Dieses Geräusch war das letzte, was ich hörte, ehe ich einschlief.

Anklage

Am nächsten Morgen, um neun Uhr, wurde die Verhandlung wieder aufgenommen. Als wir in die große Kajüte geführt wurden, bemerkte ich, daß noch mehr Zuschauer anwesend waren als am Vortag. Es herrschte die gleiche feierliche Stimmung, und wiederum lauschten Richter und Zuhörer dem Zeugenverhör mit angespanntem Interesse.

William Peckover, der Stückmeister der *Bounty*, wurde vorgerufen und vereidigt. Das Merkwürdigste an seiner Aussage war, daß er behauptete, während der ganzen Meuterei nur vier Leute bewaffnet gesehen zu haben. Christian, Burkitt, Summer und Quintal. Wahrscheinlich dachte er sich: Die Meuterei ist schon so lange her; wie kann ich heute noch wissen, wen ich mit Waffen in der Hand sah? Nur an vier erinnere ich mich mit Sicherheit. Den anderen Burschen soll mein schlechtes Gedächtnis zugute kommen. Weiß Gott, sie können das brauchen! Sobald er seine Aussage beendet hatte, wurde er darüber befragt.

Das Gericht: »Wie viel Mann waren auf der *Bounty*?«

Peckover: »Dreiundvierzig waren es damals, glaube ich.«

Das Gericht: »Und Sie waren der Ansicht, daß vier Leute gegen neununddreißig die Oberhand behalten konnten?«

Peckover: »Keineswegs. Es müssen mehr beteiligt gewesen sein, sonst hätten sie uns das Schiff nicht abnehmen können. Aber ich kann mich eben nur an vier Bewaffnete erinnern.«

Das Gericht: »Warum haben Sie sich denn ergeben, wenn Sie nur vier Bewaffnete sahen?«

Peckover: »Als ich auf Deck kam, hatte ich nur meine Hose an. Ich sah Burkitt mit einer Muskete und einem Bajonett bewaffnet und Herrn Christian bei Kapitän Bligh stehen. Auf dem Gang sah ich eine Wache, aber ich weiß nicht, wer es war.«

Das Gericht: »Sahen Sie den Angeklagten Byam?«

Peckover: »Ja. Er sprach mit Herrn Nelson, dem Botaniker. Dann ging er hinunter, und ich sah ihn nicht mehr, bis die Barkasse fahrbereit war.«

Das Gericht: »Woraus schließen Sie, daß Coleman, Norman, McIntosh und Byrne den Meuterern feindlich gesinnt waren?«

Peckover: »Als ich sie auf uns hinabblicken sah, schien es mir, daß sie wünschten, in das Boot gelassen zu werden. Ich war damit beschäftigt, Gegenstände in der Barkasse zu verstauen, so daß ich mich nur erinnern kann, daß Coleman mir etwas zurief.«

Das Gericht: »Sie sagten, Herr Purcell habe Ihnen erklärt, er wisse, wer die Schuld an der ganzen Sache trage. Legen Sie das so aus, daß Herr Purcell einen der Angeklagten meinte?«

Peckover: »Nein. Er meinte Kapitän Bligh, weil er die Mannschaft so schlecht behandelt hat.«

Das Gericht: »Worin bestand diese schlechte Behandlung?«

Peckover: »In häufigen schweren Strafen für kleine Vergehen und in Beschimpfungen aller Leute an Bord. Sosehr sie sich auch bemühten, konnten weder Offiziere noch Mannschaft ihm etwas recht machen.«

Sodann befragte Morrison den Stückmeister, und aus dessen Antworten ging noch klarer als früher hervor, daß Morrison nicht bewaffnet gewesen war und alles Erdenkliche tat, was im Interesse der Leute in der Barkasse lag. Morrison führte seine Verteidigung ausgezeichnet. Meine eigenen Fragen an Peckover erwiesen sich leider als ziemlich zwecklos. Er hatte Christian und mich in der Nacht vor der Meuterei auf Deck gesehen, aber nichts von dem Gesprochenen gehört.

Als nächster wurde Purcell, der Zimmermann, verhört. Er

war noch der gleiche bärbeißige Geselle, der am Morgen des Aufstandes zu Nelson gesagt hatte: »An Bord bleiben? Mit Verbrechern und Piraten? Niemals, Sir! Ich folge meinem Kommandanten.« Ich hatte großen Respekt vor dem Mann. Niemand konnte Bligh mehr gehaßt haben als er, aber als es sich um die Frage der Pflichterfüllung handelte, war seine Entscheidung keinen Augenblick zweifelhaft. Seine Aussage war von großer Wichtigkeit für mich, aber ob sie mir nützte oder schadete, war schwer zu entscheiden. Purcell nannte die Namen von siebzehn Leuten, die er mit der Waffe in der Hand gesehen hatte; darunter befanden sich Ellison, Burkitt und Millward.

Das Gericht fragte: »Sie haben ausgesagt, daß Sie Herrn Byam ersuchten, bei Christian zu erwirken, er möge den Kutter durch die Barkasse ersetzen. Warum sprachen Sie darüber mit Byam? Hielten Sie ihn für einen der Meuterer?«

Purcell: »Keineswegs. Aber ich wußte, daß er mit Herrn Christian befreundet war. Mich konnte Christian nicht leiden, und er hätte mich niemals angehört.«

Das Gericht: »Glauben Sie, daß die Überlassung der Barkasse der Vermittlung des Herrn Byam zu verdanken ist?«

Purcell: »Bestimmt; und hätten wir die Barkasse nicht bekommen, so hätte keiner von uns die Heimat wiedergesehen.«

Das Gericht: »Wie waren die Beziehungen zwischen Christian und Byam während der Fahrt und in Tahiti?«

Purcell: »Ausgezeichnet. Herr Christian schloß nicht leicht Freundschaft mit jemand, aber mit Herrn Byam war er befreundet.«

Das Gericht: »Halten Sie es für wahrscheinlich, daß Herr Christian Byam, seinen einzigen Freund, nicht in seine Absichten eingeweiht hatte?«

Purcell: »Für sehr wahrscheinlich. Herr Christian wußte sicher, daß Herr Byam seinem Kommandanten treu bleiben würde.«

Das Gericht: »Wo war Byam, unmittelbar bevor die Barkasse losgemacht wurde?«

Purcell: »Das weiß ich nicht. Kurz vorher hatte ich ihn auf Deck gesehen, und er hatte mir gesagt, er gehe mit Kapitän Bligh. Ich nehme an, daß er hinuntergegangen war, um seine Kleider zu holen.«

Das Gericht: »Sahen Sie Morrison um diese Zeit?«

Purcell: »Nein.«

Das Gericht: »Halten Sie es für möglich, daß Byam und Morrison Angst davor hatten, das Boot zu besteigen, und sich deshalb in ihrer Kammer versteckten?«

Purcell: »O nein! Sie wurden sicherlich daran gehindert, mitzukommen. Sie waren keine Feiglinge wie Herr Hayward und Herr Hallet ...«

Lord Hood ermahnte den Zimmermann streng, sich auf die Beantwortung der gestellten Fragen zu beschränken.

Das Gericht: »Sagen Sie uns nun unter Ihrem Eid, ob Sie unter Berücksichtigung aller Umstände den Angeklagten Byam für einen Anhänger der Meuterer oder für einen Mann hielten, der auf seiten Kapitän Blighs stand.«

Purcell: »Ich habe ihn keinen Augenblick für einen Meuterer gehalten.«

Das Gericht: »Halten Sie Morrison für einen Meuterer?«

Purcell: »Nein.«

Nach einer Pause sagte Lord Hood: »Die Angeklagten dürfen jetzt Fragen an den Zeugen stellen.«

Ich: »Glauben Sie, daß die Barkasse noch weitere Leute hätte aufnehmen können, ohne die Sicherheit aller zu gefährden?«

Purcell: »Nicht ein einziger hätte mehr Platz gehabt. Kapitän Bligh selbst ersuchte, man möge niemand mehr hereinlassen. Als Norton von den Wilden in Tofoa getötet wurde, waren wir, sosehr wir ihn auch bedauerten, froh darüber, daß das Boot entlastet war. Wir anderen hatten dadurch eine größere Chance, am Leben zu bleiben.«

Am nächsten Morgen, Freitag, den 14. September, wurde Hayward verhört. Wir warteten begierig auf seine Aussage. Insbesondere war ich neugierig darauf, ob er das, was mir Christian an jenem Abend kurz nach der Meuterei erzählt hatte, bestätigen würde. Hayward erwähnte nicht das geringste davon, daß er, als die Meuterei ausbrach, auf Wache eingeschlafen war.

»Während ich auf das Meer hinausblickte«, berichtete Hayward, »sah ich auf einmal zu meinem unaussprechlichen Erstaunen Christian an der Spitze eines Trupps Matrosen, die mit Musketen und Bajonetten bewaffnet waren, auf mich zukommen. Als ich von Christian eine Erklärung hierfür forderte, herrschte er mich an, ich solle augenblicklich den Mund halten. Martin wurde als Wache auf Deck belassen; die übrigen stürzten in Herrn Blighs Kajüte.

Ich hörte Herrn Bligh ›Mord!‹ schreien und Christian nach einem Strick rufen. Immer neue Leute strömten nun an Deck. Ich sah Stewart und die Angeklagten Morrison und Byam bei den Spieren stehen.

Sobald die Barkasse hinabgelassen worden war, erhielten Samuel, Hallet und ich Befehl, sie zu besteigen. Man erlaubte uns, aus unseren Kammern einige Kleider zu holen. Um diese Zeit sprach ich entweder mit Stewart oder mit Byam; ich erinnere mich nicht genau, mit welchem von beiden, glaube aber eher, daß es Byam war. Ich sagte ihm, er solle das Boot besteigen, kann mich aber nicht erinnern, eine Antwort erhalten zu haben. Als ich wieder auf Deck kam, war Ellison unter den Leuten, die Kapitän Bligh bewachten. Nun wurden wir genötigt einzusteigen. Ich erinnere mich, wie Tinkler, der noch nicht im Boot war, rief: ›Um Gottes willen, Byam, beeile dich!‹ Als das Boot abfuhr, sah ich die Angeklagten Byam und Morrison an der Reling mitten unter den Meuterern stehen. Sie schienen sehr froh darüber, dort zu sein. Ich hörte, wie Burkitt und Millward Kapitän Bligh beschimpften. Das ist alles, was ich von der Meuterei auf der *Bounty* weiß.«

Das Gericht: »Wie viele Bewaffnete sahen Sie?«

Hayward: »Achtzehn.«

Das Gericht: »Befanden sich einige der Angeklagten darunter?«

Hayward: »An Burkitt, Muspratt, Millward und Ellison erinnere ich mich mit Bestimmtheit.«

Das Gericht: »Wissen Sie, um welche Zeit der Angeklagte Byam in der Nacht vor der Meuterei in die Schlafkammer kam?«

Hayward: »Ja. Ich war zufällig wach und hörte die Schiffsglocke halb zwei glasen.«

Das Gericht: »Erzählen Sie alles, was Sie über Morrison wissen.«

Hayward: »Ich erinnere mich, daß Morrison mithalf, die Barkasse zu räumen, aber ich weiß nicht sicher, ob er am Anfang bewaffnet war.«

Das Gericht: »Wollen Sie damit sagen, daß er später bewaffnet war?«

Hayward: »Ich glaube ja, aber mit Bestimmtheit kann ich es nicht sagen.«

Das Gericht: »Schien er Ihnen, seinem Gehabe nach, die Meuterer zu unterstützen, oder gehorchte er nur den Befehlen, das Boot zu räumen?«

Hayward: »Meiner Meinung nach unterstützte er die Meuterer.«

Das Gericht: »Haben Sie Grund zur Annahme, daß Byam daran gehindert worden wäre, gleichzeitig mit Ihnen das Boot zu besteigen, wenn er diese Absicht gehabt hätte?«

Hayward: »Nein.«

Später fragte Morrison den Zeugen: »Sie sagen, daß ich mich darüber freute, bei den Meuterern bleiben zu dürfen. Können Sie vor Gott und diesem Gerichtshof bezeugen, daß Ihre Annahme nicht auf einer persönlichen Feindseligkeit gegen mich beruht?«

Hayward: »Nein, meine Annahme beruht nicht auf einer persönlichen Feindseligkeit.«

Morrison: »Können Sie leugnen, daß Kapitän Bligh ersuchte, man möge das Boot nicht überlasten; können Sie ferner leugnen, daß er sagte: ›Ich werde euch zu eurem Recht verhelfen, Jungs.‹«

Hayward: »Ich hörte diese Worte wohl, aber ich bezog sie auf die Leute im Boot.«

Die boshafte Art und Weise, in der Hayward ausgesagt hatte, erstaunte mich. Er mußte innerlich wissen, daß wir genauso schuldlos waren wie er selbst; und doch verabsäumte er keine Gelegenheit, die Lauterkeit unserer Absichten anzuzweifeln. Ich erinnerte mich deutlich an jede Einzelheit der Meuterei. Hayward hatte an jenem Morgen nicht ein einziges Mal mit mir gesprochen, und Stewart hatte mir gesagt, daß er ihn nur von weitem gesehen hatte. Und doch hatte Hayward bezeugt, daß er einen von uns beiden aufgefordert hätte, das Boot zu besteigen. Die Wahrheit war, daß er während der ganzen Zeit solche Angst gehabt hatte, daß er überhaupt nicht wußte, was er sagte oder tat. Meiner Ansicht nach hatte er sich seine Aussage so zurechtgelegt, daß er persönlich in einem möglichst günstigen Licht erschien. Er war ein leicht beeinflußbarer Charakter, und ich glaube, daß seine lange Verbindung mit Kapitän Edwards, der uns alle für Verbrecher hielt, Haywards eigene Meinung aufs stärkste beeinflußt hatte.

Als nächster wurde Hallet aufgerufen. Er war jetzt zwanzig Jahre alt, und in dem mit fast geckenhafter Eleganz gekleideten Leutnant erkannte ich kaum mehr den mageren, verängstigten Burschen, als den ich ihn früher gekannt hatte. Als er vor dem Richtertisch erschien, blickte er uns mit einer Miene an, die deutlich ausdrückte: Seht ihr, ich habe es zu etwas gebracht! Und was seid ihr? Piraten und Meuterer!

Seine Aussage war die kürzeste aller bisherigen Zeugen, aber sie war von größter Wichtigkeit für Morrison und mich. Er erklärte mit Überzeugung, daß er im Augenblick, als die Barkasse abfuhr, Morrison mit einer Muskete bewaffnet an der Reling stehen gesehen habe. Mich belastete er, als er von verschiedenen Mitgliedern des Gerichtshofes befragt wurde.

Das Gericht: »Sahen Sie Byam am Morgen des Aufstandes?«

Hallet: »Ich erinnere mich, ihn einmal gesehen zu haben.«

Das Gericht: »War er bewaffnet?«

Hallet: »Das kann ich nicht behaupten.«

Das Gericht: »Wissen Sie, ob er daran gehindert wurde, ins Boot zu kommen?«

Hallet: »Ich kann mich nicht daran erinnern, daß er den Versuch gemacht hätte, das Boot zu besteigen.«

Das Gericht: »Hörten Sie, daß jemand ihn aufforderte, das Boot zu besteigen?«

Hallet: »Nein.«

Das Gericht: »Können Sie etwas anderes über den Angeklagten aussagen?«

Hallet: »Als Kapitän Bligh gefesselt dastand, sagte der Kapitän etwas zu Byam, was ich nicht verstand; da lachte Byam, wandte sich ab und ging weg.«

Auf den Rat Grahams unterließ ich es, Hallet zu befragen. »Dies ist die schwerste Beschuldigung, die bisher gegen Sie erhoben wurde«, flüsterte er mir zu, »mit Ausnahme der Kapitän Blighs. Befragen Sie Hallet jetzt nicht darüber. Wir werden später Gelegenheit haben, jeden Zeugen eingehend zu befragen.«

Hallet wurde entlassen und John Smith, Kapitän Blighs Diener, vorgerufen. Er war der einzige Matrose der *Bounty*, der Zeugenschaft ablegte. Nur drei Matrosen der *Bounty* hatten sich Christian nicht angeschlossen, und von diesen waren zwei tot. Smiths Aussage war ohne Bedeutung.

Sodann wurden Kapitän Edwards und die Offiziere der *Pandora* vor den Richtertisch gerufen. Als ich Edwards und Parkin sah, überfiel mich die gleiche Wut, die ich oft empfunden hatte, als ich in ihrer Gewalt gewesen war. Ich muß ihnen jedoch die Gerechtigkeit widerfahren lassen, daß ihre Aussagen über die Vorgänge in Tahiti bis in die kleinsten Einzelheiten genau und unparteiisch waren.

Damit war das Verhör der von der Admiralität vorgeladenen Zeugen beendet. Die Verhandlung wurde vertagt; am nächsten Tag sollten wir Gelegenheit haben, uns zu verteidigen.

Verteidigung

Am Samstagmorgen wurde zunächst Coleman, dessen Freispruch bereits als feststehende Tatsache gelten konnte, aufgerufen. Seine Rede war kurz; dann befragte er Fryer, Cole, Peckover und Purcell, die alle bezeugten, daß Coleman unschuldig sei und gegen seinen Willen auf der *Bounty* zurückgehalten wurde. Hierauf wurde die Sitzung vertagt.

Beinahe den ganzen Sonntag verbrachte ich mit meinem Berater. Kapitän Manly und Kapitän Bentham, die Berater der anderen Angeklagten, kamen mit ihm; wir trafen die Einteilung so, daß die einzelnen Gruppen einander nicht störten.

Ich hatte schon das Konzept meiner Verteidigungsrede fertiggestellt. Herr Graham prüfte es sorgfältig, machte mich auf einige Auslassungen aufmerksam und schlug verschiedene Änderungen vor. Er gab mir Ratschläge betreffs der Zeugen, die ich nach Verlesung meiner Rede aufrufen, und über die Fragen, die ich an sie richten solle. Hayward hatte ausgesagt, daß er mich in der Nacht vor dem Aufruhr in die Kammer zurückkommen gehört habe.

»Diese Aussage ist von Wichtigkeit für Sie, Herr Byam«, erklärte mir Herr Graham. »Sie haben mir gesagt, daß Tinkler mit Ihnen hinunterging und daß Sie sich gute Nacht wünschten, nicht wahr?«

»Ganz richtig, Sir.«

»Dann muß Hayward Sie sprechen gehört haben. Wir müssen ihn dazu bringen, das zu bestätigen. Wenn wir nachweisen können, daß Sie in Gesellschaft Tinklers waren, so gewinnt Ihre Behauptung, Tinkler habe Ihre Unterhaltung mit Christian mit angehört, an Wahrscheinlichkeit. Meiner Ansicht nach machten Hayward und Hallet keinen günstigen

Eindruck auf die Richter. Dennoch müssen wir mit ihren Aussagen rechnen. Hatten Sie die Möglichkeit, Hayward und Hallet während der Meuterei zu beobachten?«

»Ja, ich sah sie mehrere Male.«

»Was können Sie über die beiden sagen? Waren sie ruhig und beherrscht?«

»Im Gegenteil, sie hatten beide vor Angst beinahe den Verstand verloren; sie weinten und baten um Gnade, als sie in das Boot geschickt wurden.«

»Es ist von äußerster Wichtigkeit, daß Sie mit aller Energie auf diesen Umstand hinweisen. Wenn es Ihnen gelingt, das Gericht zu überzeugen, daß Hallet und Hayward sich in großer Aufregung befanden, so wird dadurch die Verläßlichkeit ihrer Aussagen schwer erschüttert.«

Erst am späten Nachmittag erhob sich Herr Graham, um zu gehen. »Ich glaube, wir haben alles besprochen«, sagte er. »Wünschen Sie Ihre Verteidigungsrede selbst zu halten, oder ziehen Sie es vor, daß ich sie verlese?«

»Was raten Sie mir, Sir?«

»Wenn Sie glauben, daß Sie die nötige Ruhe aufbringen werden, sprechen Sie besser selbst.«

Ich sagte ihm, daß ich hierüber keine Befürchtungen hege.

»Na gut!« entgegnete er. »Sprechen Sie klar und langsam! Sie werden vielleicht bemerkt haben, daß einige Richter von Ihrer Schuld beinahe überzeugt zu sein scheinen. Das ging aus ihrer Fragestellung deutlich hervor.«

»Es ist mir nicht entgangen, Sir.«

»Ich rate Ihnen, während Sie sprechen, immer an diese Herren zu denken. Wenn Sie das tun, werden Sie ganz von selbst den richtigen Ton treffen. Daß Sie um Ihr Leben kämpfen, brauche ich Ihnen nicht noch einmal zu sagen.«

Am Morgen des 17. September gab ein einziger Kanonenschuß donnernd das Signal zur Wiederaufnahme der Kriegsgerichtsverhandlung. Als wir über das Quarterdeck der *Duke* geführt wurden, kam ich mir wie ein Schauobjekt vor; viele der Offiziere starrten uns an, als seien wir wilde Tiere. Wenigstens kam es mir damals so vor; vermutlich war ich aber in jenen Tagen besonders empfindlich und hielt für Feindseligkeit, was in Wirklichkeit nur natürliche Neugierde war.

Schlag neun Uhr betraten die Mitglieder des Gerichts den Verhandlungsraum. Der Profos sprach: »Roger Byam, treten Sie vor!«

Ich erhob mich und stand wartend vor Lord Hood.

»Sie haben die Anklage, die gegen Sie erhoben wurde, vernommen. Das Gericht ist nun bereit, alles anzuhören, was Sie zu Ihrer Verteidigung vorzubringen haben. Sind Sie vorbereitet?«

»Ja, Mylord.«

»Erheben Sie die rechte Hand.«

Ich wurde vereidigt und erinnere mich, daß meine Hand zitterte, als ich den Schwur ablegte. Das Gericht wartete. Einen Augenblick lang schwindelte mir. Alle Blicke waren auf mich gerichtet, und die vielen Gesichter verschwammen vor meinen Augen. Dann hörte ich, als spräche jemand von ferne her, meine eigene Stimme:

»Mylord und Ihr Herren dieses Hohen Gerichtes! Das Verbrechen der Meuterei, dessen ich beschuldigt bin, ist so schwer, daß es allgemeinen Abscheu erwecken muß. Ich sehe ein, daß die Umstände gegen mich sprechen, aber ich erkläre vor Gott, daß ich schuldlos bin; daß ich weder in Gedanken noch in der Tat das Verbrechen begangen habe, dessen ich angeklagt bin.«

Nun, da ich begonnen hatte, gewann ich meine Selbstbeherrschung wieder und sprach, Grahams Rat folgend, langsam und mit Überlegung. Ich erklärte in allen Einzelheiten das Gespräch mit Christian in der Nacht vor der Meuterei. Ich berichtete über meine Unterhaltung mit Herrn Purcell und Herrn Nelson, die beide meinen Entschluß, das Schiff zu verlassen, kannten. Ich erzählte von den Ereignissen in unserer Kammer, von der Gelegenheit, die sich zu bieten schien, die Waffenkiste in unseren Besitz zu bringen. Ich erzählte, wie Morrison und ich, mit Keulen in den Händen, auf eine Möglichkeit warteten, Thompson anzugreifen; wie diese Möglichkeit schwand; wie Morrison und ich sodann auf Deck stürzten, aber erkannten, daß es schon zu spät war, Kapitän Bligh zu begleiten.

»Mylord und Ihr Herren vom Gericht«, schloß ich. »Es ist ein schweres Unglück für mich, daß die drei Männer tot sind, deren Aussagen die Wahrheit meiner Behauptung unwiderleglich beweisen würden. John Norton, der von Christians Absicht, die *Bounty* in der Nacht vor der Meuterei zu verlassen, wußte und der das kleine Floß für ihn zimmerte, ist tot. Herr Nelson starb in Batavia, und Robert Tinkler, der mein Gespräch mit Christian anhörte, ist ein Opfer des Meeres geworden. Da mir die Aussagen dieser drei Männer fehlen, kann ich Sie nur beschwören, mir zu glauben. Mein guter Name ist mir so wichtig wie mein Leben, und ich bitte Sie, Mylord und Ihr Herren, die Lage, in der ich mich befinde, zu berücksichtigen; daran zu denken, daß ich jener Zeugen beraubt bin, deren Aussage Sie mit unbedingter Gewißheit von der Wahrheit meiner Darstellung überzeugt haben würde. Ich überantworte mich der Gnade dieses Hohen Gerichtes!«

Es war unmöglich, zu beurteilen, welchen Eindruck meine Worte auf die Richter gemacht hatten. Lord Hood hatte das Kinn in die Hand gestützt und hörte mit gespannter Aufmerksamkeit zu. Ich warf einen hastigen Blick auf die anderen Richter. Zwei oder drei machten sich Aufzeichnungen. Ein Kapitän mit knochigem, bleichem Gesicht saß wie schlafend da. Während der ganzen Verhandlung hatte er seine Stellung nicht verändert und den Eindruck völliger Teilnahmslosigkeit nicht abgelegt; und dennoch war er einer der eifrigsten Frageller. Nicht ein einziges Mal hob er den Blick vom Tisch, so, als sei der aussagende Zeuge oder Angeklagte dort angenagelt. Ein anderer, den ich besonders fürchtete, saß Stunde um Stunde bewegungslos wie eine Bronzestatue da. Nur seine Blicke schossen wie Degenstöße hin und her. Als ich geendet hatte, war der Blick dieses Kapitäns einen Augenblick auf mich gerichtet und jagte mir einen eisigen Schauer über den Rücken. Ich erinnerte mich an die Worte, die Dr. Hamilton zu mir gesprochen hatte: »Jeder der Kapitäne, die über Sie zu Gericht sitzen werden, wird sich denken: ›Das ist genau die Erzählung, die ein schlauer Kadett, der sein Leben retten will, erfinden würde.‹«

Ich fühlte mich körperlich und geistig unendlich müde. Dann sah ich, wie Sir Joseph mich in seiner gütigen Art anschaute, als wolle er sagen: Nur nicht den Mut verlieren, Junge! Sein Blick gab mir neuen Mut und neue Kraft.

»Mylord«, sagte ich, »darf ich nun meine Zeugen aufrufen?«

Lord Hood nickte. Der Profos ging zur Tür und rief: »John Fryer!« Der Steuermann der *Bounty* trat vor den Richtertisch, wurde aufs neue vereidigt und erwartete meine Fragen.

Ich: »Hielten Sie die Leute, die halfen, die Barkasse hinabzulassen, für Anhänger Kapitän Blighs oder der Meuterer?«

Fryer: »Die keine Waffen trugen, hielt ich für Anhänger Kapitän Blighs.«

Ich: »Wieviel Personen, Kapitän Bligh inbegriffen, waren im Boot?«

Fryer: »Neunzehn.«

Ich: »Hätte das Boot mehr Personen aufnehmen können?«

Fryer: »Meiner Ansicht nach nicht eine einzige mehr, ohne das Leben aller anderen zu gefährden.«

Ich: »Sahen Sie mich während der Meuterei ein einziges Mal bewaffnet?«

Fryer: »Nein.«

Ich: »Sprach Kapitän Bligh am Morgen der Meuterei auch nur ein einziges Mal mit mir?«

Fryer: »Meines Wissens nicht.«

Ich: »Habe ich an jenem Morgen ein unwürdiges Benehmen zur Schau getragen?«

Fryer: »Durchaus nicht.«

Ich: »Sahen Sie während der Meuterei Herrn Hayward auf Deck?«

Fryer: »Ja, mehrmals.«

Ich: »In welchem Gemütszustand befand er sich?«

Fryer: »Er war äußerst erregt und verängstigt und weinte, als man ihn zwang, das Boot zu besteigen.«

Ich: »In welchem Zustand befand sich Herr Hallet?«

Fryer: »Er hatte große Angst und weinte, als er das Boot bestieg.«

Ich: »Was hatte ich auf der *Bounty* im allgemeinen für einen Ruf?«

Fryer: »Einen ausgezeichneten. Alle brachten ihm höchste Achtung entgegen.«

Das Gericht: »Hat Kapitän Bligh während Ihrer Fahrt nach Timor von dem Angeklagten Byam gesprochen?«

Fryer: »Ja, mehr als einmal.«

Das Gericht: »Können Sie sich daran erinnern, was er sagte?«

Fryer: »Am Tag nach der Meuterei hörte ich Herrn Bligh sagen: ›Byam ist ein undankbarer Schurke; neben Christian der schlimmste von allen.‹ Dieser Meinung gab er dann noch wiederholt Ausdruck.«

Das Gericht: »Versuchte irgend jemand im Boot, Byam zu verteidigen?«

Fryer: »Ja, ich und verschiedene andere. Aber Kapitän Bligh erlaubte nicht, daß etwas zugunsten Byams gesagt wurde.«

Das Gericht: »Hörten Sie je Robert Tinkler ein Gespräch erwähnen, das in der Nacht vor der Meuterei zwischen Christian und Byam stattgefunden hat?«

Fryer: »Dessen kann ich mich nicht entsinnen.«

Das Gericht: »Verteidigte Tinkler Byam?«

Fryer: »Ja, mehrere Male. Er glaubte nicht an Byams Schuld.«

Das Gericht: »Tinkler war Ihr Schwager?«

Fryer: »Ja.«

Der Gerichtshof: »Er hat auf See sein Leben eingebüßt?«

Fryer: »Er wurde ebenso wie die übrige Besatzung des Schiffes *Carib Maid* als vermißt gemeldet.«

Cole, der Bootsmann, wurde als nächster aufgerufen; dann Herr Purcell. Ich stellte an diese beiden die gleichen Fragen wie an den Steuermann. Keiner von beiden konnte sich erinnern, daß Tinkler meine Unterhaltung mit Christian erwähnt hätte. Ich hoffte, daß Herr Peckover, der Stückmeister und Offizier der Mittelwache, einen Teil dieses Gespräches mit angehört hätte, aber er konnte nur aussagen, daß er Christian und mich während seiner Wache auf dem Quarterdeck in ein Gespräch vertieft gesehen habe.

Das Gericht: »Haben Sie während Ihrer Wache in jener Nacht Norton gesehen?«

Diese Frage stellte Sir George Montague, der Kapitän der *Hector*. Ich weiß nicht, weshalb mir diese Frage nicht eingefallen war und warum Herr Graham mich nicht darauf hingewiesen hatte. Nun erkannte ich sogleich, wie wichtig diese Frage war.

Peckover: »Ja, ich sah Norton gegen zwei Uhr.«

Das Gericht: »Bei welcher Gelegenheit?«

Peckover: »Ich hörte ein Hämmern und sah nach, was dieses

Geräusch zu bedeuten habe. Ich fand Norton mit einer Arbeit beschäftigt und fragte ihn, was ihm einfiele, mitten in der Nacht zu arbeiten. Er antwortete, daß er einen Stall für die Hühner baue, die wir von den Wilden auf Namuka gekauft hatten.«

Das Gericht: »Sahen Sie, woran er arbeitete?«

Peckover: »Nicht genau. Dazu war es zu dunkel.«

Das Gericht: »War eine solche Arbeit nicht Sache der Zimmerleute?«

Peckover: »Ja; aber es kam nicht selten vor, daß Norton ihnen half, wenn die Zimmerleute viel zu tun hatten.«

Das Gericht: »Halten Sie es für möglich, daß der Quartiermeister an einem kleinen Floß arbeitete?«

Peckover: »Ja, das wäre denkbar. Aber es war, wie erwähnt, dunkel, und ich sah mir den Gegenstand nicht genau an.«

Hier war endlich ein schwacher Hoffnungsstrahl für mich; die einzige Aussage, die meine Behauptung, Christian habe mit Hilfe Nortons das Schiff verlassen wollen, etwas glaubwürdiger erscheinen ließ.

Der nächste Zeuge war Hayward, aber sosehr ich auch in ihn drang, wollte er nicht bezeugen, daß Tinkler in der Nacht vor der Meuterei mit mir in die Kammer gekommen sei. Und doch mußte er gehört haben, wie wir einander gute Nacht wünschten. Hallet blieb bei seiner Behauptung, ich hätte gelacht und mich abgewandt, als Kapitän Bligh zu mir gesprochen habe.

Sodann wurde Morrison aufgerufen. Er war ruhig und selbstsicher. Seine Darstellung der Ereignisse war vollkommen klar, folgerichtig und, wie mir schien, durchaus überzeugend. Seine Aussage wurde von den Zeugen in allen Punkten bestätigt. Hallet und Hayward blieben zwar zunächst dabei, daß sie ihn bewaffnet gesehen hätten, aber er zwang sie, zuzugeben, daß sie sich geirrt haben könnten.

Nun trat eine Pause ein. Um ein Uhr wurde die Verhandlung wieder aufgenommen. Normans, McIntoshs und Byrnes Unschuld war bereits klar erwiesen; ihre Verteidigungsreden waren demgemäß kurz.

Burkitt, Millward und Muspratt kamen als nächste dran. Die Schuld der beiden ersteren war so offensichtlich, daß sie nur wenig zu ihrer Entlastung vorbringen konnten. Beide hatten sich den Meuterern von Anfang an freiwillig angeschlossen. Der letzte, der vernommen wurde, war Ellison. Er hatte seine Verteidigungsrede selbst aufgesetzt, und Kapitän Bentham hatte nichts daran geändert; er glaubte, daß die naive, kindliche Art, in der Ellison seine Handlungen erklärte, ihm am ehesten die Gnade der Richter verschaffen könne.

Inzwischen war es vier Uhr nachmittags geworden. Die Verhandlung wurde vertagt; wir wurden an Bord der *Hector* zurückgebracht, um das Urteil zu erwarten.

Verurteilt

Der 18. September 1792 war ein richtig englischer Herbsttag; grau war die See und grau der Himmel. Erst als wir auf dem Deck der *Duke* den Beginn der Verhandlung erwarteten, drang die Sonne durch die Wolken.

Als ich einen Blick auf die versammelten Zuschauer warf, schlug mein Herz plötzlich schneller. Ich hatte Herrn Erskine, den Rechtsberater meines verstorbenen Vaters, erblickt. Der Anwalt, der bereits ein Siebziger war, hatte uns oft in Withycombe besucht, und wenn ich als Knabe zuweilen meinen Vater nach London begleiten durfte, pflegte mir Herr Erskine die Sehenswürdigkeiten der Hauptstadt zu zeigen. Ich war, zum ersten Mal seit Beginn der Gerichtsverhandlung, tief erschüttert und bemerkte, daß auch der alte Herr nur mühsam seine Bewegung verbarg. Seine Beziehungen zu meiner Familie waren so eng, daß er mir wie ein wahrer, zärtlich geliebter Verwandter erschien.

Nun wurde die Tür der großen Kajüte geöffnet, und die Zuschauer strömten hinein; die Angeklagten folgten. Wir erhoben uns, als die Richter ihre Plätze einnahmen. Der Profos rief: »Roger Byam!«

Ich erhob mich.

Der Vorsitzende fragte: »Haben Sie noch etwas zu Ihrer Verantwortung zu sagen?«

»Nein, Mylord.«

Die gleiche Frage wurde an jeden von uns gerichtet. Dann mußten die Zuschauer den Raum verlassen. Auch wir wurden hinausgeführt; die Tür der großen Kajüte schloß sich hinter uns. Man eskortierte uns auf das Vorderdeck, während die Zuschauer in Gruppen an Deck zum Fockmast standen oder plaudernd auf und ab gingen. Wir konnten von dem, was sie sprachen, nichts hören; Schweigen schien sich auf das ganze Schiff gesenkt zu haben. Matrosen gingen ihren täglichen Verrichtungen nach, aber sie vollführten sie auf seltsam lautlose Weise wie in einer Kirche.

Herr Graham hatte mir gesagt, daß ich mein Schicksal sogleich beim Eintritt in den Verhandlungsraum erkennen könne. Ein Degen werde vor dem Vorsitzenden auf dem Tisch liegen. Läge er quer, so hätte das zu bedeuten, daß ich freigesprochen sei. Würde hingegen seine Spitze mir zugewandt sein, so sei ich verurteilt worden.

Eine seltsame Gleichgültigkeit hatte mich erfaßt. Ich befand mich in einem Zustand der Erstarrung; nur wirre, zusammenhanglose Bilder tauchten in meinem Bewußtsein auf, um ebenso rasch wieder zu verschwinden.

Als die große Kajüte geräumt worden war, mochte es halb zehn gewesen sein. Als ich aus meinem der Bewußtlosigkeit ähnlichen Zustand erwachte, hörte ich die Schiffsglocke ein Uhr glasen. Die Wolken waren verschwunden, der Himmel war hellblau, heller Sonnenschein strahlte auf das Deck des Kriegsschiffes herab. Die großen Kanonen sahen in diesem Licht wie verzaubert aus, und die Männer auf dem Quarterdeck in ihren vielfarbigen Uniformen glichen eher Figuren aus einer romantischen Erzählung als Offizieren der Marine Seiner Majestät.

Endlich wurde die Tür zur großen Kajüte wieder geöffnet. Der Profos hieß die Zuschauer eintreten; dann hörte ich meinen Namen rufen. Der Klang der Silben erschien mir so fremd, als vernähme ich meinen Namen zum ersten Mal.

Ein Leutnant mit gezogenem Säbel und vier Mann mit aufgepflanztem Bajonett begleiteten mich. Jetzt stand ich vor dem Richtertisch. Die Spitze des Degens, der vor dem Vorsitzenden lag, war gegen mich gerichtet. Der Gerichtshof erhob sich. Lord Hood blickte mich einen Augenblick lang schweigend an. Dann sprach er: »Roger Byam! Wir haben die Beschuldigungen, die gegen Sie erhoben wurden, gehört. Wir haben auch gehört, was Sie zu Ihrer Verteidigung vorgebracht haben. Nachdem wir reiflich und sorgsam Anklage und Verteidigung gegeneinander abgewogen haben, sind wir zu dem Schluß gekommen, daß Sie des Ihnen zur Last gelegten Verbrechens schuldig sind. Dieses Gericht verurteilt Sie deshalb zum Tod durch den Strang. Das Urteil wird an Bord eines Kriegsschiffes Seiner Majestät vollstreckt werden, zu einer Zeit, die Ihnen von den Beauftragten der Admiralität von Großbritannien und Irland in einem mit eigener Hand unterzeichneten Schreiben bekanntgegeben wird.«

Ich wartete auf etwas, das noch kommen werde, und wußte gleichzeitig, daß nichts mehr kommen werde. Dann drang eine Stimme an mein Ohr: »Der Verurteilte ist hinauszuführen.«

Ich wurde zu den anderen zurückgeführt.

In diesem Augenblick empfand ich kaum etwas anderes als Erleichterung darüber, daß das qualvolle Warten zu Ende war. Offenbar verriet meine Miene den anderen nichts, denn Morrison fragte: »Nun, Byam?«

»Ich werde gehängt«, sagte ich; niemals werde ich den Ausdruck des Schreckens auf Morrisons Antlitz vergessen. Er hatte keine Zeit, eine Bemerkung zu machen, denn gleich darauf wurde er gerufen. Wir sahen, wie die Tür des Verhandlungsraumes sich hinter ihm schloß. Coleman, Norman, McIntosh und Byrne standen in einer Gruppe beisammen, während die anderen näher zu mir kamen, wie zu gegenseitigem Schutz und Trost. Ellison berührte meinen Arm und lächelte mir stumm zu.

Die Tür öffnete sich aufs neue; Morrison wurde zu uns zurückgeführt. Sein Gesicht war bleich, aber er beherrschte sich vollkommen. Bitter lächelnd sagte er zu mir: »Wir müssen das Leben genießen, solange wir können, Byam.« Einen Augenblick später fügte er leise hinzu: »Ich wünschte, meine Mutter wäre auch tot.«

Ich spürte heilsamen Grimm in mir aufsteigen. Morrison war ohne Zweifel nur auf die Aussage Haywards und Hallets hin verurteilt worden. Keinen Augenblick hatte ich daran gezweifelt, daß er freigesprochen würde, er selbst wahrscheinlich auch nicht. Ich fand kein Wort des Trostes für ihn.

Der nächste war Coleman. Als er die Kajüte verließ, trat die Wache beiseite; Coleman verließ den Verhandlungsraum als freier Mann. Dann kamen Norman, McIntosh und Byrne an die Reihe; auch als sie herauskamen, machte ihnen die Wache Platz, und sie gesellten sich zu Coleman. Byrne schluchzte vor Freude. Der arme Bursche war beinahe blind; er tastete sich mit ausgestreckten Händen zu den anderen, während ihm die Tränen über das Gesicht hinabströmten.

Burkitt, Ellison, Millward und Muspratt wurden in rascher Folge vorgerufen. Alle wurden für schuldig befunden und zum Tod verurteilt. Gleich nach dem letzten Urteilsspruch strömten die Zuschauer heraus. Wir erwarteten, daß die Mitglieder des Gerichtes ihnen folgen würden, aber nachdem die Kajüte geräumt worden war, blieb die Tür geschlossen. Offenbar war die Verhandlung noch nicht beendet. Das Warten während der nächsten halben Stunde war kaum zu ertragen.

Wieder wurden die Zuhörer eingelassen, und der Profos erschien bei der Tür.

»James Morrison!«

Morrison wurde in die Kajüte eskortiert. Als er zurückkehrte, hatte er zum ersten und einzigen Mal die Fassung verloren. Er war der Gnade Seiner Majestät empfohlen worden. Das bedeutete fast mit Sicherheit seine baldige Befreiung. Einen

Augenblick später kam Lord Hood, gefolgt von den Richtern, heraus. Die Kriegsgerichtsverhandlung war zu Ende.

Wir wurden in das Boot eskortiert, das bereitlag, um uns auf die *Hector* zurückzubringen. Unmittelbar daneben lag ein anderes Boot. In diesem waren keine Marinesoldaten, nur sechs Matrosen an den Rudern. Wir stießen ab; gleich darauf sahen wir die Freigesprochenen die Bordwand hinabklettern. Wir winkten einander zum letzten Mal zu. Ich habe keinen von ihnen wiedergesehen.

Während der ganzen Dauer unserer Gefangenschaft an Bord der *Hector* waren wir von Kapitän Montague mit großer Freundlichkeit behandelt worden. Nun, da wir verurteilt waren, tat er gleichfalls alles Erdenkliche, um uns unsere Lage erträglich zu machen. Er wies mir die Kajüte an, die von einem augenblicklich auf Urlaub befindlichen Leutnant bewohnt wurde. Achtzehn Monate lang war ich nicht mehr allein gewesen, so daß ich diese Gunst zu schätzen wußte. Zweimal täglich durfte ich meine Mitgefangenen in der Kadettenmesse besuchen.

Sir Joseph Banks war feinfühlend genug, mich erst am zweiten Tag nach meiner Verurteilung zu besuchen. Er drückte mir lange die Hand, dann nahm er dem Matrosen, der ihn begleitet hatte, ein umfangreiches Paket ab. Er begann es von seiner Umhüllung zu befreien und sagte dann: »Ich habe Ihnen einen alten Freund und Begleiter gebracht. Erkennen Sie ihn?« Es war das Manuskript meines Wörterbuches und meiner Grammatik.

»Gestatten Sie mir folgende Bemerkung«, fuhr er fort. »Ich habe Ihre Manuskripte mit großem Interesse durchgesehen und kenne die Sprache von Tahiti gut genug, um die Qualität Ihrer Arbeit zu würdigen. Sie ist ausgezeichnet, Byam; genau das, was benötigt wird. Nun sagen Sie mir eines: Wie lange würden Sie brauchen, um die Manuskripte druckfertig zu machen?«

»Wollen Sie damit sagen, daß ich hier daran arbeiten darf?«

»Würden Sie das gerne tun?«

»Nichts würde mir mehr Freude machen, Sir«, entgegnete ich. »Ich gebe mich keinen Illusionen über den Wert dieser Arbeit ...«

»Doch, sie ist wertvoll, lieber Freund«, unterbrach er mich. »Glauben Sie nicht, daß ich die Manuskripte nur Ihnen zuliebe mitgebracht habe. Diese Aufgabe muß beendet werden. Die Royal Society ersuchte mich, eine einführende Studie zu diesem Werk zu schreiben, in der insbesondere die Unterschiede zwischen dieser Sprache und allen europäischen Sprachen herausgearbeitet werden sollen. Aber nur Sie können diese Studie schreiben.«

»Ich würde es gerne versuchen«, entgegnete ich, »falls genügend Zeit vorhanden ist ...«

»Könnten Sie in einem Monat damit fertig sein?«

»Ich glaube wohl.«

»Dann sollen Sie diesen Monat haben! Ich verfüge über genug Einfluß bei der Admiralität, um Ihnen das versprechen zu können.« Nach einer kurzen Pause fuhr er fort: »Ziehen Sie es vor, von den ... Ereignissen der letzten Wochen nicht zu sprechen?«

»Das macht mir nichts, Sir. Wenn Sie mir etwas zu sagen wünschen ...«

»Nur eines, Byam. Es ist unnötig, Ihnen etwas über meine Gefühle zu sagen. In der Geschichte der Marine Seiner Majestät hat es niemals einen tragischeren Justizirrtum gegeben. Ich begreife, daß Sie sehr verbittert sein müssen. Wissen Sie, weshalb Sie verurteilt wurden?«

»Ich glaube es zu wissen, Sir.«

»Das Gericht hatte keine andere Wahl, Byam. Alles, was zu Ihren Gunsten sprach, war kein genügendes Gegengewicht gegen Blighs Aussage, Sie hätten zusammen mit Christian die

Meuterei geplant. Nur Tinkler hätte diese Beschuldigung entkräften können. Ohne seine Aussage ...«

»Ich verstehe, Sir. Wir wollen nicht weiter darüber sprechen. Für einen wahrhaft tragischen Justizirrtum halte ich das Urteil gegen den armen Muspratt. Er hat die Muskete wirklich nur entgegengenommen, um Fryer bei der Wiedereroberung des Schiffes zu helfen. Als sich dies als unmöglich erwies, warf er sie sofort weg.«

»Ich teile Ihre Ansicht vollkommen, und Sie werden sicherlich gerne hören, daß für Muspratt noch Hoffnung besteht. Sagen Sie dem armen Burschen nichts davon, aber ich weiß aus guter Quelle, daß Aussicht auf seine Begnadigung besteht.«

Diese Septembertage waren die schönsten, deren ich mich entsinnen kann. Ein durchsichtiger Dunstschleier hing vor der Sonne; goldener Nebel veränderte und verschönte das Aussehen aller Dinge. Da ich wußte, wie wenig Zeit mir verblieb, schien mir nichts des Interesses und der Beachtung unwürdig. Sogar die gewöhnlichen Gegenstände in meiner kleinen Kajüte, den Tisch und das Tintenfaß darauf, fand ich in der wechselnden Beleuchtung der Tageszeiten schön, und ich wunderte mich darüber, daß ich solche Dinge bisher nie bemerkt hatte.

Ich war in diesen Tagen nicht völlig unglücklich. Ein Mensch, der weiß, daß er bald sterben wird, daß sein Schicksal besiegelt und unabänderlich ist, scheint von der Natur mit der Gabe verminderten Bewußtseins ausgestattet zu werden. Das Ende muß kommen, und doch bleibt einem diese Erkenntnis während langer Stunden gnädig erspart. Freilich gab es, insbesondere bei Nacht, auch Zeiten, wo unsägliche Angst mir ans Herz griff. Dann spürte ich den Strick um meinen Hals, sah die Gesichter der Matrosen, die das Urteil vollstrecken mußten, vor mir, hörte die letzten Worte, die jemals an mein Ohr dringen würden: »Gott sei deiner armen Seele gnädig.«

In solchen Stunden betete ich innerlich um die Standhaftigkeit, den letzten Augenblick gefaßt zu ertragen.

Von den anderen Verurteilten ertrug Ellison das grausame Warten am besten. Er hatte seinen früheren Frohsinn verloren, aber an seine Stelle war ein stiller Mut getreten, der Bewunderung verdiente. Burkitt begann immer mehr einem gefangenen Raubtier zu gleichen. Stundenlang ging er in der Kadettenmesse auf und ab, stets mit dem gleichen Ausdruck verwirrter Ungläubigkeit. Er hatte den mächtigen Brustkasten eines Wikingers und riesige Gliedmaßen. Menschen von solch gewaltiger Lebenskraft glauben nicht an den Tod, solange er nicht da ist. Selbst jetzt schien Burkitt noch nicht die Hoffnung aufgegeben zu haben. Gab es nicht die Möglichkeit zu entfliehen? Ohne Unterlaß ruhten die Augen der Wachen auf ihm.

Millward und Muspratt waren in dumpfe Teilnahmslosigkeit verfallen und sprachen selten zu jemandem. Niemand wußte, an welchem Tag die Hinrichtung stattfinden würde. Am schlimmsten mußte diese Zeit des lähmenden Wartens für Morrison sein. Ein Tag verging nach dem anderen, und die Begnadigung kam nicht, aber Morrison war so ruhig wie immer und unterhielt sich mit mir über meine Arbeit, als interessiere er sich für nichts anderes auf der Welt.

Herr Graham verabschiedete sich von mir, ehe er Portsmouth verließ; wenn er es mir auch nicht geradeheraus sagte, so gab er mir doch zu verstehen, daß ich nicht auf eine Begnadigung rechnen dürfe. Am nächsten Nachmittag kam Herr Erskine, mit dem ich meine irdischen Geschäfte ordnete und mein Testament machte. Mein einziger lebender Verwandter war ein Vetter mütterlicherseits, ein fünfzehnjähriger Junge, der in Indien lebte. Der Gedanke schien mir seltsam, daß unser altes Heim in Withycombe einem Knaben zufallen werde, den ich nie gesehen hatte.

Ich weiß nicht, wie ich diese Tage ohne meine Arbeit ertragen hätte. Jede der Manuskriptseiten strömte Erinnerungen an Tahiti, an Tehani und unsere kleine Helen aus. Manche Seiten waren von dem Kind zerrissen oder zerknittert worden; deutlich hörte ich die Stimme seiner Mutter, wie sie der Kleinen das Buch rasch wegnahm und sie liebevoll schalt: »So hilfst du deinem Vater?«

Am 25. Oktober war ich gerade damit beschäftigt, die Einleitungsstudie zum vierten oder fünften Mal durchzusehen, als es klopfte. Das jagte mir sonst stets den Angstschweiß auf die Stirn, aber diesmal hörte ich sogleich eine wohlbekannte Stimme: »Sind Sie hier, Byam?« Ich öffnete, und Dr. Hamilton trat ein.

Ich hatte ihn seit dem letzten Verhandlungstag nicht mehr gesehen. Er teilte mir mit, daß er zum Arzt des Schiffes *Spitfire* ernannt worden sei, am folgenden Tag nach Neufundland abreise und gekommen sei, um sich von mir zu verabschieden.

Wir plauderten über die *Pandora*, den Schiffbruch, die Reise nach Timor und die beiden herzlosen Unmenschen Edwards und Parkin. Dr. Hamilton freilich fand selbst für Edwards ein gutes Wort. Er betrachtete den Kapitän nicht als Ungeheuer, sondern als einen beschränkten Paragraphenmenschen, der nur den Wortlaut, nicht aber den Geist des Gesetzes begriff.

»Ich fürchte, Sir«, meinte ich, »daß ich mich dieser milden Auffassung nicht anschließen kann. Ich habe durch ihn zu viel gelitten.«

»Ich begreife Sie vollkommen, Byam. Sie haben . . .«

Noch ehe der Arzt den Satz beendet hatte, wurde die Tür aufgerissen, und Sir Joseph trat ein. Er atmete schwer, als sei er gelaufen, und schien aufs höchste erregt.

»Byam, lieber junger Freund!«

Er brach ab, außerstande, weiterzusprechen. Ich spürte eisige Kälte mein Herz durchströmen.

»Nein ... warten Sie ... Es ist nicht, was Sie glauben ...«
Er kam auf mich zu und faßte mich bei der Schulter.
»Byam ... Tinkler lebt ...! Ich habe ihn gefunden ... er ist in London!«

»Setzen Sie sich, Junge«, sagte Dr. Hamilton. Es bedurfte der Aufforderung nicht. Meine Beine waren so schwach, als hätte ich monatelang im Bett gelegen. Der Arzt zog eine kleine Flasche aus der Tasche und reichte sie mir. Sir Joseph setzte sich auf den Stuhl bei meinem Tisch und wischte sich mit einem großen seidenen Taschentuch den Schweiß von der Stirn. »Wollen Sie auch mir Ihre Arznei verschreiben, Doktor?« fragte er.

»Entschuldigen Sie, Sir«, sagte ich, ihm die Flasche reichend.

»Sie brauchen sich nicht zu entschuldigen, Byam!« rief Sir Joseph. »Not kennt kein Gebot.« Er tat einen kräftigen Schluck und gab dann die Flasche dem Arzt zurück. »Gestern blickte ich beim Frühstück in die ›Times‹. Ganz zufällig sah ich die Nachricht, daß das Kauffahrteischiff *Sapphire* mit den Überlebenden des untergegangenen Schiffes *Carib Maid* im Londoner Hafen eingetroffen sei. Ich brauche Ihnen nicht zu sagen, daß ich mein Frühstück nicht beendete. Als ich zum Hafen kam, erfuhr ich, daß die Leute von der *Carib Maid* schon am Abend vorher an Land gegangen seien. In einer nahe gelegenen Herberge stöberte ich sie auf. Tinkler befand sich darunter; er wollte sich gerade auf den Weg zu seinem Schwager Fryer machen. In seinen von Matrosen der *Sapphire* geschenkten Kleidern sah er auch wie ein richtiger Schiffbrüchiger aus. Ich packte ihn, schleppte ihn zu meinem Wagen und fuhr mit ihm zu Lord Hood. Tinkler war natürlich unsäglich verwundert. Ich klärte ihn nicht mit einem Wort darüber auf, wozu ich ihn brauchte. Um halb elf war ich mit Lord Hood bei der Admiralität. Zwischen uns saß Tinkler, noch geradeso gekleidet, wie er angekommen war; in einer

Matrosenbluse und Schuhen, die ihm dreimal zu groß waren. Nun wird folgendes geschehen: Tinkler wird von den Beauftragten der Admiralität verhört werden, die allein dazu berechtigt sind. Er hat keine Ahnung von dem Kriegsgericht und glaubt, Sie seien zehntausend Meilen von London entfernt. Ich ließ ihn in der Admiralität und kam, so rasch ich konnte, nach Portsmouth.«

Ich konnte kein Wort hervorbringen. Wie ein Stummer starrte ich Sir Joseph an.

»Wird das Kriegsgericht neuerdings zusammentreten?« erkundigte sich Dr. Hamilton.

»Das ist unmöglich und auch ganz unnötig. Die Beauftragten, die Tinkler verhören, dürfen, falls eine neue Zeugenaussage dies rechtfertigt, das Urteil des Kriegsgerichtes ändern und Byam von aller Schuld freisprechen. Ich hoffe, daß sie ihre Entscheidung in wenigen Tagen treffen werden.«

»Mein Schiff segelt morgen ab«, warf Dr. Hamilton bedauernd ein. »Ich muß England verlassen, ohne Ihr Schicksal zu kennen, Byam.«

»Vielleicht ist es besser so«, sagte ich leise.

Sir Joseph blickte mich auf einmal beinahe entsetzt an.

»Ich fürchte, Byam, daß ich einen unverzeihlichen Fehler gemacht habe! Diese Erkenntnis kommt mir erst jetzt! Großer Gott, was habe ich getan? Ich hätte Ihnen nichts von alledem sagen sollen, ehe die Beauftragten ihr Urteil gefällt haben!«

»Machen Sie sich darob keine Sorgen, Sir«, entgegnete ich. »Sie haben mir Grund zur Hoffnung gegeben. Wenn die Hoffnung sich nicht erfüllen wird, werde ich Ihnen nicht weniger dankbar sein.«

»Ist das auch wirklich wahr?«

»Ja, Sir.«

Er warf mir einen scharfen, prüfenden Blick zu. »Ich sehe, daß es wahr ist. Und ich bin froh, gekommen zu sein.« Er erhob sich. »Nun muß ich Sie aber verlassen, ich fahre sofort nach London zurück, um die Sache so sehr wie möglich zu beschleunigen.« Er reichte mir die Hand. »Wenn ich gute Nachrichten für Sie haben werde, lasse ich sie Kapitän Montague durch einen reitenden Boten übermitteln. Und ich verspreche Ihnen, daß dieser Bote das schnellste Pferd bekommen soll, das je von London nach Portsmouth galoppierte!«

Tinkler

Sir Joseph Banks nahm meine fertiggestellten Manuskripte mit nach London. Nun, da ich meine Arbeit beendet hatte, bat ich um die Erlaubnis, wieder in der Kadettenmesse untergebracht zu werden. Das zermürbende Warten war in Gesellschaft weniger schwer zu ertragen. Ich berichtete nur Morrison von Tinklers Rückkehr; es wäre grausam gewesen, Menschen, die aller Hoffnung beraubt waren, etwas davon zu erzählen.

Morrisons Bibel wurde in diesen letzten Tagen eine Quelle des Trostes für uns alle. Es war die gleiche Bibel, die er auf die *Bounty* mitgenommen und selbst während des Schiffbruchs der *Pandora* bewahrt hatte. Wir lasen Stunde um Stunde abwechselnd daraus vor, um unsere Gedanken von dem abzulenken, was bald kommen würde. Millward und Muspratt hatten sich aus ihrer verzweifelten Stimmung aufgerafft; Ellison hatte nicht einen Augenblick den Mut verloren. Nur Burkitt blieb der gleiche, der er seit der Verkündung des Urteils gewesen war.

Am Sonntag las gerade Morrison vor. Es war ein kalter, regnerischer Tag; Morrison saß bei einer der Luken und hielt das Buch in Gesichtshöhe, um besser lesen zu können. Mit Ausnahme von Burkitt, der, wie sonst, ruhelos im Raum auf und ab ging, hatten wir uns alle um ihn versammelt und lauschten dem schönsten aller Psalmen:

»Der Herr ist mein Hirte, mir wird nichts mangeln!«

Plötzlich hielt er mitten in einem Satz inne und wandte den Kopf der Tür zu. Soweit ich mich erinnern kann, hatten wir nichts gehört, kein Geräusch, keine Stimme, keine Schritte, und dennoch erhoben wir uns gleichzeitig und standen wartend da, die Augen zur Tür gerichtet. Diese wurde geöffnet, und ein Leutnant trat ein, gefolgt von dem Profos und acht Marinesoldaten.

Es war inzwischen fast völlig dunkel geworden; wir konnten kaum die Gesichter der Männer, die eingetreten waren, erkennen. Der Profos ging zur Luke und las von einem Papier die Namen ab:

»Thomas Burkitt – John Millward – Thomas Ellison.«

»Die genannten Häftlinge – vortreten!« kommandierte der Leutnant.

Die drei Männer versammelten sich in der Mitte des Raumes. Blitzschnell wurden ihnen Handschellen angelegt; vier Soldaten nahmen vor ihnen, vier hinter ihnen Aufstellung.

»Vorwärts, marsch!«

Sie waren verschwunden, ohne daß ein Abschiedswort gefallen wäre. Morrison, Muspratt und ich blieben regungslos stehen, bis die Tür wieder geschlossen und verriegelt worden war. Als wir ein wenig später durch die Luken spähten, sahen wir im schwachen Licht der Dämmerung, wie ein Boot von dem Schiff abstieß und auf das wenige hundert Meter entfernt vor Anker liegende Kriegsschiff *Brunswick* zusteuerte. Die drei gefesselten Männer standen im hinteren Teil des Bootes.

Während der folgenden Nacht versuchten wir gar nicht zu schlafen. Wir saßen bei einer der Luken, blickten zuweilen in die Dunkelheit hinaus und sprachen mit leiser Stimme über die Männer, die nicht mehr bei uns waren. Wir wußten, daß dies die letzte Nacht ihres Lebens war. Mein Mitgefühl wandte sich dem armen Muspratt zu, dessen Herzensangst man sich vorstellen kann. Selbst jetzt wagte ich es nicht, ihm mitzuteilen, daß, wie mir Sir Joseph gesagt hatte, noch Hoffnung für ihn vorhanden sei; aber ich war froh darüber, daß ihm Morrison Mut zusprach.

»Du wirst bestimmt zur Begnadigung vorgeschlagen werden«, sagte er. »Ich habe nie daran gezweifelt. Daß man uns hier zurückgelassen hat, kann gar nichts anderes bedeuten.«

»Wie denken Sie darüber, Herr Byam?« fragte Muspratt angstvoll.

»Morrison hat bestimmt recht«, antwortete ich. »Er wurde der Gnade des Königs empfohlen. Uns beide hat man mit ihm hier zurückgelassen. Begreifst du, Muspratt? Wenn wir gehängt werden sollten, hätte man uns mit den anderen auf die *Brunswick* gebracht.«

So redeten wir während der ganzen langen Nacht. Die Minuten und die Stunden schleppten sich mit unendlicher Langsamkeit hin, bis wir schließlich im grauen Frühlicht die Umrisse der *Brunswick* deutlicher und immer deutlicher erkennen konnten.

Unsere Wache wurde gewechselt, aber es kam keine Nachricht. Um neun Uhr wandte sich Morrison, der Ausschau hielt, um und sagte: »Auf der *Brunswick* wurde das Signal für eine Urteilsvollstreckung gesetzt.«

Auf allen britischen Schiffen ist elf Uhr vormittags die Stunde des Urteilsvollzuges. Wir wußten, daß Ellison, Burkitt und Millward nur noch zwei Stunden zu leben hatten.

Um halb elf verließ ein mit Matrosen bemanntes Boot unser Schiff und steuerte auf die *Brunswick* zu. Boote von den anderen im Hafen liegenden Kriegsschiffen folgten; wir begriffen, daß die Leute dorthin gesandt wurden, um der Hinrichtung beizuwohnen. Muspratt starrte durch die Luke, wie gebannt von dem Anblick der *Brunswick*. Morrison und ich gingen auf und ab; wir unterhielten uns in der Eingeborenensprache von Teina, Hitihiti und den anderen Freunden in Tahiti, in einer verzweifelten Bemühung, unsere Gedanken von dem Schrecklichen abzulenken. Es war beinahe elf Uhr, als Kapitän Montague eintrat, gefolgt von dem Leutnant, der am

Abend vorher bei uns gewesen war. Ein Blick auf das Antlitz des Kapitäns ließ vieles deutlich werden; der letzte Zweifel wurde zerstreut, als der Leutnant den Wachen befahl abzutreten. Die Leute gingen, uns freundlich anlächelnd, hinaus. Kapitän Montague entfaltete das Dokument, das er in der Hand hielt.

»James Morrison, William Muspratt«, sagte er.

Die beiden traten vor. Kapitän Montague warf ihnen über den Rand des Papieres weg einen gütigen Blick zu und las dann in feierlichem Tone folgendes vor: »Auf Antrag Lord Hoods, Vorsitzenden des Kriegsgerichtes, welches euch des Verbrechens der Meuterei schuldig befunden und euch aus diesem Grund zum Tode verurteilt hat, hat Seine Majestät der König infolge der obwaltenden mildernden Umstände verfügt, daß das Todesurteil nicht an euch zu vollstrecken sei. Seine Majestät der König hat gnädigst geruht, euch zu begnadigen und euch die Freiheit wiederzugeben.«

»Roger Byam!«

Ich stellte mich neben meine beiden Kameraden.

»Die Beauftragten der Admiralität von Großbritannien und Irland haben die beschworene Zeugenaussage Robert Tinklers, vormals Kadett auf Seiner Majestät bewaffnetem Transportschiff *Bounty*, angehört und zur Kenntnis genommen. Sie haben die Überzeugung gewonnen, daß Sie an dem Verbrechen der Meuterei, um dessentwillen Sie zum Tode verurteilt wurden, völlig unschuldig sind. Die Beauftragten heben deshalb das Urteil des Kriegsgerichtes, soweit es Ihre Person betrifft, auf. Roger Byam, Sie sind freigesprochen.«

Kapitän Montague trat vor und schüttelte jedem von uns warm die Hand.

»Ich zweifle nicht daran«, sagte er, »daß hiermit Seiner Majestät drei treue Untertanen zu weiterer ersprießlicher Dienstleistung zurückgegeben worden sind.«

Mein Herz war zu voll für Worte. Ich konnte nur murmeln: »Danke, Sir!« Morrison aber wäre nicht Morrison gewesen, wenn er nicht auch auf eine solche Gelegenheit vorbereitet gewesen wäre.

»Sir«, sprach er in würdigem Ton, »als das Urteil des Gerichts über mich ausgesprochen wurde, nahm ich es auf wie ein Mann. Wäre es vollstreckt worden, so hätte ich mein Schicksal erduldet, wie es einem Christen geziemt. Dankbar empfange ich die Gnade meines Herrschers und werde mein weiteres Leben in Treue seinem Dienst widmen.«

Kapitän Montague verneigte sich ernst.

»Sind wir jetzt frei?« fragte ich, noch immer zweifelnd.

»Sie können sofort gehen, wenn Sie es wünschen.« Er wandte sich an den Leutnant. »Wollen Sie dafür Sorge tragen, daß unverzüglich ein Boot bereitgemacht wird, Herr Cunningham?«

Kapitän Montague begleitete uns aufs Deck; einige Minuten später erhielten wir die Mitteilung, daß uns das Boot erwarte. Als ich mich von dem Kapitän verabschiedete, sagte er: »Ich hoffe, Herr Byam, bald das Vergnügen zu haben, Sie unter erfreulicheren Umständen wiederzusehen.« Rasch kletterten wir die Bordwand hinab; der Kadett, der das Boot befehligte, gab Order abzustoßen. Die Wonne der ersten Augenblicke wiedererlangter Freiheit konnten wir nicht genießen. In nächster Nähe ragten die hohen Masten der *Brunswick* in den grauen Himmel; auf unserem Weg zum Hafen von Portsmouth mußten wir unmittelbar unter ihrem geschnitzten, vergoldeten Heck vorbeifahren. Mit abgewendeten Gesichtern saßen wir auf unseren Plätzen. Plötzlich zerriß ein Kanonenschuß die Stille. Unwillkürlich wandte ich den Kopf. Eine Rauchwolke umgab das Kriegsschiff, aber als der Wind sie verteilte, sah ich drei kleine Figuren scheinbar mitten in der Luft hängen.

Kapitän Montague hatte mir einen Brief von Sir Joseph überreicht, den mir dieser unmittelbar, nachdem die Beauftragten ihre Entscheidung gefällt hatten, geschrieben hatte. Sir Joseph hatte Plätze in der am gleichen Abend abgehenden Postkutsche nach London für uns belegt. Das Postskriptum des Briefes lautete:

»Herr Erskine erwartet Sie in seinem Haus. Sie dürfen den alten Herrn nicht enttäuschen, Byam. Ich nehme an, daß Sie in den ersten Tagen niemand zu sehen wünschen. Wollen Sie mir bitte eine Zeile zukommen lassen, sobald Sie mich sprechen wollen. Ich habe Ihnen Wichtiges mitzuteilen.«

Nichts hätte Sir Joseph besser kennzeichnen können als dieses Postskriptum. Mit allen kraftvollen Eigenschaften eines Mannes verband er die Feinfühligkeit einer Frau.

Wir drei waren zu erschüttert, um miteinander reden zu können. Zu weh war uns ums Herz, zu neu war uns noch die plötzliche Änderung unseres Schicksals. Wir sahen durch die Fenster der Kutsche auf die heimatlichen Felder hinaus, bis die Dunkelheit des Herbstabends sie unseren Blicken entzog. Mir gegenüber war ein Platz unbesetzt und blieb frei, bis wir bei Tagesanbruch London erreichten. Mir aber war, als säße während der ganzen Nacht Tom Ellison dort. Ich hörte, wie er sich mit dem alten Herrn unterhielt, der neben mir saß.

»Jawohl, Sir, fünf lange Jahre sind wir von der Heimat fort gewesen. Wenn Sie jemals zur See gefahren sind, so wissen Sie, was das bedeutet ... Wie, Sir? ... Nein, nein; noch viel weiter. Haben Sie je von einer Insel namens Tahiti gehört? Jawohl, dort waren wir. Wenn Sie ein Loch mitten durch die Erde graben würden, so kämen Sie gerade dort drüben heraus.«

Gesetz der See ... gerecht, sicherlich! Gerecht, grausam und unversöhnlich ...

Bald kam für uns drei der Abschied. Wir standen vor der Fahrkartenverkaufsstelle für die Postkutschen und sahen den lebhaften Verkehr der Fußgänger, Karren, Mietwagen und Equipagen an uns vorüberfluten. Morrison und ich waren mit Geld versehen, aber Muspratt, das wußten wir, hatte nicht einen Penny in der Tasche. Seine Heimat war Yarmouth, wo er mit seiner Mutter und zwei jüngeren Schwestern lebte. Morrisons Familie lebte in Nordengland.

»Hör mal, Muspratt«, sagte Morrison, »wie sieht es denn bei dir mit Bargeld aus?«

»Ach, ich werde mir schon helfen, Herr Morrison«, entgegnete dieser. »Ich bin schon öfters zu Fuß nach Yarmouth gegangen.«

»Aber diesmal sollst du das nicht tun, wie, Byam?«

»Nein, das soll er nicht!« stimmte ich herzlich bei. Jeder von uns drängte Muspratt fünf Pfund auf. Es tat uns wohl, den Ausdruck des Staunens und der Freude in Muspratts Augen zu sehen. Wir schüttelten ihm warm die Hand, und er beeilte sich, einen Platz in der Kutsche nach Yarmouth zu belegen. An der Ecke wandte er sich noch einmal um, winkte uns zu und verschwand in der Menge.

»Und wir zwei, Byam?« sagte Morrison. Ich drückte ihm stumm die Hand.

»Gott segne dich, Junge«, rief er bewegt. »Wir dürfen einander niemals aus den Augen verlieren.« Einen Augenblick später war ich allein unter Fremden. Das erste Mal seit fünf Jahren.

Einen aufmerksameren Gastgeber als Herrn Erskine hätte ich mir nicht wünschen können. Er war seit langem Witwer und bewohnte mit drei ältlichen Dienstboten ein Haus an einem stillen Platz. Die Stille dieses Hauses wirkte auf mein Gemüt so heilsam wie der frische Hauch des Meeres auf einen nach langer Krankheit Genesenden. Ich schlenderte durch die stillen Straßen und Höfe in der Umgebung oder saß stundenlang am Fenster meines freundlichen Zimmers und blickte auf den Platz hinaus, der im Laufe eines Nachmittags kaum von einem Dutzend Menschen betreten wurde. Ich dachte an nichts. Langsam mußte ich mich wieder an das Leben gewöhnen, ja sogar an das bloße Bewußtsein, daß mir das Dasein neu geschenkt worden war. Während dieser Zeit war ich fast so unbewegt wie die alten Bäume vor meinem Fenster, die in der schwachen Herbstsonne zarte Schatten auf den Gehsteig warfen.

Eines Nachmittags hatte ich meinen gewohnten Spaziergang gemacht. Als ich um fünf Uhr zurückkam, war Herr Erskine noch nicht zu Hause, aber Clegg, sein alter Diener, empfing mich in der Halle.

»Ein Herr wartet auf Sie, Sir. Er ist in der Bibliothek.«

Ich nahm drei Stufen auf einmal. Ja, dort stand Tinkler und wärmte sich am Kamin.

Herr Erskine hatte an diesem Abend eine Verabredung, wenigstens ließ er mir das durch Clegg sagen; aber ich glaube, daß er sich, als er von meinem Besuch erfuhr, in sein Zimmer zurückzog, damit ich mit meinem Freund allein sein könne. Wir speisten in der Bibliothek. So viel hatten wir einander zu sagen, daß wir kaum wußten, wo wir beginnen sollten. Tinkler hatte sich von seinem Erstaunen über die Art und Weise, in der er von Sir Joseph Banks entführt worden war, noch immer nicht erholt.

»Vergiß nicht, Byam, daß ich immer noch glaubte, du seist irgendwo in einem fremden Erdteil. Als ich von meiner ersten Westindienfahrt zurückkehrte, hörte ich nur, daß ein Schiff, die *Pandora*, auf die Suche nach der *Bounty* geschickt worden war. Als ich jetzt zum zweiten Mal zurückkam, wußte ich nichts von Edwards' Heimkehr und dem Kriegsgericht. Am Abend vorher war ich in Kleidern, die mir die Leute von der *Sapphire* geborgt hatten, an Land gegangen. Die Geschichte vom Untergang der *Carib Maid* werde ich dir ein anderes Mal erzählen. Nur zehn von uns blieben am Leben, die anderen Boote gingen unter. Und jetzt saß ich in einer Herberge nahe beim Hafen. Ich hatte gerade mein Frühstück beendet und war im Begriff, zum Haus meines Schwagers zu gehen, als eine elegante Kutsche vorfuhr. Ehe ich noch recht guten Tag sagen konnte, saß ich schon drinnen und Sir Joseph Banks mir gegenüber.

Bis zu jenem Augenblick hatte ich ihn noch nie gesehen. Er deutete nicht mit einem einzigen Wort an, wozu er mich brauchte, aber irgendwie hatte ich eine Ahnung, daß es sich um die *Bounty* handle. ›Fassen Sie sich in Geduld, Herr Tinkler‹, sagte er. ›Ich werde dafür sorgen, daß Herr Fryer sogleich verständigt wird. Er wird ganz bestimmt damit einverstanden sein, daß ich mich Ihrer so mir nichts dir nichts bemächtige.‹ Damit mußte ich mich zufriedengeben. Bald hielten wir vor einem prächtigen Haus. Sir Joseph sprang ab, verschwand und kam zehn Minuten später mit Admiral Hood im Schlepptau zurück! Natürlich verstand ich weniger denn je, um was es sich handelte, aber jedenfalls war ich sehr geschmeichelt, zwei solche Leute als Wächter zu haben. Wir fuhren zur Admiralität. Sir Joseph und der Admiral überließen mich bis zum nächsten Vormittag der Obhut eines gewissen Kapitän Maxon. Ein reizender Kerl, aber er sagte mir kein Wort darüber, um was es sich handelte.

Am nächsten Vormittag Punkt zehn Uhr wurde ich vor die Beauftragten der Admiralität berufen. Stell dir nur vor, wie ich da in den abgelegten Kleidern dreier verschiedener Matrosen vor diesen hohen Tieren stand! Ich wurde vereidigt und dann liebenswürdig aufgefordert, Platz zu nehmen. ›Herr Tinkler, wollen Sie die Beauftragten über alles unterrichten, was Sie bezüglich Roger Byam, vormals Kadett auf der *Bounty*, wissen?‹

Du kannst dir vorstellen, Byam, welchen Eindruck die Nennung deines Namens auf mich machte! Ich spürte, wie mir ein kalter Schauer der Befürchtung mit beträchtlicher Geschwindigkeit das Rückgrat hinauf bis in die Haarwurzeln fuhr. Plötzlich fiel mir ein, daß Bligh dich oft als einen Meuterer und Verbrecher verdammt hatte, ohne daß einer von uns ein Wort zu deiner Verteidigung sagen durfte. Als ich es einmal versuchte, warf er mich beinahe aus dem Boot. Ich blickte einem Beauftragten nach dem anderen ins Gesicht, um zu erforschen, was man von mir wollte.

Endlich sagte einer: ›Vielleicht war die Frage etwas unbestimmt. Wir wollen von Ihnen Einzelheiten über ein Gespräch hören, das in der Nacht vor der Meuterei auf dem Quarterdeck der *Bounty* zwischen Herrn Fletcher Christian und Herrn Byam stattgefunden haben soll. Haben Sie ein solches Gespräch mit angehört?‹

Jetzt ging mir ein Licht auf. ›Ja, Sir‹, antwortete ich; ›ich erinnere mich sehr wohl.‹

›Denken Sie sorgfältig nach, Herr Tinkler. Ein Menschenleben hängt von Ihrer Aussage ab. Lassen Sie sich Zeit, rufen Sie sich alles genau ins Gedächtnis zurück. Lassen Sie nicht die kleinste Einzelheit aus.‹ Jetzt stand die Sache auf einmal wieder in vollkommener Klarheit vor mir, Byam. Ich wußte nun ganz genau, was man von mir erwartete, und du darfst Gott dafür danken, daß mein Gedächtnis noch nicht von Altersschwäche getrübt ist. Das Merkwürdige daran ist, daß ich während all der Jahre die ungeheuer wichtige Tatsache vergessen hatte, daß Bligh einen Teil eures Gespräches mit angehört hatte. Eigentlich ist das ja begreiflich; nicht ein einziges Mal hatte Bligh erwähnt, weshalb er dich für einen Meuterer hielt.

Du kannst dir vorstellen, daß meine Aussage sehr ausführlich ausfiel. Ich erzählte die Geschichte von dem Augenblick an, als wir während Peckovers Wache zusammen an Deck gingen. Ich gestand sogar, daß ich einer der Missetäter war, die Blighs unschätzbare Kokosnüsse gestohlen hatten. Weiter berichtete ich, wie ich mich unmittelbar, ehe Christian kam, zu einem Schläfchen niederlegte. Vor allem aber, Byam, kannst du dem Himmel und Robert Tinkler für dieses dankbar sein: Ich erinnerte mich, daß Bligh gerade in dem Augenblick heraufkam, als du Christian die Hand schütteltest und zu ihm sagtest: ›Sie können auf mich rechnen.‹

Die Beauftragten beugten sich vor, um besser zu hören. Ein alter Herr hielt die Hand hinters Ohr, damit ihm nur ja kein Wort entginge. Ihm zuliebe sprach ich ganz besonders langsam und deutlich. ›Herr Christian antwortete: ›Gut, Byam‹ oder ›Danke, Byam‹; was von beidem, weiß ich nicht mehr genau. Dann schüttelten sie sich die Hände. In diesem Augenblick wurden sie von Bligh unterbrochen; sie hatten ihn nicht kommen hören. Er machte eine Bemerkung darüber, daß sie noch so spät auf seien und ...‹

›Das genügt, Herr Tinkler‹, sagte man mir. Ich wurde hinausgeführt und ... na, alter Junge, jetzt sitzen wir also hier!«

»Weißt du, Byam«, fuhr Tinkler nach einigen Augenblicken des Schweigens fort. »Ich habe mich oft gefragt, ob die Sache mit den Kokosnüssen nicht die unmittelbare Ursache der Meuterei war. Erinnerst du dich, wie Bligh Christian beschimpfte?«

»Gewiß erinnere ich mich dessen, Tinkler«, sagte ich. »Aber sprechen wir nicht mehr darüber. Ich bin der ganzen Sache zum Sterben überdrüssig.«

»Entschuldige, Junge! Ich verstehe das vollkommen.«

»Aber nichts wäre mir lieber, als von dir etwas über die Fahrt in der Barkasse zu hören.«

»Eines muß ich sagen, Byam: Blighs Leistung war über alles Lob erhaben. Er war derselbe unausstehliche Tyrann wie früher und herrschte mit eiserner Hand über uns, aber, bei Gott, er brachte uns durch! Ich glaube, kein anderer Mann in England wäre dazu imstande gewesen.«

»Denkst du noch manchmal an Coupang, Tinkler?«

»An Coupang! Diesen Himmel auf Erden! Laß dir erzählen, wie wir dort ankamen. Es war ungefähr drei Uhr morgens ... Aber warte einen Augenblick! Wie wäre es, wenn du zunächst einmal mein Glas füllen würdest? Als Gastgeber, lieber Byam, läßt du wirklich einiges zu wünschen übrig.«

Und so ging es weiter. Die ganze Nacht hindurch!

Withycombe

Ich hatte bereits eine Woche in Herrn Erskines Haus verbracht, als ich Sir Joseph die Nachricht sandte, um die er mich gebeten hatte. Ich nahm an, daß er mich in einer mein Wörterbuch betreffenden Angelegenheit zu sprechen wünschte. Jetzt, wo die seelische Erstarrung der ersten Zeit nach dem Freispruch von mir gewichen war, sah ich der Zusammenkunft mit Vergnügen entgegen; sie sollte mir gleichzeitig Gelegenheit zu der Frage geben, ob ich ihm oder der Royal Society bei meiner Rückkehr in die Südsee von Nutzen sein könne.

Der Tod meiner Mutter hatte die letzten Bande, die mich mit England verknüpften, zerrissen; ich hatte so viel gelitten, daß jeder Ehrgeiz, jede jugendliche Sehnsucht nach einem Leben der Tat in mir erstorben schien. Vielleicht war mein damaliges Gefühl der Bitterkeit verzeihlich. Englische Gesichter kamen mir fremd vor, englische Sitten rauh, ja sogar grausam. Ich sehnte mich nur nach Tehani und der ruhigen Schönheit Tahitis. Ich hatte die Absicht, Sir Joseph von meinem Plan, die Heimat für immer zu verlassen, zu unterrichten. Ich verfügte über genügend Mittel, um diesen Plan in die Wirklichkeit umzusetzen, ja sogar ein Fahrzeug zu kaufen, wenn sich dies als notwendig erweisen sollte. Von Zeit zu Zeit segelten Schiffe zur neu gegründeten Niederlassung Port Jackson in Neusüdwales. Dort würde ich die Möglichkeit finden, einen Kutter für die Fahrt nach Tahiti zu kaufen oder zu chartern. Um der Erinnerung an meine Mutter willen konnte ich England nicht verlassen, ohne Withycombe zu besuchen; ich sehnte mich nach diesem Besuch und fürchtete mich gleichzeitig vor ihm. Sir Josephs Antwort auf meinen Brief war eine

Einladung zum Abendessen für den gleichen Abend; ich traf ihn in Gesellschaft Kapitän Montagues. Wir unterhielten uns eine Zeitlang über die politischen Ereignisse des Tages, die den baldigen Ausbruch eines Krieges befürchten ließen. Dann fragte mich Sir Joseph:

»Was haben Sie für Pläne, Byam? Werden Sie zur Marine zurückkehren oder die Universität Oxford besuchen, wie Ihr Vater es wünschte?«

»Weder das eine noch das andere, Sir«, antwortete ich. »Ich habe mich entschlossen, in die Südsee zurückzukehren.«

Montague stellte bei meinen Worten brüsk sein Glas nieder, und Sir Joseph blickte mich überrascht an, aber keiner der beiden sprach.

»In England gibt es nichts, was mich zurückhielte«, fügte ich hinzu.

Sir Joseph schüttelte bedächtig den Kopf. »Der Gedanke, daß Sie an eine Rückkehr nach Tahiti denken, wäre mir nie gekommen«, sagte er. »Ich hielt es für möglich, daß Sie in Ihrem gegenwärtigen Gemütszustand beabsichtigen würden, das Leben zur See zugunsten einer ruhigen, akademischen Laufbahn aufzugeben. Aber die Südseeinseln ... nein, mein Junge!«

»Warum nicht, Sir?« fragte ich. »Ich habe zu Hause keine Verpflichtungen, und dort drüben würde ich mich glücklich fühlen. Mit Ausnahme von Ihnen, Kapitän Montague und wenigen anderen Freunden gibt es in England niemanden, den ich je wiedersehen möchte.«

»Ich verstehe ... ich verstehe«, bemerkte Sir Joseph. »Sie haben viel gelitten; aber die Zeit heilt auch die tiefsten Wunden. Und vergessen Sie eines nicht: Sie haben Verpflichtungen, sehr schwerwiegende sogar.«

»Gegen wen, Sir?« fragte ich.

Mein Gastgeber schwieg nachdenklich. »Ich sehe, daß Ihnen

dieser Gedanke bisher gar nicht gekommen ist«, sagte er dann. »Es ist nicht ganz leicht zu erklären. Wie wäre es, Montague, wenn ich das Ihnen überließe?«

Der Kapitän nippte an seinem Wein, als denke er darüber nach, wie er beginnen solle. Endlich blickte er auf. »Sir Joseph und ich haben mehr als einmal von Ihnen gesprochen, Herr Byam. Sie haben Verpflichtungen, wie er ganz richtig sagte.«

»Wem gegenüber, Sir?« fragte ich zum zweiten Mal.

»Wegen Ihres Namens; wegen des Andenkens an Ihren Vater und Ihre Mutter. Sie haben wegen Meuterei vor Gericht gestanden; wenn Sie auch freigesprochen wurden und so unschuldig sind wie Sir Joseph oder ich, könnte doch etwas – ein kleines, unerfreuliches Etwas – an Ihrem Namen haftenbleiben. Könnte haftenbleiben, sagte ich; ob dies der Fall sein wird, hängt von Ihnen ab. Wenn Sie eine Laufbahn auf dem Land wählen oder, das Schlimmste von allem, sich in der Südsee vergraben, werden die Leute sagen, wenn von Ihnen die Rede ist: ›Roger Byam? Gewiß erinnere ich mich; einer der Meuterer von der *Bounty*. Er wurde vom Kriegsgericht abgeurteilt und im letzten Augenblick freigesprochen. Er hat Glück gehabt!‹ Die öffentliche Meinung ist eine gewaltige Macht, Herr Byam. Niemand kann es sich erlauben, sie außer acht zu lassen.«

»Wenn ich offen sprechen darf, Sir«, antwortete ich hitzig, »so soll die öffentliche Meinung der Teufel holen! Ich bin unschuldig, und meine Eltern – wenn es ein Leben nach dem Tod gibt – wissen es. Mögen die anderen glauben, was sie wollen!«

»Ich verstehe Ihre Bitterkeit vollkommen«, sagte Kapitän Montague freundlich. »Und dennoch haben wir recht. Sie schulden es dem ehrenwerten Namen, den Sie tragen, die Laufbahn eines Marineoffiziers fortzusetzen. Ein Krieg liegt in der Luft; Ihre Teilnahme daran wird die bösen Zungen bald zum Schweigen bringen! Ich will offen mit Ihnen reden, Byam: Mein Wunsch ist, daß Sie unter meinem Kommando auf meinem Schiff Dienst tun.«

Sir Joseph nickte. »Sie sollten dieses Angebot annehmen, Byam.«

Kapitän Montagues Güte rührte mich tief. »Ich bin Ihnen unendlich dankbar, Sir«, murmelte ich ein wenig verwirrt, »aber ...«

»Sie brauchen sich nicht sofort zu entscheiden«, unterbrach mich der Kapitän. »Denken Sie über die Sache nach, und lassen Sie mich Ihren Entschluß innerhalb eines Monats wissen. So lange kann ich mein Angebot aufrechterhalten.«

Kapitän Montague verließ uns zu früher Stunde. Später führte mich Sir Joseph in sein Studierzimmer.

»Byam«, sagte er, als wir es uns vor dem Kamin bequem gemacht hatten, »seit langem möchte ich Sie etwas fragen. Sie kennen mich als einen Ehrenmann; wenn Sie es für richtig halten, mir zu antworten, gebe ich Ihnen mein Wort, daß ich über die Antwort strengstes Stillschweigen bewahren werde.«

Er hielt inne. »Bitte, fragen Sie, Sir«, forderte ich ihn auf.

»Wo ist Fletcher Christian – können Sie mir das sagen?«

»Ich gebe Ihnen mein Ehrenwort, Sir«, entgegnete ich, »daß ich es weder weiß noch auch die geringste Vermutung darüber habe.«

Er blickte mich eine Sekunde lang mit seinen klugen blauen Augen an, stand rasch auf und entrollte eine an der Wand angebrachte große Karte des Stillen Ozeans.

Während er die Lampe emporhielt, blickten wir gemeinsam auf die Karte des größten Meeres der Welt.

»Hier ist Tahiti«, sagte Sir Joseph. »In welcher Richtung segelte die *Bounty*, als Sie sie zum letzten Mal sahen?«

»Nach Nordosten, möchte ich sagen.«

»Vielleicht wollte er Sie irreführen, aber in jener Richtung liegen die Marquesas. Fruchtbare Inseln, bei günstigem Wind von Tahiti in einer Woche zu erreichen. Sehen Sie, hier sind sie.«

»Ich glaube nicht, daß Christian sich dorthin gewandt hat. Er hatte die Absicht, eine unentdeckte Insel anzulaufen.«

Schweigend wanderten unsere Blicke über die winzigen Punkte, die Land inmitten der unermeßlichen Wasserfläche bedeuteten. Plötzlich durchzuckte mich ein Gedanke. »Mein Gott!« rief ich aus.

»Was gibt es, Byam?«

»Ich muß Ihnen im Vertrauen etwas sagen, Sir Joseph.«

»Sie haben mein Wort.«

»Soeben fällt mir eine Möglichkeit ein. Als wir nach der Meuterei gegen Osten segelten, sichteten wir eine reiche vulkanische Insel, die auf keiner Karte eingezeichnet ist. Wir landeten nicht, aber die Bewohner näherten sich uns in ihren Kanus und schienen durchaus friedliche Absichten zu haben. Ich befragte einen Mann in der Sprache von Tahiti; er sagte mir, die Insel hieße Rarotonga. Als Christian Tahiti zum letzten Mal verließ, muß er an diese fruchtbare, unbekannte Insel gedacht haben. Wenn ich Christian heute suchen sollte, würde ich Kurs auf Rarotonga nehmen, und ich glaube, daß ich ihn dort finden würde.«

Achtzehn Jahre sollten vergehen, ehe ich erfuhr, daß diese Ansicht falsch war. Sir Joseph lauschte aufmerksam. »Sehr interessant«, sagte er. »Gerne würde ich der Royal Society diese Entdeckung bekanntgeben. Aber fürchten Sie nichts ... Das Geheimnis ist bei mir sicher ... Christian ... armer Teufel!«

»Sie haben ihn gekannt, Sir?«

Er nickte. »Ich kannte ihn gut.«

»Er ist mir ein wahrer Freund gewesen«, sagte ich, »Gott weiß, daß Bligh ihn zum Äußersten getrieben hat.«

»Ohne Zweifel. Es ist seltsam ... Ich hatte geglaubt, Bligh sei sein bester Freund.«

»Kapitän Bligh glaubte das vielleicht selbst. Vor mir liegt eine traurige Aufgabe. Ich habe Christian versprochen, seine Mutter zu besuchen, wenn ich jemals nach England zurückkehren sollte.«

»Seine Familie lebt in Cumberland.«

»Ich weiß.«

Sir Joseph rollte die Karte zusammen. Ich warf einen Blick auf die Wanduhr. »Es wird Zeit, daß ich mich verabschiede, Sir«, meinte ich.

»Ja, es ist Schlafenszeit. Noch ein Wort, ehe Sie gehen. Ich rate Ihnen ernsthaft, Kapitän Montagues Angebot in Betracht zu ziehen. Sie sind mit Recht verbittert, aber das wird vorübergehen. Wir sind älter als Sie, Montague und ich. Wir kennen diese traurige alte Welt besser als Sie. Geben Sie den Gedanken auf, sich in die Südsee zu begeben!«

»Ich werde darüber nachdenken, Sir«, sagte ich.

Tag um Tag schob ich meinen Besuch in Withycombe auf. Ich fürchtete mich, das ruhige alte Haus in der Londoner City zu verlassen, und als ich mich schließlich von Herrn Erskine verabschiedete, hatte ich mein Versprechen, nach Cumberland zu fahren, bereits eingelöst. Von meiner Unterredung mit Christians Mutter zu sprechen sei mir erlassen.

An einem regnerischen Winterabend entstieg ich in Taunton der Postkutsche; mein Wagen erwartete mich bereits. Unser alter Kutscher war tot, auf dem Bock saß sein Sohn, der Gefährte vieler Jugendstreiche. Auf der Landstraße schimmerten Wasserpfützen im schwachen Licht der Laternen. Ich stieg ein; der Wagen rumpelte die holprige Chaussee entlang.

Der schwache, muffige Geruch des Leders erschien mir wie ein köstlicher Duft und überflutete mich mit Erinnerungen an vergangene regnerische Sonntage, als wir zur Kirche fuhren. Dort in die Tasche pflegte meine Mutter während der Fahrt ihr Gebetbuch zu stecken; und mir war, als sei der Wohlgeruch englischen Lavendels, den meine Mutter allen französischen Parfüms vorzog, an der Kutsche haftengeblieben.

Immer dichter fiel der Regen. Die Pferde trabten durch die Pfützen; als der Weg den Hügel emporzusteigen begann, gingen sie im Schritt. Von der langen Fahrt ermüdet, fiel ich in leichten Schlummer. Als ich erwachte, knirschten die Räder über den Kies des Parks von Withycombe; vor mir leuchteten bereits die Lichter des Hauses auf. Einen Augenblick lang waren fünf Jahre in meiner Erinnerung ausgelöscht; ich kehrte von der Schule zurück, um die Weihnachtsferien zu Hause zuzubringen; oben am Tore wartete schon meine Mutter, um mich zu begrüßen ...

Ich kehrte in die Wirklichkeit zurück. Statt meiner Mutter erwartete mich nur der alte Kammerdiener mit dem übrigen Gesinde. Nie, außer an diesem Abend, habe ich in Frau Thackers Augen Tränen gesehen.

Einige Minuten später saß ich allein in dem hohen Speisezimmer. Die Kerzen auf dem Tisch brannten, ohne zu flackern, und in ihrem gelblichen Licht bewegte sich der Diener geräuschlos hin und her, füllte mein Glas und stellte Speisen vor mich hin, die ich aß, ohne zu wissen, was es war. Als kleiner Junge durfte ich des Sonntags hier meine Mahlzeiten einnehmen; an anderen Abenden kam ich, um meinem Vater und meiner Mutter gute Nacht zu sagen, wenn sie beim Nachtisch saßen; immer wurde mir der Gutenachtkuß durch eine Hand voll Trauben oder Feigen versüßt. Hier saß ich nach meines Vaters Tod meiner Mutter gegenüber; hier hatte Bligh mit uns gespeist, an jenem entscheidenden Abend vor langer, langer Zeit. Wäre er und sein Brief nicht gewesen, so würde mir meine Mutter wohl noch heute gegenübersitzen ... ich stand auf und ging hinauf.

Im Arbeitszimmer meines Vaters, hoch oben im Nordflügel, streckte ich mich auf dem Sofa unter dem Kerzenleuchter aus. Sein Geist schien noch in dem Raum zu weilen: eine Sammlung von Sextanten, die astronomischen Karten an der Wand, die Bücher in den bis fast zur Decke reichenden Regalen – alles sprach von ihm. Ich nahm einen in Leder gebundenen Band der »Reisen« von Kapitän Cook zur Hand, aber ich konnte nicht lesen. Schließlich ergriff ich eine Kerze und suchte mein Zimmer auf. Unterwegs kam ich an der Tür des Zimmers meiner Mutter vorbei. Einzutreten wagte ich an jenem Abend nicht.

Der Westwind, der vom Atlantischen Ozean herüberwehte, machte den Dezember warm und regnerisch; oft wanderte ich über die aufgeweichten Wege der Umgebung; der Regen schlug mir ins Gesicht, und der Wind stöhnte in den entlaubten Bäumen. Eine Änderung, so allmählich, daß sie kaum bemerkbar war, ging mit mir vor; ich fing an zu erkennen, daß ich, wie meine Vorfahren, tief im Boden dieses Landes wurzelte. Tehani, unser Kind, die Südsee – all das schien unwirklich zu werden, zu einem schönen, halb vergessenen Traum zu verbleichen. Die Wirklichkeit lag hier, in den Gräbern des nahen Friedhofs, in Withycombe, in den Häuschen unserer Pächter. Und die festen Mauern unseres alten Hauses, die Ordnung, die darin trotz Leid und Tod bestehengeblieben war, ließen mich den Sinn der Zusammenhänge begreifen, die aufrechtzuerhalten meine Pflicht war. Allmählich schwand meine Bitterkeit.

Gegen Ende des Monats war mein Entschluß gefaßt. Es war schwer gewesen, ihn zu fassen, aber ich habe seither keinen Grund gehabt, ihn zu bereuen. Ich schrieb Kapitän Montague, daß ich sein Angebot annähme; eine Abschrift legte ich einem langen Brief an Sir Joseph Banks bei. Zwei Tage später, an einem grauen, windstillen Morgen, stand ich vor dem Portal unseres Hauses und wartete auf den Wagen, der mich nach Taunton zur Londoner Postkutsche bringen sollte. Das Meer lag wie glänzender Stahl unter den niedrigen Wolken; die Luft war so still, daß ich das Krächzen der Krähen von nah und fern hörte. Ich blickte zwei Segelbooten nach, die langsam die offene See gewannen, bis ich den Kutscher schnalzen und die Räder des Wagens über den Kies des Parkweges knirschen hörte.

Epilog

Im Januar 1793 trat ich meinen Dienst auf Kapitän Montagues Schiff an. Im nächsten Monat brachen Feindseligkeiten aus, die den Beginn unserer Kriege mit den verbündeten Nationen fast ganz Europas bildeten. Zwölf Jahre hindurch folgte für die britische Marine eine militärische Aktion der anderen. Ich hatte die Ehre, mit den Holländern bei Camperduin, mit den Dänen bei Kopenhagen und mit den Spaniern und Franzosen bei Trafalgar zu kämpfen. Nach dem herrlichen Sieg von Trafalgar wurde ich zum Kapitän befördert.

Während dieser Kriegszeiten hatte ich zuweilen davon geträumt, nach Wiederherstellung des Friedens im Stillen Ozean stationiert zu werden, aber ein Marineoffizier hat im Krieg wenig Muße, seinen Gedanken nachzuhängen; im Laufe der Jahre wurde mein Verlangen, in die Südsee zurückzukehren, weniger schmerzlich und die Erinnerung an vergangene Leiden erträglicher. Erst im Sommer 1809, als ich die *Curieuse*, eine mit zweiunddreißig Kanonen bestückte, den Franzosen abgenommene Fregatte befehligte, erfüllte sich mein Traum. Ich erhielt die Order, Kurs auf Port Jackson im Neusüdwales zu nehmen und von dort über Tahiti nach Valparaiso zu segeln.

Ich hatte eine halbe Kompanie des dreiundsiebzigsten Regiments an Bord, das die in Neusüdwales stationierten Truppen ablösen sollte; der Rest des Regiments war an Bord der Schiffe *Dromedary* und *Hindostan* vorausgefahren. Vier Jahre früher war Kapitän Bligh zum Gouverneur von Neusüdwales ernannt worden; inzwischen hatte der berüchtigte Rumaufstand in der Kolonie gewütet, nun war ein neuer Gouverneur, Oberst Lachlan Macquarie, ausgesandt worden, um die Ruhe wiederherzustellen. Major Johnston, der Befehlshaber des Militärkorps von Neusüdwales, und ein Herr MacArthur, der einflußreichste Ansiedler des Landes, hatten Bligh des tyrannischen Mißbrauchs seiner Amtsgewalt angeklagt, ihn seit einem Jahr im Regierungsgebäude gefangengehalten und die Zügel der Regierung an sich gerissen.

Während der langen Fahrt nach Australien dachte ich oft an Bligh. Daß er mich für einen Meuterer hielt, hatte ich ihm innerlich nie verübelt. Anders stand es um den Brief an meine Mutter, der sicherlich ihren Tod herbeigeführt hatte. Ich wußte, daß ich dem Mann nie mehr die Hand würde reichen können. Während der Kriege hatte er sich durch Tapferkeit ausgezeichnet; bei Kopenhagen hatte ihn Nelson persönlich beglückwünscht. Jetzt aber, wo seine Laufbahn ihrem Ende zuging, wiederholte sich in anderem Rahmen die Geschichte der *Bounty*; Bligh war wiederum die Hauptfigur eines Aufstandes.

Wir hatten die englische Küste im August verlassen, aber erst im Februar 1810 fuhr die *Curieuse* in den herrlichen Hafen von Port Jackson ein, in dem schon die englischen Kriegsschiffe *Porpoise*, *Dromedary* und *Hindostan* vor Anker lagen. Gleich nach unserer Ankunft erhielt ich an Bord den Besuch meines alten Freundes John Pascoe, des Kapitäns der Fregatte *Hindostan*. Es war ein heißer Tag; erbarmungslos brannte die Sonne vom wolkenlosen Himmel herab. Ich geleitete den Besucher in meine Kajüte, wo es kühler war als an Deck, und beauftragte den Steward, eine Bowle zu bereiten. Pascoe sank in einen Sessel und wischte sich mit einem großen Taschentuch den Schweiß vom Gesicht. »Pfui Teufel! Ich möchte wetten, daß es in der Hölle auch nicht heißer ist als in Sydney!« stöhnte er. »Kein Wunder, daß es hierzulande auch in der Politik heiß hergeht! Was haben Sie darüber in England gehört?«

»Nur Gerüchte; die Wahrheit kennen wir nicht.«

»Die Wahrheit ist auch hier schwer zu erfahren. Ohne Zweifel haben beide Parteien von ihrem Standpunkt aus recht. Der Rumhandel war der Ruin der Kolonie und lag in den Händen der Offiziere. Bligh erkannte das Übel und versuchte gegenzusteuern, wobei er mit demselben Takt vorging, der seinerzeit die Meuterei auf der *Bounty* hervorrief. Das Ergebnis kennst du: Bligh wurde im Regierungsgebäude gefangengehalten; Major Johnston, eine bloße Marionette in der Hand des Herrn MacArthur, des reichsten Ansiedlers der Kolonie, übernahm die Regierungsgeschäfte. Eine nette Geschichte!«

»Und was wird nun geschehen?«

»Das dreiundsiebzigste Regiment bleibt hier; die bisher hier stationierten Truppen kehren nach England zurück. Johnston, MacArthur und Bligh werden die Sache in England miteinander auszutragen haben. Oberst Macquarie wurde zum Gouverneur ernannt.« Pascoe war begierig nach Neuigkeiten aus der Heimat; wir plauderten eine Weile. Dann erhob sich mein Gast. »Ich muß gehen, Byam«, sagte er; »Bligh hat für heute nachmittag Order zur Abfahrt gegeben.«

Als ich mich von ihm verabschiedet hatte, ließ ich mich ans Ufer rudern, um dem neuen Gouverneur meine Aufwartung zu machen.

»Seine Exzellenz ist augenblicklich beschäftigt, Herr Byam«, meldete mir der Adjutant, der mich im Vorzimmer des Gouverneurs empfing. Er verbeugte sich und nahm wieder seine Schreibarbeit auf; gleich darauf hörte ich durch die geschlossene Tür den Klang einer aufgeregten Stimme. Mit einemmal fühlte ich mich zwanzig Jahre jünger; mir war, als sei ich wie durch Zauber auf das Deck der *Bounty* am Nachmittag vor der Meuterei zurückversetzt worden. In meiner Erinnerung ertönte die gleiche unbeherrschte Stimme, die ich soeben gehört hatte; ich glaubte die Worte zu hören, die Christian zur

Raserei getrieben hatten: ›Ihr seid allesamt Schurken und Betrüger! Aber ich werde euch lehren zu stehlen, ihr Hunde! Ich werde euch kujonieren, daß ihr wolltet, ihr hättet mich nie in eurem Leben gesehen!‹

Die Stimme im Nebenzimmer erstarb; ich hörte den Gouverneur leise und begütigend sprechen. Dann folgte ein neuer Zornesausbruch Blighs:

»Major Johnston, Sir? Bei Gott, der Mann sollte erschossen werden! MacArthur, diesen Halunken, habe ich gleich richtig erkannt, als ich ihn das erste Mal sah. ›Wie, Sir?‹ sagte ich ihm damals, ›Sie haben solch gewaltige Rinder- und Schafherden? Sie haben fünftausend Morgen Land? Nun, Sie werden sie nicht behalten, das schwöre ich Ihnen!‹ – ›Ich habe das Land vom Minister erhalten‹, antwortete mir der Bursche. ›Den Minister soll der Teufel holen!‹ antwortete ich, ›was geht mich der Minister an!‹«

Wieder vernahm ich die begütigende Stimme des Gouverneurs, aber Bligh unterbrach ihn schreiend: »Sydney, Sir? Ein Sodom und Gomorrha! Ein verworfeneres Pack als hier findet man auf der ganzen Welt nicht! Die Ansiedler? Der Abschaum der Menschheit! Sie wissen vielleicht, daß ich ein Mann der Milde und des Entgegenkommens bin, aber bei Gott, Sir, damit richtet man hier nichts aus! Regieren Sie die Kerle mit eiserner Faust!«

Dann wurde ein Stuhl beiseite gestoßen und die Tür aufgerissen. Ein korpulenter, kräftiger Mann in Kapitänsuniform stand mit vor Erregung purpurrotem Gesicht im Türrahmen. Ohne mich auch nur zu sehen, stürmte er durch das Vorzimmer. Im nächsten Augenblick war er verschwunden. Der junge Adjutant schloß die Tür hinter ihm und sah mich mit einem leisen Lächeln an: »Gott sei Dank!« murmelte er und atmete sichtbar erleichtert auf.

Wir sichteten Tahiti an einem Aprilmorgen. Als wir uns der

Küste näherten, trat Windstille ein, und wir benötigten einen ganzen Tag, um die Bucht von Matavai zu erreichen. Mein Leutnant, Herr Cobden, schien zu ahnen, was in mir vorging, denn er ließ mich den ganzen Tag ungestört.

Tahiti war in jenen Tagen von der übrigen Welt beinahe abgeschlossen. Nicht ein einziges Mal während der zwanzig Jahre, seit ich Tehani im Lazarett der *Pandora* zum letzten Mal umarmt hatte, hatte ich Nachricht von ihr erhalten. 1796 erfuhr ich, daß der Segler *Duff* mit Missionaren an Bord – den ersten in der Südsee – Tahiti anlaufen würde. Ich machte die Bekanntschaft eines der ehrwürdigen Männer; er versprach mir, sich auf die Suche nach meiner eingeborenen Frau und meinem Kind zu begeben und mir nach seiner Rückkehr nach England Nachricht von ihnen zu bringen. Aber kein Brief kam. In Port Jackson hatte ich einige dieser Missionare angetroffen und ihnen mitgeteilt, daß ich Tahiti anlaufen werde. Ihre Berichte von der Insel waren sehr traurig. Sie hatten zwölf Jahre in Tahiti gelebt und die Landessprache erlernt, wobei ihnen, wie sie mir liebenswürdigerweise sagten, mein Wörterbuch äußerst wertvoll gewesen sei. Es war ihnen jedoch nicht gelungen, einen einzigen Eingeborenen zum Christentum zu bekehren. Krieg und von europäischen Schiffen eingeschleppte Krankheiten hatten, wie man mir sagte, vier Fünftel der Bevölkerung vernichtet. Keiner der Missionare hatte je von Tehani gehört oder Taiarapu besucht.

Als mein Schiff sich an jenem Aprilnachmittag dem Land näherte, erschien mir Tahiti ebenso schön wie früher; es war schwer zu glauben, daß eine dem Auge so wohlgefällige Insel der Schauplatz von Kriegen und Seuchen sein könne. Eine Flut von Erinnerungen drang auf mich ein, als Kap Venus in Sicht kam. Dort drüben lag das Inselchen Motu Au, gegenüber Hitihitis Haus, nicht weit davon Stewarts schattiges Tal und ein wenig weiter die Stelle, wo Morrison und Millward bei Poino gewohnt hatten. Und dort, ja dort erblickte ich die Mündung des Flusses, an dessen Ufer ich Tehani kennengelernt hatte. Ich war erst vierzig Jahre alt, in der Vollkraft des Lebens, und doch hatte ich das Gefühl sehr alter Leute, zu lange gelebt zu haben. Jahrhunderte schienen mir vergangen, seit ich diese Aussicht zum letzten Mal genossen hatte. Ich fürchtete mich davor, das Land zu betreten.

Als wir ankerten, erschien es mir verwunderlich, daß sich uns keine Kanus näherten. Vom Strand aus sahen uns einige Leute teilnahmslos zu, aber wie wenige waren es, verglichen mit dem Gewimmel früherer Tage! Und wo einst ganze Gruppen von Häusern inmitten schattiger Haine gewesen waren, erblickte ich jetzt nur ein paar elende Hütten. Sogar die Bäume sahen gelblich und abgestorben aus. Ich erfuhr bald, daß die siegreiche Partei fast alle Brotfruchtbäume in Matavai gefällt oder durch Einschnitte vernichtet hatte. Endlich näherte sich uns ein kleines, mit zwei Leuten bemanntes Kanu. Die Insassen trugen zerlumpte europäische Kleidungsstücke und waren eigentlich Bettler, denn sie konnten uns für das, was wir ihnen gaben, nichts zum Tausch anbieten. Sie sprachen uns in gebrochenem Englisch an. Als sie sich dann in ihrer Muttersprache unterhielten, freute ich mich, leidlich gut zu verstehen, was sie sagten. Ich erkundigte mich nach Tipau, Poino und Hitihiti, erhielt aber als Antwort nur verständnislose Blicke.

Eine Stunde vor Sonnenuntergang ließ ich mich zu der Stelle rudern, wo Hitihiti gelebt hatte. Ich wies meine Leute an, mich in der Bucht von Matavai zu erwarten, und ging allein landeinwärts. Kein menschliches Wesen war zu erblicken, auch vom Haus meines Taio war keine Spur mehr zu finden. Anstelle der gepflegten Wiesen sah ich nur wucherndes Unkraut. Auf dem Weg zum Fluß, an dem ich Tehani begegnet war, saß eine alte Frau und blickte reglos auf das Meer hinaus.

Sie schaute mich gleichgültig an, aber als ich sie in der Sprache des Landes anredete, wurde sie lebhafter. Hitihiti? Ja, sie hatte von ihm gehört, aber er war seit langem tot. Hina? Sie schüttelte den Kopf. Poinos erinnerte sie sich. Auch er war tot. Sie zuckt die Achseln. »Einst war Tahiti ein Land der Menschen«, sagte sie, »jetzt füllen nur noch Schatten das Land.«

Der Fluß war unverändert, und obgleich das Ufer vom Pflanzenwuchs überwuchert war, fand ich unter den Wurzeln der alten Bäume meinen Lieblingssitz wieder. Der Fluß strömte, wie ehemals, leise murmelnd dahin. Aber meine Jugend war vergangen, und alle meine alten Freunde waren tot. Einen Augenblick lang ergriff mich tiefe Angst; ich hätte meine Laufbahn und alles, was ich in der Welt besaß, dahingegeben, um zwanzig Jahre jünger zu sein und im Fluß mit Tehani um die Wette zu schwimmen.

Ich wagte kaum, an sie und an unser Kind zu denken. Endlich stand ich auf, überquerte den Fluß an einer seichten Stelle und schritt dem Hügel zu. Unterwegs fand ich nur einige schmutzige Hütten; wo vor zwanzig Jahren tausend Menschen gelebt hatten, sah ich jetzt kaum mehr als ein Dutzend.

Es war schon Nacht geworden, als ich in Stewarts Tal kam, aber der Mond schien hell. Ich setzte mich auf einen flachen Stein. Keine Spur des Hauses und des Gartens war vorhanden. Stewarts Gebeine lagen, vermischt mit dem faulenden Holz des *Pandora*-Wracks, auf dem Grund des Meeres. Wo war Peggy? Wo war ihr Kind? Ein kühler Nachtwind erhob sich, und plötzlich füllte sich die Gegend mit Geistern – den Schatten lebender und toter Menschen –, und mein eigener war darunter.

Am nächsten Morgen segelte ich mit zwölf Mann in der Pinasse nach Taiarapu. Die Ostküste schien weniger gelitten zu haben als Matavai; ich war angenehm überrascht, Vehiatuas früheres Reich nicht vom Krieg verwüstet zu finden. Aber auch hier hatten die Seuchen ihr Werk vollbracht. Wo früher fünf Menschen gelebt hatten, war jetzt nur noch einer zu finden. Als wir uns Tautira näherten, hielt ich vergeblich nach Vehiatuas großem Haus auf der Anhöhe Ausschau. Es war verschwunden, aber gleich darauf bemerkte ich, daß mein eigenes Haus noch vorhanden war. Das Boot legte an; einige Leute, deren Züge lebhafter waren als die der Bewohner von Matavai, begrüßten uns. Ich blickte einem nach dem anderen klopfenden Herzens ins Gesicht, aber keinen von ihnen kannte ich. Ich wagte nicht, nach Tehani zu fragen, und da die Missionare mir berichtet hatten, daß Vehiatua tot sei, gab ich meinen Leuten Order, Kokosnüsse einzuhandeln, und machte mich auf die Suche nach jemandem, den ich kannte.

Ehe ich den halben Weg zum Haus zurückgelegt hatte, begegnete ich einem stattlichen Mann mittleren Alters. Unsere Blikke trafen sich; einen Augenblick lang schwiegen wir.

»Tuahu?«

»Byam!« Er eilte auf mich zu und umarmte mich nach der Sitte des Landes. In seine Augen traten Tränen. Dann sagte er: »Komm in das Haus.«

»Ich war auf dem Weg dorthin«, antwortete ich, »aber wir wollen ein wenig hier bleiben, wo wir allein sein können.«

Er begriff vollkommen, was in mir vorging, und wartete mit niedergeschlagenen Augen, während ich all meinen Mut zusammennahm, um eine Frage zu stellen, die sein Schweigen schon beantwortet hatte.

»Wo ist Tehani?«

»Ua mate – tot«, entgegnete er ruhig. »Sie starb im Monat Paroro, als du drei Monate weg warst.«

»Und meine Tochter?« fragte ich nach langem Schweigen.

»Sie lebt«, sagte Tuahu. »Sie ist eine Frau geworden und hat selbst ein Kind. Ihr Mann ist der Sohn Atuanuis. Er wird einmal Herrscher von Taiarapu werden. Gleich sollst du deine Tochter sehen.«

Wieder schwieg ich lange. Endlich sagte ich: »Tuahu, du weißt, wie zärtlich ich Tehani geliebt habe. All die Jahre hindurch, während mein Vaterland in unaufhörliche Kriege verwickelt war, habe ich davon geträumt, nach Tahiti zurückzukehren. Ich will meine Tochter sehen, mich ihr aber nicht zu erkennen geben. Ihr zu sagen, daß ich ihr Vater bin, sie zu umarmen, mit ihr über ihre Mutter zu sprechen, ginge über meine Kraft. Verstehst du das?«

Tuahu lächelte schmerzlich. »Ich verstehe.«

In diesem Augenblick hörte ich Stimmen; Tuahu berührte meinen Arm. »Sie kommt, Byam«, sagte er leise. Ein hochgewachsenes Mädchen näherte sich uns, gefolgt von einer Dienerin; sie führte ein kleines Kind an der Hand. Ihre Augen waren dunkelblau wie das Meer; ihr Gewand aus schneeweißem Stoff lag in anmutigen Falten um ihre Schultern; an ihrem Hals glänzte eine goldene Kette, die mir wohlbekannt war.

»Tehani«, rief der Mann an meiner Seite; der Atem stockte mir, als ich ihr Gesicht in der Nähe betrachtete, denn sie hatte die Schönheit ihrer Mutter geerbt und dazu ein wenig von der Schönheit meiner Mutter. »Der englische Kapitän aus Matavai«, hörte ich Tuahu sagen; sie gab mir freundlich die Hand. Meine Enkelin starrte mich verwundert an; ich wandte mich ab, um die Tränen in meinen Augen zu verbergen.

»Wir müssen weitergehen«, sagte Tehani zu ihrem Onkel. »Ich habe dem Kind versprochen, ihm das englische Boot zu zeigen.«

»Gut, so gehe!« sagte Tuahu.

Nach unserer Abfahrt von Tahiti hielt ich südwestlichen, später östlichen Kurs. Am Morgen des 15. Mai wurde in östlicher Richtung, etwa acht Meilen entfernt, Land gesichtet. Dies rief unter meinen Offizieren große Aufregung hervor, denn an dieser Stelle war auf den Karten kein Land eingezeichnet, und ich selbst glaubte anfangs, eine neue Insel entdeckt zu haben. Der Karte zufolge lag das nächste Land, die Insel Pitcairn, hundertfünfzig Meilen von dem Punkt, an dem wir uns befanden, entfernt.

Gegen Mittag waren wir der Küste ganz nahe gekommen. Eine schönere und romantischere Insel war kaum vorstellbar. Ich schätzte die Ausdehnung auf höchstens zwei Quadratmeilen. Das Ufer war in höchstem Grad zerklüftet; jähe Felsen stürzten senkrecht in das Meer, von ungestümen Wogen wild umbrandet. Schmale, von großwipfligen Bäumen halb verborgene Täler waren hier und dort sichtbar; das ganze Eiland bot ein Bild wilder, jungfräulicher Schönheit, dessen Wirkung durch den Gegensatz des weiten Meeres ringsumher noch erhöht wurde.

Ich zweifelte nicht daran, daß eine so kleine, zerklüftete, von jedem bewohnbaren Land unendlich weit entfernte Insel nur den Seevögeln bekannt sein könne, die die kühn geformten Felszinnen umkreisten. Obgleich wir fast die ganze Insel umsegelt hatten, sahen wir keine Landungsmöglichkeit.

Plötzlich bemerkten wir zu unserer großen Überraschung, daß ein kleines Kanu mit großer Geschwindigkeit auf uns zusteuerte. In einer halben Stunde hatte es das Schiff erreicht; einer der beiden Insassen rief in englischer Sprache zu uns hinauf: »Können Sie uns eine Leine hinabwerfen, Herr?« Dies geschah sogleich; nachdem die Männer ihr Boot festgemacht hatten, ließen wir eine Jakobsleiter hinab, und sie kletterten an Bord.

Mein erster Gedanke war, es handele sich um Überlebende

eines englischen Fahrzeuges, das Schiffbruch erlitten hatte, etwa eines Walfischfängers, der von der üblichen Route abgekommen war. Zwar war die Haut der Leute so braun gebrannt, daß man sie hätte für Eingeborene halten können, aber sie hatten das offene, männliche Aussehen englischer Seeleute. Der ältere war ein Jüngling von neunzehn bis zwanzig Jahren, während sein Gefährte etwa fünfzehn Jahre alt sein mochte. Sie waren nur mit Lendentüchern aus Tapastoff bekleidet und trugen mit Hahnenfedern geschmückte Strohhüte. Es waren starke, hübsche Burschen; ihr Gang hatte die natürliche Grazie der Wilden; ihr unverhohlenes Entzücken über alles, was sie ringsumher sahen, war das unverdorbener Kinder. Sie begrüßten mich in ausgezeichnetem Englisch, das sie jedoch auf eine Art sprachen, die mich annehmen ließ, sie seien nicht in England geboren.

»Wir freuen uns, Sie zu sehen, Herr«, sagte der ältere der beiden; »wir wurden ausgesandt, um Sie einzuladen, uns an Land zu besuchen.«

Die Stimme des jungen Mannes, seine Haltung, seine Art zu sprechen weckten eine unbestimmte Erinnerung in mir. Wo und wann hatte ich nur jemand gesehen, der ihm glich?

»Wer sind Sie?« fragte ich.

»Mein Name ist Christian«, antwortete er.

Eine Stimme in meinem Innern schrie so laut, daß ich glaubte, die mich Umstehenden müßten es hören:

»Du hast ihn gefunden – den Zufluchtsort der *Bounty*!«

Ich hatte den Sohn meines Freundes Fletcher Christian vor mir; er war Christian, wie ich ihn vor zwanzig Jahren gekannt hatte, so ähnlich, daß ich mich darüber wunderte, den Zusammenhang nicht gleich begriffen zu haben. Dieselben dunklen Augen und dasselbe tiefschwarze Haar; dieselbe kraftvolle Gestalt, dieselbe Stimme, dasselbe lebhafte Mienenspiel; nur die düstere, launenhafte Seite von Christians Charakter fand in diesem jungen Menschen keinen Ausdruck.

»Ihr Vater ist auf der Insel?« fragte ich rasch.

»Mein Vater ist tot, Sir. Er hieß Fletcher Christian.«

Auf die gleiche unbefangene, offenherzige Art fuhr er fort, mir zu erzählen, daß er keine Erinnerung an seinen Vater, der vor vielen Jahren gestorben sei, bewahrt habe.

Ich glaube, daß es mir gelang, mein Erstaunen darüber, daß ich durch bloßen Zufall Christians Versteck gefunden hatte, zu verbergen. Ich wollte die jungen Leute nicht in Unruhe versetzen. Der jüngere Bursche war Edward Young, der Sohn meines alten Messekameraden auf der *Bounty*.

»Ihr habt vorher noch nie ein Schiff gesehen?« erkundigte ich mich.

»Nur ein einziges Mal, Herr. Vor zwei Jahren. Ein Schiff kam, das *Topaz* genannt wurde. Es kam aus dem Loch, in dem die Sonne aufgeht. Der Kapitän, Herr Folger, gab uns viele nützliche Dinge, einen kupfernen Kessel, Äxte und Messer. Unser Vater war an jenem Tag glücklich; Sie müssen wissen, Herr, daß auch unser Vater durch die Löcher gefahren ist, in denen die Sonne auf- und untergeht.«

»Wie groß sind diese Löcher, Herr?« wollte Edward Young wissen. »Unser Vater sagt, daß sogar ein so großes Schiff wie das eure leicht hindurchfahren kann.«

Diese einfache Frage rührte mich. Offenbar hatte man diesen Burschen wenig von der Außenwelt erzählt; was sie wußten, hatten ihre eingeborenen Mütter sie gelehrt.

»Das stimmt«, sagte ich. »Noch viel größere Schiffe als dieses hier können ohne Gefahr hindurchfahren.«

Die beiden blickten mich voll Staunen an. »Gibt es denn noch größere Schiffe?« fragen sie ungläubig.

Es war halb zwei geworden, und ich lud die beiden jungen Leute ein, das Mittagessen mit mir zu teilen. Obgleich meine

Kajüte einfach und schmucklos war, blickten sie sich mit Erstaunen um. Ihr Benehmen bei Tisch war vortrefflich, wenn sie auch offensichtlich nicht daran gewöhnt waren, mit Messer und Gabel zu hantieren. Ehe sie sich setzten, standen sie mit gesenktem Kopf da und sprachen ein Tischgebet; dies geschah auf so natürliche, schlichte und gläubige Art, daß sie zweifellos seit ihrer Kindheit daran gewöhnt waren.

Beide sprachen auf solche Art von »unserem Vater«, daß ich glaubte, sie seien trotz der Verschiedenheit der Namen Brüder; aber bald erkannte ich, daß sie nicht ihre wirklichen Väter meinten.

»Wir meinen Alexander Smith«, sagte der junge Christian. »Der ist jetzt unser Vater.«

»Hat Alexander Smith euch auch lesen gelehrt?« fragte ich.

»Ja; er und Edwards Vater gemeinsam; als Edwards Vater starb, unterrichtete uns Alexander Smith allein.«

»Welche anderen älteren Männer leben bei euch?«

»Keiner; unser Vater ist der einzige«, entgegnete Christian.

Ich war erstaunt hierüber. Wo waren Mills, Brown, Martin, McCoy, Williams und Quintal? John Mills, der Stückmeistersmaat der *Bounty*, war der einzige Mann mittleren Alters gewesen, der Christian begleitet hatte. Ich war begierig, was aus den anderen geworden war, aber ich unterließ es, meine Gäste danach zu fragen.

Sogleich nach der Beendigung der Mahlzeit segelten wir noch dichter an die Insel heran. Ich hatte mich entschlossen, an Land zu gehen, aber ein Blick auf die einzige Landungsstelle überzeugte mich davon, daß es gewagt war, die Fahrt in einem der Boote der Fregatte zu unternehmen. Die Stelle war mit halb überschwemmten Klippen besät, gegen die die Brandung wütend anstürmte. Deshalb bestieg ich mit den beiden jungen Leuten deren Kanu. Sie lenkten ihr winziges Fahrzeug mit größter Geschicklichkeit; und niemals habe ich eine Küstenstelle gesehen, an der Sicherheit und völlige Beherrschung der Ruderkunst notwendiger gewesen wären.

Der Sandstreifen am Fuß der Felsen war so schmal, daß nicht einmal ein Schuppen für das Kanu Platz hatte. Die Burschen hoben das kleine Boot auf die Schultern und begannen den Pfad zu der Siedlung emporzuklimmen. Der Aufstieg war an manchen Stellen so steil, daß der schmale Weg im Zickzack angelegt worden war. Es kostete Mühe, unbelastet hinaufzusteigen, und ich bewunderte die Gelenkigkeit, mit der Christian und Young, ohne ein einziges Mal Atem zu schöpfen, ihre Last zuweilen von einer Schulter auf die andere luden. Auf der Hochfläche angelangt, bot sich mir ein Bild des Friedens und der Schönheit, das die Mühe des Aufstiegs reichlich lohnte.

Die ausgedehnte ebene Fläche war mit weichem, grünem Rasen bedeckt und von prächtigen alten Brotfruchtbäumen beschattet. Auf dem sanften Hang, der vom Innern der Insel zu den so jäh ins Meer abstürzenden Bergspitzen emporführte, erhoben sich die vier Häuser der kleinen Ansiedlung. Sie waren aus rohem Blockwerk erbaut. Jedes hatte zwei Stockwerke und war mit Kokospalmwedeln gedeckt. Rings um die Ansiedlung befanden sich Ställe für Schweine, Ziegen und Hühner. Im Norden und Nordwesten breiteten sich Haine von Kokosnußpalmen aus, an die sich die natürlichen Wälder der Insel schlossen.

Diese Einzelheiten bemerkte ich erst später. Im Augenblick war meine Aufmerksamkeit völlig von der kleinen Menschengruppe in Anspruch genommen, die unter Führung eines kräftigen Mannes mittleren Alters auf mich zukam, um mich zu begrüßen. Er war sauber nach Art der Matrosen aus alter Zeit gekleidet, obgleich die Kleidungsstücke aus einheimischen Stoffen gefertigt waren. Ich erkannte ihn sogleich. Es war Alexander Smith, der mich auf der *Bounty* bedient hatte.

Ein Lächeln aufrichtiger Freude war über sein Gesicht gebreitet.

»Willkommen, Sir! Ich hoffe, daß Sie sich bei uns wohl fühlen werden.«

Ich streckte ihm die Hand entgegen. »Smith, kennst du mich denn nicht mehr?« fragte ich.

Er trat einen Schritt zurück und sah mich prüfend an.

»Nein, Sir, ich kann mich wirklich nicht ... Gott helfe mir! Sie sind doch nicht ... Sie sind doch nicht Herr Byam?«

Seine ungekünstelte Freude rührte mich tief. Er ergriff meine beiden Hände; Tränen traten ihm in die Augen, und einen Augenblick lang war er unfähig zu sprechen.

Dann rief er in der Sprache von Tahiti: »Maimiti! Taurua! Bal'hadi! Kommt her! Es ist Herr Byam!«

Drei Frauen näherten sich uns und schauten mich ungläubig an. Dann stieß eine von ihnen einen Schrei des Erkennens aus, umarmte mich, lehnte den Kopf an meine Schulter und begann leise zu weinen. Es war Taurua, Youngs Frau, die ich zum letzten Mal als siebzehnjähriges Mädchen gesehen hatte. Jetzt war ihr Gesicht faltig und ihr Haar mit weißen Fäden durchzogen. Smiths Frau war beinahe blind und tastete sich auf mich zu; ich erkannte sie kaum. Maimiti jedoch, Christians Frau, wies noch Spuren ihrer einstigen Schönheit auf. Sie war jetzt etwa vierzig Jahre alt; ihrer Würde und ihrem Wesen hatten die Jahre nichts anhaben können.

Über die Einzelheiten dieses rührenden Wiedersehens will ich hinweggehen. Eine unermeßliche, in Jahren nicht auszudrückende Zeitspanne schien zwischen jenem Augenblick und dem Abend zu liegen, an dem Christian und Maimiti mir am Strand von Tahiti Lebewohl gewünscht hatten.

Die kleine Gemeinde zählte um diese Zeit etwa fünfunddreißig Köpfe. Da gab es eine Mary Christian, ein siebzehnjähriges Mädchen, so reizend, wie ihre Mutter in ihrem Alter gewesen war. Dann ein halbes Dutzend Youngs, beinahe ebenso viele Quintals, eine Sarah und einen Daniel McCoy. Schönere, gesündere Kinder habe ich niemals gesehen, und sie lebten, als wären sie alle Mitglieder einer großen, glücklichen Familie. Aber was mich überraschte, war, daß von all den Männern, Weißen und Eingeborenen, die Fletcher Christian mit der *Bounty* begleitet hatten, nur Alexander Smith übriggeblieben war. Smith erwähnte ihre Namen nicht; ich begriff, daß er es vermied, in Gegenwart der Kinder von ihnen zu sprechen.

Es war Abend geworden, und Vorbereitungen für das Nachtessen wurden getroffen. Ich hatte Herrn Cobden, meinem Leutnant, mitgeteilt, daß ich die Nacht an Land verbringen werde.

Bald wurde das Essen aufgetragen. Es gab Spanferkel, Jamswurzeln, süße Kartoffeln und Kochbananengemüse. Dazu klares Quellwasser.

Als das Mahl beendet war, schlenderte ich mit Alexander Smith in die Abendkühle hinaus. Es war eine herrliche Nacht; der Mond stand im ersten Viertel und warf einen schwachen Lichtschein über die Landschaft. Wir stiegen den Abhang empor und setzten uns an einer Stelle, von der aus wir das Meer tief unter uns erblicken konnten. Ich erzählte Smith von den Dingen, die sich in den letzten zwanzig Jahren ereignet hatten; von unseren Kriegen mit den Dänen, den Niederländern, den Spaniern und den Franzosen. Er lauschte mit gespannter Aufmerksamkeit; als ich ihm von der Schlacht bei Kopenhagen berichtete, wo neun britische Schiffe achtzehn schwimmende Batterien der Dänen erobert hatten, sprang der alte Bursche vor Erregung auf, warf seinen Hut in die Luft und rief: »Es lebe England!«

»Und das alles habe ich versäumt, Herr Byam!« sagte er, während er sich mit traurigem Kopfschütteln wieder hinsetzte.

Dann plauderten wir von den alten Zeiten auf der *Bounty*; schließlich erzählte ich ihm, wie wir seine Insel durch Zufall entdeckt hatten.

»Sie heißt Pitcairn, Herr Byam«, antwortete er auf meine Frage nach ihrem Namen. »Ich weiß es, weil Herr Christian es uns gesagt hat. Erinnern Sie sich, daß er Kapitän Carterets Karte bei sich hatte? Als wir Tahiti verließen, rief er uns zusammen und sagte uns, daß er daran denke, diese Insel zu suchen. Eine Woche lang kreuzten wir in diesen Gewässern, ohne sie zu finden. Ihre Lage war auf Kapitän Carterets Karte falsch angegeben, und Herr Christian glaubte schon, eine solche Insel gäbe es gar nicht. Dann fanden wir sie auf einmal; ich sichtete sie als erster.

Wir hatten viel Mühe, unsere Hühner, Schweine und Ziegen an Land zu bringen, aber es gelang. Dann beschloß Herr Christian, das Schiff an den Felsen zerschellen zu lassen. Anfangs waren ein paar von uns dagegen, aber er überzeugte uns davon, daß wir nie eine bessere Insel finden würden. So erklärten wir uns denn schließlich einverstanden und fuhren mit einer guten Brise im Rücken auf die Felsen los, bei denen Sie gelandet sind; als unser altes Schiff gegen die Felsen stieß, Herr Byam, war mir zumute, als habe mir jemand einen schweren Schlag aufs Herz versetzt. Ich wußte, daß ich England nie wiedersehen würde.

Wir räumten die *Bounty* vollkommen aus und benutzten jedes Stück des Schiffes, das auf irgendeine Art zu brauchen war; dann steckten wir die *Bounty* in Brand. Was von ihr übrigblieb, sank später und liegt in fünfundzwanzig Faden Tiefe begraben. Wenn es auch schon lang her ist, so weiß ich doch noch genau den Tag, an dem wir sie verbrannten. Es war der 23. Januar 1790. Von dem Tag an bis zum September 1808, als Kapitän Folger mit der *Topaz* herkam, haben wir kein fremdes menschliches Wesen mehr gesehen.«

»Wie viele wart ihr, als ihr hier ankamt?« fragte ich.

»Neun Leute von der *Bounty* und sechs Eingeborene. Außerdem zwölf Frauen von Tahiti; macht alles in allem siebenundzwanzig. Gleich im Anfang teilte Herr Christian die Insel in neun Teile, einen für jeden Mann von der *Bounty*. Den Eingeborenen war das nicht recht, und es ist auch wahr, daß wir nicht richtig an ihnen gehandelt haben. Herrn Christians Schuld war es nicht; er wollte den Männern von Tahiti gegenüber gerecht vorgehen, aber über solche Dinge wurde abgestimmt, und die meisten waren gegen ihn. Wenn man's richtig betrachtet, behandelten wir die Bewohner wie Diener; sie murrten darüber, aber was sollten sie tun? Nach ein paar Wochen schienen sie sich daran gewöhnt zu haben, so glaubten wir wenigstens. Aber später stellte es sich heraus, daß sie nur eine Gelegenheit abwarteten, um sich zu rächen.

Drei Jahre lang ging alles ganz gut. Wir bauten unsere Häuser und rodeten die Wälder. Wir pflanzten Brotfrucht und süße Kartoffeln und bauten Ställe für unsere Schweine und Hühner. Zu essen hatte jeder im Überfluß.

Hier und da kam es zu Streitigkeiten zwischen einigen von uns und den Eingeborenen. Das kann ich wohl ehrlich sagen: Herr Christian, Herr Young und ich behandelten die Bewohner gut. Ich bin nur ein einfacher Mensch, aber ich weiß, was Recht und Unrecht ist; in allem, worüber wir zu entscheiden hatten, stellte ich mich auf die Seite von Herrn Christian und Herrn Young. Wenn die anderen auf uns gehört hätten, hätte es nie Unfrieden gegeben. Die aber behandelten die Polynesier allmählich wie die Sklaven. Das konnte nicht gut ausgehen.

Die Sache fing an, als Williams' Frau von einem Felsen hinabstürzte und getötet wurde. Da wir nicht mehr genug Frauen hatten, nahm sich Williams einfach die Frau eines der Männer aus Tahiti. Herr Christian, Herr Young und ich wollten es nicht erlauben, aber sie waren sechs gegen unser drei; da konnten wir nichts machen.

So fing es an. Während der nächsten sechs Jahre war diese Insel eine Hölle auf Erden! Wir hatten nicht nur untereinander Streit, sondern auch alle Eingeborenen gegen uns, und die schmiedeten Rachepläne. Die mißlangen zuerst, weil wir von den Frauen gewarnt worden waren; aber die Leute beruhigten sich nicht mehr. Eines Tages – das war im Jahre 1793 – bemächtigten sie sich einiger Musketen, Äxte hatten sie ja schon. Es gelang ihnen, uns zu überrumpeln, und an einem einzigen Tag, Sir, wurden Herr Christian, Williams, Brown, Martin und Mills ermordet. Sie wollten uns alle umbringen, aber McCoy und Quintal flüchteten in die Wälder, und Herr Young wurde von einer der Frauen versteckt. Ich erhielt einen Schuß in die rechte Schulter, aber es gelang mir zu entkommen. Herr Christian war der beste Freund der Eingeborenen gewesen, und sie wußten es auch. Doch wußten sie auch, daß Herr Christian die anderen rächen müsse, deshalb erschossen sie auch ihn.

Mehr will ich nicht sagen, nur das eine noch – von dem Tag an hieß es, die Eingeborenen oder wir! Einer nach dem anderen von ihnen wurde niedergemacht. Am 3. Oktober desselben Jahres war keiner von den Eingeborenen mehr am Leben. Jetzt war niemand mehr übrig als Herr Young, Quintal, McCoy, ich, zehn Frauen und ein paar kleine Kinder ... Erinnern Sie sich noch an McCoy und Quintal?«

»So ungefähr«, antwortete ich. »Es waren wüste Gesellen, glaube ich.«

»Ja, das waren sie! Und hier waren sie noch schlimmer als auf der *Bounty*. Quintal grub die Wurzeln der Tipflanze aus und brannte in unserem großen Kessel Schnaps daraus. Von damals an waren die beiden keine Stunde mehr nüchtern; das Ende war, daß sich McCoy im Delirium von einem Felsen hinabstürzte und zerschmettert liegen blieb. Nun hätte man meinen sollen, daß wir jetzt in Frieden hätten leben können. Aber es sollte nicht sein; noch mehr Blut mußte vergossen werden. Quintal war daran schuld. Um unser eigenes Leben zu retten, mußten Herr Young und ich ihn aus dem Weg räumen. Das war im Jahre 1799.

Dreizehn Mann von fünfzehn tot, Herr Byam! Nur Herr Young und ich waren von den Männern noch am Leben. Sie wissen, welch guter Mensch Herr Young war, und wir beide hatten alle diese Schlächtereien mitmachen müssen! Es war Gottes Strafe für das Verbrechen der Meuterei – so sahen wir es damals an; die Unschuldigen mußten mit den Schuldigen leiden. Aber Gott muß dann selbst gedacht haben, daß wir genug gestraft seien.

An dem Tag, an dem wir Quintal begruben, Sir, fing ein neues Leben an. Ich habe Herrn Young nie mehr lächeln gesehen, aber mit meiner Hilfe machte er diesen Ort so glücklich für unsere Kinder, wie er schrecklich für uns gewesen war. Nicht eines von ihnen weiß bis zum heutigen Tag von dem Blut, das vergossen wurde, und sie sollen es auch nie erfahren. Glücklichere, unschuldigere Kinder hat es sicher noch nie gegeben, Sir. Herr Young und ich beschlossen, sie zu friedfertigen, gottesfürchtigen Männern und Frauen zu erziehen. Herr Young litt damals schon an Asthma. Wir wußten beide, daß er nicht mehr lange zu leben habe. Ich würde allein zurückbleiben, um die Kinder zu erziehen, und war doch nur ein unwissender Matrose, der kaum lesen und schreiben konnte. So lehrte Herr Young zuerst mich, damit ich sein Werk weiterführen könne. Wir hatten nur zwei Bücher, ein Gebetbuch und eine Bibel; aus denen lernte ich.

Herr Young starb am 22. November 1800, und seither bin ich der Vater aller Kleinen. Ich habe sie im Lesen und Schreiben unterrichtet und sie gelehrt, ihren König zu ehren, Gott zu lieben und seine Gebote zu halten. Von dem Tage, an dem Quintal starb, hat es nur noch Frieden und Glück hier gegeben, und wenn es Gott gefällt, wird es nie anders sein!«

Einige Minuten lang schwiegen wir beide. In der kleinen Siedlung schlief alles; kein anderer Laut durchbrach die Stille als hier und da der Anprall des Meeres gegen die Klippen tief unter uns.

»Manche Nacht, Herr Byam, gehe ich hier unter den Bäumen auf und ab. Dann gehe ich um die Häuser herum; alles ist so ruhig und friedlich, die Mütter und Kinder liegen in ihren Betten und schlafen. Dann knie ich nieder, Sir, und danke Gott dafür, daß er mich diese Zeit erleben ließ.«

Der Ernst, die einfache Güte dieses rauhen alten Seemannes rührte mich tief. Ich fragte ihn, was er seine Kinder lehre.

»Gottes Gebote, Sir, und daß die Menschen einander lieben sollen. Von dem, was außerhalb dieser kleinen Insel vorgeht, wissen sie wenig, und ich glaube, es ist besser so. Ihre Mütter haben ihnen erzählt, daß der Himmel eine große Kuppel ist, die bis zum Horizont reicht; nur an den beiden Stellen, wo die Sonne auf- und untergeht, können Schiffe aus der äußeren Welt herein, wenn sie wollen. Sogar die erwachsenen jungen Leute glauben es noch, und vielleicht ist es besser so. Aber ich glaube, nirgendwo gibt es Knaben und Mädchen, die besser für sich selber sorgen können, als unsere. Sie kennen jede Pflanze und Blume und jeden Baum auf der Insel und wozu sie benutzt werden können. Sie kennen alle Fische und ihre Gewohnheiten und wissen, wann und wie man sie fangen kann. Sie fühlen sich im Wasser so zu Hause wie auf dem Land. Bessere Schwimmer werden Sie nirgends finden.

Ich habe immer gefürchtet, Herr Byam, ein Schiff könne kommen und mich wegholen. Ich sagte Kapitän Folger, daß ich einer der Meuterer von der *Bounty* sei. Er beruhigte mich, Sir. Er hatte von der Meuterei gehört, aber das alles war so lange her, daß er sicher sei, man würde mich nie mehr holen, um mich aufzuhängen.«

Ich beruhigte den braven Mann. Ich sagte ihm, daß die Geschichte der Meuterei seit langem vergessen sei und daß er nicht zu fürchten brauche, jemals belästigt zu werden.

»Das ist gut, Sir. Jetzt, wo Sie mir das sagen, werde ich mir keine Sorgen mehr machen. Nicht, daß ich Angst um mich gehabt hätte; ich würde mein Los tragen wie ein Mann, wenn es sein müßte. Aber die Kinder sind noch nicht alt genug, um allein zurückzubleiben. Und ich liebe sie alle, als wären sie mein eigen Fleisch und Blut.«

»Erzähle mir von Herrn Christian«, bat ich ihn. »War er jemals glücklich hier?«

»Nicht einen einzigen Tag, Sir, das ist meine ehrliche Meinung. Er sprach mit niemandem darüber, nicht einmal mit Herrn Young, aber wir konnten sehen, wie es um ihn stand. Er führte ein einsames Leben, soviel ist sicher.«

»Sprach er jemals von der Heimat?«

»Nicht, daß ich wüßte. Nie hörte ich ihn das Wort ›Heimat‹ oder ›England‹ aussprechen; aber gedacht muß er oft daran haben. Er arbeitete mehr als jeder von uns, Sir, und keine Arbeit war ihm zu schwer. Aber Sie werden verstehen, daß auch der Fleißigste unter uns viel freie Zeit hatte. Kurz nach unserer Landung fand Herr Christian nahe der Spitze des Berges dort drüben eine Höhle; dorthin ging er, wenn er allein sein wollte. Zuweilen blieb er ganze Tage weg. Er baute sich eine Hütte hoch oben am Berg. Tausend Fuß sieht man von der Höhle senkrecht hinab, bis aufs Meer. Ich glaube, Herr Christian hätte sich dort oben auch verteidigt, wenn ein Schiff gekommen wäre, um uns zu holen. Er hätte sich gegen Tausende halten können, solange er Munition gehabt hätte. Und wenn ihm die ausgegangen wäre, nun, so hätte er nur einen Sprung machen müssen; nie hätte man seine Leiche gefunden. Lebendig hätte er sich gewiß nicht ergeben, Herr Byam!«

Der Mond war schon lange untergegangen, als wir zu Smiths Haus zurückkehrten. Wir stahlen uns leise hinein. »Warten Sie eine Minute, Herr Byam, ich zeige Ihnen Ihr Bett.« Gleich darauf kehrte er mit einer primitiven Lampe zurück. Ich folgte ihm zum oberen Stockwerk des Hauses. Das Zimmer war peinlich rein; auf beiden Seiten ließen große Fenster die Nachtkühle hinein. Ein großes Bett, ähnlich dem in einem Bauernhaus der Heimat, war meine Lagerstätte. Über die Matratze aus süßem Farnkraut waren Decken aus schneeweißem Tapastoff gebreitet.

»Gute Nacht, Sir. Ich hoffe, Sie werden gut schlafen!«

Leise stieg er die Leiter hinab. Eine Weile lag ich da und blickte auf die Wedel der Kokospalmen hinaus, die sich deutlich von dem sternhellen Himmel abhoben; dann fiel ich in erfrischenden Schlummer.

Bei Tagesanbruch unterrichtete mich Smith davon, daß völlige Windstille herrsche. »Ich kenne das Wetter hier«, sagte er, »vor Abend können Sie nicht unter Segel gehen.« Ich sandte Herrn Cobden eine Nachricht, daß er mich nicht vor Abend erwarten möge.

Es war seltsam, daß auf dieser Insel, die Christian als Zufluchtsort gewählt hatte, keine Spur seiner Persönlichkeit zurückgeblieben war. Selbst die wehmütige Befriedigung, an seinem Grab stehen zu dürfen, blieb mir versagt.

»Ich kann Ihnen die Stelle nicht zeigen, Herr Byam«, sagte Smith, als ich danach fragte. »Bevor er starb, ließ er sich von Herrn Young und mir versprechen, daß wir ihn dort auf dem Abhang begraben und die Stelle auf keine Art bezeichnen würden. Ich könnte Sie in die Nähe führen, aber wenn Sie mich nach der genauen Stelle fragen würden, könnte ich es Ihnen nicht sagen; es ist schon so lange her.«

Am Nachmittag stieg ich zu Fletcher Christians Höhle empor. Mary, seine einzige Tochter, war meine Führerin. Sie war damals siebzehn Jahre alt, ein ebenso schönes wie unschuldiges Naturkind. Ihr Rock aus Rindenstoff reichte ihr bis zu den Knien, ihr üppiges braunes Haar fiel in Locken auf die Schultern hinab, und ihr schlanker Körper hatte die Anmut und Kraft, die nur ein Leben gleich dem ihren verleihen kann. Ihr Vater war nicht mehr als ein Name für sie, aber sie erzählte mir, daß sie oft die Höhle besuche, um die Seevögel zu beobachten, die zu Hunderten in den Felsspalten nisteten.

Der Grat, der in der Höhe von tausend Fuß über dem Meeresspiegel zwei Bergspitzen miteinander verbindet, ist kaum einen Meter breit, und an manchen Stellen stürzen die Wände auf beiden Seiten senkrecht ab. Mary hüpfte, ohne ein einziges Mal zu zögern, vor mir her, während ich langsam und vorsichtig einen Schritt vor den anderen setzte und mit Schrecken daran dachte, einen Fehltritt zu machen. Sie erwartete mich kurz vor dem Gipfel der Nordspitze und führte mich an einem Vorsprung entlang, der kaum Platz für meine Füße bot, zu der Höhle.

Eigentlich bestand diese nur aus einem kleinen Felsspalt. Auch hier war keine Spur von Christians Aufenthalt zurückgeblieben, und doch spürte ich hier, und nur hier, die Gegenwart seines stolzen, ruhelosen, unbesiegbaren Geistes. Mary ließ mich allein, und ich saß lange hier oben. Ich stellte mir meinen Freund vor, wie er von hier aus grimmig Ausschau hielt nach einem Segel, das niemals kam; wie er auf den leeren Ozean hinausblickte, der sich den einsamsten Horizonten der Erde entgegendehnt; wie er den fernen Schreien der Seevögel lauschte und dem schwermütigen Rauschen der Brandung in den Grotten am Fuß der Felsen.

Als ich endlich zum Grat zurückkehrte, wähnte ich mich allein; dann, als ich mich umblickte, sah ich Mary Christian auf der äußersten Spitze des Nordgipfels stehen. Klar hob sich ihre Gestalt vom wolkenlosen Himmel ab; die Arme hatte sie auf der Brust verschränkt; ihr Haar flatterte im Wind. Zwei tropische Vögel, deren schneeweißes Gefieder in der Sonne schimmerte, kreisten um ihren Kopf, als kennten und liebten sie sie. Sie glitten, vom Wind getragen, abwärts, um gleich darauf schwingenschlagend wieder emporzusteigen. Von allen Erinnerungen an die *Bounty* taucht keine öfter in mir auf als dieses Bild.

Offiziere und Mannschaft der *Bounty*

Kapitän William Bligh, Kapitän
John Fryer, Steuermann
Fletcher Christian, Steuermann
Charles Churchill, Profos*
William Elphinstone, Profosmaat
»Vater Bacchus«, Schiffsarzt
Thomas Ledward, Schiffsarztgehilfe
David Nelson, Botaniker
William Peckover ⎫
John Mills ⎭ Stückmeister
William Cole, Bootsmann
James Morrison, Bootsmannsmaat
William Purcell, Zimmermann
Charles Norman, Zimmermannsmaat
Thomas McIntosh, Zimmermannsgehilfe
Joseph Coleman, Waffenschmied
Roger Byam ⎫
Thomas Hayward │
John Hallet ⎬ Kadetten
Robert Tinkler │
Edward Young │
George Stewart ⎭
John Norton ⎫
Peter Lenkletter ⎭ Quartiermeister
George Simpson, Quartiermeistersmaat
Lawrence Lebogue, Segelmacher
John Samuel, Schreiber

* Profos = Chef der Schiffspolizei

Robert Lamb, Metzger
William Brown, Gärtner
John Smith ⎫
Thomas Hall ⎭ Köche

Thomas Burkitt ⎫
Matthew Quintal |
John Sumner |
John Millward |
William McCoy |
Henry Hillbrandt |
Alexander Smith |
John Williams ⎬ Vollmatrosen
Thomas Ellison |
Isaac Martin |
Richard Skinner |
Matthew Thompson |
William Muspratt |
Michael Byrne ⎭

C. B. Nordhoff und J. N. Hall

Charles Bernhard Nordhoff, der bekannte Reise- und Aben-
teuerschriftsteller, wurde am 1. Februar 1887 in London geboren. Seine Eltern waren Amerikaner. Mit drei Jahren kam er
nach Amerika. Mit sechzehn Jahren veröffentlichte er bereits
kleine Artikel in Zeitschriften, und »dann hat es ihn nicht
mehr losgelassen«. Er studierte an der Stanford-University
und in Harvard, arbeitete auf einer Zuckerfarm in Mexiko
und in einer Ziegelfabrik in Kalifornien. Im ersten Weltkrieg
war er Flieger, lernte dann J. N. Hall kennen und schrieb nach
dem Krieg mit diesem zusammen die »Geschichte des Flieger-
korps Lafayette«. Die beiden wanderten dann gemeinsam
nach Tahiti aus, wo sie die folgenden Jahrzehnte blieben.
Mit Hall zusammen schrieb Nordhoff dort zehn Romane
und verfaßte darüber hinaus noch vier eigene. Von seinen
in Zusammenarbeit mit Norman Hall entstandenen Werken
sind im Desch-Verlag die Romane »Hurrikan«, »Meer ohne
Grenzen«, »Schiff ohne Hafen« und »Am dunklen Fluß« erschienen.

Zu dieser Ausgabe

insel taschenbuch 3208: Der Text folgt der Ausgabe: Charles B. Nord-hoff/James N. Hall, Die Meuterei auf der Bounty. Schiff ohne Hafen. Edition Maritim, Hamburg 2004 (Bibliothek der Meere). © für die deutsche Ausgabe Universitas Verlag in der F. A. Herbig Verlags-buchhandlung GmbH, München. Titel der amerikanischen Origi-nalausgabe: Mutiny of the Bounty.
Umschlagabbildung: Robert Dodd. Die Meuterer auf der »Bounty« setzen Leutnant Bligh und seine Offiziere aus (Ausschnitt), 1790. National Library of Australia, Canberra. Foto: Bridgeman Art Lib-rary, London

Englische und amerikanische Literatur
im insel taschenbuch
Eine Auswahl

Elizabeth von Arnim
- Alle meine Hunde. Roman. Übersetzt von Karin von Schab. it 1502. 177 Seiten
- April, May und June. Übersetzt von Angelika Beck. it 1722. 88 Seiten
- Ein Chalet in den Bergen. Roman. Übersetzt von Angelika Beck. it 2114. 260 Seiten
- Christine. Roman. Übersetzt von Angelika Beck. it 2211. 223 Seiten
- Einsamer Sommer. Roman. Übersetzt von Leonore Schwartz. Großdruck. it 2375. 186 Seiten
- Elizabeth und ihr Garten. Roman. Übersetzt von Adelheid Dormagen. it 1293. 131 Seiten
- Der Garten der Kindheit. Übersetzt von Leonore Schwartz. Großdruck. it 2361. 80 Seiten
- In ein fernes Land. Roman. Übersetzt von Angelika Beck. it 1927. 518 Seiten
- Jasminhof. Roman. Übersetzt von Helga Herborth. Großdruck. it 2292. 402 Seiten
- Die Reisegesellschaft. Roman. Übersetzt von Angelika Beck. it 1763. 372 Seiten
- Sallys Glück. Roman. Übersetzt von Schamma Schahadat. it 1764. 352 Seiten
- Vera. Roman. Übersetzt von Angelika Beck. it 1808. 335 Seiten
- Verzauberter April. Roman. Übersetzt von Adelheid Dormagen. it 1538. Mit farbigen Fotos aus dem gleichnamigen Film. 274 Seiten. it 2346. 370 Seiten

NF 23/2/6.04

NF 23/4/6.04

Nathaniel Hawthorne
- Der scharlachrote Buchstabe. Roman. Übersetzt von Barbara Cramer-Neuhaus. it 2993. 320 Seiten

Henry James
- Bildnis einer Dame. Roman. Übersetzt von Hildegard Blomeyer. Mit einem Nachwort von Henry James, übersetzt von Helmut M. Braem. it 2974. 800 Seiten
- Daisy Miller. Eine Erzählung. Übersetzt von Gottfried Röckelein. it 2714. 120 Seiten
- Das Geheimnis von Bly. Roman. Übersetzt von Ingrid Rein. it 2847. 174 Seiten

D. H. Lawrence
- Liebesgeschichten. Übersetzt von Heide Steiner. it 1678. 308 Seiten

Katherine Mansfield
- Das Gartenfest und andere Erzählungen. Übersetzt von Heide Steiner. it 1724. 232 Seiten

Herman Melville
- Bartleby, der Schreiber. Eine Geschichte aus der Wall-Street. Übersetzt und mit Erläuterungen versehen von Jürgen Krug. it 3034. 112 Seiten
- Israel Potter. Seine fünfzig Jahre im Exil. Roman. Übersetzt von Uwe Johnson. it 2836. 256 Seiten
- Moby Dick. Übersetzt von Alice und Hans Seiffert. Mit einem Nachwort von Rudolf Sühnel. it 233. 781 Seiten

Edgar Allan Poe
- Sämtliche Erzählungen. Herausgegeben von Günter Gentsch. Vier Bände in Kassette. it 1528-1531. 1568 Seiten
- Der Bericht des Arthur Gordon Pym. Übersetzt von Ruprecht Willnow. it 1449. 270 Seiten

NF 23/6/6.04

- Drei Erzählungen. it 1862. 288 Seiten
- Lehrjahre des Gefühls. it 2776. 627 Seiten
- Madame Bovary. it 1864. 432 Seiten
- November. it 1865. 160 Seiten
- Reise in den Orient. it 1866. 464 Seiten
- Salammbô. it 1867. 464 Seiten
- Die Versuchung des heiligen Antonius. it 1868. 272 Seiten

Edmond de Goncourt/Jules de Goncourt. Tagebücher. Aufzeichnungen aus den Jahren 1851-1870. Ausgewählt, übertragen und herausgegeben von Justus Franz Wittkop. Mit zeitgenössischen Abbildungen. it 1834. 447 Seiten

Victor Hugo. Der Glöckner von Notre-Dame. Übersetzt von Else von Schorn. Mit zeitgenössischen Illustrationen. it 1781. 560 Seiten

Guy de Maupassant
- Bel-Ami. Übersetzt von Josef Halperin. Mit zeitgenössischen Illustrationen. it 280. 415 Seiten
- Pierre und Jean. Die Geschichte zweier Brüder. Übersetzt von Ernst Weiß. it 3027. 176 Seiten

Honoré-Gabriel Riquetti Comte de Mirabeau. Der gelüftete Vorhang oder Lauras Erziehung. Übersetzt von Eva Moldenhauer. Mit einer Nachbemerkung von Norbert Miller. it 32. 240 Seiten

Molière
- Der eingebildete Kranke. Übersetzt von Johanna Walser und Martin Walser. it 1014. 96 Seiten
- Der Menschenfeind. Übersetzt von Hans Magnus Enzensberger. it 401. 128 Seiten

Michel de Montaigne
- Essais. Herausgegeben und mit einem Nachwort versehen von Ralph-Rainer Wuthenow. Revidierte Fassung der Übertragung von Johann Joachim Bode. it 220. 307 Seiten
- Tagebuch einer Reise durch Italien, die Schweiz und Deutschland in den Jahren 1580 und 1581. Herausgegeben und übersetzt von Otto Flake. it 1074. 368 Seiten

Charles de Montesqieu. Perserbriefe. Übersetzt von Jürgen von Stackelberg. it 458. 357 Seiten

Marcel Proust
- Combray. Übersetzt von Eva Rechel-Mertens, revidiert von Luzius Keller. it 2878. 272 Seiten
- Tage des Lesens. Drei Essays. Übersetzt von Helmut Scheffel. it 2718. 125 Seiten

François Rabelais. Gargantua und Pantagruel. Herausgegeben von Horst und Edith Heintze. Erläutert von Horst Heintze und Rolf Müller. Mit Illustrationen von Gustave Doré. it 77. 880 Seiten

Arthur Rimbaud. Sämtliche Werke. Französisch und deutsch. Übertragen von Sigmar Löffler und Dieter Tauchmann. Mit Erläuterungen zum Werk und einer Chronologie zum Leben Arthur Rimbauds, neu durchgesehen von Thomas Keck. it 1398. 478 Seiten

Jean-Jacques Rousseau. Bekenntnisse. Übersetzt von Ernst Hardt. Mit einer Einführung von Werner Krauss. it 823. 917 Seiten

Marquis de Sade. Justine oder Die Leiden der Tugend. Roman aus dem Jahre 1797. Übersetzt von Raoul Haller. Mit einem Essay von Albert Camus. it 1257. 574 Seiten

George Sand
- Geschichte meines Lebens. Aus ihrem autobiographischen Werk. Auswahl und Einleitung von Renate Wiggershaus. Mit Abbildungen und Fotografien. it 313. 254 Seiten
- Indiana. Übersetzt von A. Seubert. Mit einem Essay von Annegret Stopczyk. it 711. 321 Seiten
- Lélia. Übersetzt von Anna Wheill. Mit einem Essay von Nike Wagner. it 737. 289 Seiten
- Ein Winter auf Mallorca. Übersetzt von Maria Dessauer. it 2102. 220 Seiten

Madame de Staël. Über Deutschland. Vollständige und neu durchgesehene Fassung der deutschen Erstausgabe von 1814 in der Gemeinschaftsübersetzung von Friedrich Buchholz, Samuel Heinrich Catel und Julius Eduard Hitzig. Herausgegeben und mit einem Nachwort versehen von Monika Bosse. Mit einem Register, Anmerkungen und einer Bilddokumentation. it 623. 864 Seiten

Stendhal
- Die Kartause von Parma. Übersetzt von Arthur Schurig. Bearbeitet von Hugo Beyer. it 1222. 640 Seiten
- Rot und Schwarz. Zeitbild von 1830. Vollständige Ausgabe. Übersetzt von Arthur Schurig. Bearbeitet von Hugo Beyer. it 1210. 630 Seiten
- Über die Liebe. Übersetzt und mit einer Einführung von Walter Hoyer. it 2573. 430 Seiten

Paul Verlaine. Poetische Werke. Französisch und deutsch. Übertragen von Sigmar Löffler. it 1556. 612 Seiten

François Villon. Sämtliche Dichtungen. Zweisprachige Ausgabe. Übersetzt von Walther Küchler. Bearbeitet von Marie Luise Bulst. Mit einer Einführung von Hans Rheinfelder und zahlreichen Abbildungen. it 1039. 307 Seiten

Emile Zola

- Das Geld. Übersetzt von Leopold Rosenzweig.
  it 1749. 554 Seiten
- Germinal. Übersetzt von Armin Schwarz. Mit Illustrationen
  von Renate Sendler-Peters. it 720. 587 Seiten
- Nana. Übersetzung und Nachwort von Erich Marx.
  it 398. 533 Seiten
- Thérèse Raquin. Roman. Übersetzt von Ernst Hardt.
  it 1146. 274 Seiten